불교입문총서 — 20

인도철학과 불교

그들의 숲과 마을의 이야기

권오민 지음

민족사

인도철학과 불교
― 그들의 숲과 마을의 이야기 ―

어떤 스님이 운문에게 물었다.
"부처의 말도 조사의 말도 뛰어넘는 절대진리는 무엇입니까?"
운문이 말하였다.
"호떡이다."

《벽암록》제77측 운문호병(雲門胡餠)

머 리 말

　이미 '인도철학'과 '불교'에 관한 수많은 책들이 출간되었음에도 이제 다시 한 권의 개론서를 추가하고자 한다. 그 연유가 무엇인가? 무엇보다 먼저 이 책은 대학의 교양교재용으로서 집필되었다. 필자는 지난 십여 년 간 대학에서 '인도철학과 불교'라는 교양강좌를 개설하여 강의하면서도 게으름과 무능한 탓에 기왕에 나와 있는 책들을 교재로 채택하였지만, 그 것들은 대개 인도철학에 관한 것이든지 불교에 관한 것이었다. 그래서 어쩔 수 없이 어느 해는 인도철학을, 어느 해는 불교를 중심으로 강의하곤 하였다.
　그러나 양자는 결코 떨어지래야 떨어질 수 없는 관계에 놓여 있다. 양자는 다 같이 인도라는 동일한 풍토와 사유구조 속에서 발생하였으며, 동일한 언어로써 해탈 혹은 열반이라는 동일한 가치를 추구하면서 전통과 반 전통으로서 절대적으로 관계하며 발전하였기 때문이다. 이를테면 불교의 무아설(無我說)은 《우파니샤드》의 아트만(자아)론의 이해 없이는 그 특성을 파악하기 어려우며, 아트만론 역시 무아설과의 차별을 통하여 그 정체를 보다 분명하게 드러낼 수 있다.
　우리는 대개 우리에게 주어진 어떤 언어적 명칭이 타자와는 대립하는 자신만의 고유한 특성과 내용을 갖는다고 생각한다. 때문에 '인도철학'과 '불교'를 각기 개별적인 학문분야로 생각하지만, 거기에는 언제나 보편성과 특수성이 공존한다. 따라서 인도철학에 대한 이해가 없이는 불교의 보편적 특성을 가늠하기 어렵고, 인도철학 역시 불교를 통해 그들 자신의 정체성을 확인할 수 있다. 또한 양자를 동시에 기술할 때 비로소 각각의 사유체계에 대한 독단이나 과장된 해석에서 벗어날 수 있다.

우리는 불교적 전통 속에서 이미 오래 전부터 인도철학을 정서적으로 수용하여 왔다고 말할 수 있다. 우리 민족은 예로부터 현실주의적인 성향이 강하지만, 다른 한편으로는 현실을 업(業)의 소산으로 간주하기도 하며, 덧없고 무상한 것으로 여겨 초탈을 꿈꾸기도 하였다. 인생을 고해(苦海)라고 생각하였지만, 그것은 누구의 탓도 아닌 전적으로 자신의 무지와 욕망에서 비롯된 것이라고 여겼다. 그러면서도 거기에 매몰되지 않고 충만한 삶을 지향하여 왔으며, 그것은 항상 '하나됨'을 통해 실현되는 것이라 생각하였다.

이러한 사유는 불교뿐만 아니라 인도철학의 기본 틀이라 말할 수 있다. 뿐만 아니라 헤아릴 수 없을 만큼의 인도철학의 용어가 불교를 통해 우리말 속에 녹아들었으며, 우리는 알게 모르게 일상에서 이를 사용하고 있다. 앞서 언급한 무상이나 무지(혹은 무명), 욕망, 업, 윤회, 그리고 초탈(해탈) 등은 인도철학의 기본술어이며, 우리가 일상적으로 사용하는 찰나 겁(劫), 삼매 등의 말 역시 그러하다. 그런 까닭에 우리는 어쩌면 인도 전통철학의 고유한 몇몇 술어만 사용하지 않는다면, 그것과 불교의 차이를 구별할 수 없을지도 모른다.

또한 우리는 대개 우리에게 주어진 언어적 명칭이 단일한 내용을 갖는다고 생각한다. '불교'라고 하면 어떤 단일 부동의 통일적 체계를 갖는 것으로 여긴다. 그러나 불교는 결코 단일한 체계가 아니며, 시대와 지역에 따라 전개된 온갖 상이한 학적 체계가 모여 이루어진 매우 복합적이고도 유기적인 체계이다. 거기에는 인도 전통철학에 반하는 것도 있고, 일견 부응하는 것도 있다. 실재론도 있고, 유명론(唯名論)도 있으며, 관념론도 있다. 다원론도 있고 일원론도 있으며, 본체론적인 것도 있고 현상론적인 것도 있다.

이 책을 집필하게 된 두 번째 연유는 우리나라에서의 불교학의 연구가 각론적으로는 심도 있게 이루어지고 있다 할지라도 통론적으로는 모색되고 있지 않아 교양강의에 적합한 교재를 찾아보기 어려웠기 때문이다. 숲을 보지 못한 채 나무만 볼 경우, 편협된 시각을 가질 수밖에 없으며, 그것은 바로 종파적 독선에 빠질 위험성을 지닌다.

물론 주위에 입문서 내지 개론서라는 이름의 다양한 불교 통론서가 존재하지만, 필자에게 이해된 그것들은 대개 역사성과 다양성을 무시하고서 불교를 전체적으로 '하나'로 기술하려는 것이었다. 그러다 보니 모두가 다 좋은 말씀들의 '교시'뿐이었다. 그것은 이미 절대적인 것이었고, 의심과 문제제기 내지 비판은 허용되지 않았다. 다만 이해와 추종만을 요구할 뿐, 오늘의 우리의 사유가 끼어들 여지가 없는 것이었다. 그러나 실제 역사의 현장에서는 그러하지 않았다.

불교는 결코 단일하지 않다. 불타의 깨달음으로부터 비롯된 불교는 결국 인간이성의 역사와 함께 하였다고도 할 수 있다. 서로 대립하기도 하였고 지양하기도 하였으며 종합하기도 하였다. 그것은 본질적으로 불타의 말씀[敎法]이 그의 깨달음[自內證法]을 근거로 한 가설적 성격을 띠기 때문이다. 말씀이 바로 그의 깨달음은 아니었기 때문이다.

그는 도대체 무엇을, 어떻게 깨달았던 것인가? 2500년에 걸친 불교사상사는 바로 무엇을, 어떻게 깨달았던 것인가에 대한 치열한 탐구와 해석의 도정이었다고 해도 지나친 말이 아니다.

그럼에도 우리는 이 같은 2500년의 도정을 무시하고 불교를 '하나'로 묶어서 바라보려고 한다. 자성을 깨달아야 한다고 하면서 한편으로 무자성의 공을 논의하고, 업을 이야기한다. 그리고 마침내 불가설(不可說)이나 언어도단(言語道斷)을 외치기도 한다. 이는 불교를 전체적으로 하나로 보려는 동아시아불교의 영향이기도 하겠지만, 이 점이 불교를 어렵게 만드는 한 요인이 되었을 것이다.

또한 주위를 살펴보면 불교가 걸어온 그 같은 역사적 도정을 기술하고 있는 통론서가 없는 것도 아니다. 그러나 필자에게 이해된 그것들은 대개 문제의식 없이 역사적 전개에 따라 몇몇 객관적 사실들만을 단순나열하고 있는 것이었다. 그러다 보니 각 학파(혹은 종파)의 논의들은 마치 지나간 역사의 한 페이지나 천상의 메아리처럼 들린다.

원효는 위대한 불교사상가였던가? 무엇이 위대하였던가? 화쟁(和諍)의 일심(一心)을 주장하였기 때문인가? 그러나 그것은 이미 《기신론》의 사상이 아니었던가? 원효를 이해하기 위해서는 《기신론》을 이해하지 않을 수 없고, 《기신론》을 이해하기 위해서는 《능가경》 등에서의 여래장사상을, 여래장사상을 이해하기 위해서는 유식을, 유식을 이해하기 위해서는 중관의 공을, 공을 이해하기 위해서는 아비달마를, 나아가 초기불교를, 그리고 초기불교를 이해하기 위해서는 《우파니샤드》와 이에 대항한 이른바 사문(沙門)들의 사상이 전제되지 않으면 안 된다.

우리는 흔히 일체가 '공'이라고 하지만, 일체란 무엇인가? 일체(혹은 일체법)에 대한 이해 없이 어떻게 공을 이해할 것인가? 또한 유무(有無)의 중도가 불타 깨달음의 궁극적 취지라고 하지만, 이 때 '유'는 무엇이고, '무'는 무엇인가? 무엇이 있다는 것이고 무엇이 없다는 것이며, 왜 있다는 것이고 왜 없다는 것인가?

대개의 역사적 사건이 그러하듯이, 어떤 한 사상이 발생하고 전개하는

데에는 항상 그 계기가 있게 마련이다. 그리고 그러한 계기가 간과되고 무시될 때 역사적 사건은 절대적 운명처럼 여겨지듯이, 사상의 경우도 절대적 이념으로 과장되기도 하고 호도되기도 한다. 화엄의 '사사무애법계'가 아무리 절대적 이념이라 할지라도 '이사무애법계'의 《기신론》과 '이법계'의 중관과 유식, '사법계'의 아비달마가 전제되지 않고서는 성립할 수 없는 교설이다.

누가 말했다던가? 하늘 아래 새로운 것은 없다고. 불교적으로 말하면 인연 없이 생겨난 것은 없다. 유식의 용어로 말하면 의타기(依他起)이다. 그럼에도 우리의 불교사상사에서 그것들은 각기 개별적인 교설로서만 나열되고 있으며, 항상 역사와 전통이라는 프리즘을 통해 대소(大小)와 승렬(勝劣)과 권실(權實)로 판가름되고 있다. 인연은 사라지고 결과만 남아 있을 뿐이다. 문제는 사라지고 해답만이 남아 있을 뿐이다. 그러나 그러한 일련의 사상들을 각기 개별적인 독립된 교설로 여기는 것은, 그리하여 대소 승렬로 규정짓는 것은 다시 유식의 용어를 빌려 말하자면 변계소집(遍計所執)의 허망분별일 뿐이다.

도대체 그들 사이에 무엇이 문제였던가? 무엇이 문제였기에 그 오랜 세월동안, 그토록 많은 학파들이 나타나고 사라졌던가? '문제'를 갖지 않은 해답은 생명이 없다. 비판적 해석이 부재하는 철학사는 진정한 철학사가 아니다. 철학사는 비판의 산물이다. 인도의 저명한 현대철학자 라다크리슈난은 말한다.: "창조적인 정신이 철학을 떠났을 때, 철학은 철학사와 혼동되었다."

불교사상사 역시 예외는 아닐 것이다. 우리는 어쩌면 철학사를 마치 지고의 철학인 양 착각하고 있듯이 불교사상사를 지고의 불교(깨달음)인 양 착각하고 있는지도 모르겠다. 따라서 오늘날 '인도철학과 불교'에 관한 우리의 담론 또한 다만 상식이고 장식이며, 앵무새의 지저귐처럼 반복되는 구호나 선전일지도 모르겠다.

오늘날 불교연구의 주류는 원전중심주의, 문헌실증주의이다. 그러나 그것은 불교 자체에 대한 연구라기보다 사실상 불교의 문헌학이다. 이는 물론 불교학의 기초작업이라고 할 수 있겠지만, 이와 더불어 그것을 전체적인 시각에서 철학적으로 파악하려는 노력 또한 결코 간과해서는 안 될 것이다. 불교의 목적은 문헌에 있는 것이 아니라 주체적 반성과 그에 따른 세계에 대한 참다운 인식(正見)에 있기 때문이다. 그러기 위해서 우리는 자유로이 사색하지 않으면 안 된다. 자유롭고 독립된 사색이 결여될 때 이론적 연구는 이루어질 수 없다. 그것은 어떠한 것도 두려워하지 않는 비판정신에서 비롯된다. 비판이 없는 곳에 주체적 사유는 존재하지 않기 때문이다.

아마도 그럴 것이다. 불교철학이란 여러 경론(經論)에서 설해지고 있는 내용을 바탕으로 한 세계와 인간에 대한 모색으로, 그것을 이해하는 것은 철저하게 개인의 주관적 행위이다. 주지하듯이 '자등명(自燈明)과 법등명(法燈明)', 그것이 불타의 마지막 유훈이었다. 괴로움은 주체적인 것이며, 깨달음을 통한 그것의 극복 역시 주체적인 것이다. 종래 객관주의가 범한 오류는 단순한 자료의 제공을 사상의 이해로 파악한데 있으며, 또한 주관적 접근으로는 객관적 진리에 도달할 수 없다는 근거 없는 신념에 있다.

그러나 진리를 승인하는 행위는 본질적으로 주관적인 것으로서, 불타의 깨달음을 자증(自證) 혹은 자내증(自內證)이라 표현한 까닭도 여기에 있다고 하겠다. 인도철학이든 불교든 그 모든 이야기들은 결국 '나'의 이야기이다. 나를 통해 확인되지 않은 것은 다만 흰 종이 위의 검은 글씨에 불과하다.

여타의 학문과 마찬가지로 불교학 역시 비판적 해석이 없이 객관적 사실들만을 나열할 경우, 안전하다는 이점은 있을지는 몰라도 자칫 권위주의 내지 교조주의에 떨어질 위험성이 크다. 강단의 학자가 아닌 이상 그것은 차라리 암호의 배열에 가까우며, 가히 '개념의 바다'라고 할 만하다. 그 암호를 해독할 수 없고, 그 바다를 헤엄칠 수 없는 일반독자들에게 있어 그것은 '절대'일 수밖에 없다. 그것은 바야흐로 앵무새의 지저귐처럼 반복되는 '구호'가 될 수밖에 없다.

그리고 감히 말하건대, 그것으로 주체적 반성, 자기해방이라는 본연의 목적은 기대할 수 없다. 그것은 다만 '상식'이고 '장식'일 뿐이다. 그럴 경우 불교학은 문학에 그 영역을 빼앗겨버릴지도(혹은 빼앗겨버렸는지도) 모를 일이다. 다른 여느 철학의 경우도 아마 그러할 것이다.

시작과 목적은 다를지라도, 인도철학과 불교에서는 다른 여느 철학과 마찬가지로 세계와 인간, 그리고 그 사이에서 일어나는 인간의 삶에 대해 해명하고자 한다. 전통적으로 인도에서 철학에 대응하는 술어는 '다르샤나'였다. 이는 세계에 대한 '통찰' 혹은 '비전'을 의미한다. 세계는, 인간은 무엇으로 존재하며, 그것의 궁극적 실상은 무엇인가? 인간의 삶을 이야기할 때 무엇보다 먼저 현실에서의 삶이 논의되고, 거기서의 모순과 부조리가 극복된 이상이 추구되어야 한다. 피할 길 없는 우리의 현실은 무엇에 근거한 것이며, 어떻게 극복될 수 있을 것인가? 궁극적으로 '해탈'을 지향하기에 뜬구름같이 느껴질 수도 있을 인도철학에서는 이에 대해 어떻게 답하고 있는가?

불교 역시 본질적으로 '인도의 철학'이다. 설사 중국이나 우리나라에서 전개된 불교라 할지라도 전체적으로는 현실과 이상, 다양성과 통일성, 현상과 실재, 거짓과 진실, 차별과 무차별, 나아가 마을(세속)과 숲(열반)의 문제를 철학의 주제로 삼는 인도사유의 틀로써 해석할 수 있고, 또한 그렇게 해석되어야 한다고 생각한다. 이것이 불교학의 보편화이고, 세계화라고 생각한다.

앞서 말하였듯이 이 책은 대학의 교양교재로 집필된 것이다. 따라서 최소한이나마 인도철학과 불교에 관한 기본적 개념이나 자료 등이 제시되어야만 하였다. 그래야만 이를 통해 좀더 깊은 내용의 책들을 읽어 낼 수 있을 것이기 때문이다. 또한 장(章)을 거듭하면서 '불교철학'이라는 철학과 전공과목의 교재로도 염두에 두게 되었고, 제3부 '동아시아의 불교철학'이 보태지면서 조금은 장광설이 되고 말았다. 그러다 보니 앞서의 언명들이 실제로 얼마나 구현되었는지 실로 의심스럽다. 그러나 그것이 이 책의 집필의도였던 것만은 분명하다.

원래는 형식과 내용에 구애받지 않고 보다 더 자유로운 입장에서 쓰고 싶었지만, 필자 역시 학자라는 이름에 구속될 수밖에 없었는지도 모르겠다. 학자는 결국 어떤 '특수한 말'로 먹고 사는 이가 아닌가? 독자 제현의 가혹한 비판과 질정(叱正)이 있으시길 바란다.

2003년 중추 암하실(巖下室)에서
저 자

차 례

프롤로그 다양성과 통일성

제1장 인도철학의 일반적 특성

1. 존재의 근원적 위기 ··· 27
2. 철학과 종교 ·· 30
3. 인도인의 길 ·· 37
   1) 삶의 현실 ·· 37
   2) 삶이 추구하는 네 가지 가치 ······································ 41
   3) 삶의 네 단계 ·· 46
4. 인도철학의 구분과 전개 ·· 50
   1) 학파적 구분 ·· 50
   2) 시대적 전개 ·· 53
5. 인도철학의 중심개념 ·· 63

제1부 인도의 전통철학

제2장 《우파니샤드》의 철학
－세계의 근원은 무엇인가?－

1. 《베다》의 여러 신들 ·· 71
   1) 다양한 자연신관 ··· 71
   2) 통일적 신관의 모색 ··· 75
2. 《우파니샤드》에서의 궁극적 존재 ···························· 82
   1) 《베다》에서 《우파니샤드》로의 이행 ················ 82
   2) 《우파니샤드》의 주된 관심사 ···························· 84
   3) 궁극적 존재 ··· 87
      (1) '나'는 누구인가? ·· 87
      (2) 자아의 탐구 ··· 90
      (3) 세계의 근원은 무엇인가? ··························· 96
      (4) 네가 바로 '그것'이다 ································· 103
3. 그 밖의 철학체계들 ·· 107
   1) 상캬와 요가학파 ·· 107
   2) 바이세시카와 느야야학파 ································· 113

제3장 《바가바드 기타》의 이념
－지금 우리는 무엇을 해야 할 것인가?－

1. 아르주나의 딜레마 ·· 118
2. 자아에 대한 모색 ·· 122
3. 행위가 그대를 자유롭게 하리라 ···························· 129

4. 신애(信愛)의 길과 지혜의 길 132

제4장 인도의 반(反) 전통철학
  -쾌락과 고행의 윤리-

1. 차르바카 유물론 138
2. 육사외도(六師外道) 143
3. 자이나교의 고행의 윤리 150
   1) 개조 마하비라 150
   2) 상대주의 지식론 154
   3) 영혼의 속박과 해방 157

제2부 인도의 불교철학

제5장 초기불교
  -세계는 경험된 것이며, 자아란 그 같은 경험을 통해 드러나는 가설적 존재이다-

1. 불타의 생애 167
2. 불타의 진리관과 침묵 175
3. 세계(괴로움)의 생성 179
   1) 괴로움의 세계 179
   2) 세계의 생성 183
      (1) 세계의 조건들-12처·18계·5온 183
      (2) 행위-업(業) 188

(3) 생의 유전-12연기(緣起) ································· 191
　　3) 무상과 무아 ······································· 196
4. 열반과 그에 이르는 길 ································· 203
　　1) 괴로움의 소멸-열반 ································· 203
　　2) 열반에 이르는 길-8정도(正道) ······················· 208

제6장 아비달마불교
-무아와 무상에 관한 변명-

1. 교단의 분열 ··· 212
2. 아비달마 논장(論藏)의 성립 ···························· 217
3. 무아와 무상에 관한 변명 ······························ 220
　　1) 세계의 조건들-5위(位) 75법(法) ······················ 220
　　　(1) 물질적 존재-색법(色法) ······················· 221
　　　(2) 마음-심법(心法) ····························· 223
　　　(3) 마음의 작용-심소법(心所法) ··················· 224
　　　(4) 마음과는 상응하지 않는 힘-불상응행법(不相應行法) ····· 226
　　　(5) 무제약적 존재-무위법(無爲法) ··················· 227
　　2) 제법의 삼세실유(三世實有) ························· 229

제7장 대승불교의 성립
-자비는 공(반야)의 귀결이다-

1. 대승의 기원 ··· 237
2. 초기 대승경전 ··· 241
　　1) 《반야심경》 ······································· 243

3. 대승 보살도 245
     1) 보살사상의 형성 245
     2) 보살의 이념-반야바라밀다 247
     3) 보살의 길-6바라밀 255

제8장 중관(中觀)
   -일체는 공(空)이다-

   1. 중관학파의 기원과 기본입장 260
   2. 일체는 공(空)이다 263
     1) 인연에 의한 생기 263
     2) 연기・무자성(無自性)・공 268
     3) 유자성론의 비판-8불(不)중도 271
        (1) 불생불멸(不生不滅)-존재 유무의 비판 271
        (2) 부단불상(不斷不常)-연속성과 불연속성의 비판 273
        (3) 불일불이(不一不異)-동일성과 차별성의 비판 273
        (4) 불거불래(不去不來)-주체와 운동의 비판 274
   3. 이중의 진리관-2제설(諦說) 275
   4. 삼론종(三論宗)과 승랑(僧朗) 280

제9장 유식(唯識)
   -세계는 마음의 투영이다-

   1. 유식학파의 기원과 기본입장 285
   2. 일체는 마음이다 289
     1) 외계대상은 존재하지 않는다-유식무경(唯識無境) 289

    2) 의식의 변화-식전변(識轉變) ……………………………… 293

    3) 의식의 세 가지 존재형태-유식 삼성설(三性說) ………… 299

  3. 깨달음으로의 길-전의(轉依) …………………………………… 304

  4. 법상종(法相宗)과 원측(圓測) …………………………………… 307

제10장 여래장(如來藏)
    -마음은 바로 여래의 씨알이다-

  1. 여래장사상의 기원과 발전 ……………………………………… 313

    1) 기원과 발전 …………………………………………………… 313

    2) 무아와 여래장 ………………………………………………… 318

  2. 여래장과 아뢰야식의 종합-일심이문(一心二門) ……………… 322

  3. 원효(元曉)의 일심사상 ………………………………………… 329

    1) 원효 그는 누구인가? ………………………………………… 329

    2) 원효의 일심사상 ……………………………………………… 332

    3) 무애(無礙)와 자재(自在) …………………………………… 336

제3부 동아시아의 불교철학

제11장 천태(天台)
    -세계는 그 자체로서 진실이다-

  1. 《법화경》의 중심사상 …………………………………………… 346

  2. 지의(智顗)의 교판(敎判)과 천태종 …………………………… 351

  3. 천태사상-제법실상론(諸法實相論) …………………………… 356

1) 지의의 진리관-삼제원융(三諦圓融) ································ 356

　　2) 지의의 세계관-일념삼천(一念三千) ································ 361

　　3) 천태와 화엄-성구(性具)와 성기(性起) ···························· 367

　4. 의천(義天)의 교관병수(敎觀幷修) ·· 369

제12장 화엄(華嚴)
　　-세계는 바야흐로 온갖 꽃들의 동산이다-

1. 《화엄경》의 중심사상 ·· 375

2. 법장(法藏)의 교판과 화엄종 ··· 380

3. 화엄사상-법계연기론(法界緣起論) ·· 383

　　1) 세계인식의 네 종류-4종 법계(法界) ···························· 383

　　2) 법계연기의 실상-3성(性)과 6상(相) ···························· 387

　　3) 법계연기의 구체적 사례 열 가지-10현(玄) ·················· 393

4. 의상(義湘)의 《화엄일승법계도》 ·· 397

제13장 선(禪)
　　-진리란 '호떡'이다-

1. 선의 유래 ·· 401

2. 선종(禪宗)의 성립과 발전 ··· 404

　　1) 보리달마와 초기 선종 ·· 404

　　2) 조사선의 등장 ··· 407

3. 선사상 ·· 413

　　1) 조사선의 특색 ··· 413

　　2) 조사선의 사상 ··· 417

4. 지눌의 정혜쌍수(定慧雙修) ································· 424
   1) 돈오점수와 정혜쌍수 ································· 424
   2) 완전한 깨달음의 길-간화경절문(看話徑截門) ········· 431

제14장 정토(淨土)
-아미타불은 영원한 피안의 고향이다-

1. 정토삼부경과 그 사상 ································· 434
   1) 정토사상의 등장 ······································ 434
   2) 정토경전의 중심사상 ································ 436
2. 정토교의 성립과 전개 ································· 442
3. 정토사상 ··· 447
   1) 정토교의 교상판석 ·································· 447
   2) 말법사상과 정토교 ·································· 450
   3) 삼세교(三階教) ······································· 453
4. 신라의 정토신앙 ······································· 455

에필로그 숲과 마을

1. 숲과 마을 ··· 464
2. 마을의 긍정과 부정, 그리고 절충 ·················· 471
3. 숲과 마을의 통일과 지양 ···························· 475
4. 마을에서의 윤리와 역사 ····························· 480

프롤로그

다양성과 통일성

인류 4대 문명 발생지 중의 하나, 힌두교와 카스트라는 신분제도가 여전히 삶을 지배하며, 요기(요가수행자)와 사두(출가수행자)가 거리를 활보하는 명상과 신비의 나라, 그러면서 핵무기와 상업용 로켓발사기술을 보유하였으며, 세계 소프트웨어 시장 점유율 2위인 나라, 노벨 물리학상 의학상 경제학상 등의 수상자를 배출한 나라, 그리고 붇타와 간디의 나라, 그곳이 인도이다.

인도는 오래되고도 큰 나라이다. 아시아 대륙 남쪽, 동경 61도에서 97도, 북위 8도에서 37도 사이에 위치하여 인도양으로 돌출한 거대한 반도의 나라로서, 역이등변삼각형과 비슷한 형태를 띠고 있다. 그 면적은 330만 평방킬로미터 한반도의 15배 크기로, 대륙에 버금간다. 그러나 우리가 오늘날의 지도를 통해 알고 있는 인도는 1947년 8월 15일 영국의 지배하에서 벗어난 이후의 모습이다. 이전의 인도는 파키스탄 방글라데시뿐만 아니라 아프가니스탄의 일부까지를 포함하는 광활한 지역으로 전 유럽에 맞먹을 정도로 넓었다.

거기에는 8천 미터의 고봉으로 이루어진 히말라야와 카라코람의 산악지대도 있고, 2400킬로미터에 달하는 갠지스강 유역의 충적 평야지대도 있으며, 데칸의 고원지대도 있다. 아삼주나 서남 해안지역은 연 평균 강수량 1만 밀리미터에 달하는 반면, 라자스탄 사막지대나 북부 카슈미르는 1백 밀리미터 정도에 불과하다.

이 땅의 원주민은 드라비다족이지만, 유사 이래 다양한 이민족들이 도래하였고, 혼혈이 이루어졌다. 그 결과 오늘날 아리안 계통의 백인종, 드라비다 계통의 흑인종, 몽골 계통의 황인종, 그 밖의 오스트랄로이드(남방의 인종) 등을 망라하는 복잡한 인구집단이 출현하게 되었다. 나아가 그에 따라 언어 역시 매우 복잡하여 오늘날 공식적으로 힌디어를 비롯한 15가지 언어가 사용되고 있으며, 더 세분하면 1,652종류의 언어가 사용되는 것으로 보고되고 있다.

이렇듯 인도는 지리적으로나 기후 풍토적으로, 인종과 언어적으로 다양한 나라이다. 그들이 이룩한 역사 또한 예외가 아니다. 인도는 정치적 지리적으로 완전한 통일국가를 이룬 적은 거의 없었다. 물론 마우리야 왕조의 아쇼카, 쿠샨 왕조의 카니시카, 굽타 왕조의 사무드라굽타, 그리고 무굴왕조의 악크바르에 의해 통일왕조가 이루어지기도 하였지만, 오늘날 인도지리로 볼 때 그것은 부분적인 것이었다. 뿐만 아니라 많은 왕조가 아리야인이 아닌 이민족에 의한 것이었다.

이미 기원전 327년에 알렉산더가 인도에 들어왔으며, 그 후 서북인도에 그리스계의 왕조(박트리아)가 들어서기도 하였다. 이후 스키타이인들이 들어왔고, 계속하여 월지(月支)족이, 흉노족이, 투르크족이 들어와 그들의 왕조를 건설하였다. 그리고 징기스칸의 후예 티무르가 왔었고, 그의 후손 바부르가 인도의 마지막 왕조 무굴(몽골의 페르시아 음가)제국을 건설하였다. 아이러니컬하게도 인도는 영국의 식민지가 되면서 비로소 지리적인 통일을 이루었다고 할 수 있다.

그러는 사이 힌두교, 자이나교, 불교, 시크교 등이 생겨났고, 조로아스

터교, 이슬람교, 기독교 등의 종교가 들어왔으며, 불교는 아시아 전역으로 전파되기도 하였다.

그런데 놀라운 사실은 이 같은 다양성에도 불구하고 인도는 유사 이래 그들의 정체성과 통일성을 유지하고 있다는 점이다. 정치적 격변과 다양한 문화들과의 접촉, 지리적 인종적 언어적 다양성에도 불구하고 그들 문화가 연속성을 유지하고 있다는 점은 놀라운 사실이 아닐 수 없다. 다양성이 두드러지면 통일성이 결여되어 결국 쇠망의 길을 걷게 되며, 통일성이 강조되면 다양성은 상실되어 결국 몰개성의 문화만이 남게 된다. 다양성과 통일성, 그것은 어쩌면 인류의 영원한 숙제이자 꿈인지도 모른다. 다양성과 통일성, 하나와 여럿, 그것의 공존을 가능하게 한 그들의 이념과 정신은 무엇이었던가? 세계와 인간에 대한 그들의 비전, 그들의 철학은 무엇인가?

인도 독립의 아버지 자와할랄 네루(1889~1964)는 이러한 인도문화의 특징을 '다양성 가운데 통일성'으로 규정하기도 하였다. 그는 그의 《인도의 발견》에서 다음과 같이 말하고 있다.: "외관상으로 볼 때 우리 국민 사이에는 개성 내지는 무한한 다양성이 있는 것 같지만 어디를 가거나 단일성이라는 그 거대한 각인이 또한 찍혀 있었다. 이 단일성은 우리에게 어떤 정치적 운명이나 불운이 닥치든 간에 지나간 시대에 우리를 결속시켜 왔다. 내가 볼 때 인도의 단일성은 단순한 지적 개념에 머무는 것은 아니었다. 그것은 나를 압도하는 정서적인 경험이었다. 그 본질적인 단일성은 너무나 강력했기 때문에 그 어떤 정치적 분열도, 재난이나 파국도 그것을 누를 수가 없었다."

그는 계속하여 말하고 있다.

고대 중국과 마찬가지로 고대 인도는 그 자체가 하나의 세계인 동시에 모든 사물에 형태를 부여하는 하나의 문화이고 문명이었다. 외국의 영향이 쏟아져 들어와 더러 그 문화가 영향을 미쳤지만 결국 흡수되고 말았다. 분열적인 여러 경향들은 하나의 종합을 발견하려는 시도를 즉각 일으켰다. 문명의 새벽 이래 단일성을 이루려는 모종의 꿈이 인도인의 마음을 차지해 왔다. 그러나 그 단일성은 외부로부터 부여되는 어떤 것, 다시 말하면 외형 또는 믿음의 표준화로 생각되지는 않았다. 그것은 보다 깊이 있는 어떤 것으로서, 그 범주 안에서 믿음과 관습에 대한 가장 폭넓은 관용이 베풀어지고 모든 다양성이 인정되고 고무받기까지 하였다.[1]

그러나 '다양성 가운데 통일성'이라는 네루의 명제는 그리 놀랄만한 것이 아니다. 일찍이 신라시대의 불교사상가 의상(義湘, 625~702)은 그의 《화엄일승법계도(華嚴一乘法界圖)》에서 "하나 가운데 일체가 존재하고, 여럿 가운데 하나가 존재한다. 하나가 바로 일체이며, 여럿이 바로 하나이다(一中一切多中一 一即一切多即一)"고 설파하고 있기 때문이다.

네루의 명제든 의상의 외침이든 이는 모종의 계약에 의해 유지되는 하나와 여럿의 관계와는 본질적으로 다르다. 천부(天賦)라 하든 자연이라 하는 계약은 본질적으로 '힘'을 전제로 하며, 그 같은 힘의 우열에 따라 양자의 관계는 다르게 해석되어 왔기 때문이다. 그러나 인도정신의 관점에서 본다면, 그것은 다만 세속적 부침(浮沈), 바다에 일렁이는 파도처럼 그렇게 밀려왔다 그렇게 밀려나가는 것이었을 뿐이다. 그것은 바로 다양성의 한 표본이었다.

그렇다면 여기서 '여럿(多)'은 무엇이고 '하나(一)'는 무엇인가? 그것은 부분과 전체, 개인과 사회 이상의 것이다. '여럿'이 차별의 현실이라면, '하나'는 통일(무차별)의 이상이다. 찰나의 시간이 지배하는 요란한 세계가 현실이라면, 그 같은 요란함에서 벗어난 절대 영원의 세계가 이상이다.

그런데 그러한 통일의 이상은 네루의 말처럼 외부에서 부여된 어떤 것

---

1) J.네루, 《인도의 발견》, 김종철 역(한길사, 1981), p.51.

이 아니라, 단순한 지적 개념이 아니라 인간 내면 깊숙한 곳에 존재하는 그 어떤 것, 언어나 개념으로 결코 규정할 수 없는 그 어떤 절대적인 것으로, 그것은 말하자면 종교적인 절대이다. 그것은 욕망과 언어가 지배하는 세속의 마을(grāma)을 비추는 빛으로, 마을 저편에서 언제나 그렇게 존재하는 숲(vana, 혹은 산)과 같은 것이었다. 또한 그것은 마치 모든 강물을 받아들이는 바다와 같은 것이었다.: "모든 강물은 바다에 이르면 그 이름을 버리고 바다와 하나가 된다."[2]

---

2) 《문다카 우파니샤드》 Ⅲ. 2. 8.; 《찬도갸 우파니샤드》 Ⅵ. 10. 1.

제1장 인도철학의 일반적 특성

1. 존재의 근원적 위기

 인도의 철학은 괴로움(duḥkha)의 인식으로부터 시작하며, 궁극적으로 그것의 극복을 지향한다. 무엇이 괴로운가? 우선 다음의 우화를 들어보자. 이것은 불교의 《비유경》에 나오는 이야기이지만, 불교 고유의 것은 아니다. 인도의 대서사시 《마하바라타》에도 나오며, 7세기 자이나교의 논사 하리바드라(Haribhadra)도 이와 유사한 이야기를 통해 그들의 사상을 설명하고 있다. 이를 하나로 묶어 재구성해 보기로 한다.

 가난에 찌든 어떤 한 사나이가 있었다. 그는 새로운 삶을 찾기 위해 길을 떠났다. 그러나 며칠 후 그는 광야에서 길을 잃고 말았다. 배가 고팠고 목이 말랐다. 방향도 알지 못한 채 정처 없이 헤매고 있었다. 그런데 문득 난데없이 미친 코끼리가 그를 향해 돌진해 오고 있는 것이 아닌가. 그는 공포에 질려 도망쳤다. 한참을 정신 없이 달렸지만 뒤를 돌아보니 여전히 사나운 코끼리는 그를 한 입에 삼킬 듯 뒤쫓아오고 있었다.

그런데 저 멀리 거대한 보리수나무가 보였다. 그곳은 안전한 것처럼 보였다. 기진맥진한 채 그곳에 도착하였지만 그 나무는 새들조차 날아올라 갈 수 없을 정도로 높았고, 거대한 나무둥치는 잡을 수조차 없었다. 그런데 나무 밑에는 오래된 우물이 하나 있었고, 거기에는 마침 칡넝쿨이 길게 늘어져 있었다. 그는 안도하며 칡넝쿨을 타고 우물 밑으로 내려갔다.

그러나 그 오래된 우물바닥에는 전갈들이 쉬잇 쉬잇 소리를 내며 빨간색 눈으로 그를 쏘아보고 있었다. 이제 올라갈 수도 내려갈 수도 없는 처지였다. 힘은 점점 빠져들었다. 우물 벽면에라도 몸을 의탁하고자 하였으나 사면에서는 독사들이 잔뜩 독이 올라 혀를 날름거리고 있었다. 그의 목숨은 오로지 칡넝쿨에 달려 있었다. 이제 어떻게 해야 할 것인가? 그런데 설상가상 어디선가 흰쥐와 검은 쥐가 나와 칡넝쿨을 갉아먹고 있지 않은가? 이제 더 이상 아무런 희망도 없다. 그것은 위기였고 절망이었다. 이제 바야흐로 그의 목숨은 경각에 달려 있었다.

그러는 동안 미친 코끼리는 우물을 가로질러 서있는 보리수니무를 머리로 쳐 받았다. 그러자 나무에 매달려 있던 벌집이 흔들렸고, 벌떼들은 이 가엾은 사나이를 마구 쏘아댔다. 그러는 사이, 한 방울의 꿀이 우연히 그의 머리 위에 떨어져 얼굴을 타고 내려와 입술에 닿으면서 그에게 찰나의 감미로움을 가져다 주었다. 그것은 일찍이 맛보지 못한 달콤함이었다. 한 방울 한 방울 떨어지는 꿀맛에 도취되자 그는 탐욕에 사로잡힌 채 마침내 코끼리도, 전갈도, 뱀도, 쥐도, 우물에 빠져 있다는 사실조차 잊어버리고 말았다.

여기서 광야를 헤매고 있는 나그네는 누구인가? 그는 미망에 빠져있는 우리들 자신이다. 이 이야기는 무상에 쫓겨 죽음으로 향하고 있으면서도 감각적 쾌락에 뇌쇄되어 그것을 잊고 있는 우리 인간들을 비유한 것이다.

여기서 미친 코끼리는 무상(자이나교에서는 죽음)의 비유이며, 우물은 생사의 샘으로 우리의 삶을 말하며, 전갈은 죽음의 그림자(자이나교에서는 지옥)를, 네 마리의 독사는 우리 몸을 구성하고 있는 지(地)・수(水)・화(火)・풍(風)의 네 가지 요소를, 칡넝쿨은 생명의 줄을, 흰쥐와 검은 쥐는 생을 갉아먹는 낮과 밤을, 벌떼는 번뇌를, 그리고 꿀은 재(財)・색(色)・식(食)・명(名)・수(睡)의 5욕락을 말한다. 그리고 보리수나무는 구원을 상징한다.

이 이야기는 인간의 존재를 적나라하게 발가벗겨 놓고 있다. 이는 바로 인간의 유한성과 무지함을 고발하고 있다. 어떠한 재물도, 어떠한 지식도, 어떠한 건강도 인간을 지켜줄 수 없다. 하리바드라는 말한다.: "현자라면 어떻게 그런 위험과 고통 속에서 쾌락을 원할 수 있을 것인가?"

그것은 분명 한계상황이자 위기의식이다. 실존적으로 말하자면, 그러한 위기의식은 특정한 때, 특정한 이에게만 나타나는 특정한 위기의식이 아니라 모든 때, 모든 이에게 노출된 근원적 위기의식이다. 그러한 위기의식은 누구도 대신할 수 없는 나만의 위기의식이며, 또한 그 같은 위기의식 앞에서 객관적이고도 보편적인 지식체계의 가치는 제로이다.

그러할 때 우리는 철학으로부터 무엇을 기대할 것인가? 오늘날 우리는 한편으로 그것이 서양의 철학이든 동양의 철학이든, 여전히 철학은 우주와 인생에 대한 보편적이고도 객관적인 진리를 밝히는 학문, 보편학으로서 만학의 학이라고 말하면서도 다른 한편으로 그것은 너무 복잡하고 장광설이며, 추상적인 것으로서, 어떤 구체적인 실용적 가치가 없다고 여긴다. 더욱이 오늘날 과학의 발전은 형이상학의 무절제한 사색을 의미 없게 만들어버렸다. 철학은 다만 논리적 비판적 사유능력의 함양을 목적으로 한다고 말함으로써 인지개발의 보조수단으로 격하되거나, 지난날의 영광에 의탁한 채 고상한 교육용 장식품으로 전락하여 이제 더 이상 생동적인 효용가치를 인정받지 못하고 있는 것이 오늘날의 실정이다.

그럴 때 인도철학이, 불교철학이 설자리는 어디인가? 인도철학은 다만 상업시대의 산물인 인도라는 '지역학'의 한 분과로서, 불교철학은 하나의 특정종교의 교리로서만 존재해야 하는 것인가?

2. 철학과 종교

인도의 철학은 종교적이다. 이 말은 곧 철학활동의 궁극목표인 정지(正知)를 통해 종교적 욕구인 구원을 실현할 수 있다는 의미이다. 아득한 옛날부터 인도인들이 생각한 구원은 생천(生天) 즉 천국에 태어나는 것이 아니라 목샤(mokṣa) 즉 해탈(解脫)이었다. 목샤는 '풀다' '해방되다' '벗어나다'를 뜻하는 어근 √muc로부터 파생된 말로서, 그것은 요컨대 '뱀이 낡은 껍질에서 해방되듯이, 새가 창공을 날고, 물고기가 대양을 헤엄치듯이, 그물에 걸리지 않는 바람처럼' 절대적이고도 완전한 자유를 뜻한다.

우리는 과연 자유로운가? 만약 그렇지 못하다고 한다면 무엇에 속박되어 있는 것인가? 경제적 속박, 정치적 속박, 사회 제도적 속박. 그러나 이같은 속박은 시대의 진보나 인지의 발달에 따라 재화의 생산수단이 확대되고, 사회 정치제도가 발전 정비됨으로써 어느 정도 해소될 수도 있을 것이다. 보다 근원적인 속박은 외적인 것이 아니라 내적인 인간자신의 욕망일 것이다. 욕망은 그것이 성취되는 한 어느 정도까지는 자아를 확대시킴으로써 자유가 신장되는 것 같지만, 본질적으로 우리를 속박한다. 그것은 끊임없이 확대 재생산되기 때문이다.

욕망은 자아(에고)와 밀접한 관계를 갖는다. 욕망은 본질적으로 에고의 소산이다. 그리고 불교를 포함하여 인도철학에서는 에고를 무지의 소산이라고 말한다. 인간의 속박과 그에 따른 고통은 어떤 원죄에 기인하는 것이 아니라 존재본성에 대한 무지(avidyā)로부터 비롯되었다고 생각한다. 따라서 무지로부터 벗어날 때 일체의 욕망으로부터 벗어날 수 있으며, 그 때 진정한 평화와 환희라 할 수 있는 열반이나 해탈이 실현된다는 것이다.

후세에 이르면 또 다른 구원(해탈)의 도가 모색되기도 하지만, 인도철학에서의 구원의 도는 본질적으로 정지(正知)이다. 인도의 거의 모든 철학은 궁극적으로 해탈 자유를 추구한다. 그것은 존재본성에 대한 통찰을 통해서만 가능하다.

이런 점에서 인도에서는 전통적으로 철학(philosophy)을 다르샤나(darśana)라고 하였다. 다르샤나는 '보다'는 뜻의 동사어근 √dṛś로부터 파생된 말로서, 세계의 실상이나 존재본성에 대한 통찰을 의미한다. 불교는 붓다(Buddha) 다르샤나, 자이나교는 자인(Jain) 다르샤나, 요가철학은 파탄잘리(patañjali) 다르샤나로 일컬어진다. 과연 불타는 무엇을 어떻게 보았던 것인가? 그것이 불교철학의 핵심이다. 우리도 그가 보았던 것을 본다면 그와 같이 될 수 있을 것이다.

인도철학에, 불교에 무지한 우리들 역시 세계를 바라보며, 존재의 본성에 대해 모색한다. 그 수단은 무엇인가? 무엇을 통해 보는가? 눈 등의 감관을 통해 보며, 의식을 통해 본다. 그러나 '본다'는 사실, 즉 인식은 매우 복합적인 조건의 산물이다. 여기서 그 하나하나를 따져볼 여유는 없지만, 우리는 대개 우리가 살아온 방식대로 세계를 바라본다. 다시 말해 우리가 쌓아온 관념이라는 안경을 통해 세계를 바라본다.

그리고 우리에게는 나에게 보여진 그것을 진실이라고 여기는 성벽이 있다. 아니 진실이어야 한다고 믿는다. 그 진실을 통해 자신의 세계는 더욱 더 강화되며, 그것이 파괴되거나 허물어질 때 분노하고 절망한다. 그러나 그것은 다만 욕망일 따름이며, 본질적으로 무지의 소산이다.

우리들 인식의 보다 근원적인 문제는 차별적이고도 분별적이라는 사실이다. 즉 감관의 대상은 물질(이를 色 rūpa라 한다)이며, 의식의 대상은 언어(이를 名 nāma라 한다)이다. 세간에서는 언제나 언어적 개념으로 드러난 것만이 확실한 인식이 된다. 그러나 언어는 항상 자신 이외 다른 것을 배제하는 속성을 갖는다.

무슨 말인가? '나는 남자이다'고 하는 말은 여자가 아니라는 말이다. 그 말은 내가 남자임을 적극적으로 표시한 것이 아니라 남자 이외의 다른 모든 존재, 이를테면 여자와는 다른 특성을 갖는다는 의미이다. 세계는 본질적으로 차별적 현상이기 때문에 언어로 드러날 수 있다. 혹은 반대일 수도 있다.: '세계란 그 어떤 것이 언어로 덧씌워져 나타난 현상이다.' 그러나 차별은 진실이 아니다. 아이러니컬하게도 인간의 이성은 항상 차별을 극복하고자 한다. 그렇다면 언어 역시 진실이 아니다.

만약 이 세상에 오로지 남자만이 존재한다면, 여자라는 말은 애당초 존재하지 않았을 것이며, 여자라는 말이 존재하지 않았다면 남자라는 말 역시 존재할 까닭이 없다. 그럴 때 우리는 '그것'을 무엇이라고 불러야 할 것인가? 우리의 일상의 인식은 언어를 통한 분별적이고도 차별적인 것이지만, 다르샤나 즉 통찰은 말 그대로 전체를 두루 관찰한다는 말이다. 따라서 그것은 언어를 통한 분별지(分別智)가 아니라 더 이상 언어적 매개를 통하지 않은 무분별지(無分別智)라고 할 수 있다.

그렇다고 다르샤나가 반드시 직관만을 뜻하는 것은 아니다. 직관에 의해 얻어지고 논증에 의해 뒷받침되는 사유체계도 역시 다르샤나라고 할 수 있다. 그 같은 개념적 지식이나 논리적 탐구도 무분별지에 이르기 위해서는 중요한 방편이 되기 때문이다. 자전거 타기를 예로 들어보자.

일찍이 자전거를 보지 못하였거나 타는 법을 알지 못하는 이는 먼저 그것에 대한 개념적 지식을 획득하고 그 이치를 깊이 생각해 보아야 한다. 그러나 그렇게 하였다고 해서 바로 자전거를 탈 수 있는 것은 아니다. 이제 실제적인 습득이 필요하다. 그런데 습득의 초기에는 자전거의 이치를 떠올리게 될 것이고, 그 순간 넘어지고 만다. 그러나 오랜 시간 반복하여 두 손을 놓고도 탈 수 있게 되었을 때, 이제 더 이상 자전거에 관한 인식은 필요하지 않다. 그렇다고 그가 자전거에 대해 무지한 것은 물론 아니다. 이제 자전거와 하나가 된 것이다. 자전거에 올라타기만 하면 그것에 관한 인식 없이도 바로 달릴 수 있다. 그것은 상쾌함이자 자유이다.

이 때 바야흐로 자전거 타는 법을 '깨달았다'고 말한다면, 자전거에 대한 개념적 지식을 획득한 때는 '이해하였다'는 정도로 말할 수 있을 것이다. 물론 지식의 궁극적 목적은 전자이며, 후자는 그에 이르는 수단이 된다.

불교에서는 전통적으로 전자를 '종(宗, siddhānta, 宗趣)'이라 하고, 후자를 '교(敎, desana, 言敎)'라고 하였다. 전자가 주체적 실천적 종교적인 진리인식으로, 깨달음(自證, pratyātma)을 본질로 하는 것이라면, 후자는 객관적 사변적 과학적 철학적인 진리인식으로, 이해(了別, vijñāna)를 본질로 한다. 그것은 바로 세계존재의 실상에는 궁극적 측면의 실상과 언어적 측면의 실상이 있기 때문이다. 불교일반에서 전자가 피안이라면, 후자는 그것으로 건너가는 배에 비유되며, 전자가 달이라면, 후자는 그것을 가리키는 손가락에 비유된다. 따라서 '종'이 '교'보다 높게 평가되는 것은 지극히 당연하며, 이는 동양의 사유전통에 있어서도 공통된 사실이다.

'종'과 '교', 이것이 종교의 원래 의미였다. 종교(宗敎)라고 하는 말은 원래 불교(보다 엄격히 말하면 佛法)의 전통적인 해석술어였다. 그러나 오늘날 우리가 사용하는 대개의 문화어들이 그러하듯이, 종교라는 말 역시 19세기 말 일본 사람들이 릴리전(religion)이라는 말을 이같이 번역하여 널리 사용함에 따라 불교의 상위개념으로 정착되기에 이른 것이다.

따라서 '불교는 종교이다'고 할 때, 오늘날 사전적 의미 즉 우주의 창조주나 지배자로서 복종 숭배되어야 하는 신적 또는 초인간적 힘을 믿는 것이라는 의미로서의 종교는 아니다. 전통적으로 한자문화권에서는 '종교'라는 말도, '철학'이라는 말도 없었다. 그러한 말이 없었음에도 불교를, 다른 여타의 동양의 사상을 그 중 어딘가에 대입시키려는 것은 문화제국주의의 잔재이다. 그렇다고 동양세계에 인간과 세계에 대한, 삶에 대한 모색이나 구원의 도가 없었던 것은 아니다.

주지하는 바대로 서양의 경우, 철학과 종교는 각기 희랍과 히브리의 문화전통에서 유래하였기 때문에 양자 사이에는 항상 긴장관계가 지속되어 왔다. 그러나 인도의 경우, 그러한 대립관계가 성립하지 않았을 뿐만 아니라 도리어 상호 보완적 관계를 유지해 왔다. 말하자면 인도의 종교는 철학적이며, 인도의 철학은 종교적이라고 말할 수 있다.

오늘날 인도에서 종교에 해당하는 말은 다르마(dharma, 法)이다. 그들의 종교인 힌두교를 '사나타나 다르마(영원한 진리)'라고 한다. 다르마는 인도의 모든 철학(darśana)이 탐구의 대상으로 삼았던 바로서, 중국에서의 도(道)에 비견되는 말이라고도 할 수 있다. 이것의 어원 $\sqrt{dhr}$는 '유지하다' '지탱하다'는 정도의 의미이지만, 이것은 점차 세계를 유지 지탱하는 질서 규범 법칙 원리 존재, 나아가 도덕 정의 진실 선—선한 습관, 선한 성질—의 뜻을 갖게 되었다.

이는 저 유명한 다르마 아쇼카(dharma Aśoka, B.C. 268~232재위)의 통치이념이기도 하였다. 그가 생각한 법이란 일체의 평등성에 입각하여 생명 있는 모든 이를 사랑하고 진실만을 말하며, 관용과 인내를 발휘하고 가난한 이를 돕는 '선' 바로 그것이었다. 그에게 있어서는 번뇌가 적은 것, 선행을 많이 하는 것, 애정 보시 진실 청정한 행위, 그 모두가 법이었다.

따라서 다르마가 반드시 진리(truth)나 오늘날 의미의 법(law)만을 의미하는 것은 아니며, 창조주인 신과의 재결합을 뜻하는 것은 더더욱 아니다. 그것은 인간의 삶을 규정하고 유지하는 '일체의 행위에 관한 작업가설이다.' 네루는 그의 《인도의 발견》에서 저명한 미술사학자 E.B. 하벨의 말을 인용하여 다음과 같이 말하고 있다.: "인도에서 종교(다르마)는 도그마라기보다 정신적 발달의 여러 단계와 삶의 여러 상황들에 적용되는 인간행위에 관한 작업가설이다."[1]

인도의 어떠한 철학 종교의 사상도 윤회 전생하는 인간의 괴로운 삶을 규정짓는 일차적 근거는 그 어떤 선험적 원죄가 아니라 무지와 욕망에 기인하는 자신의 행위(業, karma)이다. 그러나 한편 인도의 고전 《바가바드 기타》에 의하는 한, 그것은 당위로서의 인간의무이기도 하다. 그럴 때 최선의 행위라고 하는 것은 자파(自派)에서 통찰(darśana)되어진 방식대로 행해진 행위이며, 그것에 의해 그들이 생각하는 인간의 목적은 달성된다. 다시 말해 철학이 삶의 현장에서 구체적으로 실현될 때, 그것은 종교가 된다.: "브라흐만을 아는 자는 브라흐만이 된다."[2]

인도의 저명한 현대 철학자인 라다크리슈난은 말하고 있다.: "철학의 사상은 그것이 끝까지 추구될 때 삶이라는 지고(至高)의 테스트를 통하여 영위되고 검증되는 종교가 된다. 철학의 훈련은 동시에 종교적 사명의 완수이다."[3] 그러나 모든 이가 브라흐만을 알 수 없으며, 그에 관한 철학적 훈련을 감당할 수 있는 것도 아니다.

인도에 있어 철학적 훈련 즉 통찰을 통해 알려지는 존재본성(혹은 실

---

1) J.네루, 《인도의 발견》, 김종철 역(한길사, 1981), p.167.; S. 라다크리슈난, 《인도철학사》 I, 이거룡 역(한길사, 1996), p.49.
2) 《문다카 우파니샤드》 III. 2. 9.
3) S. 라다크리슈난, 《인도철학사》 IV, 이거룡 역(한길사, 1999), p.589.

상)은 학파마다 그 명칭은 다를지라도 궁극적인 것이고, 절대적인 것(宗)이다. 그것은 생성 소멸하는 것이 아니라 영원한 것이며, 다수의 개별자가 아니라 단일의 보편자이다. 그것은 무차별적인 것이기 때문에 차별의 현실에서는 발견될 수 없고, 분별의 언어로써 말되어질 수 없는 성질의 것이다. 비록 초기불교에서 그 같은 단일 보편의 존재를 부정하고, 오직 현실에서 주어진 경험에만 관심을 갖는다고 할지라도 현실의 통찰(正見)을 통해 얻어지는 열반마저 부정하지는 않는 것이다.

곧 해탈(혹은 열반)이란 상대적인 세계를 떠나 절대적 존재(혹은 實際), 이를테면 브라흐만이나 무아 혹은 공(空)을 통찰함으로써 실현되는 절대적 가치이다. 그리고 이러한 절대적 존재는 현상 배후에 존재하는 비인격적 실재로서 사실상 어떠한 차별적 성질도 갖지 않지만, 따스하고 순수한 감정을 지닌 감성적인 사람들에 의해 절대자로서의 인격을 갖추게 될 때, 다시 말해 영원불변하고 전지전능하며 자비로운 분으로 인식될 때, 바야흐로 살아 있는 신(Īśvara) 혹은 여래(如來)로 나타나게 된다.

왜 나타나는가? 그들은 다 같이 '모든 중생을 구제하기 위한 자비심의 발로였다'고 말한다. 그렇다할지라도 이 때 신의 성격은 전적으로 인간정신, 혹은 어떤 한 민족이 일찍이 추구하였고, 현재 추구하고 있는 바가 반영된 것이라고 할 수 있다. 따라서 신격과 불타관은 시대에 따라 변화한다. 이 같은 점에서 본다면 인격의 관념으로서 드러나는 신은 실재의 영역이 아니라 현상의 영역으로, 베단타의 철학자 샹카라의 말을 빌리자면 환영(māyā)의 산물이다.

이렇듯 인도철학상에 있어 실재와 신은, 절대와 절대자라는 관점에서 자유로이 왕래한다. 전자가 우주의 내재자로서 탐구(jñāna)의 대상이 된다면, 후자는 창조주로서 찬양과 제사(yajña)의 대상이 된다. 대승불교의 경우, 존재의 본성(法性 즉 眞如, tathatā)인 공은 통찰(즉 반야바라밀다)의 대상이 되지만, 영원한 생명 영원한 빛으로 나툰 제불 여래(tathatāgata)는 기도와 예배의 대상이 된다. 그리고 전자가 보다 본질적이라는 것은 두말할 필요가 없지만, 예배가 통찰과 대립하는 것은 아니다. 이 또한 통찰의 보조적 수단이 되기 때문이다.

곧 인도에 있어 종교란 오로지 신에 대한 절대적 믿음에만 기초한 것도 아니며 ─ 인도사유에 있어 그것은 깊은 종교적 삶의 필요조건도 충분조건도 아니다 ─, 그것을 포함한 일체의 인간행위, 인간의 삶에 기초한 것이다. 다시 라다크리슈난의 말을 빌리자면, "종교란 학적 추상개념도 아니며, 제사의식만도 아니다. 그것은 일종의 삶이자 경험으로, 바로 실재의 본성에 관한 통찰(darśana)이며, 그것으로의 경험(anubhava)인 것이다. 왜냐하면 학적인 지식은 직관에 수반되는 것이고, 종교적 도그마는 경험에 수반되며, 그것에 관한 일체의 언어적 표현은 깨달음에 수반되기 때문이다."[4]

따라서 종교란 존재본성에 대한 통찰과 경험, 그리고 그에 따른 인간의 삶의 방식, 살아가는 길(道)이다. 우리는 적어도 그렇게 정의 내릴 수 있을 것이다.

3. 인도인의 길

1) 삶의 현실

그렇다면 힌두교란 무엇인가? 그것은 존재본성에 대한 인도인들의 비전과 이에 근거하여 그들이 살아갔던, 혹은 살아가는 방식이다. 그것은

---
[4] S. 라다크리슈난, 《인도인의 인생관》, 허우성 역(서광사, 1994), p.18참조.

그들의 이상이자 궁극적 가치였다. 그리고 그 같은 가치는 초월적인 것일 수도 있고, 내재적인 것일 수도 있다. 무슨 말인가? 인도철학에서도 불교에서도 자주 인용하는 예화가 있다.

어떤 이가 밤길을 가다가 뭔가를 밟았다. 뭉클한 느낌이었고, 구불구불하게 늘어져 있었다. 그것은 필경 뱀이었다. 물렸을지도 모를 일이다. 전율이 일었고, 공포가 엄습해 왔다. 이제 죽음의 그림자가 저만치 다가와 있다고 생각하였다. 또 다른 어떤 이가 그곳을 지나다가 뭔가를 밟았다. 뭉클한 느낌이었고 구불구불하게 늘어져 있었다. 그러나 그의 눈에 그것은 새끼줄 토막으로 비쳐졌고, 그것은 또한 사실이었다. 새끼줄 토막이 그의 생에 어떠한 영향도 미치지 못하였을 것임은 자명한 일이다.

여기서 새끼줄은 진실이고, 뱀은 거짓이다. 전자가 정지에 의한 통찰이라면, 후자는 무지에 의한 미망이다. 그러나 앞의 사람이 실제로 보았던 것도 사실은 새끼줄이었다. 다만 새끼줄이 뱀으로 나타나 보였을 뿐이다. 그것은 마야(māyā) 즉 환영이었을 뿐이다. 그러나 환영은 환영에서 깨어난 사람에게 있어서만 환영일 뿐, 깨어나지 못한 이에게 있어 그것은 생생한 현실이다. 꿈을 꾸고 있는 동안 꿈은 꿈이 아니라 엄연한 현실이다. 이처럼 존재의 본성(진실)은, 그것을 알지 못하는 자에게 있어서는 초월적인 것이지만, 실제로는 세계에 내재하는 것이다.

다른 뭇 철학이 그러하듯이 인도철학의 핵심적인 키워드 역시 지(知)와 무지(無知), 명(明, vidyā)과 무명(無明, avidyā)이다. 그러나 이 때의 '지'는 단순한 언어적 개념적 지식을 의미하지도 않으며, 객관적이고도 과학적인 진리인식을 의미하는 것도 아니다. 이러한 지식과 인식은 인간의 유한성을 극복할 만한 힘이 없다.

앞서 언급한 것처럼 인도의 모든 철학은 구체적인 삶의 철학이다. 그들에 따르는 한, 철학이라고 명칭 붙일만한 모든 철학은 단지 지적 훈련이 아니라 인간이 자각적 삶을 살 수 있도록 실제적으로 응용되어야 한다. 철학의 목적은 단지 지적 호기심의 만족이나 이론적 진리의 추구가 아니다. 보다 중요한 것은 철학이 삶의 양식과 질에 변화를 주어야 한다는 사실이다. 그렇지 못한 철학은 지적 호기심의 갈증은 달래줄 수 있을지 몰라도 삶과 직접 관련 없는 공허한 지적 구성에 지나지 않으며, 진정한 철학이 아니다.

다시 말해 철학은 인간의 삶을 무지와 어둠, 그리고 속박으로부터 지식과 지혜, 그리고 자유로 변형시킬 힘을 가져야만 한다. 요컨대 인도의 철학은 '힘(śakti)으로서의 철학'이며,[5] 그 때의 힘은 물질적 힘이나 정치 권력의 힘과는 질적으로 다르다. 그것은 외부에서 획득되는 것이 아니라 내면에서 발산되는 힘이다.

모든 종류의 지식은 그 나름대로의 힘을 갖는다. 의사는 질병과 약에 대해 능통한 사람이며, 목수는 나무와 건축에 대해, 사제나 무당은 제사 의식과 주술에 대해 능통하다. 그렇다면 철학자의 힘은 무엇인가? 그는 욕망과 분노, 망상과 두려움을 능히 통제할 수 있다. 그는 바야흐로 운명의 손길로부터 완전히 벗어나 있다.

> 모든 집착이 일어나는 곳을 알아 아무것도 바라지 않고, 탐욕을 떠나 욕심이 없는 성자는 무엇을 하려고 따로 구하지 않는다. 그는 이미 절대 평화의 세계에 도달하였기 때문이다.[6]

그러나 무지와 어둠이 지배하는 현실은 욕망으로부터 결코 자유롭지 못하다.: "욕망을 이루고자 하는 사람이 욕망을 이루면, 그는 얻고자 하는

---

5) 하인리히 짐머, 《인도의 철학》, 김용환 역(대원사, 1992), p.69이하 참조.
6) 《숫타니파다》 210(법정 역, 이레, 1999), p.80.

것을 얻었기 때문에 기뻐한다. 욕망을 이루고자 하는 사람이 욕망을 이루지 못하게 되면, 그는 화살을 맞은 사람처럼 괴로워하고 번민한다."[7]

욕망은 무지의 소산으로, 그릇된 자아에 대한 믿음으로부터 생겨난다. 그것은 끊임없이 확대 재생산되며, 업(業)을 일으킨다. 우리는 업을 통해 새로운 세계를 경험하며, 그에 따른 새로운 욕망과 업을 낳게 된다. 이같이 끝없이 반복하며 생과 사를 되풀이하는 것, 이것이 윤회(輪廻)이다.

업이란 '짓다' '행하다' '낳다'는 뜻의 어원 √kr에서 파생된 카르마(karma)의 역어(譯語)로서, 일차적으로는 활동 일 행위를 의미하지만 인과의 관념과 결합되어 결과를 낳는 힘으로 간주되기도 한다. 즉 선악의 모든 행위는 반드시 즐겁거나 괴로운 과보를 초래한다는 것이다. 이에 따라 업은 현생에서뿐만 아니라 전생으로부터, 혹은 내생으로까지 이어진다고 생각하게 되었고, 바야흐로 윤회라고 하는 관념을 낳게 되었던 것이다. 업의 존재를 인정하는 한 윤회는 필연적인 것이었다.

이러한 윤회의 관념은 불교 이전부터 존재하였던 인도의 보편적 사유였다. 그들은 인생이 죽음과 함께 끝나는 것이라고 생각하지 않았다. 죽음은 또 다른 생으로의 시작이며, 생은 또한 죽음으로의 준비기간이다. 이처럼 생과 사를 끊임없이 반복하는 인생을 인도인들은 더없이 괴로운 것이라고 생각하였다.

윤회하는 삶은 괴롭다. 인도철학은 바로 괴로움에 대한 인식으로부터 시작한다고 하였다. 무엇이 괴로운가? 욕망을 성취하지 못하는 것은 괴로운 일이다. 성취하더라도 필연적으로 상실하게 되므로 괴롭다. 사랑하는 이와 헤어지는 것도, 미워하는 이와 만나는 것도 괴로움이며, 태어나서는 늙고 병들며, 죽어야 하기에 괴롭다. 오늘의 젊음은 내일을 보장할 수 없

---

[7] 《숫타니파타》 766-7(같은 책), p.270.

다. 어제의 환희는 오늘 절망이 되기도 하며, 어제의 사랑은 오늘 미움을 낳기도 한다. 그러면서 환희와 절망에, 사랑과 미움에 집착하여 그에 따라 또 다른 욕망을 낳고, 업을 일으킨다. 그것은 숙명과도 같은 우리 인간의 굴레이다.

무엇이 괴로운가? 욕망과 업에 의해 생과 사를 거치며 반복되는 존재 그 자체가 괴로운 것이다.

2) 삶이 추구하는 네 가지 가치

인간의 삶을 이같이 인식하였을 경우, 그들이 추구하였던 삶의 가치는 무엇이겠는가? 그것은 두말할 나위도 없이 그와 같은 생과 사의 드라마로부터 벗어나는 것이다. 인간의 존재 자체를 괴로운 것이라고 자각한 이상, 그것에서 해방되고자 하는 것은 필연적인 것이다.

그런데 아이러니컬하게도 '윤회하는 삶은 괴로운 것'이라는 인도인의 인생관은 궁극적으로 염세나 비관주의가 아니라 낙관주의에 기초한 것이다. 어떤 한 사유체계가 괴로움의 인식만을 강조하고 거기에 매몰되는 것이라면, 그것이 어떻게 시대를 초월하는 인류의 보편철학이 될 수 있을 것인가? 그것은 다만 한 시대를 풍미하는 허무주의일 따름이다.

인도의 거의 모든 철학은 존재의 근원적 변화를 통해 괴로움은 즐거움으로, 죽음은 불사(不死)로 대체될 수 있다고 확신하였다. 그들은 염세적이며, 무지와 고통, 비애와 속박으로서의 인간 실존에 주의를 돌림으로써 그들의 철학을 시작하지만, 그러나 궁극적으로 낙관적이며, 지식과 지혜를 통해 지복(至福)과 자유에 이를 수 있음을 절대적으로 긍정한다.

그렇다면 그들은 또한 해탈지상주의, 초월주의자였던 것인가? 초월이 강조되면 강조될수록 세속에서의 삶과 역사는 먼지 티끌과도 같은 부질

없는 것이 되고 만다. 그러나 세속에서의 삶을 먼지 티끌처럼 여길 경우, 그것을 누가 감히 인류의 보편철학이라고 할 수 있을 것인가? 그것은 현실부정, 현실도피라는 또 다른 오명을 뒤집어쓰게 될 뿐이다.

그렇다면 해탈이란 무엇인가? 여기에 우리가 이해하기 어려운 인도철학과 불교의 위대한 힘이 감추어져 있다고 할 수 있다. 세속과 초월(해탈), 시끄러움과 고요함, 현상과 실재, 나아가 차별의 현실과 통일의 이상, 혹은 마을과 숲, 우리는 상호 대립되는 양 항을 어떻게 이해해야 할 것인가? 우리 인간의 사색은 어디에 가 머물러야 할 것이며, 실제적인 삶의 현장에서 무엇을 추구해야 할 것인가? 인도철학의 궁극적 관심은 바로 여기에 있으며, 이는 바로 이 책이 한결같이 추구하고자 하는 주제이기도 하다.

고대 인도인들은 《마누법전》(기원전 2세기 무렵) 이래 그들의 삶의 가치를 아르타, 카마, 다르마, 그리고 목샤에서 구하고 있으며, 이에 따라 그들의 삶을 네 단계로 나누고 있다.

먼저 아르타(artha)란 문자 그대로 물건 대상 질료를 뜻한다. 따라서 이것은 부, 세속적 번영, 이익, 소유의 성취라는 뜻을 함축하고 있어 경제적으로는 금전과 재산, 정치적으로는 권력, 심리적으로는 목적이나 목표, 대상, 소원 등을 의미한다. 혹은 그것을 성취하는데 필요한 기술을 의미하기도 한다.

곧 아르타는 질투 경쟁 중상모략 학정 폭력 등이 횡행하는 세속으로부터 자신을 보호할 수 있는 기술로서, 가족을 부양하고 이끌어 가는데 필요한 일상생활의 모든 것과 종교적 의무를 성실히 수행하는데 필요한 모든 것, 나아가 인간본성이 정상적으로 요구하는 만족조건들을 포함한다. 물질적 재화 없이 삶은 영위될 수 없으며, 공물(供物)이 없이는 제사를 지낼 수도 없다. 연애를 성취하기 위해서는 꽃과 보석, 멋진 옷 등이 필요한 것이다.

그러나 여기에는 작은 놈이 큰 놈을 삼켜가는 '물고기의 법칙(matsya nyāya)'이 지배하기 때문에 다음에 설할 다르마가 전제되어야 한다.

두번째 카마(kāma)란 좁은 의미로는 희랍의 큐피트와 같은 성격의 사랑의 신 카마의 성적 욕망, 쾌락을 뜻하지만, 그 밖의 음악이나 연극 미술 등 예술적 문화적 삶을 통해 드러나는 즐거움 역시 여기에 포함된다. 따라서 앞의 아르타의 가치도 결국 그것을 통해 얻어지는 카마에 있다고 할 수 있다. 필자가 알기로 불경(佛經)을 제외하고서 인도의 경전 가운데 우리말로 최초로 번역된 것이라 여겨지는 밧챠야나(Vātsyāyana)의 《까마수트라》(기원전 500~200년 무렵)는 이에 관한 대표적인 경전이다.

이것은 성적 기교가 자세하게 묘사된 까닭에 호색가나 고급 매춘부용 교재로 인식되기도 하지만, 본질적으로 결혼생활의 좌절을 극복하고, 또한 미연에 방지하고자 생겨난 것이다. 옛날이나 지금이나 결혼은 필시 중요한 사회문제 중의 하나임에도 그것은 역사적으로 볼 때 경제적 사회적 조건, 혹은 점성가들의 점성술에 의해 계약이 성립되기도 하였다. 이 같은 점에서 본다면 카마는 아르타와는 다른 또 다른 가치인 것이다. 다만 이 역시 다르마가 전제가 되어야 한다. 타인의 고통과 희생을 대가로 하는 카마의 추구는 본래의 취지와도 부합하지 않기 때문이다.

세번째 다르마(dharma)는 이미 앞서 설명한 것처럼 중국철학에서의 도(道)에 비견되는 매우 복합적인 개념이지만, 여기서의 의미는 어떤 한 사회를 유지하기 위한 개인의 종교적 도덕적 의무를 말한다. 학생에게는 학생으로서의 의무가 있으며, 가장은 가장으로서의, 출가수행자는 출가수행자로서의 의무가 있다.

《마누법전》에서도 바로 이 같은 의무에 대해 설하고 있다. 바라문은 바라문으로서, 크샤트리야는 크샤트리야로서, 바이샤와 수드라는 각기 바이샤와 수드라로서의 의무가 있다. 곧 인간이 사회 속에서 자신의 욕망을 충족시키고 동시에 사회의 복지에 기여함으로써 사회 속에서 조화롭게 살아가게끔 하는 이념이 바로 다르마이다. 다시 말해 다르마는 앞의 아르타와 카마를 도덕적 종교적으로 정당하게 하는 거울이 된다.

 그대들은, 학식 있는 자들이 받들고, 애착과 증오의 감정을 통제하는 능력을 가진 현인들도 가장 중요한 것으로 숭배하는 그 같은 다르마가 무엇인지를 알아야 하리라.
 카마가 지나친 것은 칭송할 만한 것이 아니다. 그러나 카마를 모두 버리는 것도 마찬가지로 칭송할 만한 것이 아니다. 《베다》를 통해 얻는 지식과 그것에 따르는 카르마의 길(즉 제사)도 사실 카마로 이루어졌도다.
 카마는 사유로부터 생긴다. 제사도 사유로부터 생겨났으며, 계율의 맹서, 감각의 절제, 다르마 등 이 모든 것이 사유로부터 말미암았도다.
 카마 없이는 그 어떤 행위도 이루어지는 것을 보지 못하였나니, 그것이 어떠한 것이든 카마로 인해서 일이 이루어지기 때문이다.
 그 까마 속에서 바르게 행하는 자는 영원히 죽지 않을 세상으로 갈 것이며, 모든 것이 그가 생각한대로 이루어지리라.[8]

아르타와 카마, 그리고 다르마는 바로 세간(속)의 세 축(tri varga)이다. 그것들은 본질적으로 조화를 이루어야 한다. 누구나 다 알고 있듯이 아르타 즉 재물은 다만 수단이지 그 자체 목적이 아니다. 그것이 목적이 된 삶은 비루하다. 재물은 카마 즉 쾌락을 위한 것이다. 또한 쾌락은 무가치하거나 죄스러운 것도 아니지만, 과도한 쾌락의 추구는 도리어 고통을 낳기도 한다. 그렇기 때문에 아르타와 카마, 그리고 다르마는 서로 간에 조화가 이루어져야 하는 것이다.

 《마누법전》에서는 계속하여 다음과 같이 말하고 있다.: "어떤 이는 다르마와 카마가, 어떤 이는 카마와 아르타가, 어떤 이는 다르마만이, 어떤

---

[8] 《마누법전》 II. 1-5(이재숙·이광수 역, 한길사, 1999), pp.77~78.

이는 아르타만이 훌륭하다고 여기지만, 사실은 다르마·아르타·카마 이 세 가지가 모두 훌륭한 것이다."9)

네번째 목샤(mokṣa) 즉 해탈은 더 이상 세간의 제약에 구속되지 않는 절대 자유의 경지이다. 그것은 진정 쾌락 중의 쾌락이고, 행복 중의 행복이며, 인간이 추구하는 가치 중의 최고의 가치(paramārtha)이다. 이러한 가치는 인간이 다만 생물학적이고도 사회적 존재가 아님을 뜻한다. 인간은 결코 육체적 쾌락(아르타·카마)이나 합목적이고도 합리적 사회질서(다르마)에 만족하지 않는다. 이른바 신성하고도 영적인 그 어떤 세계를 추구한다. 그것은 바로 인간이 죽음을 인식하기 때문일 것이다. 바야흐로 인간만이 영원의 불사(不死)를 추구하기 때문이다.

그러나 그것이 도대체 어떻게 가능한가? 그것은 앞서 누누이 언급한 것처럼 존재본성에 대한 통찰에 의해서만 가능하다. 불타를 비롯한 인도의 성자들은 그들의 예지를 통해 세계를 통찰하였으며, 그 내용이 이른바 '철학(darśana)'이라는 이름 하에, 그 의미가 다양하게 해석되면서 오늘날까지 전승되어 내려오고 있는 것이다.

그렇다면 그 같은 통찰의 예지는 어떻게 가능하였던 것인가? 그것은 우리의 일상적 지식과 어떠한 차이가 있는 것인가? 유물론자(Cārvāka)들을 제외한 인도의 모든 성자와 현자들은 말한다.: "우리들의 일상의 정서와 욕망에 기여하는 단순한 감각과 인상들이 우리를 현혹하는 일을 중단할 때, 통찰의 예지는 드러난다." 그 때 우리는 미망과 무지, 그리고 그로부터 비롯된 일체의 속박으로부터 벗어난 상태에 놓이게 된다. 그것이 해탈이다. 그렇다고 해탈이 결코 나무토막과 같은 식물인간의 상태는 아니다. 그것은 바야흐로 각성의 상태이며, 초월의 세계이다.

---

9)《마누법전》Ⅱ. 224(같은 책), p.117.

3) 삶의 네 단계

우리는 아직까지 해탈지상주의, 초월주의의 문제를 건드리지 못하고 있다. 해탈이 절대시되면 될수록 앞의 세 가지 가치는 그 의미를 상실하고 마는 것이 아닌가? 인도철학과 불교에서는 이에 대해 다양한 해답을 시도하고 있다. 어느 한편에서는 해탈은 현자들의 꼬드김에 불과하다 하여 철저하게 세속의 철학을 논의하며, 다른 한편에서는 세속으로부터의 떠남을 강조하기도 한다. 또 다른 한편에서는 세속에서의 사심(私心) 없는 행위[離欲行]를 통하여 해탈을 추구하기도 하고, 뱀과 새끼줄의 관계처럼 세속과 해탈(혹은 열반)은 본질적으로 대립하는 것이 아니라고 말하기도 한다.10)

《마누법전》에 따르면, 고대 인도인들은 그들의 삶을 네 단계로 구분함으로써 이러한 문제를 해결하고자 하였다. 즉 앞의 네 가지 가치를 갈등이나 대립의 관계가 아니라 전체적이고도 통합된 실재의 단계적, 순차적 현현으로 파악하였다. 다시 말해 인간은 하나의 전체이므로 그의 모든 활동들은 전체에 의해 포괄되는 통일성을 갖는다. 한 인간은 권력과 부에 대한 사랑, 성적인 본능, 보편선에 대한 열망, 그리고 눈에 보이지 않는 절대로의 갈망을 지니고 있으며, 이것들은 인생에 있어서 상호의존적으로 작동한다. 인간의 삶은 온갖 다양한 가치와 욕망으로 뒤범벅이 되어 있지만, 그에 따른 상이한 행위들은 상호반응하고 서로를 변형시킨다. 인간은 바로 그러한 것들을 통합하는 단일한 실재라는 것이다.

힌두교는 자연적 욕망과 사회적 목적을 지닌 인간의 현실세계와, 영원한 이상으로서 절대자유를 지향하는 영적인 삶 사이의 갈등을 믿지 않는다.11) 힌두교는 단지 실재에 대한 비전과 연결되지 않은 자연적 본능적

---

10) 이에 대해서는 본서 에필로그 '숲과 마을'에서 정리하였다.

존재만을 비난할 뿐이다. '절대'로의 이념에 기초되지 않은 성공은 그것이 아무리 찬란한 것이라 할지라도 결국은 허망하게 사라지게 될 것이기 때문이다.

그들은 아슈라마(āśrama)라고 하는 삶의 단계에 따라 그에 적합한 가치를 부여하였다. '힘쓰다', '노력하다'는 뜻의 어근 √śram으로부터 파생된 아슈라마는 노력하는 행위 혹은 노력하는 장소를 뜻하기도 하지만, 삶의 단계라는 의미에서는 특정한 목적을 성취하기 위해 노력을 집중하는 시기를 말한다. 곧 그들은 인간의 삶을 학생기(學生期), 가주기(家住期), 임서기(林棲期), 그리고 유행기(遊行期)의 네 단계로 나누었는데, 이는 말하자면 인생의 네 가지 가치를 시기적으로 절충한 것이라고 할 수 있다. 앞의 두 단계는 다르마를 위시한 세속의 세 가지 가치를 추구하는 시기라면, 뒤의 두 단계는 세속을 떠나 종교적 이익을 추구하는 시기라고 할 수 있다.

첫번째, 학생기는 부모의 슬하를 떠나 일정한 스승에게로 나아가 인생의 네 가지 가치 가운데 다르마를 공부하고, 그것을 통해 이후 삶의 기초가 되는 성품과 마음가짐을 훈련하는 단계이다. 육체적 탄생이 부모로부터 비롯되었다면, 이 단계는 바야흐로 정신적 영적인 재탄생을 의미한다.

이 시기 대개 《베다》와 다르마의 학습이 중요한 교과목이었지만 음악이나 과학 약학, 그리고 실제적인 기술들과 수공예도 함께 가르쳤다. 이러한 교육제도는 인도문화의 종교적 철학적 기초를 새롭게 하여 다음 세대로의 전승을 가능하게 하였고, 공동체의 삶을 영위하기 위한 강력한 이념으로서 작용하게 되었다.

두번째, 가주기는 집으로 돌아와 결혼하여 자식을 생산하고, 경제활동

---

11) S. 라다크리슈난, 《인도인의 인생관》, pp.77~78참조.

을 영위하는 시기이다. 이 시기는 인생에 있어 가장 중요한 시기라고 할 수 있다. 사회는 바로 이 시기의 가장들이 제공하는 재화와 서비스에 의존하고 있기 때문이다. 뿐만 아니라 결혼과 가정은 환희와 안락의 근원이기도 하지만, 신성한 의무이기도 하다.

고대 인도인들에 따르면 인간은 태어남과 동시에 세 가지 빚을 지고 있다. 가장 고귀한 빚은 윤회로부터 해탈할 수 있는, 그 어떤 것과도 비교할 수 없는 경이로운 기회를 부여받은 것으로, 이는 전적으로 신들이 카르마의 법칙에 따라 그를 이 세상에 태어나도록 하였기 때문이다. 그리고 부모와 조상들은 가족의 구성원이 되게 해 주었으며, 스승과 성자들은 전통의 문화와 정신세계에 대해 눈뜨게 해 주었다.

그러므로 이 시기 《베다》를 공부함으로써 스승과 성자들에게, 자식을 번성시킴으로써 부모와 조상들에 대해, 제사를 지내고 공물을 바침으로써 신들께 보답해야 한다. 가주기는 이 세 가지 빚을 갚을 수 있는 유일한 시기인 것이다.

세번째, 임서기는 세속의 의무를 마친 이들이 이제 바야흐로 해탈이라는 지고의 가치를 추구하기 위해 숲에 깃드는 시기이다. 《마누법전》에서는 말하고 있다.: "가장은 이마에 주름이 생기고 머리가 희어지며, 자식의 자식이 생겨나게 되면, 이제 숲에 의지해야 한다. 마을에서 경작하던 모든 곡식과 소유물을 버리고, 처를 자식에게 맡기거나 혹은 데리고 숲으로 가야 한다."12)

이 시기는 이른바 사회적 삶으로부터 은퇴하는 시기로서, 더 이상 세속의 욕망과 쾌락에 물들지 않아야 한다. 따라서 당연히 인간으로서의 욕망과 의무를 다한 자만이 숲으로 들어갈 수 있다.

---

12) 《마누법전》 VI. 2-3(앞의 책, p.249).

숲(vana)은 어디인가? 숲의 의미는 무엇인가? 반대로 마을(grāma)은 어디이며, 그 의미는 무엇인가? 마을은 다양한 개인들이 각기 저마다의 다양한 언어와 욕망을 가지고서 살아가는 차별의 세계이다. 마을은 본질적으로 언어와 욕망이 지배하는 곳이기에 요란스러운 세계이다. 욕망에 따라 항상 새로운 세계를 추구하는 곳이기에 유동 변천하는 세계이다.

이에 반해 숲은 단일하고 고요하며, 항상 그렇게 존재하는 정지된 세계이다. 숲은 드러나지 않은 비밀의 세계이다. 산이 존재하지 않는 인도에서의 숲은 동북아시아에서의 '산'과도 같은 의미였다. 수행자들은 항상 숲에 머물렀다. 그곳은 침묵의 세계이며, 초월의 세계이다. 인도의 철학은 궁극적으로 숲의 철학이라고 할 수 있다.[13]

임서기에 이르러 숲에 들어간 자는 영적인 힘을 성취하기 위해 이제 더 이상 아무것도 소유하지 않으며, 절제와 금욕, 고행의 삶을 산다. 마을에서 본다면 그는 거룩한 성자이다. 그는 무니(muni) 즉 침묵의 성자로 불려진다.

네번째, 유행기는 세속의 욕망을 완전히 떠나는 시기이다. 산야신(포기자, 편력자)으로 일컬어지는 그는 이제 더 이상 제사도 지내지 않으며, 일정한 거처도 없이 다만 지팡이와 물통만을 지닌 채 언제나 홀로 떠돌아다닌다. 그는 명상을 통해 분노와 탐욕, 슬픔과 기쁨 등 신(브라흐만)과는 다른 인간의 모든 속성들을 태워버렸다. "나무가 물살에 휩쓸려 강둑에서 넘어지듯이, 새는 때가 되면 나무를 떠나듯이, 그도 육신을 떠나 고통을 주는 아귀로부터 풀려나는 것이다."[14]

세속 욕망에 대한 그의 포기는 너무나도 완벽하여 살아 있지만 더 이상 살아 있는 존재가 아니다. 개인적으로나 사회적으로 이미 죽은 자이

---

13) 이에 대해서는 본서 에필로그 '숲과 마을'에서 다시 논의한다.
14) 《마누법전》 Ⅵ. 78(앞의 책), p.263.

며, 다만 생물학적 죽음만이 남았을 뿐이기 때문에 그가 죽었다고 하여 일상적인 장례의식은 치러지지 않는다. 다만 삼마디(samādhi)라는 의례가 베풀어질 뿐이다.

4. 인도철학의 구분과 전개

1) 학파적 구분

앞서 말한 것처럼 인도의 철학은 괴로움의 인식으로부터 시작한다. 그러나 그들은 인식으로만 머물지 않았다. 고존(苦存)의 인식으로만 머문다면 그것은 진정한 철학의 포기라고 그들은 말한다. 왜냐하면 그들은 괴로움의 원인을 무지와 그에 따른 욕망으로 보았기 때문이다.

우리는 대개 우리가 경험하는 세계를 단일하고 영속적인 것으로 생각하는 경향이 있다. 집착은 이로부터 일어난다. 그러나 현상은 마치 마술사가 꾸며낸 환상과 같은 것으로, 마술사의 트릭을 알지 못하는 한 그것은 실재하는 것이고 참이다. 무지란 곧 나타난 것(appearance)을 실재하는 것(reality)으로, 허위를 참이라고 믿는 그릇된 성벽, 혹은 진실을 알지 못하는 것을 말한다. 무지야말로 미혹한 범부의 세계를 창조하는 원동력이다.

따라서 그들은 존재의 본성에 대한 통찰을 통해 무지를 극복하고자 하였다. 그것을 통해서만 삶의 실제적 변화, 즉 환희의 해탈이 구현될 수 있다고 믿었다. 우리는 진실을 알 때 진실한 자가 된다. 참으로 브라흐만(Brahman)을 알 때 브라흐만이 되는 것이며, 진리를 깨달을 때 깨달은 자 즉 부처가 된다.

그렇다면 진실은 무엇인가? 우리는 무엇에 대해 무지하기에 생사의 우물에 빠져 괴로움에서 벗어나지 못하는 것인가? 진실로 실재하는 것은 무엇이며, 존재의 실상은 어떠한가?

일찍이 그것을 깨달은 이들이 있었다. 그들은 리시(ṛsi, 聖仙)로 일컬어지기도 하였고, 불타(Buddha), 지나(Jina)로 일컬어지기도 하였다. 그들은 괴로움에 대한 강렬한 인식과, 진실에 대한 갈망, 그리고 흔히 요가로 일컬어지는 명상과 고행 등 영적 변화를 초래할 만한 실천적 수단을 통해 '그것'을 통찰하였다. 그리고 그것을 언어로 토로하였다. 그것은 원래부터 존재하고 있던 영원한 진리의 말씀을 신비적 영감을 통해 체득한 것일 수도 있고, 전적으로 자신의 통찰에 근거한 것일 수도 있다. 전자를 슈루티(śruti)라 하고, 후자를 스므리티(smṛti)라고 한다.

슈루티란 '들려진 것'이라는 정도의 의미로, 일종의 천계서(天啓書)를 말한다. 인도철학사의 첫 페이지를 장식하는《베다》와 몇몇《우파니샤드》가 여기에 속한다. 스므리티란 '기억된 것'이라는 정도의 의미로, 어떤 그룹이나 종족 사이에서 전해져 내려오는 수트라(sūtra, 經: 철학적 경구), 다르마에 관한 문헌, 그리고 푸라나(pūraṇa, 신들의 이야기)나《바가바드기타》와《라마야나》같은 서사시가 여기에 속한다. 다시 말해 슈루티가 계시서라면(그렇다고 인격신의 계시는 아니다), 스므리티는 특정의 작자를 갖는 문헌이라고 할 수 있다.

인도의 철학은 슈루티 즉 힌두의 가장 오래 되고도 신성한 문헌인《베다》의 권위를 인정하는가, 인정하지 않는가에 따라 정통파와 비 정통파, 혹은 유파(有派, āstika)와 무파(無派, nāstika)로 나누어진다. 유파에 따르면《베다》는 진리의 원천이다.《베다》의 말씀은 합리적인 것이든 비합리적인 것이든 절대 무오류의 진리일 뿐 아니라 일체의 철학적 논의의 진위를 판별하는 결정적 기준이 된다.

또한 유파에서는 자재신(自在神) 이슈바라(Īśvara)의 존재를 인정한다.

이슈바라는 기독교의 여호와에 비견되는 창조주로서 절대자이지만, 그것은 또한 우주의 궁극적 실재인 브라흐만(Brahman)의 인격적 측면으로 논의되기도 한다. 따라서 그것이 만약 인격적인 신으로서 나타날 경우 찬양과 제사의 대상이 되지만, 궁극적 실재로서 논의될 경우 탐구의 대상이 된다. 따라서 정통파라고 해서 반드시 유신론이라고는 할 수 없다. 《베다》의 가르침은 유신론적으로도, 무신론적으로도 해석될 수 있기 때문이다.

이에 반해 무파는 철저하게 무신론적이다. 아무리 《베다》의 말씀이라 할지라도 합리적인 것이 아니거나 우리의 경험과 일치하지 않는 것은 진리가 아니며, 이 세상 또한 이슈바라에 의해 창조된 것이 아니라 다만 어떤 요소나 원리(dharma)의 소산으로 이해한다.

인도철학 사상사에 등장하는 온갖 종류의 사유체계 중 《베다》의 절대 일원론을 계승하는 베단타(Vedānta)학파와 제사의 탐구를 그들의 중심철학으로 삼는 미맘사(Mīmāṃsā)학파, 근본원질과 순수정신이라는 이원의 실재로써 세계를 해석하는 상캬(Saṃkhya)학파와 그 같은 이원의 실재를 실제로 요가수행을 통해 통찰 분별하려는 요가(Yoga)학파, 세계를 다원론적으로 해명하는 바이세시카(Vaiśeṣika)학파와 그 같은 다원의 실재에 대한 지적 논리적 방법론을 통해 해탈을 추구하는 느야야(Nyāya)학파가 일반적으로 정통파로 분류된다. 이것이 이른바 '6파철학'이라고 일컬어지는 힌두의 전통철학이다.

이에 반해 불교와 자이나교, 그 밖에 차르바카(Cārvāka)로 불려지는 일련의 유물론적 경향의 사상들이 비 정통파이다.

이 같은 사실만으로도 불교의 성격은 명백하게 드러난다. 불교는 당시 인도 전통에 반하는 비 정통으로 출발하였다. 《베다》 성전의 권위를 인정하지 않았으며, 궁극적 실재도 자재신도 부정하였다. 오직 인간의 경험과

일치하는 것만을 진리로 인정하였을 따름이다. 불타는 다만 인간의 삶을 구성하는 '행위(업)'라는 현실적인 조건에 대해서만 관심을 갖고 있었다.

그렇다고 할 때 절대적 인격신에 대한 믿음이 부재하는 불교를 어떻게 종교라고 할 수 있을 것인가? 그러나 이러한 생각은 서구화주의의 산물이다. 신에 대한 믿음은 깊은 종교적 삶에 필요조건도 아니고 충분조건도 아니다. 종교적 체험은 신에 대한 믿음을 통해서만 낳아지는 것이 아니다. 인도사유에 있어 믿음이란 수행 즉 존재본성에 대한 통찰의 결과로서 드러나는 내적 직관적 경험에 기초한 것으로, 그것은 분명 절대적 권위에 의탁하여 어떠한 주체적 노력 없이 종교적 위안을 얻으려는 맹목적이고 기계적인 믿음과는 다른 것이다.

2) 시대적 전개

앞서 인도의 철학은 《베다》로부터 시작한다고 하였다. 그것은 아마도 인류의 기록된 역사 중에서 가장 오래된 문헌(1500~1200 B.C.)일 것이다. 그것은 철학뿐만 아니라 인도의 종교와 문학과 예술의 맹아였다. 그것은 앞서 언급한 것처럼 어떤 한 개인의 저작이 아니라 태초, 아니 그 이전부터 존재하였던 진리의 말씀이었다. 그것을 리시들이 영감을 통해 전해 들었으며, 들은 바를 언어로 토로한 것이 《베다》였다.

《베다》는 '알다'는 뜻의 어원 √vid에서 파생된 말로 지식을 의미한다. 여기서의 앎은 물론 우리가 일상에서 경험하는 개별적 지식이 아니다. 반대로 그같이 다양한 개별적 지식의 원천이 되는 보편적이고도 우주적인 지식을 말한다. 그것은 바로 창조의 에네르기(힘)이며, 따라서 그러한 지식은 신들의 영역이다.

그렇다면 우리 인간들은 어떻게 그러한 우주적 지식을 획득하고, 그 같은 창조적 에네르기를 통해 자신의 존재를 무한으로 고양시킬 수 있을 것인가? 그들은 말한다. 그것은 바로 야즈냐(yajña)로 일컬어지는 제사(sacrifice)를 통해, 혹은 예지(jnāna)의 통찰을 통해 가능하다고. 그에 대한 지식을 담고 있는 것이 바로《베다》이다. 그들에 따르면, 우리 인간은《베다》의 신들에 대한 찬송과 제사를 통해, 혹은 존재 본성에 대한 예지의 통찰을 통해 우주적 지식과 그것의 창조적 에네르기를 공유할 수 있으며, 그럼으로써 우리는 원만하고도 완전해질 수 있다.

《베다》는 비록 시공을 초월한 진리의 말씀이지만, 인도전통에서는《리그 베다》《야주르 베다》《사마 베다》《아타르바 베다》라는 네 가지《베다》가 전해지고 있다. 그리고 각각의《베다》에는 찬가로 이루어진《삼히타(saṃhitā, 本集)》와, 제사를 해설한《브라흐마나(Brāhmaṇa)》와, 제의이 신학적 사변을 내용으로 하는《아란야카(Āraṇyaka)》와, 궁극적 실재로의 통찰을 설하는《우파니샤드(Upaniṣad)》라는 네 가지 부분으로 이루어져 있다.

이것들은 모두 슈루티(천계서)로서, 신성한 지식과 창조적 에네르기를 담고 있기 때문에《베다》이지만, 일반적으로《베다》라고 하면《본집》의 찬가를 말한다. 그리고《우파니샤드》는《베다》의 마지막 부분,《베다》의 궁극·목적이라는 뜻에서 베단타(Vedānta)라고도 한다.《베다》에 대해서는 다음 장에서 좀더 자세하게 이야기하겠지만, 여기에서는 인격적인 여러 신들에 대해 노래하고 있다. 그것은 모두 현상의 배후에 존재하는 초월적 존재이다.

그런데 기원전 8세기 무렵에 이르러서부터 인도 땅에는 사회적 변화가 일어나기 시작하였다. 애당초 인더스강 유역 편잡지방에 정착하였던 아리야인들이 그들의 영역을 점차 갠지스강 유역으로 넓혀감에 따라 그곳의 비옥한 토양으로 인해 풍부한 농산물을 생산하게 되었고, 그에 따른 수공업도 발달하게 되었다. 그리고 잉여농산물을 상품화함으로써 물자의 집산지를 중심으로 도시가 생겨났고, 화폐 경제사회로 이행되었으며, 도시의 수장 즉 왕(rājan)과, 장자(長者, śreṣṭhin) 거사(居士, gṛhapati)로 일컬어진 도시 자산가를 중심으로 하는 새로운 사회질서가 형성되었다. 일찍이 《베다》에 근거하여 아리야인들이 정착시켰던 사성계급제도(varṇa)는 적어도 도시에서는 붕괴하였으며, 여러 신에 대한 제사도 그 의미를 상실하였다.

예나 지금이나 도시는 다양한 경험이 공유되는 곳이다. 그리고 각각의 경험은 필연적으로 서로 충돌한다. 《베다》시대의 최고의 선은 제사였다. 그것은 누구도 부인할 수 없는 그들 공통의 경험이었다. 따라서 부족공동체 사회였던 그 시대, 그들은 그들 공통의 경험이나 가치에 대해 탐구하거나 해석할 이유가 없었다. 그것은 오히려 어떤 특정의 의미를 불러일으키고 나타내는 상징적인 것이었다.

그러나 도시가 흥기하여 사회공동체로 발전하면서 경험은 더 이상 공통의 것이 되지 않았으며, 가치 또한 상징적인 것이 아니라 탐구의 대상이 되었다. 전통적인 사고와 실제 생활은 더 이상 일치하지 않게 되었고, 사회적 사상적 갈등이 야기되었다. 이제 바야흐로 인간 삶에 대해 철학적으로 논의하게 되었다. 세계의 근원은 무엇이며, 인간이란 어떠한 존재인가? 선은 무엇인가? 만인이 수긍할 수 있는 진실(satya), 그것은 무엇인가?

이제 《베다》는 더 이상 제사의 대상이 아니라 탐구의 대상이 되었으며, 그 결과 《우파니샤드》가 산출되었다. 다른 한편으로는 불교가 탄생하였고 자이나교가 일어났으며, 나아가 인간에게 가능한 거의 모든 사유가 모색되었다. 유물론도 생겨났으며 운명론, 결정론, 요소론, 쾌락론, 도덕부정론, 불가지론도 생겨났다. 이 시대 사상유형으로서 불전(佛典)에서는 62가지를, 자이나 경전에서는 363가지를 전하고 있다.

불교를 비롯한 이들은 대개, 유럽에서 교회의 역사와 전통이라는 권위를 무시하고 인간이성에 근거하여 자유롭게 사색하고 논의하였던 일련의 자유사상가들과 마찬가지로 전통 바라문사상에 대항하는 반 전통의 입장을 취하고 있기 때문에 인도철학사에서는 이들을 역시 '자유사상가'로 부르고 있다. 혹은 이들은 전통에 구애받지 않고 자유롭게 출가하고 '수행하는 이'라는 의미에서 사문(沙門, śramaṇa)으로 불렸기 때문에, 이들의 사상을 '사문사상'이라고 총칭하기도 한다. 그러나 불교와 자이나교를 제외한 비 정통의 사문사상은 자신의 학파적인 전통을 남기지 못한 채 다른 학파에 의해 인간사유의 하나의 가능태로서만 전해지고 있을 뿐이다.

따라서 인도철학의 전통은 실제적으로 《베다》와, 어떠한 의미에서든 이와 관계하는 6파철학, 자이나교, 그리고 불교로 나누어질 수 있다. 그러나 인간이성의 역사가 그러하듯이 세 가지 철학적 전통 역시 단일하지 않으며, 또한 서로간에 영향을 주기도 하고 받기도 하면서 발전하였다.

붓다 깨달음으로부터 비롯된 불교는 아쇼카왕(B.C. 268년, 佛滅 218년 혹은 116년 즉위)의 통일대업 이후 인도 전역으로 전파되면서 비약적으로 발전한다. 그러나 이 시기의 불교는 계율이나 불교수행의 최고 목적이었던 '아라한(완전한 열반을 성취한 자)'의 해석문제를 둘러싸고 보수적인 상좌부(上座部)와 진보적인 대중부(大衆部)로 근본분열하고, 다시 지말분열을 거듭한 끝에 18~20부파로 전개하였다. 그래서 그 이전 시기의 불교를 초기불교(혹은 원시불교)라고 하는데 반해 이 시기의 불교를 '부파불교'라고 한다.

그들은 '스승의 인격에 의지하지 말고, 그 가르침(법)에 의지하라'는 불타의 유훈에 따라 오로지 스승이 남긴 교법을 결집하고, 깊이 연구 해석하여 방대한 논서(Abhidharma-śāstra)를 작성하였는데, 그로 인해 이 시기의 불교를 '아비달마불교'라고도 한다. 즉 그들은 스승이 남긴 교법의 참다운 이해를 통하여 일체의 괴로움의 원인인 자신의 번뇌를 소멸함으로써 열반을 획득하려고 노력하였던 것이다. 따라서 이 시기의 불교는 성문(聲聞) 제자들의 불교로서, 철저하게 배우는 입장의 불교, 수동적인 불교였다. 그들의 관심은 오로지 '불타의 교법을 어떻게 정확하게 이해하고 설명할 것인가' 하는 일 점에 있었다고 할 수 있다.

자이나교 역시 교조 마하비라가 입멸한 후 엄격한 윤리주의를 표방한 공의파(空衣派)와 진보적 입장을 취한 백의파(白衣派)로 분열하여 각각의 성전을 편찬하였다.

한편 정통 바라문사상은 불교와 자이나교 등 신흥세력의 도전에 직면함에 따라 내외적으로 그들의 제도와 사상을 새롭게 정비하지 않으면 안 되었다. 그들은 한편으로 제사에 관한 여러 경전과, 종성(種姓)과 삶의 단계에 따른 인간의 의무와 추구해야 할 가치에 관한 경전들(예컨대 앞서 언급한 《마누법전》)을 작성하여 바라문 사회의 제도와 질서를 확립하고자 하였다.15) 이것들은 모두 태고의 현자들이 기억으로 전승하고 있던 것을 이 시기에 문자로 작성한 것이기 때문에 '슈루티' 즉 전승서로 일컬어진다. 그리고 또 다른 슈루티, 지혜에 의해 통찰된 철학적 담론을 담고 있는 이른바 6파철학의 경전들도 이 시기에 그 기원을 두고 있으며, 이후 인도 정통철학의 근간이 된다.16)

---

15) 《브라흐마나》의 주석서로서, 일반적으로 행해야 할 제사의식의 요약인 《천계경(天啓經, Śrauta sūtra)》, 가정에서의 제사를 다루고 있는 《가정경(家庭經, Gṛhya sūtra)》, 제사를 실행하기 위한 구체적 규정인 《제단경(祭壇經, Śulva sūtra)》이 전자에 해당한다면, 사성(四姓)의 권리와 의무 및 일상생활의 규정을 담고 있는 《법경(法經, Dharma sūtra)》은 후자에 해당한다. 이 네 가지 경을 총칭하여 《제사경(Kalpa sūtra)》이라고 하며, 이러한 제사학과 더불어 음운학(śikṣā) 음율학(chandas) 어원학(nirukta) 문법학(vyākaraṇa) 천문학(jyotiṣa)을 《베다》의 여섯 가지 보조학(vedāṅga)이라고 한다.

16) 상캬학파는 카필라(Kapila, B.C. 350~250무렵)의 《상캬 수트라(Sāṁkhya sūtra)》 (그러나 이는 후세 위작으로 알려지며, 이 철학의 가장 오래된 중요한 문헌은 이슈

다른 한편으로 각 지방의 토속신앙을 흡수함으로써 그들의 신관은 판테온적인 양상을 띠게 되었다. 이제 《베다》는 제사의 실행방법이라든가 카스트제도의 원천으로서만 존재하였고, 신앙적으로는 비 아리야적인 토착요소가 오히려 커다란 비중을 차지하게 되어 기존의 《베다성전》에서의 신들의 권위는 떨어지게 되었다. 이같이 민속신앙이 혼입된 새로운 종교가 오늘날 인도인들 사이에서 신앙되고 있는 종교의 모태인데, 우리는 보통 이전 사상을 브라마니즘(바라문교)이라 하는데 반해 이를 힌두이즘(힌두교)이라고 부르고 있다.

힌두이즘은 다만 인도인의 삶의 방식이라고 할 수 있을 뿐, 한 마디로 규정할 수 없는 매우 복합적인 것이다. 수많은 신들과 그에 대한 다양한 신앙형태는 우리의 상상을 초월한다. 그러나 그것의 핵심적인 요소는 비쉬누(Viṣṇu)로 대표되는 일신교적 신앙과, 시바(Śiva)숭배와 결합된 여러 원시적 신앙형태, 이를테면 정령, 샘식기, 모신(母神) 등의 숭배라고 할 수 있다.

비쉬누 신앙에서는 바가바트(Bhagavat, 世尊)로 일컬어지는 유일신 비쉬누를 신앙하고, 그에 따라 구원을 얻는다고 주장한다. 《바가바드 기타》는 이러한 신앙을 설하고 있는 중요한 성전으로, 오늘날에 있어서도 힌두교의 가장 대표적인 성전으로 존중되고 있다. 여기서는 신에 대한 절대적 신앙(bhakti, 信愛)이 《베다》에서 강조된 제사의 실행(karma, 여기서는 의무)이나 지혜(jñāna)와 동일한 구원의 도로 설해지고 있다.

바라 크리슈나의 《상캬 카리카(Saṁkhya kārikā)》, 漢譯으로는 《금칠십론(金七十論)》임, 요가학파는 파탄잘리(patañjali, B.C. 150무렵)의 《요가 수트라》, 바이세시카학파는 카나다(Kaṇāda, B.C. 150~50무렵)의 《바이세시카 수트라》, 느야야학파는 가우타마(Gautama, B.C. 3세기 무렵)의 《느야야 수트라》, 미맘사학파는 자이미니(Jaimini, B.C. 200~100무렵)의 《미맘사 수트라》, 베단타학파는 바다라야나(Bādarāyaṇa, B.C. 100무렵)의 《베단타 수트라》(혹은 《브라흐마 수트라》)를 토대로 하여 성립하였다.

비쉬누 신앙의 두드러진 특징은 오늘날 '아바타(avatāra)'로 회자되는 화신(化身)사상이다. 《바가바드 기타》에서 진리를 설파하는 마부 크리슈나는 비쉬누의 또 다른 모습이다. 화신사상의 맹아는 물론 《베다》에서 나타나지만, 이는 유일신의 신앙을 설하면서 다른 한편으로 가지각색의 다양한 신앙형태를 포용하게 됨으로써 힌두교 발전의 강력한 무기가 되었다.

이러한 화신사상에서 본다면 현상에 나타난 모든 신들은 본질적으로 우열고하를 따질 수 없다. 그것은 모두 궁극적 존재의 또 다른 모습일 따름이다. 따라서 비쉬누와 시바에 대한 신앙은 서로 충돌하지 않는다. 양자는 서로 영향을 주고받으면서 발전하며, 서력 기원 후에 편찬된 여러 종류의 푸라나(purāṇa, 古譚)에서 브라흐만과 더불어 삼위일체(三位一體)로 간주되었다.

이 같은 힌두이즘에 자극을 받아, 혹은 기존의 아비달마불교에 대한 반발로서 불교 내부에서는 새로운 불교운동이 일어나게 된다. 그들은 불타 교법에 대한 올바른 이해를 통해 열반을 추구하던 기존의 불교를 오로지 자리(自利)만을 추구하는 불교라는 의미에서 '소승(hīnayāna)'이라 폄칭하고, 스스로의 도를 이타(利他)를 지향하는 '대승(mahāyāna)'이라 일컬었다.

그들은 불타가 남긴 교법을 해석한 것이 아니라 불타를 해석하였다. 즉 불타를 불타로서 나타나게 한 이념인 반야바라밀다(般若波羅蜜多)를 통해 그들도 지금 여기서 위없이 높은 깨달음을 성취하려는 이상을 능동적으로 표방하였으며, 그에 따라 《반야경》《화엄경》《법화경》 등의 새로운 대승경전을 편찬하였다. 이러한 대승경전에서는 대개 반야(般若)의 공관(空觀)과 이에 따른 보살의 실천, 그리고 진리 그 자체로서의 부처의 존재(法身佛)에 대해 논의하고 있다.

이후 불교는 한편으로는 아비달마불교가 성행하였지만, 다른 한편에서는 이 같은 대승경전에 근거한 새로운 세계관의 모색이 이루어졌다. 공사상에 근거하여 세계는 유무의 대립을 떠난 중(中)으로 파악되어야 한다는 중관학파(中觀學派), 세계는 다만 의식의 변화된 모습일 뿐이라는 유식학파(唯識學派, 혹은 瑜伽行派)가 생겨났으며, 마음은 미혹의 생사를 낳는 씨앗이 되기도 하지만 깨달음(菩提)의 토대가 된다는 여래장(如來藏, 혹은 佛性)사상이 대두되기도 하였다.

그러는 사이 정통 6파철학에서도 자파의 경전을 구체적으로 해석하려는 시도가 이루어졌으며, 해석은 또 다른 해석을 낳게 되고, 그러면서 철학적 통찰과 논리적 사변이 심화되어 갔다. 서로간의 상반된 해석은 하나의 학파를 분파시키는 촉매가 되기도 하였으며, 어느 시기 다시 종합되기도 하고 지양되기도 하였다. 그 같은 과정을 통해 인도철학과 불교는 서로 영향을 주기도 하고 받기도 하였다. 그것은 지극히 당연한 일이었다.

인도 전통철학의 입장에서 볼 때 불교는 비 정통이지만, 불교의 입장에서 볼 때 인도철학은 외도(外道) 즉 이교도였다. 그러나 후대 해석의 과정에서 양자는 밀접하게 관계하고 있다. 우리는 여래장사상의 맹아를 《우파니샤드》에서 찾아볼 수 있으며, 대승불교에서 힌두교의 화신사상이나 신애(信愛, 바크티)사상의 흔적을 엿볼 수 있다. 보다 세부적으로 불교 제학파 중 설일체유부(說一切有部)는 6파철학 중의 바이세시카학파와 세계를 분별하는 방식에 있어, 베단타학파의 철학자 샹카라는 이중의 진리관(二諦說)이라는 입장에서 중관학파와 친연성을 지닌다. 심지어 설일체유부는 바이세시카학파의 아류로, 쌍카라는 가면을 쓴 불교도로 비판받기도 하였다.

어떻게 생각하면 《대승기신론》의 여래장사상에 크게 영향 받고 있는 우리는 '불교'라는, '베단타'라는 타이틀과 특정의 술어(이를테면 보살이라든지 브라흐만)만 배제한다면 양자 사이를 구분할 수 없을지도 모른다. 양자 모두 불이(不二)의 '진여' '자성' '진아(眞我)'를 절대적으로 강조하고 있기 때문으로, 인도철학과 불교를 하나의 장(場)에서 다루어야 하는 것도 바로 이 때문이다.

아무튼 중기 대승불교를 장식하는 여래장사상 등의 이론은 말처럼 그렇게 단순하지 않아 불교학자들조차 이해하기 힘든 지경이 되어 자연히 초기 대승불교의 순수성을 상실하게 되었다. 이에 따라 후기대승이라고 할 수 있는 밀교(密敎)가 출현하게 된다. 밀교에서는 불타의 깨달음을 다라니(陀羅尼)나 진언(眞言), 만다라(曼多羅) 등의 상징으로 나타내며, 의례를 중심으로 한 신앙 실천중심의 불교라고 할 수 있다. 그러나 이는 점차 힌두교의 의례와 유사하게 되어 그것에 동화되기에 이르렀고, 다른 한편으로 이슬람교도들이 인도에 침입하여 불교사원을 파괴함으로써, 불교는 13세기 무렵 마침내 인도에서 자취를 감추게 되었다.

이슬람이라는 거대한 파도가 인도를 휩쓸고 들어온 과정은 간단하지 않지만, 이슬람교의 엄격한 일신교는 많은 힌두사상가에게 매혹적이기도 하여 시크(Sikh)라는 새로운 종교의 탄생을 초래하기도 하였다. 그러나 일신교적인 믿음은 철학적 사변을 저해하였고, 결과적으로 거의 천 년에 걸쳐 인도를 지배하였음에도 어떤 형태의 이슬람철학도 발전시키지 못하였으며, 인도철학에도 거의 영향을 미치지 못하였다. 그것은 어떤 면에서 이후 영국의 식민지 지배에 공동으로 대처하기 어려웠고, 독립과 더불어 힌두국가와 이슬람국가로 분열하게 되는 요인으로 작용하였는지도 모른다.

영국 식민지시대의 인도철학은 주로 밀려오는 서구문명의 도전에 맞서 인도의 고전인 《베다》《우파니샤드》《바가바드 기타》 등으로 돌아가 그것을 재해석함으로써 인도의 문화적 전통의 정체성을 찾고자 하는 것이었다. 대표적인 인물로는 람 모한 로이(1772~1833), 라마 크리슈나(1836~1886)와 그의 제자 비베카난다(1863~1902), 라비드라나트 타고르(1861~

1941), 모한다스 K. 간디(1869~1948), 그리고 오로빈도 고쉬(1872~1950)와 라다크리슈난(1888~1976) 등을 꼽을 수 있다.

한편 불교는 13세기 인도에서 그 자취를 감추었지만, 이미 서력 기원 전후 동점(東漸)하여 중국에 전래되기 시작하였는데, 그 후 수(隋) 당(唐) 시대에 이르기까지 수많은 경론(經論)들이 번역됨으로써 새로운 국면을 맞이하게 된다. 즉 불교는 결코 단일한 체계가 아니었기 때문에 중국의 불교인들은 번역된 온갖 경론들에 대해 체계성을 부여할 필요성을 느끼게 되었다. 그리하여 그들은 불타가 일생 동안 설한 교설을 말씀한 순서에 따라, 혹은 뜻의 얕고 깊음에 따라 각기 그들 나름대로 일체 경론을 분류하고 해석하였는데, 이를 교상판석(敎相判釋, 줄여서 敎判)이라고 한다.

이 같은 교상판석에 따라 가장 마지막으로 설해진, 혹은 가장 뜻이 깊은 것으로 간주된 경론을 중심으로 하여 마침내 하나의 종파(宗派)가 성립하게 되었다. 불교의 종파는 이미 동진(東晉)시대나 남북조(南北朝) 시대에 여러 경론이 번역되고, 그것에 대한 활발한 연구가 이루어지면서 나타나기 시작하지만, 수당(우리나라의 경우 통일신라)시대에 이르러 크게 번성하면서 불교의 황금시대가 열리게 되었던 것이다.

중국에는 13가지의 종파가 흥망하였지만, 그 중에서도 우리나라는 물론이거니와 중국 후대에 이르기까지 가장 크게 영향을 끼쳤던 것은, 《법화경》의 일승(一乘)을 대승불교의 근본으로 간주하는 천태종(天台宗), 《화엄경》의 중중무진(重重無盡)의 법계(法界)를 불타 깨달음의 본질로 여기는 화엄종(華嚴宗), 《정토경전(淨土經典)》에서 설하고 있는 아미타불의 본원력에 의지하여 정토의 세계를 추구하는 정토종(淨土宗), 그리고 경전을 중심으로 하는 앞의 여러 종파와는 달리 불립문자(不立文字) 교외별전(敎外別傳)을 표방하는 선종(禪宗) 등이었다.

그리고 우리나라에는 삼국시대(선종은 신라 말)에 불교가 전래된 이래 고려 말에 이르기까지 동아시아 불교사상사에 중요한 페이지를 장식하기도 하였지만, 조선조 배불정책의 영향 하에 쇠퇴기를 거쳐 오늘에 이르고 있다.

5. 인도철학의 중심개념

이제 제1장을 마무리하면서 불교와도 공통되는 몇 가지 중심개념을 통해 인도철학의 일반적 특성에 대해 정리해 보기로 하자.

인도철학은 괴로움(duḥkha)의 인식으로부터 출발한다. 그것은 바야흐로 현실세계에 대한 참다운 인식이다. 초기불교에 의하는 한 괴로움은 바로 거룩한 진리(즉 苦聖諦)이다. 괴로움이 어째서 진리인가? 병의 실상을 알지 못하고서는 그 원인도, 그것의 치유도, 치유방법도 알지 못하듯이, 괴로움을 알지 못하고서는 그것의 원인도, 그것의 소멸도, 소멸방법도 알지 못하기 때문이다.

베단타학파의 철학자 샹카라(8세기 무렵)는 철학(베단타)을 공부하려는 생도는 무엇보다 먼저 '영원한 것과 무상한 것을 분별할 수 있는 능력'을 갖추어야 한다고 하였다. 무상한 것은 바로 괴로운 것이다. 그는 계속하여 말한다.: "브라흐만만이 영원한 실재이며, 그 밖의 다른 모든 것은 무상한 것이다." 감각을 즐겁게 하는 세상의 모든 대상은 욕망과 그에 따른 행위 즉 업의 결과로서 나타나는 것일 뿐 실재가 아니다. 그것은 찰나적으로 존재하다가 사라지며, 필연적으로 고통을 수반한다.[17]

---

17) 그럴 때 철학(베단타)을 공부하려는 생도가 갖추어야 할 또 다른 조건은 어떠한 상황 하에서도 쾌락과 고통에 무관심해야 하며, 평정・자기통제・감각의 억지・인

그래서 초기불교의 경전에서는 "성자가 즐거움이라고 설하는 것을 세간에서는 괴로움이라고 설하고, 성자가 괴로움이라고 설하는 것을 세간에서는 즐거움이라고 설한다."고까지 말하고 있는 것이다.[18]

그렇다. 우리가 경험하는 현실의 세계는 무상한 것이다. 그것이 정신적 세계이건 물질적 세계이건 생겨난 것은 반드시 소멸한다. 오늘의 젊음은 내일을 보장하지 못하며, 어제의 사랑은 오늘 절망을 낳기도 한다. 영원히 지속하는 것은 아무것도 없다. 어째서인가? 우리의 세계는 그 자체로서 존재하는 것이 아니라 욕망(kāma)과 업(karma)의 산물이기 때문이다.

어제의 욕망과 오늘의 욕망은 다르며, 나의 욕망과 남의 욕망은 다르다. 이 같은 '다름'으로 말미암아 세계는 차별적이며, 또한 변화한다. 그러하기에 우리의 경험세계는 절대강자가 없는, 먹고 먹히는 약육강식의 세계, 생존을 위한 무한 경쟁의 세계, 갈등과 투쟁의 세계로 표상된다. 일찍이 윌리엄 제임스가 말한 것처럼 우리네 인생은 도살장이라는 이름의 수라장이다. 거기서는 살아남기 위한 전쟁이 날마다 행해지며, 그 가운데 승리자가 된 이는 지극히 소수의 인간뿐이다. 그러나 그 승리 또한 내일을 기약할 수 없다. 오늘날 모든 가치의 원천이 되고 있는 '이윤추구'라는 절대명제 이면에는 무서운 음모와 함정이 도사리고 있는 것이다.

그렇다면 욕망은 본유적인 것인가, 후천적으로 습득된 것인가? 그것은 흔히 '무시(無始)'로 일컬어지는 아득한 옛날부터 익혀온 업의 결과이다. 욕망은 업을 낳고, 업에 의해 자신의 세계가 드러난다. 그것을 토대로 다시 새로운 욕망과 업을 일으키며, 또 다른 세계를 경험한다. 인간을 포함한 일체의 유정물의 세계는 다만 업의 유전(流轉) 상속일 따름이다. 그것은 죽음으로 끝나지 않고, 또 다른 탄생으로 이어진다.

내·집중, 그리고 해탈에 대한 열망이다(《베단타사라》 9-26).
18) 《잡아함경》 권제13 제308경.

이같이 죽음과 탄생의 끝없는 순환을 윤회(輪廻, saṁsāra)라고 한다. 윤회는 우리가 알 수 없는, 그리고 또한 숙명처럼 받아들여야 하는 초월의 세계가 아니라 현실에 바탕을 둔 업설의 연장일 뿐이다. 우리는 현생과 내생을 윤회할 뿐만 아니라 이 생 안에서도 윤회한다. 천상과도 같았던 어제의 열락은 오늘 문득 절망의 나락(지옥)으로 뒤바뀌기도 하는 것이다. 윤회의 세계는 바로 욕망에서 비롯된 업의 산물이다.

그런데 업이 결과를 낳게 하는 힘으로 규정될 때, 그것은 결정론적이고도 숙명론적인 것으로 간주되기도 한다. 과거(전생)의 업이 현재의 자신의 존재방식을 결정짓는다고 생각하는 이상 그것은 이미 결정된 것으로서, 현재로서는 어떻게 할 수 없다는 체념을 수반하기도 하는 것이다. 그 같은 체념은 현재의 어떠한 의지도 노력도 부정하는 어두운 모습으로 나타나기도 하며, 그래서 불교를 포함한 인도의 철학은 부정적이고 비관적이며, 회의적이고 염세적인 종교로 비쳐지기도 한다.

그러나 업설은 결코 비관적이거나 체념적인 인생관은 아니다. 라다크리슈난은 이렇게 말하고 있다.: "불행하게도 업의 이론은 인간의 마음이 약해지고 최선을 다하고자 하는 열정이 상실될 때 숙명론과 혼동되었다. 그것은 타성과 나태의 구실이 되었으며, 절망의 말이 되어 버렸다. 결국 희망을 전하는 메시지로서의 의미를 상실해 버렸던 것이다."[19]

이제 우리는 업을 어떻게 이해해야 할 것인가? 그것은 필시 타기해야 할 것인가? 업을 떠나 어떻게 이 세상이 유지될 수 있을 것인가? 진실의 업은 존재하지 않는 것인가? 이 같은 문제는 불교를 포함한 인도철학의 중요 관심사였다. 한편에서는 욕망에 기초하지 않은 업은 존재하지 않으며, 따라서 업은 타기해야 할 것이라고 한 반면, 다른 한편에서는 다르마

---

19) S. 라다크리슈난, 《인도인의 인생관》, pp.75~76.

에 기초한 업이나 욕망을 떠난 업(離欲行)은 진실이며, 그것이야말로 구원에 이르는 길이라고 주장하기도 한다. 나아가 욕망 그 자체를 우주적 측면에서 긍정하기도 한다.

욕망이란 무엇인가? 그것은 본질적으로 '나'로부터 비롯된다. 우리는 욕망을 통해 나를 확인하며, 그것의 성취를 통해 나를 보다 확대시키고 강화시키고자 한다. 그러나 다른 한편 그것은 '나'를 왜소하게도 만들며, 바야흐로 파멸의 늪으로 인도하기도 한다. 그리하여 우리는 천상에서와 같은 열락을 맛보기도 하지만, 지옥에서와 같은 절망을 맛보기도 한다. 이렇듯 우리는 욕망을 끊임없이 확대 재생산함으로써 인생이라는 무대 위에서 선 다양한 형태의 자아를 경험한다. 그리고 묻는다. 참된 자아란 어떠한 존재인가?

우리는 한편으로 이렇게 말할 수도 있을 것이다. 세속적 물질적 이기적 욕망은 거짓된 나(小我)로부터 비롯된 것이지만 종교적 도덕적 이타적 욕망은 참된 나(大我)로부터 비롯된 것이라고. 그렇다면 참된 나란 어떠한 존재이며, 거짓된 나와는 어떤 관계를 지니는 것인가? 인도의 철학은 본질적으로 자아(ātman)의 철학이다. 물론 초기불교는 무아설(無我說)을 표방하지만, 그것 역시 자아에 대한 올바른 통찰에서 비롯된 것이라고 할 수 있다.

인도철학은 괴로움으로 표상되는 존재(윤회)의 속박으로부터 벗어남을 목적으로 한다. 그것이 바로 절대적 자유로 일컬어지는 해탈(mokṣa)이며, 이 같은 점에서 인도철학은 종교적이며, 실제적인 삶의 철학이라고 규정되는 것이다. 그리고 존재의 속박과 괴로움은 존재본성(tattva)에 대한 무지(avidyā)에서 비롯된 것이기 때문에 해탈은 궁극적으로 그것에 대한 통찰 예지(jñāna, 또는 vidyā)를 통해 가능하다.

그런데 이 때의 예지는 감각이나 사유에 의한 우리의 일상적 개념적

인식과는 다르다. 고행이나 명상 혹은 요가와 같은 방법을 통한 실천적 종교적 진리인식이다. 고행이 단순한 육체적 학대를 뜻하는 것은 아니다. 고행의 원어 타파스(tapas)는 '열'을 의미하는 것으로, 고행을 통해 물질적 속박과 그로부터 파생된 온갖 정신적 굴레를 태워버리는 것을 의미한다. 그럼으로써 생과 사, 고통과 쾌락, 선과 악, 이 모든 세속적 가치로부터 벗어나 궁극의 실재와 하나가 된다. 그러한 이는 세속의 어떠한 힘으로도 제약할 수 없는 절대적 자유를 경험하게 되며, 이러한 이야말로 영웅 중의 영웅, 마하비라(Mahāvīra, 大雄)로 일컬어진다.

요가(yoga) 역시 그 이상에 있어서는 고행의 그것과 동일하다. 요가를 한 마디로 정의하기란 어려운 일이지만, 물질적이거나 정신적이거나 현상의 그 어떤 것에도 집착하지 않고 절대적 평정을 목적으로 하는 신체적 심리적 기술이다. 요가학파에 있어서 요가란 현실에서 경험되어지는 자아를 진실의 자아라고 생각하여 일으키는 탐욕과 증오 등 일체의 심리작용을 억지 소멸하여 마침내 순수자아만이 빛나는 삼매(samādhi)에 이르는 8가지 과정의 테크닉을 말한다.[20]

그러나 일상에서의 요가란, 어원 $\sqrt{yuj}$의 의미('묶다' '매다')가 시사하듯이, 마치 이리저리 날뛰는 망아지를 고삐로 묶어두듯이, 마음으로써 감관을, 지성으로써 마음을 통제하여 존재의 본성을 통찰하려는 수행일반을 의미한다. 이런 사실에 대해《카타 우파니샤드》에서는 다음과 같이 설하고 있다.

아트만(자아)을 전차의 주인으로 알고

---

[20] (1) 도덕적 금계(yama) (2) 내적 제계(niyama) (3) 좌법(坐法, āsana) (4) 호흡의 조절(praṇāyāma) (5) 감관의 제어(pratyāhāra) (6) 의식의 집중(dhāraṇā) (7) 통일적 의식(dhyāna) (8) 자아의 독존(獨存, samādhi). 이에 대해서는 본서 제2장 3-1) '상캬와 요가학파'를 참조바람.

> 육체를 전차로, 지성을 마부로, 마음을 고삐로 알라.
> 감각들을 말로, 감각의 대상을 말이 쫓는 길로 알라.
> 이같이 육체와 감각과 마음과 관계하는 아트만은
> 그 모두의 향수자라고 현자들은 말한다.
> 곧 지성이 결여되고 그의 마음이 제멋대로 날뛸 경우
> 그의 감관은 통제할 수 없게 될 것이니
> 마치 거친 말들이 마부에 의해 통제되지 않는 것과 같다.[21]

그렇다면 아트만(자아)이 존재의 본성인가? 아트만이란 무엇인가? 과연 리시들은 무엇을 어떻게 들었던 것이며, 불타는 무엇을 어떻게 보았던(깨달았던) 것인가? 그리고 그 이후 인도의 위대한 철인들은 그들의 말씀을 어떻게 이해하고 해석하였던 것인가?

---

21) 《카타 우파니샤드》 I. 3. 3-5.

제1부

인도의 전통철학

제2장 《우파니샤드》의 철학
-세계의 근원은 무엇인가?-

1. 《베다》의 여러 신들

1) 다양한 자연신관

《베다》는 인류정신이 낳은 최고(最古)의 문헌이다. 기원전 3천 년 혹은 6천 년 무렵에 성립하였다는 설도 있지만, 일반적으로는 기원전 1500년에서 1200년 무렵의 산물로 인정된다. 이것의 작자는 없다. 이것은 태초 이래, 아니 그 이전부터 존재하였던 진리의 말씀으로, 리시(ṛsi)라고 일컬어지는 거룩한 선인(仙人)들에게 들려진 것이라고 전해진다. 베다 (veda)라는 말은 '알다'는 의미의 동사 어근 √vid에서 파생된 말로서, 지식 특히 성스러운 존재에 관한 우주적 지식, 그리고 그것에 관한 찬가와 제사와 영적 탐구를 모두 포괄한다.

따라서 넓은 의미에서 《베다》는 찬가의 집성인 《삼히타(saṃhitā, 本集)》와, 제사에 관한 해설서인 《브라흐마나(Brāhmaṇa)》, 궁극적 실재에 관한 신학적 철학적 탐구를 위주로 하는 《아란야카(Āraṇyaka)》와 《우파니샤드(Upaniṣad)》를 말하지만, 좁은 의미에서는 오로지 찬가의 집성만을 《베다》라고 한다. 그리고 여기에도 역시 《리그 베다》《야주르 베다》《사마 베다》《아타르바 베다》라는 네 가지 《베다》가 전해지고 있는데, 이 중에서도 특히 《리그 베다》가 가장 오래 되고도 원초적인 형태이기 때문에 《베다》를 대표하는 것이라고 할 만하다.

모든 지식은 나름대로의 힘을 갖지만,[1] 《베다》의 지식은 우주적인 힘이다. 따라서 그러한 지식은 당연히 신들의 몫이다. 곧 '빛남' '상서로움' 등의 의미를 갖는 신(deva)은 인간의 삶을 창조하고 파괴하는 상서로운 힘으로서, 《베다》의 찬가는 대부분 신들에게 바쳐진 것이다.

고대 아리야인들은 신성한 제사의식에서 그것을 노래함으로써 신들이 갖는 우주적 지식과 그것의 창조적 에네르기에 동참할 수 있으며, 그 같은 종교적 갱생을 통해 인간의 삶이 보다 완전해질 수 있다고 믿었다. 만약 그렇지 못할 경우, 인간의 삶은 파편화되어 소외되었다고 느낄 것이며, 지복(至福)의 세계에서 멀어져 혼돈의 천박한 삶을 영위하게 될 것이기 때문이다.

《베다》에는 수많은 남녀 제신(諸神)이 등장한다. 인드라(Indra, 번개의 신), 아그니(Agni, 불의 신), 소마(Soma, 술의 신), 아슈빈(Aśvin, 雙神, 여명과 황혼의 어스름, 혹은 별들), 바루나(Varuṇa, 율법의 신), 우샤스(Uṣas, 새벽의 여신), 사비트리(Savitṛ, 태양신), 브리하스파티(Bṛhaspati, 기도신), 비쉬누(Viṣṇu, 유지 지속의 신), 루드라(Rudra, 폭풍의 신), 바츠(Vāc, 언어의 신) 등 이루 헤아릴 수 없는 신들이 읊조려지고 있다.(이상 등장 빈도순)

여기에는 자연현상을 신격화한 것도 있고, 신성한 제사의식의 구성요

---

1) 이에 대해서는 본서 제1장 3-1) '삶의 현실'을 참조할 것.

소나 추상적 관념을 신격화한 것도 있다. 그렇다면 이들 신격의 의미는 무엇인가? 그들이 갖는 위대한 힘은 무엇이며, 고대 아리야인들은 어떠한 이유에서 그들을 중요시하였던 것인가?

인드라는 번개의 신이다. 번개가 주는 의미는 무엇인가? 그것은 천지를 진동시키는 소리를 내며, 하늘을 뒤덮고 있는 먹장의 구름을 가르는 빛으로, 비를 동반한다. 인드라는 무적의 무기인 금강저(金剛杵)를 들고서, 일체의 물을 머금어 우주를 파멸시킨 구름 뱀 브리트라(Vṛtra)를 쳐부수어 비를 내리게 함으로써 대지를 소생시킨다.

그는 혼돈과 무(無)의 사악한 힘들을 물리치고, 생명의 물꼬를 터 만물이 출현할 수 있는 길을 열어 준다. 그는 《리그 베다》에서 가장 많이 등장하는 신이자 가장 영웅적인 신으로, 희랍의 제우스에 비견될 만하다. 이후 불교에 제석천(帝釋天)이라는 이름으로 수용되기도 하며, 전쟁의 신으로 그 신격이 변화하기도 한다.

《베다》에서 두번째로 자주 등장하는 신은 불의 신 아그니이다. 불 또한 위대한 힘을 갖는다. 세상에서 어둠을 몰아내기도 하지만, 세상을 파멸시키기도 한다. 날고기와 채소를 음식으로 변화시켜 생명의 에네르기를 제공하기도 하고, 언제나 부정(不淨)한 것을 태워버림으로써 세계를 정화시키기도 한다. 또한 높게 타올라 하늘에 닿기도 한다.

지상에서의 불은 부싯돌이나 막대기에서 생겨나지만, 창공에서의 불은 구름에서 생겨나는 번개이며, 하늘에서의 불은 작렬하는 태양이다. 그러나 그 본질은 동일하기에, 그것은 땅으로부터 하늘을 꿰뚫고 태양에 이르는 것으로 이해되기도 한다.: "오, 아그니여! 내가 당신께 드리는 이 통나무를 받으소서. 밝게 타올라 당신의 거룩한 연기를 피워 올리소서. 당신의 긴 머리털로 가장 높은 하늘에 닿으시고, 태양의 빛들과 섞여 하나가 되소서."2) 이 같은 이유에서 불은 항상 제사를 지낼 때 희생물을 신들에게 전달하는 메신저로 사용되었던 것이다.

그러나 그에 대한 관념이 점차 추상화됨에 따라 더욱 더 강력한 힘을 지닌 최고신으로 찬탄되기도 하였다.

> 오! 아그니여, 우리를 위해 여기로 바루나를 데려오소서. 하늘로부터 인드라를, 허공으로부터 마루트(폭풍의 신)들을 데려오소서. 길상초 위에 거룩한 모든 이를 앉게 하시어 스바하(svāhā, 기도말미에 읊조리는 말로, 찬탄 축복의 뜻)로 신들을 기쁘게 하게 하소서.[3]

다음으로 자주 찬미되는 신은 희랍의 주신 디오니소스에 비견되는 소마이다. 술의 힘은 무엇인가? 술은 취하게 한다. 술은 파멸을 낳기도 하지만, 현실에서의 모든 불행과 절망을 잊게 한다. 그것은 자연의 다른 어떤 것보다 직접적이고도 강력한 힘을 갖는다. 신성한 도취는, 영혼이 고무된 상태에서 일어나는 영적인 직관과 심원한 통찰, 우주와의 공감을 불러일으키며, 황홀을 맛보게 한다.

술이 추상적 개념으로 인격화될 때, 그것은 우주의 강력한 주(主)로서, 새벽의 빛을 일으키고, 바람을 흔들어 움직이게 하며, 강물을 흐르게 할 뿐 아니라 태양을 빛나게 한다. 그것은 충만한 생명의 샘이며, 지혜와 용기와 환희의 상징이다. 리시들은 찬탄하였다.: "우리는 소마를 마셨고, 불사(不死)를 얻었도다. 우리는 빛을 얻었으며, 신들을 찾게 되었도다."[4]

우샤스는 누구인가? 그녀는 해뜨기 직전, 새벽의 붉은 빛을 상징하는 여신이다. 그 빛은 어두움을 가르고 나타나 태양(사비트리)의 출현을 예고한다. 그녀는 희망의 상징이며, 구원의 주이다.: "우샤스여! 하늘의 모든 신

---

2) 《리그 베다》 VI. 2. 6.
3) 《리그 베다》 X. 70. 11.
4) 《리그 베다》 VIII. 48. 3.

들을 데려오소서, 그들이 우리의 소마주를 마실 수 있도록. 우샤스여! 우리에게 소와 말을, 칭송 받을 승리의 상을 베푸소서. 영웅이 될 힘을."5)

여신 바츠는 언어의 신이다. 언어는 인간경험과 사유의 원천으로, 온갖 존재를 가능하게 하는 힘이다. 《베다》역시 바츠로부터 비롯되었고, 기도 또한 바츠로 이루어졌다.

> 그녀로부터 대양이 흘러나왔으며, 세상의 네 영역도 그녀에 의해 존재한다. 불멸의 말씀(즉 《베다》)을 유출하였으며, 그것을 통해 온 우주는 생명을 갖게 되었도다.6)

> 모든 이들은 오로지 나를 통해서만 음식을 먹으며, 각기 보고, 숨쉬며, 듣고, 내뱉어진 말을 듣도다. 그러나 그들은 그것을 알지 못한 채 내 곁에 머물고 있으니, 내가 선언한 진리를 모두 들어야 하리라.7)

2) 통일적 신관의 모색

이처럼 《베다》의 여러 신들은 우주적 힘의 상징이었지만, 그것은 고대 아리야인들이 느끼고 인정하였던 힘들의 범위를 나타낸다고 할 수 있다. 그렇다면 그 범위는 어디까지였던가?

그 범위는 인간의 상상력만큼이나 무한한 것이었다.8) 하늘(Dyaus)과 땅(pṛthivī)은 물론이고, 의식(Manas)・호흡(prāṇa)・바람(Vāyu)・물(Āpas)・열(Tapas)・허공(Aditi, 무한), 그리고 사라스바티(Sarasvatī), 신두(Sindhu),

---

5) 《리그 베다》 I. 48. 2.
6) 《리그 베다》 I. 164. 42.
7) 《리그 베다》 X. 125. 4.
8) 고대 아리야인들은 무한을 3이라는 수로 나타내기도 하여, 일체의 신을 33, 303신, 3003신으로 구분하기도 하고, 그 모두를 합한 3339신으로 말하기도 하였다. 《리그 베다》 III. 9. 9에서는 숭배해야 할 아그니로서 3백, 3천, 3십, 그리고 아홉이 있다고 언급하고 있다.

강가(Gaṅga) 등의 온갖 강들도 존재의 맥박을 조절하는 힘들로 찬양되었으며, 죽음(Yama, 사자의 신)조차 찬양되었다. 사비트리・비쉬누・푸산(pūṣan)은 수르야(Surya)와 더불어 태양을 상징하지만, 황금의 광선・활동・가축과 작물을 생육시키는 힘이라는 점에서 달리 찬양되기도 하였다.

다른 한편으로 창조신에 대한 모색도 이루어지고 있다. 인드라나 아그니 등도 우주의 조물주로 여겨지기도 하였지만, 보다 구체적으로 목수가 집을 짓듯 우주를 창조한 비슈바카르만(Viśvakarman, 造一切者), 제사의식의 힘으로 우주를 고쳐해 낸 브라흐마나스파티(Brāhmaṇaspati, Bṛhaspati, 기도주), 혼돈의 물로부터 생겨난 황금의 태아(Hiraṇyagarbha), 생주신(生主神) 프라자파티(prajāpati), 하나의 거대한 인격인 우주의 원인(原人)으로서의 푸루샤(puruṣa) 등이 찬양되었다.

그러나 여기서 분명히 알아 두어야 할 사실은, 희랍의 신화에서처럼 이들 제신(諸神)들 사이에 암투가 일어나지도 않았다는 점이다. 수많은 남녀 제신이 등장한다는 점에서 《베다》는 다신교(多神敎)이지만, 그들 사이에 우열 고하는 존재하지 않는다. 어떠한 신이라도 찬양의 대상이 되었을 때에는 최상급의 찬사를 받으며, 따라서 제장(祭場)에서 자유로이 교체될 수도 있었다. 《베다》의 신관은 단일신교(單一神敎)적이고, 교체신교(交替神敎)적이다.

수많은 남녀 제신들 사이에는 어떤 모종의 질서가 유지되고 있었다. 그리고 《베다》에서는 또다시 이러한 '질서'를 신격화하여 리타(ṛta)라고 하였는데, 이는 앞서 언급한 여러 신들에 선행하는 보다 근원적 존재이다.

'가다'는 뜻의 어근 $\sqrt{r}$에서 파생된 리타는 원래 해와 달과 별의 운행에서 나타나는 규칙성, 밤과 낮, 그리고 사계의 주기적 순환을 의미하였다. 그것이 점차 인간이 따라야 할 길, 신들조차 지켜야 하는 법칙 즉 천칙(天則)으로 규정되기에 이르렀다. 그것은 우주의 질서이자 제사의식의 원리이며, 인간행위의 도덕적 질서로서, 율법의 신 바르나가 수호하고자 한 것도 바로 리타였다. 그것으로 인해 비가 오고, 바람이 불며, 하늘이 하늘일 수 있고, 땅이 땅일 수 있었다.

> 우샤스는 리타의 길을 따라간다. 마치 그 전부터 그 길을 알고 있었던 것처럼. 그녀는 그 길을 벗어나는 법이 없다. 수르야도 리타의 길을 따라간다.[9]

리타는 중국철학에서의 도(道)에 비견되는 개념으로, 불변의 법칙이자 만유의 근원이다. 이는 바야흐로 인도철학의 맹아가 되었으며, 후세 '다르마'라는 개념으로 발전하게 된다. 리타의 개념이 등장하면서 신들의 속성에 변화가 일어났다. 즉 리쉬들은 보다 근원적이고도 통일적인 신관을 모색하게 되었다. 그들은 묻고 있다.: "진실로 우리가 공물을 바쳐야 할 신은 누구인가?" "누가 최초에 태어난 자를 보았겠는가?" "우리가 찬양해야 할 신은 누구인가?"[10]

앞서 언급한 비슈바카르만 등의 창조신 역시 유일신교(唯一神敎)적인 성격을 지니지만, 그러나 그들은 그 자체만으로는 존재할 수 없는, 인간 정신에 반영된 신의 그림자일 뿐이었다. 비슈바카르만에게는 재료가 필요하였고, 황금의 태아는 물에서 나타난 것이었다. 다시 말해 그들은 인간의 사유에 한정되는, 유한하고도 차별적인 존재였다.

자연이나 관념이 의인화된 인격신은 이제 더 이상 지고의 존재가 아니었다. 그들은 각기 자신의 명칭과 속성을 가지며, 그것은 타자를 전제로 한 것이기에 차별적이다. 절대적이고도 궁극적인 존재는 그러한 차별에 선재(先在)하는 단일한 실재이다. 이제 바야흐로 영원하고도 단일한 실재

---

9) 《리그 베다》 I. 24. 8.
10) 《리그 베다》 X. 121; I. 4. 164; VIII. 100. 3.

인 일자(一者, ekam)가 그러한 차별적인 모든 신들을 통일하였고, 제신을 비롯한 만유는 그것으로부터 흘러나온 것으로 간주되었다.: "그들은 천상의 거룩한 날개를 지닌 가루트만(Garutmān, 하늘의 새 즉 태양)을 인드라・미트라・바루나・아그니라고 부른다. 리시들은 단일한 실재에 대해 여러 가지 명칭으로 불렀나니, 그들은 그것을 아그니・야마・마타리슈완이라고 불렀도다."11)

존재(sat)라고 할 만한 것은 궁극적으로 단일하다. 단일하기에 남성도 아니고 여성도 아니며, 차별적 개념에 의해 드러나는 인격적인 모든 한정과 제약으로부터 벗어나 있다. 그렇기 때문에 그것은 사실상 존재(有) 혹은 비존재(無)라고도 말할 수 없는, 다만 '그것(tat)'이라든지 '그 일자(tad ekam)'라고밖에 할 수 없는 존재이다.

그 때엔 존재(有)도 없었고, 비존재(無)도 없었으며
바람도 없었고, 그 위로 하늘도 없었으니
무엇이, 어디에, 누구의 보호 아래 숨어 있었던 것인가?
깊이를 알 수 없는 심연의 물이 있었던 것인가?

그 때엔 죽음도 없었고, 불사도 없었으며
밤의 징표도 없었고, 낮의 징표도 없었으니
일자만이 저 스스로 바람 없이 숨쉬고 있었을 뿐
그 이외 존재하는 것은 아무것도 없었도다.

어둠만이 있었으니, 태초에 모든 것은
어둠 속에 감추어진 어떠한 차별도 갖지 않은 혼돈이었다.
그 때 모든 것은 형태도 없이 텅 비어 있었는데
그 일자는 열(熱)의 힘에 의해 존재로 나타나게 되었도다.

---

11) 《리그 베다》 I. 164. 46.

처음에 그 일자에게 의욕이 생겨났고
그것은 사유의 최초의 씨앗이 되었으니
그들의 지혜로운 마음을 탐구하던 리시들은
마침내 비존재에서 존재의 끈을 찾게 되었도다.

그들의 끈은 어둠을 가로질러 빛으로 펼쳐졌지만
위에는 무엇이 있었고, 아래에는 무엇이 있었던가?
거기에는 창조적인 힘과 충만한 힘이 있었으니
아래로는 에네르기가, 위로는 충동력이 있었다네.

진실로 누가 알 것이며, 누가 단언할 수 있을 것인가?
창조가 어디서 생겨났고, 어디서 비롯된 것인지에 대해
신들조차도 이 세계가 창조된 이후에 생겨났으니
그것들이 어디서부터 생겨났는지를 누가 알 수 있을 것인가?

아무도 모를 것이니, 만물이 어디서 생겨났는지
그가 산출하였는지, 혹은 산출하지 않았는지에 대해.
가장 높은 하늘에서 이 세상을 살피는 자
오로지 그만이 알 것인가? 아니 그도 모를지 모른다네.[12]

  존재의 근원은 무엇이며, 그 근원으로부터 어떻게 존재가 생성하게 되었던 것인가? 이 찬가는 《리그 베다》에서 우주기원에 관한 한 가장 유명한 노래로서, '태초에 존재(有)도 없었고'라는 말로 시작하기 때문에 이른바 '무유(無有)찬가(nāsadīya sūkta)'로 알려진다. 이는 물론 일상에서 경험되는 범속한 지식이 아니라 심오한 통찰에서 비롯된 것이기 때문에 쉽게 이해되지 않는다.
  앞서 언급하였듯이 일자 즉 단일한 실재는 온갖 차별적인 이름(名)과

---

12) 《리그 베다》 X. 129. 1-7.

형태(色)를 초월한 것이기 때문에 궁극적으로 말할 수 없다. 즉 언어란 사물들의 관계를 지시하는 것으로, 그 때는 일자 이외 아무것도 존재하지 않았기 때문에 그것은 언표될 수 없는 것이다.

그렇더라도 그것을 '존재(有)'라고 말할 수 없다. 왜냐하면 세계가 생겨나기 전의 그것은 아직 현현되지 않은 상태이기 때문이다. 또한 '비존재(無)'라고도 말할 수 없다. 일상에서의 비존재란 어떤 존재의 부재(不在)를 말하는 것이지만, 그 때는 어떠한 존재도 설정될 수 없기 때문이다. 그것은 시간도 공간도, 죽음도 초월하였으며, 불사라는 개념조차 초월한 것이다. 우리는 그것을 다만 '그것'이라고 말할 수 있을 뿐, 이에 대한 어떠한 묘사도 불가능하다. 그것은 존재와 비존재를 포함하는 세계의 근원이다.

'그것'에 '나'라는 의욕(kāma)이 일어났다. 의욕은 사유(manas)의 씨앗으로, 비존재와 존재의 연결고리이다. 이것이 최초의 생성으로, 열 즉 타파스(tapas)로부터 일어났다. 타파스는 일반적으로 고행의 의미로 쓰여지지만, 여기서는 절대자의 본래적이고도 영적인 에네르기, 혹은 충동력, 힘이다. 현상에서의 '나'는 '나 아닌 이(非我)', 즉 타자와 절대적으로 관계한다. 그렇지 않을 경우 '나'는 순수한 추상에 불과하며, 그것은 더 이상 생성의 영역이 아니다. 이와 마찬가지로 일자 역시 타파스를 통하여 자아와 비아, 정신과 물질, 존재와 비존재로 생성한다. 그리고 이제 세계는 대립된 두 원리간의 상호작용으로부터 전개된다.

이 찬가에 따르면 의욕(혹은 욕망)이야말로 세계창조의 원동력이다. 그것을 지니게 됨으로써 불생불멸의 일자는 그에 상반되는 비아 혹은 물질의 측면을 띠게 되고, 세계로 나타난다. 곧 세계는 일자의 타파스(자기 충동적인 힘)에 의해 펼쳐진 것으로, 세계는 이것 없이 한순간도 지속할 수 없다. 따라서 언제나 불안하다. 나아가 후세 마야(māyā)로 일컬어지는 이 같은 생성의 힘은 본질적으로 '생겨난 자'로서는 알 수 없다. 따라서 인격적인 신조차도 생겨난 존재인 이상 그것을 알 수 없다.[13]

이처럼 일자는 우리가 경험하는 모든 존재의 근원이지만, 기독교의 여호와처럼 세계 밖에 존재하는 유일자가 아니다. 그것은 보다 깊은 차원에 서이기는 하지만, 우주 안에 영원히 포함되어 있다. 그것은 바다와 같은 것이다. 모든 강물은 바다로부터 비롯되었으며, 바다에 이르면 차별적인 명칭을 버리고 하나가 된다. 마찬가지로 일자 앞에서는 어떠한 신도, 어떠한 존재도 각자의 차별성을 상실한다. 그것들은 모두 단일한 실재의 차별적인 현현이기 때문이다. 달은 하나이지만, 그것은 보는 장소에 따라, 비쳐진 물에 따라 수천 수만 가지로 나타나는 것과 같다.

---

13) 이상의 설명은 다음에 이야기할 《우파니샤드》의 철학적 관점에 근거한 것이지만, 이를 신화적으로 해석하면 훨씬 간단할 수도 있다. 신화에 있어 비존재(無, 혹은 혼돈)는 암흑과 속박을 지배하는 세력을, 존재(有)는 빛과 자유를 가져다 주는 세력을 의미하며, 창조는 바로 양자 사이의 지속적인 투쟁의 결과로서 어두움을 몰아내고 빛과 생명을 드러내는 과정이다. 다시 말해 창조란 어두움으로부터 빛이, 비존재로부터 존재가 생성되는 현상이다. 《베다》에서 대표적인 사례는 브리트라와 인드라의 신화이다. 구름 뱀의 모습을 띤 브리트라는 하늘의 물을 모두 들이킴으로써 우주를 파멸시킨 암흑의 지배자로 비존재를 상징하며, 그를 죽여 뱃속의 생명수를 방출함으로써 우주에 물길을 트고 생명을 창조한 인드라는 존재를 생성시키는 창조적 행위를 상징한다. 인드라의 힘의 원천은 브리트라의 심장(먹구름)을 꿰뚫는 금강저나 지혜와 용기를 북돋우는 소마주가 아니라 창조(해방)에 대한 그의 욕망이었고, 그것은 바로 사유의 씨앗이었다. '무유찬가'에서 리시들이 통찰하였던 것은 알 수 없는 심연의 일자였지만, 그것은 말로 표현할 수 없는 것이었다. 말할 수 있는 것은 사유된 것뿐이다. 즉 인드라의 사유는 암흑의 비존재로부터 빛과 생명의 존재를 생성시키고자 욕망하였고, 창조적인 힘을 통해 마침내 실현하였다. 그러나 사유에 선재(先在)하는 일자 자체는 알 수 없고, 말할 수 없다. 그것은 가장 높은 하늘에 머무는 신들조차 알지 못하니, 신들 역시 창조된 세계의 일부이기 때문이다. 《리그 베다》의 '무유찬가'는 우주창조의 신화이지만, 그것은 본질적으로 인간의 창조적인 삶에 대해 말하고 있다. 부단한 에너지의 재충전, 혹은 재창조를 통한 갱생 없이는 언제든 비존재의 어두운 동굴 속에 갇혀버릴 수 있기 때문이다. 존재와 비존재는 서로 대립하는 실재가 아니다. 존재란 다만 비존재로부터 해방(생성)된 상태일 뿐, 언제든 속박될 수 있는 가능성을 지니고 있다.

기원전 12세기 무렵에 이 같은 우주에 대한 통일적 모색이 이루어졌다는 사실은 놀랄 만한 일이 아닐 수 없다. 독일의 저명한 인도철학자 도잇센은 다음과 같이 말하고 있다.: "인도사람들은 다른 나라에서와는 전혀 다른 방법으로 이와 같은 일원론에 도달하였다. 이집트에서는 여러 지방 신들의 기계적인 동일화에 의해 일신교에 이르게 되었으며, 팔레스타인에서는 그들의 종족신 여호와를 위하여 다른 신들을 추방하고, 그 숭배자들을 가혹하게 박해함으로써 그것이 가능하였다. 그러나 인도에서는, 보다 철학적인 방식에 근거한 일신교는 아니라 할지라도 다양성의 장막을 관통하여 그 밑에 깔린 통일성을 인식함으로써 일원론에 도달하였다."14)

> 불은 여기저기 타오를지라도 오직 하나이다.
> 만물을 비추는 태양 또한 하나이다.
> 세계를 두루 비추는 우샤스 또한 하나이다.
> 오직 하나인 것, 이것이 세계의 모든 것이 되었다.15)

2. 《우파니샤드》에서의 궁극적 존재

1) 《베다》에서 《우파니샤드》로의 이행

《베다》에서 찬가의 대상으로서, 상징과 은유로써만 기술되던 일자는 《우파니샤드》에 이르러 마침내 탐구의 대상이 되어 보다 철저한 형태로 논의되기 시작한다. 이 같은 전환에 대해 몇 가지 이유를 말할 수 있다. 무엇보다 먼저 이 시대(기원전 8세기 무렵) 정치적 경제적 발달과 함께 도

---
14) 라다크리슈난, 《인도철학사》 I, p.142 재인용.
15) 《리그 베다》 VIII. 58. 2.

시가 생겨났다는 사실이다. 도시는 다양한 경험이 공유되는 곳으로, 전통 사회에서의 보편적 가치(선)였던 제사는 이제 더 이상 사회공동의 것이 되지 않았다.16)

또한《브라흐마나》시대(기원전 10세기) 이래 점차 인생에 있어 죽음은 끝이 아니라 새로운 생으로의 시작이라는 윤회의 관념이 생겨나게 되었고, 가능만 하다면 윤회의 끝없는 괴로움으로부터 벗어나고자 하였다. 그것은 제사를 통한 인생의 행복이나 충만함과는 전적으로 다른 것이었다. 그러한 그들에게 도시 저편의 숲은 매력적인 곳이었다. 그곳은 도시와는 달리 고요하였고, 단일한 실재에 대해 명상하기에 좋은 곳이었다.

한편, 제사의 효능이 의심받게 되자《베다》에서 제사의식의 원리이며, 우주 내지 인간행위의 도덕적 질서를 의미하였던 리타 역시 새롭게 이해될 수밖에 없었다. 리타 등에 의한 통일적 신관은,《브라흐마나》에서는 전체 우주가 제사의식으로부터 비롯된 것으로 간주되었기 때문에 이를 주관하는 기도주(祈禱主) 브리하스파티(혹은 Brāhmaṇaspati)로 그 축이 옮겨졌다가, 마침내《우파니샤드》에 이르러 궁극적 실재로서의 브라흐만(Brahman)으로 귀결되었다.

죽음과 삶의 반복 역시 우연적인 것이 아니라 인간행위에 의한 것으로 간주되면서 카르마(karma, 즉 업)에 주의를 기울이게 되었고, 리타의 도덕적 질서나 원리적 측면은 다르마(dharma)로 이해되었다. 그리고 윤회 즉 반복되는 생을 이야기할 경우, 식물이 씨앗을 통해 죽음과 태어남을 반복하듯이, 씨앗에 비견될만한 불변의 내적 자아에 주목하지 않을 수 없었고, 마침내《베다》에서 호흡 혹은 생명을 의미하였던 아트만(ātman)이 불변의 보편적 자아로 간주되었다.

---

16) 이에 대해서는 본서 제1장 4-2) '시대적 전개'를 참조할 것.

이러한 사유의 전환은 한 마디로 그들의 관심이 객관의 세계에서 주관의 자아로 이동하였음을 의미한다. 《베다》에서의 주된 관심이 자연의 질서와 운행이었다면, 《우파니샤드》의 그것은 인간내면의 세계였다. 찬양되어야 할 것은 이제 더 이상 자연세계의 신들이 아니라 살아 있는 내면의 신인 아트만이었다.: '내(아트만)가 바로 브라흐만이다.'

그들의 목적은 이제 더 이상 제사에 의한 현세적 이익이 아니라 지식을 통한 해탈에 있었다.

2) 《우파니샤드》의 주된 관심사

우파니샤드(Upaniṣad)라고 하는 말은 '가까이(upa)' '아래(ni)' '앉는다(ṣad)'는 세 말의 복합어로, 제자가 가르침을 받기 위해 '스승 가까이 다가가 앉는다'는 뜻이다. 그러나 점차 스승으로부터 은밀하게 전수받은 가르침, 비밀스럽고도 심오한 가르침을 의미하기도 하였다.

무엇이 그렇게 비밀스러운가? 볼 수도 없고, 들을 수도, 생각할 수도 없는 궁극적 실재, 바로 그것이다. 브라흐만 혹은 아트만으로 일컬어지는 세계근원에 관한 지식은 결코 언어로 드러날 수 없으며, 그것은 다만 명상을 통해 직관 통찰될 뿐이기 때문이다.

《우파니샤드》는 《베다》의 마지막(anta) 부분으로, 《베다》의 궁극적 가치이며, 목적으로 인식되고 있다. 이런 까닭에 《우파니샤드》를 베단타(Vedānta)라고도 한다. 따라서 찬가의 집성인 네 가지 《삼히타》(즉 협의의 《베다》)에는 그에 따르는 각각의 《우파니샤드》가 있어 수백 가지 혹은 108가지의 《우파니샤드》가 있다고 하지만, 그 중에서도 베단타학파의 최고의 철학자였던 샹카라(8세기)가 주석한 《찬도갸(Chāndogya)》《브리하드아란야카(Bṛhadāraṇyaka)》《타이티리야(Taittirīya)》《아이타레야

(Aitareya)》《케나(Kena)》《카타(Kaṭha)》《만두캬(Māṇḍūkhya)》《이샤(Īśa)》 등 10여종의 《우파니샤드》가 가장 중요한 것으로 손꼽히고 있다. 이것들은 대개 기원전 800년에서 500년 사이, 불교가 성립하기 이전에 만들어진 것으로 알려진다.

《우파니샤드》는 철학적인 논문이 아니기 때문에 체계적이지도 논리적이지도 않을뿐더러 관념론적 범신론적 실재론적 경향의 온갖 잡다한 논의들을 포함하고 있지만, 그것의 주된 관심사는 세계와 자아이다. 우리가 경험하는 온갖 다양한 세계의 궁극적 본질은 무엇이며, '나'란 어떠한 존재인가? 그리고 나와 그 같은 궁극적 본질과의 관계는 무엇인가?

《슈베타스바타라 우파니샤드》에서는 단도직입적으로 묻고 있다.: "세계의 근원은 무엇인가? 우리는 어디에서 생겨났으며, 무엇에 의해 살아가고 있는 것인가? 그리고 죽어 어디로 갈 것인가?"17)

우리는 천차만별의 세계를 경험하며 살아간다. 우리가 경험하는 현실의 세계에는 산도 있고, 강도 있으며, 색깔도 있고, 향기도 있고, 맛도 있다. 그리고 그것들은 모두 자신의 명칭을 갖고 있으며, 이러한 명칭을 통해 우리의 정신은 활동한다. 그 결과 기뻐하고 슬퍼하며, 사랑하고 미워하며, 욕망하고 절망한다. 그렇다면 보고 듣고 생각한 그것이 우리의 모든 것인가? 우리는 대개 또 다른 욕망으로 인해 그렇지 않다고 생각하지만, 다른 한편으로는 그것이 우리 삶의 모든 것이라고 생각한다. 지금 내가 보고 듣고 생각한 그것이 나의 모든 것이다. 그 밖에 달리 무엇이 있을 것인가?

그러나 생각해 보라. 어제의 기쁨이 결코 오늘의 기쁨이 될 수 없듯이, 오늘의 생각 또한 내일의 그것일 수는 없다. 어제의 진실하였던 사랑은

---

17) 《슈베타스바타라 우파니샤드》 I. 1.

오늘 허망함으로만 남아 있을 뿐이다. 어제는 다만 어제였고, 오늘은 다만 오늘일 것인가? 그것만이 모두인가? 어제와 오늘 사이에는 어떠한 인과적 관계도 확인할 수 없으며, 다만 우연의 산물일 뿐인 것인가? 그러나 우리는 대개 '나'를 통해 세계의 연속성을 확인한다. 어제의 행복했던 삶도 나의 삶이었고, 오늘의 절망스러운 삶도 나의 삶이다. 어제 태어난 이도 나였고, 내일 죽을 이도 나이다. 아! 어쩔 것인가? '나'는 어제도 나였고, 오늘도 내일도 나인데, 내가 경험하는 세계는 이렇듯 기쁨과 고통, 행복과 절망, 탄생과 죽음의 소용돌이 속에 휘말려 있지 않은가?

우리가 경험하는 현실의 세계는 생성과 소멸의 순환을 피할 수 없으며, 그것은 적어도 진실이 아니다. 그것은 실재가 아니며, 그에 관한 지식 역시 참된 지식이 아니다. 거기서의 행복 역시 찰나적인 것일뿐더러 덧없음의 괴로움을 잉태하고 있어 지복(至福)이 아니다.

우리가 경험하는 세계가 이러함에 《우파니샤드》의 현자들은 궁극적 존재에 대한 통찰을 통해 일체의 변화를 떠난 불멸자로서 영원한 평안을 찾으려고 하였다. 그것은 바로 해탈(mokṣa)로 일컬어지는, 탄생과 죽음이라는 윤회의 속박에서 벗어난 절대자유의 경지였다. 《우파니샤드》는 궁극적으로 우리를 영원하고도 무한한 존재(sat), 그 무엇에 의해도 파기될 수 없는 절대적 진리(cit), 그리고 무조건적인 순수 환희(ānanda)의 세계로 인도하고자 한다.

그들은 찬송하였다.

  나를 미망으로부터 진리로 인도하소서.
  나를 어두움으로부터 빛으로 인도하소서.
  나를 죽음으로부터 영원으로 인도하소서.[18]

---

18) 《브리하드아란야카 우파니샤드》 I. 3. 28.

3) 궁극적 존재

(1) '나'는 누구인가?

나는 누구인가? 나는 어떠한 존재인가? 나는 나이고 너는 너이다. 나는 너와 다르다. 무엇이 다른가? 이름이 다르고, 생김새가 다르고, 성격이 다르고, 취미가 다르고, 출생이 다르고, 고향이 다르고, 생각이 다르며, 살아가는 방식이 다르다. 우리는 이렇듯 타자와의 다름을 통해 나를 확인한다. 또한 사랑하고 미워하고, 좋아하고 싫어하고, 즐거워하고 괴로워함으로써 나를 확인한다.

이렇듯 현실에서의 '나'는 타자와 대립하고, 사랑과 미움 등에 한정된다. 그러나 '나'는 생각하기 때문에 존재하는 것이 아니라 존재하기 때문에 생각한다. 나는 생각에 의해 한정되는 존재가 아니다. 나의 옷이 나를 규정할 수 없듯이 나의 생각이 나를 규정할 수 없다. 나는 타자와 대립하는 존재가 아니라 나 자체로서의 즉자적(卽自的)존재이다. 이름이나 생김새, 성격 등은 불변의 실체가 아니라 나에게 종속되는 것이기 때문이다. 더욱이 윤회를 인정하는 한, '나(자아)'는 육체와 그에 수반되는 일체의 경험이 사멸한 이후에도 존재하지 않으면 안 된다.

자아(ātman)란 무엇이며, 어떠한 존재인가? 이는 인류의 요원한 문제로서, 인도철학의 본질적인 문제라고 해도 과언이 아니다. 불교를 포함하여 인도의 모든 철학은 궁극적으로 자아탐구의 철학이다. 자아를 실체로서 인정할 것인가, 인정하지 않을 것인가? 보편적 존재인가, 개별적 존재인가? 선험적 존재인가, 경험적 존재인가? 다만 육체적 혹은 의식적 존재일 뿐인가? 자아를 어떻게 이해하는가에 따라 그들의 철학과 삶은 달라졌다. 범속한 차원이 아닌 이상 자아는 결코 단일한 형태로 논의될 수 없다.

《타이티리야 우파니샤드》에서는 다섯 가지 관점에서 자아가 검토되고 있다. 마치 양파가 차원을 달리하는 겹겹의 껍질로 이루어져 있듯이 자아 역시 그러하기 때문이다. 양파의 핵심이 여러 겹의 외피 속에 싸여 있듯이 진실의 자아 역시 그러하다는 것이다(그래서 이를 5藏說이라 한다).

첫번째는 음식(anna) 즉 물질로 이루어진 자아이다. 음식은 살아 있는 모든 것에 선행한다.: "살아 있는 모든 존재는 음식(물질)으로부터 생겨났으며, 생겨나서는 음식에 의해 살아가고, 다시 생이 끝날 때에는 음식으로 돌아간다."[19] 이는 가장 낮은 차원의 자아로서, 육신이나 그것을 낳고 지탱해 주는 음식이 바로 자아라고 여기는 유물론적인 자아관이다.

두번째는 호흡(prāṇa)으로 이루어진 자아이다. 호흡은 만물에 생기를 부여하는 원천 즉 목숨으로, 이는 바로 생명이 자아라는 관점이다. 이러한 자아는 앞서 언급한 음식으로 이루어진 자아(물질적 자아) 속에 머물고 있다. 즉 음식을 먹는 까닭은 목숨을 유지하기 위함이다.

세번째는 마음(manas)으로 이루어진 자아이다. 이는 마음이 바로 자아라는 관점으로, 이에 따른다면 마음은 목숨보다 본질적인 것이다. 이는 호흡으로 이루어진 자아 속에 머물고 있다. 이상의 세 가지 관점은 이미 《베다》에서도 나타나는 자아의 관념들이나.

네번째는 지성(vijñāna, 혹은 인식)으로 이루어진 자아이다. 이는 정신현상 속에 내재하는 지성의 주체가 바로 자아라는 관점으로, 이 역시 앞의 마음으로 이루어진 자아 속에 머물고 있다.

다섯번째는 환희(ānanda)로 이루어진 자아이다. 이는 말하자면 더 이상 지성에 의해서도 한정되지 않는 자아 그 자체로서, 그 안에 어떠한 또 다른 자아를 갖지 않는 궁극적인 존재(sat)이다. 도리어 이것은 지성과 마음, 그리고 생명과 육신의 토대이다. 따라서 이것에 대한 앎은 그 무엇에

---

19) 《타이티리야 우파니샤드》 II. 2. 1.

의해도 파기되지 않는 절대적 진리(cit)이며, 존재 자체의 충만한 환희 (ānanda)이다.

이것은 네번째 지성으로 이루어진 자아와는 차원을 달리한다. 이를테면 《베다》(혹은 현실)에서의 궁극적 가치(선)는 제사(신에 대한 찬양)이며, 이것에 의해 생천(生天)이라는 지복이 초래된다. 그러나 제사는 지성에 의한 것이다. 《타이티리야 우파니샤드》에서는 다음과 같이 말하고 있다.: "지성은 제사(yajña)를 지도하고, 또한 역시 행위(karma)를 지도한다. 모든 신들은 지성을 최고의 브라흐만으로 섬긴다. 만약 지성을 브라흐만으로 알고 거기서 벗어나지 않는다면, 그는 육신의 죄악에서 벗어나 모든 욕망(kāma)을 성취하게 되리라."[20]

그러면서 다섯번째 자아가 향수하는 환희에 대해서는, 젊고 건강하고 학식을 갖춘 선량한 젊은이가 세상을 가득 채울만한 재물을 얻는 것이 환희의 한 단위라면 이것의 100배의 10승인 브라흐만의 환희보다 큰 것으로 묘사하고 있다.

조금 소박하게 말해보면, 우리('나')는 무엇에 의해 살아가는가? 우리들 삶의 원천은 무엇인가? 가장 저급한 차원에서 본다면 그것은 밥이고, 숨이다. 그러나 밥만 먹고, 숨만 쉬고는 살 수 없다. '먹기 위해 사는가, 살기 위해 먹는가?' 진부한 질문인가? 그렇다. 생명을 지배하는 것은 마음이며, 마음은 지성에 의해 지도된다. 그러나 모든 지성의 토대는 자아이며, 이는 가장 높은 차원의 실재이기 때문에 환희 중의 환희이다. 이것은 밥이나 목숨, 지식을 통해 얻어지는 환희와는 본질적으로 다르다.

그렇다고 《우파니샤드》의 현자들이 밥을 부정한 것은 아니다. 숨은 밥 속에 존재하고, 마음은 숨 속에 존재하며, 나아가 자아는 지성 속에 존재한

---

[20] 《타이티리야 우파니샤드》 II. 5. 1.

다. 밥이나 숨이 진실이라면, 자아는 진실의 진실일 뿐이다.: "음식에 대해 나쁘게 말하지 말라. 이는 맹세로서 지켜져야 한다. 목숨은 바로 음식으로, 육신은 음식을 먹는 놈이다. 육신은 목숨에 의지하며, 목숨은 육신에 의지한다."21)

(2) 자아의 탐구

이처럼 가장 높은 차원의 자아는 육신과 목숨과 마음과 지성의 토대가 되지만, 그것에 의해 한정되지 않는다. 그것을 초월하는 동시에 내재하는 보편적 자아이다. 마음이나 지성은 다만 이러한 보편적 자아의 불완전한 현현에 불과하다. 육신(감관)이나 마음, 지성을 진실의 자아라고 여기는 것은 무지의 소산이다.

> 그것은 보여지는 자가 아니라 보는 자이며, 들려지는 자가 아니라 듣는 자이며, 사유되어지는 자가 아니라 사유하는 자이며, 알려지는 자가 아니라 아는 자이다. 그 밖에 달리 보는 자가 없으며, 그 밖에 달리 듣는 자가 없으며, 그 밖에 달리 사유하는 자가 없으며, 그 밖에 달리 아는 자가 없으니, 이 불멸의 존재에 의해 우주는 날실과 씨실처럼 엮어져 있다.22)

그러나 우리는 "보는 자를 보지 못하며, 듣는 자를 듣지 못하며, 사유하는 자를 사유하지 못하며, 아는 자를 알지 못한다."23) "눈 등은 그로 인해 보지만 그를 보지 못하며, 마음은 그로 인해 사유하지만 그를 사유하지 못하며, 지성은 그로 인해 알지만 그를 알지 못한다."24) 왜냐하면 "감각대상은 감각에 선행하며, 마음은 대상에 선행하며, 지성은 마음에 선행

---

21) 《타이티리야 우파니샤드》 III. 7. 1.
22) 《브리하드아란야카 우파니샤드》 III. 8. 11.
23) 《브리하드아란야카 우파니샤드》 III. 4. 2.
24) 《브리하드아란야카 우파니샤드》 III. 7. 3-22.

하며, 자아는 지성에 선행하기" 때문이다.25)

　자아는 본질적으로 경험에 의해 주어진 것이 아니며, 대상 또한 아니다. 그것은 주체이다. 내 눈은 내 눈앞에 펼쳐진 모든 것을 볼 수 있어도 오직 하나, 내 눈을 볼 수 없듯이 자아 역시 그러하다. 음식 내지 지성으로 이루어진 자아는 차별적이지만, 궁극의 자아는 자신과 구별되는 타자를 갖지 않는 단일한 주체이다. 그렇기 때문에 차별의 언어로 규정될 수 없다. 그것은 인식될 수 없는 것이기에 단지 '이것도 아니고, 저것도 아니다'는 식의 부정을 통해서만 드러낼 수 있을 뿐이다. 그러나 자아의 존재 자체는 부정되지 않는다. 비록 그 자체는 설명될 수 없다 할지라도, 그것은 다른 모든 것을 설명하는 근거이기 때문이다.

　《우파니샤드》의 현자들은 우주만유의 토대가 되는 이 같은 근본적인 주체를 '아트만(ātman)'이라고 하였다. 진실의 존재는 오로지 그것뿐이다. 그것은 영원하고 단일하며, 보편의 존재이다. 그 밖의 다른 것은 소멸하는 것이고, 그렇기 때문에 괴롭고 불행한 것이다.

　"악으로부터 자유로우며, 늙음과 죽음과 슬픔과 배고픔과 목마름으로부터 자유로운 아트만, 즐거움(kāma)이 진실하고, 사유함이 진실한 그러한 아트만을 추구하고 알아야 한다. 그것을 찾고 아는 자는 모든 세상과 모든 즐거움을 얻게 될 것이다."26) 조물주 프라자파티가 이같이 읊조리자 신들 중에서는 인드라가, 악마들 중에서는 바이로차나가 모든 세상과 모든 즐거움을 얻기 위해 그의 제자가 되었다. 그리고 32년 간 청정한 생활을 통해 제자로서의 진실함을 보여 주었을 때 스승이 말하였다.

　"눈에 보이는 자, 그가 바로 아트만이다. 그는 죽지 않고, 어떠한 두려움도 갖지 않으니, 그것이 바로 브라흐만이다." 이는 물론 진실이 아니다.

---
25)《카타 우파니샤드》 I. 3. 10.
26)《찬도갸 우파니샤드》 VIII. 7. 1. 이하의 이야기는 VIII. 7-12에 걸쳐 언급되고 있다.

스승은 진실을 향한 그들의 의중을 떠보기 위해 아름다운 옷을 입고 화려한 장식을 걸치고서 수면에 자신들의 모습을 비추어 보도록 하였다. 수면에 비친 장엄한 모습을 본 그들은 기뻐하며 돌아갔다.

바이로차나는 자신의 세계로 돌아가 '육신이 바로 자아이다. 우리는 육신의 자아를 섬김으로써 이 세상과 저 세상을 얻을 수 있다'고 말하였다. 그러나 인드라는 문득 의문이 들었다. '육신이 바로 자아라면, 장님은 그의 자아도 장님일 것이고, 절름발이는 그의 자아도 절름발이일 것이며, 육신이 사멸하면 자아 역시 사멸해야 하지 않는가? 그것은 내가 찾는 자아가 아니다.'

그는 스승에게로 돌아와 다시 제자로서 32년을 보냈을 때 스승이 말하였다.

"잠자고 있을 때 꿈속에서 행복하게 뛰노는 그가 바로 아트만이다. 그는 죽지 않고, 어떠한 두려움도 갖지 않으니, 그것이 바로 브라흐만이다." 참된 자아는 온갖 제약과 고통을 안고 있는 육신이 아니다. 육신은 다만 물질현상에 불과하다. 우리는 물질적 부를 갖지 못하였거나 육체적 제약을 지닌 이들도 자유로의 희망과 고매한 성신을 가진 경우를 일고 있다. 물질적 부나 육신은 다만 삶 혹은 의식의 도구일 뿐이다.

이제 인드라는 육신의 제약에서 벗어나 꿈속을 노니는 자가 바로 자아임을 듣지만, 다시 의심이 들었다. '꿈속의 자아는 비록 육신에서는 벗어났을지라도 역시 괴롭고 불쾌한 경험에 종속된다. 두려움에 도망치기도 하고, 슬피 울기도 하며, 죽기조차 한다. 이러한 자아를 어찌 진실한 자아라고 할 수 있을 것인가?'

그는 다시 32년 간을 제자로 지냈을 때 스승이 말하였다.

"아무런 꿈도 꾸지 않고 깊이 잠들어 있을 때의 그가 바로 아트만이다. 그는 죽지 않고, 어떠한 두려움도 갖지 않으니, 그것이 바로 브라흐만이다." 자아란 물질적 대상도 아니지만 경험의 대상도 아니다. 경험적인 사건(꿈을 포함하여)에 지배되는 자아는 결국 시간에 휘말려 윤회의 세계를 떠돌게 되는 것이다. 이에 스승은 일체의 경험이 종식된 초월적 자아를 말하였지만, 바로 의심이 일어났다. '숙면의 상태에서는 나에 대한 자각이 없을 뿐만 아니라 다른 어떠한 것도 알지 못한다. 그것은 결국 일체 모든 존재가 절멸(絶滅)된 상태와 다를 바 없지 않는가?'

  우리는 대개 자아에 대한 주체적 반성 없이 부지불식간에 세계로 치닫고 있다. 육신이나 마음을 '나'라고 생각하면서, 그것이 흘러가는 대로 따라가며 온갖 다양한 세계를 경험한다. 다시 말해 우리는 다만 일상적으로 경험하는 온갖 다양한 느낌과 욕망과 사유를 통해 분열된 자아를 확인할 뿐이다. 그러나 《우파니샤드》에 따르면, 경험은 자아에 종속되지만, 자아는 경험에 종속되지 않는다.[27] 숙면의 상태에서도 내용이 없는 의식은 유지되며, 그렇기 때문에 잠자기 전이나 깨어난 이후에도 항상 동일한 '나'로서 존재할 수 있는 것이다.

  그렇지만 내용이 없는 의식, 경험이 배제된 자아는 단순히 추상이나 허구의 관념으로 이해될 수도 있기 때문에 인드라에게 그 같은 의문이 일어났던 것이다. 그리하여 다시 5년을 더 머물렀을 때, 스승은 마침내 추상이 아닌 우주만유의 구체적 생명으로 설명한다.

> 오, 위대한 인드라여! 이 육신은 실로 죽을 것이니, 그것은 죽음에 사로잡혀 있다. 육신은, 죽지 않고 몸을 갖지 않는 아트만의 집이다. 실로 육화(肉化)된 자아는 즐거움과 고통에 지배되니, 육화된 자아는 즐거움과 고통으로부터 결코 자유로울 수 없기 때문이다. 그러나 몸을 갖지 않은 자아는 거기에 저촉되지 않는다.
> 바람은 육신을 갖지 않으며, 안개와 번개와 천둥도 육신을 갖지 않는다. 그것들이

---

27) 이 점 기억해 주기 바란다. 초기불교의 경우 자아는 경험에 종속된다. 자아란 다만 경험을 통해 드러나는 가설적 존재일 뿐이다.

저편 허공에서 일어나 최고의 빛에 도달할 때, 각기 자신의 형상으로 나타난다. 이와 마찬가지로 저 고요한 것(아트만)도 이 육신으로부터 일어나 최고의 빛에 도달할 때, 각기 자신의 형상으로 나타난다. 그것이 바로 지존(至尊)의 푸루샤이다. 그 같은 이가, 이러한 육신의 부속물을 기억하지 못한 채 여인들과 탈 것, 혹은 친지들과 더불어 웃고 유희하고 즐기며 이리저리 돌아다니니, 말이 수레에 매여 있듯이 목숨도 이러한 육신에 매여 있다.

눈이 허공을 쳐다볼 때 그(아트만)는 바로 보는 자이며, 눈은 보기 위한 도구이다. '이것을 냄새를 맡아야겠다'고 하는 자, 그가 바로 아트만이며, 코는 냄새를 맡기 위한 도구이다. '이것을 말해야겠다'고 하는 자, 그가 바로 아트만이며, 목소리는 말을 하기 위한 도구이다. '이것을 들어야겠다'고 하는 자, 그가 바로 아트만이며, 귀는 소리를 듣기 위한 도구이다. '이것을 생각해야겠다'고 하는 자, 그가 바로 아트만이며, 마음은 그의 신성한 눈이다. 실로 그는 그의 신성한 눈을 통해 이 같은 즐거움을 보며, 마음이 즐거워진다.

브라흐만의 세계에 머무는 신들은 진실로 그러한 아트만을 명상하였으며, 그래서 모든 세상과 모든 즐거움은 그들에 의해 지배되는 것이다. 아트만을 찾고, 그것을 아는 이는 모든 세상과 모든 즐거움을 얻게 되리라.[28]

전통적으로 이러한 아트만의 탐구과정을 4위설(位說)이라 한다. 첫번째 단계는 일상의 깨어 있는 상태(覺醒位)로서, 이 때 자아는 육신에 따른 보다 거친 경험을 통해 확인된다. 두번째 단계는 꿈꾸는 상태(夢眠位)로서, 자아는 육신에 의지하지 않고서 이전의 경험을 토대로 한 보다 미세한 경험을 통해 확인된다. 세번째 단계는 숙면의 상태(熟眠位)로서, 이 때의 자아는 더 이상 경험에 종속되지 않는 초월적인 자아이다. "마치 매가 하늘을 날다가 지치면 날개를 접고 보금자리에 찾아들듯이, 자아 또한 욕망도 없고 꿈도 없는 깊은 숙면 속으로 찾아든다."[29]

그것은 온갖 차별상이 사라진 완전한 통일적 세계로서, 오로지 자아만

---

28) 《찬도갸 우파니샤드》 VIII. 12. 1-6.
29) 《브리하드아란야카 우파니샤드》 IV. 3. 19.

이 존재할 뿐이다. "이 때는 태양도, 달도, 불도, 소리도 사라지고 오로지 자아만이 빛난다."30) 그래서 세번째 단계를 지혜(jñāna)의 단계라고 하기도 한다. 그러나 이는 경험이 종식된 상태이기 때문에, 일상의 인식으로는 그것이 확인되지 않는다. 그것은 불교의 예를 빌리자면, 물고기에게 있어 마른 땅과도 같은 초월적 자아이다.

네번째 단계 역시 숙면의 상태처럼 더 이상 개별적(혹은 배타적) 자아가 존재하지 않는 상태(死位)이지만, 순수 무의식과도 같은 숙면의 상태, 슬픔도 고통도 존재하지 않는 부정적인 상태가 아니라 환희의 상태이다. 물론 일상에서 경험하는 상대적이고, 차별적이며, 조만간 사라지는 환희와는 다른 것이다.

도리어 이 단계에서의 자아는 "내적 대상을 인식하는 것도 아니고, 외적 대상을 인식하는 것도 아니며, 양자 모두를 인식하는 것도 아니다. 인식의 집합체도 아니고, 인식적인 것도 아니고 비인식적인 것도 아니다. 볼 수도, 설명될 수도, 파악될 수도 없고, 어떤 차별적인 징표도 없으며, 생각될 수도, 칭명될 수도 없다. 그래서 성자들은 이 단계를 다만 네번째 단계, 즉 투리야(turīya)라고 하였다. 이는 바야흐로 단일한 자아에 대한 핵심의 진리로, 차별의 세계는 이로 융해되기에 영원한 평화이며, 지복이다. 이것이 바로 우리가 진정 알아야 할 자아이다."31)

현실에서 우리가 어떤 대상이나 사실을 배척하지 않고 포용할 수 있는 것은, 그것이 우리의 자아 속에 포함되기 때문이다. 마찬가지로 일체의 차별적 세계는 아트만에 포함되기 때문에 본질적으로 단일하다. 우리가 적어도 세계의 모든 대상들을 배척하지 않고 포용해야 하는 것은, 궁극적으로 그것이 우리의 자아 속에 포함되기 때문이다. 존재하는 것은 다만

---

30) 《브리하드아란야카 우파니샤드》 IV. 3. 2-6 참조.
31) 《만두캬 우파니샤드》 7.

아트만 뿐이며, 우주는 이 같은 아트만이라는 절대의식의 자기 실현과정이다.

> 소금덩어리를 물에 던지면 용해되어 다시 집어낼 수 없지만, 어느 곳의 물을 맛보더라도 짠맛이듯이, 무한하고 끝없는 이 위대한 존재는 의식으로 이 세상에 용해되어 있다. 그것으로부터 비롯된 이러한 [개별적인 의식의] 요소들은 다시 그것으로 사라지니, 개체성을 떠날 때 더 이상 [개별적인] 의식은 존재하지 않는다.[32]

> 사랑하는 아들아, 동쪽으로 흐르는 강은 동쪽으로 흘러가고, 서쪽으로 흘러가는 강은 서쪽으로 흘러가지만, 그것들은 모두 바다에서 나온 것으로, 바다로 흘러가 바다 그 자체가 되는 것이다. 바다에서는 더 이상 '나는 이 강이었다', '나는 저 강이었다'고 의식하지 않듯이, 사랑하는 아들아, 이 세상의 모든 것은 단일한 존재로부터 비롯되었음에도 그것을 알지 못하니, 이 세상에 존재하는 어떤 것이든, 호랑이든 사자든, 늑대든, 돼지든, 지렁이든, 파리든, 모기든, 그것들은 모두 궁극적으로 단일한 존재이다. 그것은 아주 미세한 본질, 세상의 모든 것은 그것을 자아로 삼고 있다. 그것이 바로 진실이며, 그것이 바로 자아이다. 네가 바로 그것이다.[33]

(3) 세계의 근원은 무엇인가?

이제 우리의 시선을 밖으로 돌려보자. 세계는 그야말로 천차만별이고, 삼라만상으로 존재한다. 정신과 물질, 선과 악, 진실과 허위, 암흑과 광명, 이런 자, 저런 자, 이런 세계, 저런 세계, 이것들은 다 무엇인가? 그것들은 모두 실재인가?

그러나 그것들은 모두 변화의 영역에 속한다. 우리가 경험하는 것 가운데 변화하지 않는 것은 아무것도 없다. 수많은 생명들의 탄생과 죽음, 문명의 흥망과 성쇠, 일월성신의 오고 감과 산야대지의 변천, 그리고 계

---

32) 《브리하드아란야카 우파니샤드》 II. 4. 12.
33) 《찬도갸 우파니샤드》 VI. 10. 1-3.

절의 순환, 우리를 둘러싼 모든 것은 생성과 소멸을 되풀이한다. 과연 이것이 세계의 모든 것이며, 또한 진실인가? 만약 그렇지 않다고 한다면, 차별과 변화의 소용돌이 속에서도 결코 변화하지 않고 차별되지 않은 것은 무엇인가?

세계의 근원은 무엇인가? 이같이 차별적이고도 변화하는 세계는 무엇으로부터 비롯된 것이며, 무엇에 의해 유지되고 지탱되는 것인가? 무(無)인가? 그리하여 세계는 다만 우연의 소산일 뿐인가? 《우파니샤드》의 현자들은, 설명하는 양식과 그 명칭은 다를지라도 이에 대해 단호하게 답하고 있다. '세계는 단일한 실재인 사트(sat, 즉 有)의 필연적인 산물이며, 궁극적으로 사트로 회귀한다.'

사랑하는 아들아! 들을 수 없는 것을 듣게 되고, 알 수 없는 것을 알게 되며, 인식할 수 없는 것을 인식하게 되는 그러한 법을 아느냐? 사랑하는 아들아, 한 덩이의 진흙을 앎으로써 진흙으로 만들어진 모든 것을 알게 되나니, [항아리든, 물단지이든, 기왓장이든] 그것들은 다만 말로부터 비롯된 명칭상의 변화(차별)일 뿐이며, 진실은 진흙덩이, 다만 그것뿐이다.

사랑하는 아들아! 한 덩이의 금을 앎으로써 금으로 만들어진 모든 것을 알게 되나니, [반지든, 목걸이든, 귀걸이든] 그것들은 다만 말로부터 비롯된 명칭상의 변화일 뿐이며, 진실은 금덩이, 다만 그것뿐이다.

사랑하는 아들아! 태초에 이 세상은 사트(존재), 그것뿐이었고, 그 밖의 다른 것은 존재하지 않았다. 어떤 이는, '태초에 이 세상은 아사트(비존재), 그것뿐이었고, 그 밖의 다른 것은 존재하지 않았다. 존재는 바로 그러한 비존재로부터 생겨난 것이다.'고 말하지만, 그러나 사랑하는 아들아, 어떻게 그럴 수가 있을 것인가? 어떻게 비존재로부터 존재가 생겨날 수 있을 것인가? 태초에 이 세상은 오로지 사트, 그것뿐이었고, 그 밖의 다른 것은 존재하지 않았다.[34]

---

34) 《찬도갸 우파니샤드》 VI. 1. 1-6; VI. 2. 1-2.

《우파니샤드》의 현자 웃다라카 아루니는 그의 아들 스베타케투에게 이처럼 변화와 차별의 세계는 다만 단일한 실재인 사트가 명칭(名)과 형태(色)를 달리하여 드러난 것일 뿐, 그 본질은 동일하다고 가르치고 있다. 우리가 경험하는 세계의 변화란 다만 언어상의 차별일 뿐, 실재상에 있어서는 어떠한 변화도 일어나지 않았다는 것이다.

어떤 한 인간이 태어나 아기, 소녀, 여학생, 처녀, 아주머니, 그리고 마침내 할머니로 불려진다 할지라도 그것은 다만 명칭과 형태상의 변화일 뿐 본질은 '나'로서 동일하며, 항아리든 기왓장이든 그것들은 다만 명칭과 형태상의 차별일 뿐 본질은 진흙으로서 동일하다. 궁극에 이르러서는 끝내 하나로 귀결되지만, 《우파니샤드》에서는 이 같은 자아의 동일성을 아트만이라 하고, 세계의 동일성을 브라흐만(Brahman)이라고 하였다.

브라흐만이란 '부풀다' '자라나다'는 뜻의 어근 $\sqrt{brh}$에서 파생된 말로서, 《베다》에서는 브리하스파티(혹은 Brāhmaṇaspati)라는 기도주(祈禱主)로서 등장한다. 《베다》에서 기도는 성스러운 주문의 말씀으로, 생을 창조하는 우주적 힘이었다. 그것이 점차 세계를 생성시키는 힘, 세계의 근원으로서 세계를 구체적으로 작용하게 하는 존재, 나아가 궁극적 실재를 의미하게 되었던 것이다.

브라흐만은 더 이상 다른 어떤 것으로 환원되지 않는 세계의 토대이다. 《브리하드아란야카 우파니샤드》 제3장에서는 이에 대한 야즈냐발캬의 견해가 실려 있다. 그는 《우파니샤드》의 가장 위대한 현자로 알려지고 있는데, 수많은 현자들이 그에게 질문하였다.

씨실과 날실처럼 이 세계를 싸고 있는 보편자는 무엇인가? 물이다. 그렇다면 물은 무엇에 싸여 있는가? 바람이다. 바람은? 공계(空界)이다. 공계는? 간달바의 세계, 태양의 세계, 달의 세계, 별들의 세계, 신들의 세계, 인드라의 세계, 프라자파티의 세계에 싸여 있으며, 프라자파티의 세계는 브라흐만의 세계에 싸여 있다. 그리고 더 이상은 물어서 안 된다고 그는 말하고 있다. 그것은 인간의 사유가 미칠 수 없는, 위험한 질문이기 때문이다.35)

그러나 우리는 결코 이러한 담론에 만족할 수 없다. 여기서 브라흐만은 궁극의 본질, 혹은 전 우주의 통일자로서, 세계 내지 프라자파티를 포괄하는 양적 무제한성을 나타낸다고 할지라도, 그것은 논리적 근거에 의해 추론된 것이 아니라 경전상에서 수합된 독단적인 개념이기 때문이다. 그의 대론자였던 처녀 가르기 역시 이를 알고 있었다. 그래서 그녀는 다시 두 가지 질문을 던진다.

> 하늘 위와 땅 아래, 그리고 하늘과 땅 사이에 존재하는 것, 나아가 과거·현재·미래로 불리는 시간들, 그러한 모든 것은 무엇에 싸여 있는 것인가?
> 그것은 허공이다.
> 그렇다면 허공은 무엇에 싸여 있는 것인가?36)

여기서 허공(ākāśa)은 명암을 갖는 공간이 아니라 무제약적인 절대공간으로서, 불멸자(akṣara)를 말한다. 그것은 사실상 시간적으로나 공간적으로 존재하는 일체의 모든 것을 포괄할 뿐만 아니라 그 모든 것을 생성 발전시키고, 또한 활동하게 하는 장소를 부여하는 원리로서, 결국 브라흐만의 이명(異名)이다.

그렇다면 다시 이것의 근거는 무엇인가? 만약 대답하지 못할 경우 자신의 무지를 드러내게 될 것이며, 대답할 경우 브라흐만이 궁극적인 실재가 아님을 고백하는 동시에 끝없는 무한소급에 떨어지게 된다. 이것은 딜레마이다. 결국 브라흐만은 더 이상 또 다른 근거를 갖지 않는 자기동일

---

35) 《브리하드아란야카 우파니샤드》 III. 6. 1.
36) 《브리하드아란야카 우파니샤드》 III. 8. 6-7.

적 힘인 동시에 변화하는 세계의 궁극적인 근거임을 밝히지 않으면 안 되는 것이다.

야즈냐발캬는 다음과 같이 말하고 있다.

> 브라흐만을 아는 자들은 그것을 불멸자라고 말한다. 그것은 거칠지도 않으며, 미세하지도 않다. 그것은 짧지도 않고, 길지도 않으며, [불과 같이] 붉지도 않고, 물과 같이 끈적거리는 것도 아니다. 그것은 그림자도 아니고, 어두움도 아니며, 바람도 아니고, 허공도 아니며, 만져지는 성질도, 맛도, 냄새도 없고, 눈도, 귀도, 목소리도, 마음도 없다. 빛도 없고, 숨도 없으며, 입도 없다. [측량할 만한] 양도 없고, 안과 밖도 갖지 않으며, 아무것도 먹지 않고, 먹히지도 않는 것이다.[37]

브라흐만은 명칭과 형태로써 드러나는 세계의 기반인 동시에 그 자신은 그것을 초월한 것이기 때문에 감각과 사유에 의해 알려지지 않는다. 그것은 볼 수도, 들을 수도, 생각할 수도 없는 것이다.[38] 따라서 브라흐만은 무엇에 의해서도 적극적으로 묘사될 수 없으며, 다만 '이것도 아니고 저것도 아니다'는 소극적인 방식을 통해서만 나타낼 수 있을 뿐이다.

그리고 그것은 더 이상 말할 수 없는 것이기에 또 다른 근거를 갖지 않는다. 그것은 모든 존재의 내면에 편재하는 힘으로, 세상의 모든 존재는 그것으로 인해 자신의 정체를 드러낼 수 있다. 만약 그 같은 존재를 인정하지 않는다면, 세계는 결국 산산이 조각난 채 혼돈의 파국을 맞이하게 될 것이다.

---

37) 《브리하드아란야카 우파니샤드》 III. 8. 8.
38) 《케나 우파니샤드》 I. 3-4. "그것은 눈으로 다가갈 수도 없고, 말로도 다가갈 수 없으며, 마음으로도 다가갈 수 없는 것, 우리가 알지 못하고, 이해하지 못하는 것, 그것을 어떻게 가르칠 수 있단 말인가? 실로 그것은 앎과 알지 못함을 초월하니, 우리는 우리에게 그것을 이야기해 준 옛 선인들로부터 들었도다."

그것은 땅에 머물지만, 땅은 땅 속에 머무는 그를 알지 못한다. 땅은 그의 육신으로, 그는 땅 속에서 땅을 지배하니, 그것은 바로 너의 자아이고, 내적 통제자이며, 불멸의 존재(브라흐만)이다. 그것은 물에, 불에, 공중에, 바람에, 하늘에, 태양에, 방위에, 달과 별들에, 허공에, 암흑에, 광명에, 모든 존재에, 숨에, 말소리에, 눈에, 귀에, 마음에, 피부에, 인식(혹은 지성)에 머물지만, 인식은 인식 속에 머무는 그를 알지 못한다. 인식은 그의 육신으로, 그는 인식 속에서 인식을 지배하니, 그것은 바로 너의 자아이고, 내적 통제자이며, 불멸의 존재(브라흐만)이다.[39]

사실 브라흐만은 브라흐만이라고도 말할 수 없으며, 굳이 말로 표현하자니 브라흐만이다. 따라서 그것은 인격적 속성을 지닌 신이 아니다. 그것은 세계 속에 존재하는 내적 통제자(antrayāmin)이다. "말로 표현되지 않지만, 그것으로 인해 말이 표현될 수 있으며, 마음에 의해 사유되지 않지만, 그것으로 인해 마음이 사유할 수 있으며, 눈으로 볼 수 없지만, 그것으로 인해 눈이 볼 수 있으니, 그것이 바로 브라흐만으로, 그것은 세상 사람들이 예배할 대상이 아니다."[40]

이처럼 《우파니샤드》에서는 세계의 본질을 단일한 실재인 브라흐만으로 이해하고 있다. 우리가 보고 듣고 생각하는 감각과 사유의 세계, 명칭과 형태의 다양한 세계는 실로 브라흐만에 근거한 것이다. 세계는 다만 물질현상만도 아니다. 그것으로는 생명현상을 설명할 수 없기 때문이다. 그러나 정신(마음)현상은 양자와는 또 다른 차원의 세계이다. 생명을 갖는 모든 존재가 정신을 갖는 것은 아니다. 정신은 물질과 생명을 지배하는 힘이지만, 그것은 또한 지성에 의해 지도된다. 지성은 정신일반과는 다른 존재로서, 정신을 규정하며, 이에 따라 동물세계에 우열이 존재하는 것이다.

---

39) 《브리하드아란야카 우파니샤드》 III. 7. 3-22.
40) 《케나 우파니샤드》 I. 5-7.

그런데 지성은 주관과 객관, 주체와 대상이라고 하는 이원의 관계를 벗어날 수 없다. 그것은 차별의 현상세계에 한정된다. 인간이 궁극적으로 추구하는 바는 차별이 극복된 하나된 세계이다. 하나됨의 세계, 그것은 환희이며, 바로 브라흐만이다.41): '세계의 궁극적 본질은 바로 단일한 실재 브라흐만이며, 그것은 다름 아닌 환희이다.'

단일한 실재인 브라흐만이 비록 개념적으로 기술될 수 없다 할지라도, 그것은 여전히 자아를 통해 알려질 수 있다. 그것은 인격적 바탕이 되는 내적인 자아가 브라흐만과 동일하기 때문이다. 이것이 바로 《우파니샤드》의 위대한 비밀이다.: '브라흐만이 바로 아트만이다.'

> 진실로 이 모든 세계는 브라흐만이니, 그것으로부터 생겨나며, 그것 없이는 해체되고 말 것이며, 그 안에서 숨쉬도다. 그러하니 고요히 그것에 대해 명상하라. — 그것은 마음으로 이루어져 있다. 그의 몸은 생명(숨)이며, 그의 모습은 빛이며, 그의 생각은 진리이며, 그의 영혼은 허공이며, 모든 행위와 모든 욕망과 모든 냄새와 모든 맛을 포함하며, 일체의 세계를 에워싸고 있어 우리의 말과 관심을 벗어나 있는 존재이다.
>
> 이것은 내 심장 속에 있는 나의 자아로서, [작기로 말할 것 같으면] 쌀알보다 작고, 좁쌀보다 작으며, 겨자씨보다도 작다. 이것은 내 심장 속에 있는 나의 자아로서, [크기로 말할 것 같으면] 지구보다도 크고, 허공보다도 크고, 하늘보다도 크며, 이 모든 것을 합한 것보다도 크다. 이것은 모든 행위와 모든 욕망과 모든 냄새와 모든 맛을 포함하며, 일체의 세계를 에워싸고 있어 우리의 말과 관심을 벗어나 있는 존재이다. 내 심장 속에 있는 나의 자아, 이것이 바로 브라흐만이다. 내 여기를 떠나면 그에게로 돌아갈 것이니, 이를 믿는 자, 더 이상 의심이 없으리. 산딜리야는 이같이 말하였다.42)

---

41) 이상의 이야기는 《타이티리야 우파니샤드》 III. 1-7에서 성자 바루나와 아들 브리구의 대론으로 이루어지고 있다. 브라흐만(우주만유의 본질)은 무엇인가? 그것을 물질(anna, 음식), 생명(prāṇa, 호흡), 정신(manas, 마음), 지성(vijñāna, 인식), 환희(ānanda)로 추구해 나아가는 과정은 앞서 설명한 자아에 관한 다섯 가지 관점(5藏說)과 동일하다. 따라서 궁극적인 관점에서 볼 때, 브라흐만과 아트만은 다만 단일한 실재의 두 측면일 뿐이다.
42) 《찬도갸 우파니샤드》 III. 14. 1-4

(4) 네가 바로 '그것'이다

그렇다면 브라흐만은 어떻게 세계로 나타나게 되었던 것인가? 무상과 차별, 그리고 비애와 고통으로 표상되는 세계가 어떻게 영원하고 단일한 환희의 브라흐만에 의해 출현하게 되는 것인가? 여기에는 수많은 철학적 문제가 잉태되어 있으며, 이로 인해 이후 여러 다양한 학파의 분립이 초래하게 된다.

《우파니샤드》상에서는 세계를 단일한 실재의 변화된 모습으로 이해하고 있다.

> 사랑하는 아들아! 태초에 이 세상은 사트(존재), 그것뿐이었고, 그 밖의 다른 것은 존재하지 않았다. ─ 그것이 생각하였다. "내가 다수가 되리라. 내가 번식하리라." 그것은 곧 불을 유출하였다. 그 불이 생각하였다. "내가 다수가 되리라. 내가 번식하리라." 그 불은 물을 유출하였다. 그래서 사람들이 슬퍼하거나 땀흘릴 때면, 불(열)로부터 물(눈물이나 땀)이 낳아지는 것이다. 그 물이 생각하였다. "내가 다수가 되리라. 내가 번식하리라." 그것은 곧 음식(땅)을 유출하였다. 그래서 비가 내리면 먹을 것이 많아지는 것이다. ─ 다시 그 존재(사트)는 생각하였다. "내가 이들 세 가지 존재에 생명의 자아(jīvātma)로서 들어가 명칭과 형태로 전개하리라. 이 세 가지 존재 각각을 삼중 복합체로 만들리라." 그리하여 그 존재는 그들 세 가지 존재에 생명의 자아로서 들어가 [이 세상의 온갖] 명칭과 형태로 전개하였으며, 각각의 삼중 복합체를 만들었도다.[43]

일반적으로 어떤 세계가 이루어지기 위해서는 상호 대립하는 형상과 질료가 전제되어야 하지만, 《우파니샤드》의 경우, 양자는 모두 유일한 실재의 다른 측면이다. 브라흐만은 정신과 물질, 주체와 대상이라는 이원성의 토대이다. 그것은 세계의 형상인 동시에 질료이다. 물질은 독립된 실체가 아니라 그로부터 유출(변화)된 것이며, 따라서 그것 역시 신성한

---

43) 《찬도갸 우파니샤드》 VI. 2. 1-3. 4.

것이다.

《찬도갸 우파니샤드》에서는 계속하여 우주만유는 불과 물과 땅의 삼중 복합체로 이루어져 있음을 밝히고 있다. 이를테면 태양의 경우, 붉은색은 불의 색이고, 흰색은 물의 색이며, 검은 색은 땅의 색이다. 그러나 그러한 차별은 모두 말에 의한 것일 뿐, 진실은 화(火)·수(水)·지(地)의 세 가지 요소뿐이다. 인간의 경우, 배설물과 살과 마음은 각기 삼중 복합체 중 견고한 성질이 강한 음식(地)의 거친 부분과 중간과 미세한 부분이 그렇게 된 것이며, 오줌과 피와 숨은 축축한 성질이 강한 물의 각각의 부분이, 뼈와 골수와 말은 뜨거운 성질이 강한 불의 각각의 부분이 그렇게 된 것이다. 그러나 그 모두는 궁극적으로 사트를 본질로 한다.

그러나 나무의 씨앗에서 나무를 발견할 수 없다고 하여 나무가 그것에서 비롯된 것임을 부인할 수 없듯이, 소금물에서 소금을 발견할 수 없다고 하여 소금의 존재를 부정할 수 없듯이, 사트 그것은 만유에 내재하는 보편적 실재이다. 보이지 않지만 보이게 하는 것, 들리지는 않지만 들리게 하는 것, 그것이 바로 사트이며, 아트만으로서, '네가 바로 그것이다.'

이처럼 세계의 차별은 다만 명칭과 형태에 근거한 것일 뿐, 그것은 궁극적으로 브라흐만의 변화된 모습이며, 따라서 결과는 원인 가운데 존재한다. 혹은 결과는 원인과 본질적으로 동일하다. 이러한 《우파니샤드》의 세계관을 고래로 전변설(轉變說)과 인중유과설(因中有果說)로 일컫고 있다.

그러나 다른 한편 브라흐만이 어떠한 차별적 성질도 지니지 않으며, 따라서 그 무엇으로도 규정할 수 없는 순수동일성의 존재라고 한다면, 그것이 어떻게 세계로 변화할 수 있을 것인가? 나아가 앞서 언급하였듯이 무상과 차별, 그리고 비애와 고통으로 표상되는 세계가 어떻게 영원하고 단일한 환희의 브라흐만과 동일하다고 말할 수 있을 것인가?

이에 관해 후세 베단타학파에서는 두 가지 유력한 견해가 등장한다. 하나는 브라흐만의 변화는 실제적 변화가 아니라 무지 혹은 마야(māyā)에 의해 일시 그렇게 나타나 보이는 것일 뿐이라는 샹카라(8세기)의 견해이며, 다른 하나는 세계는 궁극적으로 브라흐만의 속성과 양태가 전개한 것이라는 라마누자(11세기)의 견해이다.

샹카라에 의하면, 브라흐만은 어떠한 속성에 의해서도 한정되지 않는 절대적인 무제약자이다. 따라서 그것은 감각과 사고의 대상이 될 수 없다. 우리가 적어도 인식할 수 있고, 언표할 수 있는 것은 차별적 세계에 한정되기 때문이다. 만약 신이 전지전능하다고 한다면, 그것은 부분적인 지식과 능력을 지닌 자를 전제로 한 표현이다. 또한 어린 조카아이가 나를 두고 '모르는 것이 없다'고 말한다면, 그것은 결국 나를 그의 인식에 한정시킨 것에 지나지 않는다. 그러나 브라흐만은 상대적 존재가 아니며, 인간사유에 의해 한정되는 존재가 아니다.

따라서 세계는 브라흐만이 실제적으로 변화한 것이 아니라 우리의 제한적이고도 차별적인 감각과 사유로 인해 그것이 일시 세계로 나타난 것처럼 보일 뿐이다. 이는 마치 밤길을 가는 이가 새끼줄을 뱀으로 착각하였을 경우, 새끼줄이 실제적으로 뱀으로 변화한 것이 아니라 착각 즉 무지에 의해 일시 그렇게 나타나 보여진 것과 같다.

샹카라는, 《우파니샤드》에서 설하고 있는 브라흐만에 의한 세계전개설은 보다 낮은 차원의 진리설로서, 이는 다만 브라흐만이 아트만임을 일깨워 주기 위한 것일 뿐이라고 하였다. 진실의 브라흐만은 어떠한 속성도 갖지 않지만, 무지에 의해 일시 나타난 경험세계에서의 브라흐만은 전지전능과 자비를 갖는 인격신으로서,[44] 이것이 바야흐로 세계를 창조하였

---

44) 이 때의 무지는 새끼줄을 뱀으로 착각하는 무지와는 다른 우주적 무지로서, 이를 마야(māyā)라고 한다. 이것은 바야흐로 세계를 생성시키는 힘이기에 이슈바라를

고, 윤리적 질서의 수호자가 되었다는 것이다. 우리는 이러한 그의 주장을 가현설(假現說)이라고 한다.

그렇다면 세계는 다만 환상이고, 허구인가? 그렇지는 않다. 뱀은 새끼줄에 대한 인식이 부재하는 한 결코 환상이 아니며, 놀람과 공포라는 실제적 효능을 수반하는 진실이다. 다만 낮은 차원의 진실일 뿐이다. 꿈은 꿈을 깨기 전까지는 결코 꿈이 아니듯이, 세계 역시 브라흐만에 대한 자각 없이는 결코 환상이 아니다.

뱀은 절대적 입장(새끼줄)에서 보면 일시 나타난 것이기 때문에 실재(진실)가 아니지만, 현상적 입장(뱀)에서 보면 실제적 힘을 갖기 때문에 비실재(허위)도 아니다. 나아가 뱀을 본 자도 사실은 새끼줄을 보았다. 다시 말해 뱀은 일시 새끼줄에 근거하여 나타난 현상일 뿐 본질적으로는 새끼줄과 다른 것이 아니다. 세계 역시 일시 브라흐만에 근거하여 나타난 현상일 뿐 본질적으로는 브라흐만과 다른 것이 아니다. 뱀 자체가 새끼줄이었듯이, 세계는 그 자체로서 브라흐만인 것이다.

절대적 입장과 현상적 입장이라는 이 같은 이중의 진리관(二諦說)과, 양자는 결코 대립된 두 세계가 아니라는 불이(不二)의 사상은 대승불교로부터 차용한 것이지만, 그것은 원천적으로 《우파니샤드》의 저변에 흐르고 있는 사상이기도 하다. 《우파니샤드》의 주된 관심은 오로지 절대로서의 아트만 내지 브라흐만에 있었기 때문에 현실의 세계에 대해서는 거의 관심을 기울이지 않았지만, 그렇다고 부정하지는 않았다. 세계가 진실이라면 브라흐만은 진실의 진실이었다.

포함하여 현상의 어떤 존재도 이를 알지 못한다. 참고로 마술사의 환력(幻力)이 마술사 자신에게 영향을 미치지 못하듯이 이것 역시 브라흐만 자신에게는 어떠한 영향도 미치지 않으며, 우리가 마술사의 트릭을 아는 순간 마법의 세계는 더 이상 존재하지 않는 것처럼, 차별의 온갖 세계가 마야의 소산임을 깨닫는 순간 세계는 브라흐만의 동일성으로서만 존재할 뿐이다.

"브라흐만은 진실로 귀의 귀이며, 마음의 마음이며, 말의 말이며, 생명의 생명이며, 눈의 눈이다."[45]

"브라흐만에는 두 가지가 있으니, 유형과 무형, 유한과 무한(不死), 운동과 부동(不動), 현실의 존재와 진리 자체로서의 존재가 그것이다."[46]

"이것도 아니고, 이것도 아니니, 이보다 더 뛰어난 가르침은 없다. 그는 이것이 아니다(그는 어떠한 말로도 묘사할 수 없다). 그는 진실의 진실이다. 살아 있는 생명이 진실이라면, 그는 그러한 진실된 생명의 진실이다."[47]

《우파니샤드》의 현자들이 추구하였던 바는 이 같은 진실의 진실이었다. 그것은 유일한 실재였고 절대적 진리였으며, 그 자체로서의 환희였다. 그것은 변화와 차별의 세계에 내재하는 힘이었지만, 그들은 결코 현실세계로는 눈을 돌리지 않았다. 그들은 다만 일체의 변화를 떠난 불멸의 존재를 추구하고자 하였을 뿐이었다. 생성 소멸하는 현실세계를 냉정한 시선으로 관찰하기 위해서는 샹캬철학이나 불교의 출현을 기다리지 않으면 안 된다.

3. 그 밖의 철학체계들

1) 상캬와 요가학파

앞서 언급하였던 것처럼 《우파니샤드》는 《베다》의 마지막 부분, 《베

---

45) 《케나 우파니샤드》 I. 2.; cf. 《브리하드아란야카 우파니샤드》 IV. 4. 18.
46) 《브리하드아란야카 우파니샤드》 II. 3. 1.
47) 《브리하드아란야카 우파니샤드》 II. 3. 6.

다》의 궁극적 의미를 담고 있다는 점에서 베단타라고도 하는데, 바다라야나(Bādarāyaṇa, 기원전 1세기 무렵)에 의해 학파로 성립하였다. 그리고 그보다 앞서 《베다》와 《브라흐마나》에서 규정되고 있는 제사의식의 의의를 철학적으로 탐구하려는 미맘사학파가 성립하기도 하였다. 그러나 그들의 주된 관심사는 오로지 영원하고도 단일한 보편의 존재에 관한 것이었다.

그들은 생성 소멸하는 현실의 세계를 부정하지는 않았지만, 이차적인 것, 파생적인 것으로 생각하였을 뿐이다. 이에 반해 초기불교에서는 철저하게 우리가 경험하는 현실의 세계에 대해서만 탐구할 뿐, 그 같은 단일 보편의 존재에 대해서는 문제조차 삼지 않았다.

그런데 인도의 전통철학 내부에서는 존재와 세계를 동등하게 인식한 학파도 있었고, 존재를 다만 세계내의 존재, 현실적 존재로 파악한 학파도 있었다. 전자가 근본원질과 순수정신의 이원론을 주장한 상캬(Saṃkhya)학파의 경우라면, 후자는 실체를 포함하여 다수의 존재가 결합한 것으로 세계를 이해한 바이세시카(Vaiśeṣika)학파의 경우이다.

우리가 경험하는 세계는 끊임없이 생성 소멸하는 변화 유동의 세계이며, 구체적 내용을 갖는 차별의 세계이다. 인도인들이 세계를 괴로운 것이라고 인식하게 된 것은 바로 이 같은 이유 때문이었다. 따라서 그들이 추구하는 이상적 존재는 그 같은 변화가 극복된 부동자(不動者)로서, 그것은 현실의 어떠한 속성도 갖지 않는 주체로서의 순수정신이다.

베단타학파의 경우 전자는 결국 후자가 변화한 것, 혹은 일시 나타난 것으로 이해하였지만, 상캬학파에 의하는 한 양자는 주관과 객관, 자아와 비아, 경험자와 피경험자로서 결코 화해할 수 없는 것이었다. 그래서 그들은 프라크리티(prakṛti)와 푸루샤(puruṣa)로 일컬어지는 근본원질과 순수정신의 이원론을 주장하게 되었다. 말하자면 《우파니샤드》에서 브라흐만(혹은 아트만)과 세계라는 이중의 세계관이 존재와 생성, 부동과 변화라는 서로 용납할 수 없는 이원의 형태로 분열하였다고도 할 수 있다.

그들에 의하는 한, 지성이나 에고(자아관념), 마음을 포함하여 우리가 현실에서 경험하는 일체의 세계는 객관으로서, 프라크리티가 전개한 것이다. 그리고 프라크리티는, 일기현상으로 말하면 밝음·안개·어두움, 자연현상으로 말하면 가벼움·운동·무거움, 심리현상으로 말하면 기쁨·격정·무기력함(미망) 등으로 표상되는 삿트바(sattva)·라자스(rajas)·타마스(tamas)라고 하는 세 가지 역동적인 속성의 복합체인데, 관조자인 푸루샤의 빛을 받아 그 균형상태가 깨어짐으로써 세계로 전개한다. 이는 마치 연극세계로의 모든 가능성을 지닌 배우가 부동자인 관객의 시선 아래 온갖 세계를 연출해 내는 것과 같다.

이렇게 본다면 우리가 일상에서 경험하는 주관과 객관, 혹은 자아와 비아란 다만 푸루샤의 빛을 받아 전개한 프라크리티의 지성적 측면(삿트바)에서 분화된 차별적 현상일 뿐이다. 이 학파에 따르면, 지성이란 프라크리티가 푸루샤의 관조를 받아 그것과 유사한 삿트바적인 속성이 두드러지게 될 때 나타나는 현상이다. 이것은 분별하고, 판단 결정하는 우리의 모든 지적 양태의 기반으로, 이것에 의해 자아와 비아, 경험주체와 경험대상이 구분된다.

지면 관계상 자세한 논의는 생략하겠지만, 지성에 라자스적인 속성이 우세할 때 자아관념을 불러일으키는 아만(我慢)이 출현하며, 그리고 다시 아만의 삿트바 혹은 타마스적인 속성으로부터 마음이나 감각기관, 행동기관, 그리고 미세하거나 거친 물질적 대상들이 출현하게 된다는 것이다.

이에 반해 푸루샤로 일컬어지는 순수정신은 다만 프라크리티의 각각의 전개를 비출 뿐, 결코 현상하지 않는다. 따라서 현실의 경험을 통해 알려지는 지성·아만(에고)·마음·감관·육신의 복합체로서의 자아와 순수

정신으로서의 자아인 푸루샤를 동일시하는 것이야말로 이 학파에서 말하는 근원적인 무지로서, 이는 서양의 심신이원론과는 질적으로 다른 사유체계라 할 수 있다.

따라서 이 학파가 궁극적으로 추구하는 바는 프라크리티를 비롯한 세계전개의 원리(25諦)를 명확하게 앎으로써 그러한 세계에서 영원히 벗어나 있는 진실의 자아인 푸루샤의 독존(獨存)을 확인하는 것이다. 다시 말해 일상에서 경험하는 자아가 진실의 자아가 아님을 통찰하는 것이다.

그러나 한편으로 생각하면, 현실에서의 자아와 비아의 대립된 인식이 존재하는 한 우리는 프라크리티의 속박에서 벗어날 수 없다. 그렇다면 어떻게 고통과 속박의 근원인 무지의 장막을 뚫고, 진실의 자아 즉 영원히 자유로운 푸루샤를 실현할 수 있을 것인가? 상캬학파에서는 지식을 강조하였지만,[48] 어떤 이들은 거기로 이르는 길을 요가에서 찾았고, 파탄잘리(patañjali, 기원전 200년 무렵)가 《요가 수트라》를 편찬함으로써 하나의 학파로까지 성립하게 되었다.

요가(yoga)란 '묶다' '결합하다'는 뜻의 어근 √yuj에서 파생된 말로, 한마디로 정의 내리기 어렵지만 물질적이거나 정신적이거나 현상의 그 어떤 것에도 집착하지 않는 절대적 평정, 즉 자유와 해탈을 목적으로 하는 육체적 정신적 테크닉이라고 할 수 있다. 《바가바드 기타》에 의하면, '요가란 행위의 능숙함이다.'[49] 능숙한 행위란 무엇인가? 그것은 바로 성공과 실패에 좌우되지 않는 절대적 평정에서 이루어진 행위이다. 요가란 일차적으로 뭔가를 추구하여 쉴 틈 없이 쫓아다니는 마음을 한 곳에 묶어두는 것, 정신집중을 말하며, 그렇게 함으로써 보다 심층의 내면으로 들

---

[48] 상캬(saṃkhya)라는 말은 원래 수(數)라는 뜻이지만(그래서 數論으로 한역되지만), 세계와 자아에 대한 철학적 통찰, 즉 완전한 지식을 의미한다.
[49] 《바가바드 기타》 II. 50.

어가 자아를 찾는 수행방법이라고 할 수 있다.

《요가 수트라》에 의하면 '요가란 마음작용의 억제와 소멸이다.'[50] 이미 상캬학파의 논의에서 살펴본 것처럼, 마음이란 다만 프라크리티의 전개된 양상에 불과하기 때문이다. 사과와 수정이 나란히 있을 때 수정은 사과의 빛을 받아 마치 사과처럼 보이지만, 그것은 사과가 아니며, 다만 수정의 한 양태일 뿐이다. 마음의 작용 또한 그러하여 진실의 자아(즉 푸루샤)가 작용한 것이 아니다. 다만 푸루샤의 빛을 받은 프라크리티의 활동일 뿐이기 때문에, 그것의 억제와 소멸은 요가수행의 핵심이 된다. 그렇게 함으로써 물질적인 것이든 정신적인 것이든 일체의 속박으로부터 벗어나 자유로울 수 있다는 것이다.

그렇다면 마음의 작용이란 무엇인가? 요가학파에 따르면, 여기에는 프라크리티의 세 가지 속성이 어떻게 배분되는가에 따라 올바른 지식과 그릇된 지식, 개념적 지식, 잠잘 때의 마음, 기억 등이 있는데 무엇보다 먼저 올바른 지식을 낳는데 장애가 되는 무지·아집(에고)·탐욕·증오·생명에 대한 집착 등의 번뇌를 제거하지 않으면 안 된다. 물론 올바른 지식 역시 궁극적으로는 소멸되어야 하지만, 그것은 일상에서 경험되는 유한하고 불완전한 자아(즉 프라크리티)가 진실의 자아(즉 푸루샤)가 아님을 아는 것이기 때문에 삼매(완전한 경지, 즉 해탈)를 위한 첫걸음이 된다.

요가학파에서는 번뇌를 제거하고, 마음을 억제 소멸하는 방법으로 여덟 단계를 제시하고 있다. 간단히 설명하면 다음과 같다.

첫번째, 무엇보다 먼저 윤리적 도덕적 덕목을 지켜야 한다. 다른 이를 해치거나 도둑질을 하지 않고 진실만을 말하며, 성적순결과 무소유 등 다섯 가지 서원을 실현해야 한다. 이는 인도의 거의 모든 철학에 공통된 사

---

50) 《요가 수트라》 I. 2.

실로서 오로지 해탈에 대한 열망에 의해서만 가능하다.

두번째 단계는 마음의 청정, 만족, 고행, 경전의 학습, 최고신에 대한 헌신으로, 이는 앞의 금지의 덕목과는 달리 적극적으로 실행해야 할 덕목들이다.

이상의 두 단계는 에고를 약화시키기 위한 예비적인 수행의 단계이다. 참고로 앞의 상캬학파에서는 신의 존재를 인정하지 않지만, 요가학파에서는 지혜와 자비의 상징으로서 최고신(Iśvara)의 개념을 수용한다. 즉 신을 모든 행위의 동기(모델)로 삼음으로써 보다 용이하게 에고로부터 벗어날 수 있기 때문이다. 말하자면 이론적이라기보다 실천적인 필요에 의해 요청된 것으로, 따라서 신에 대한 제사는 필요하지 않다.

세번째 단계부터 본격적인 수행으로, 그러기 위해서는 먼저 신체를 안정시키고 요가를 행하기에 적당한 자세를 취해야 한다. 이것이 '자리'를 뜻하는 아사나(āsana, 坐法)로, 우리가 일반적으로 알고 있는 요가의 행법이다. 여기에는 뱀이나 물고기, 공작, 연꽃 등의 온갖 형태가 언급되지만 이것은 본질적으로 육신을 의식의 통제하에 두기 위한 수행법이다. 육신이 안정되어야 정신도 안성되는 법이다.

네번째는 호흡을 조절한다. 호흡은 고래로 자아로 불릴 만큼 절대적인 것으로서, 우주의 에네르기이자 생명의 원천으로 간주되었다. 곧 인간의 생명이나 정신은 이에 따른 것이기 때문에, 호흡이 안정될 때 비로소 심신도 안정될 수 있다.

다섯번째는 감각기관의 작용을 억제한다. 우리의 의식활동은 대개 감각에 수반되어 일어나는 것으로, 외부 대상으로부터 감각을 회수하면 이제 의식은 감각의 명령에 따르지 않고 스스로 자유롭게 활동할 수 있다.

이상의 세 단계는 요가의 외적 기술(하타요가)들로, 이것이 성취될 때 비로소 본격적으로 내면적 요가인 명상(라자요가)으로 들어갈 수 있다.

여섯번째는 마음을 콧잔등이나 미간 배꼽 등 한 곳에 집중함으로써 의식이 그 이외 다른 대상들로부터 영향을 받지 않게 한다. 이는 말하자면 정신집중으로, 다라나(dhāraṇā)라고 하며, 집지(執持) 혹은 총지(摠持)로 번역하기도 한다.

일곱번째는 마음이 외적 대상이 아닌 자신의 관념을 대상으로 삼는 단계이다. 이는 주객의 분별작용이 사라진 상태이지만, '사라졌다'는 관념, 혹은 주객이 하나가 되었다는 관념이 수행자의 마음을 채우고 있어 의식은 끊어지지 않는 것이다. 이를 드야나(dhyāna)라 하며, 보통 선정(禪定)이라는 말로 번역되고 있다.

여덟번째는 주객이 하나가 되었다는 관념마저 사라진 상태로, 이 단계에 이르면 마음은 이제 더 이상 자아의식(에고)을 낳지 않은 채 대상만을 알 뿐이다. 그럴 때 자아는 프라크리티의 전개물인 마음의 속박에서 벗어나 그 자체로서 빛난다. 이것이 요가의 최종목표인 삼매(samādhi)이다.

요가의 이상은 결코 최고신과의 합일이 아니라 지성을 포함하여 물질적인 일체의 현상으로부터 해방되고자 하는 것이었다. 우리는 대개 지성이나 마음을 물질보다 우위에 있는 것이라고 생각하지만, 상캬와 요가학파의 입장에서 볼 때 그것은 근본원질(즉 프라크리티)로부터 파생된 개별적 존재에 불과하며, 궁극적으로 진실의 자아를 은폐하고 있다.

2) 바이세시카와 느야야학파

이렇듯 상캬학파에서는, 우리가 현실에서 경험하는 일체의 세계는 프라크리티가 변화한 것이며, 세계는 그 가운데 가능태로서 잠재되어 있는 것으로 이해하였다. 비록 그 성격은 다를지라도 《우파니샤드》의 경우와 마찬가지로 전변설(轉變說)과 인중유과론(因中有果論)을 지지하고 있다.

이에 반해 바이세시카학파에서는 그 명칭이 시사하듯이 세계를 특수한 범주나 실체로 분석한다.[51] 베단타나 상캬와는 달리 지극히 경험주의적이고 현실주의적인 입장에 서고 있다. 그들에 따르면, 세계란 브라흐만 혹은 프라크리티와 같은 단일한 원인이 변화한 것이 아니라 다수의 원인이 결합하여 새롭게 생겨난 것, 즉 무(無)로부터 생겨난 것이다.

예를 들면 항아리는 진흙 가운데 가능태로서 포함되어 있는 것이 아니다. 항아리가 바로 진흙은 아니다. 진흙과 항아리는 다 같이 개별자로서, 항아리는 그것이 생겨나기 전에는 결코 존재하지 않았다. 항아리는 진흙이 여타의 원인(물이나 물레)에 의해 그 결합을 달리함으로써 새로이 생겨난 것이다. 그리고 이 때 원인(진흙)은 반드시 결과(항아리)에 선행해야 하며, 직접적으로 관계하는 것이어야 한다. 다시 말해 진흙을 나르는 나귀나 물레를 돌림으로써 생겨난 음향 등은 항아리와 직접적이고 필연적인 관계를 지니지 않기 때문에 원인이 아니다.

그렇다면 항아리의 필연적인 원인은 무엇인가? 이 학파에 따르면, 여기에는 직접적인 원인[和合因]과 간접적인 원인[不和合因], 그리고 동력인[助因] 세 가지가 있다. 직접적인 원인이란 결과를 산출하는 실체로서 결과와 화합하고 있어 양자는 불가분리의 관계에 놓여 있다. 예컨대 항아리의 직접적 원인은 진흙이다. 간접적인 원인이란, 이를테면 진흙과 화합해 있는 색깔과 같은 것으로 직접적인 원인에 속해 있는 원인을 말한다. 그리고 동력인은 도공의 작업이나 물레와 같은 도구로서의 원인이다.

즉 그들은 세계생성의 필연적인 원인으로서, 실체·속성·운동이라는 구체적 존재와 보편·특수·내속이라는 추상적 관념적 존재를 열거하고 있다. 이 여섯 가지(혹은 여기에 비존재를 더하여 일곱 가지)를 파다르타

---

51) 바이세시카(Vaiśeṣika)라는 말은 '특수'라는 뜻의 비세사(viśeṣa)에서 유래한 것으로, 승론(勝論)으로 한역된다.

(padārtha, 句義)라고 하는데, 이는 말의 대상이라는 뜻이다. 곧 존재란 말의 대상으로서 알려지는 것을 의미한다. 다시 말해 말되어질 수 있고, 인식될 수 있는 것만이 존재하는 것이며, 이것들에 의해 전 세계는 커버된다는 것이다.

그러한 존재 가운데 첫번째인 실체는 그 밖의 존재가 의탁하는 기체(基體)로, 여기에는 지(地)·수(水)·화(火)·풍(風)·공간·시간·방위·자아·마음이 포함된다. 속성은 색깔·맛·냄새·감촉·수·크기·인식·괴로움·즐거움 등 실체에 내속하는 일체의 성질·용량·상태로, 24가지가 열거되고 있다. 운동 역시 실체에 내속하는 것으로 결합과 분리의 직접적인 원인이 되는 것이다. 이에 반해 보편과 특수는 사물을 공통되게 하고 차별되게 하는 원리이며, 내속은 두 가지 사물 사이에 존재하는 필연적 관계로서, 이 같은 범주를 설정하지 않을 경우 세계의 경험은 사실상 불가능하다.

이 같은 이유에서 후세가 되면 앞의 여섯 범주에 대립하는 비존재가 일곱번째 범주로 추가되기도 한다. 물론 비존재 자체는 경험되지 않지만, '여기에 항아리가 없다'고 인식한 경우 '없다'고 하는 사실 역시 말되어질 수 있고, 인식될 수 있기 때문에 객관적으로 실재한다는 것이다. 따라서 여기서의 비존재는 추상이 아닌 구체적이고도 경험적인 사실로서, 만약 이를 부정할 경우 세계는 생겨나기 이전에도 파괴된 이후에도 존재한다고 해야 할 것이기 때문이다.

이러한 사유는, 세계는 생겨나기 전에도 파괴된 이후에도 언제나 브라흐만 혹은 프라크리티의 가능태로서 존재한다고 주장하는 베단타나 상캬의 인중유과설(因中有果說)과는 정면으로 대립한다. 세계란 다양한 원인들의 결합이며, 그것은 원인과는 다른 새로운 것이다. 이러한 그들의 사상을 인도철학사에서는 적취설(積聚說), 인중무과론(因中無果論)이라고 한다.

그들에 따르면, 자아란 그것이 설사 물질적 정신적 존재와 결합되어 있다 할지라도 그 자체 개별적인 실체이다. 그러나 세계와 인간에 대한 이 같은 분석적 지식이 결여된 범부들은 자아를 육체나 마음과 같은 비아와 동일시함으로써 탐욕과 카르마(업)의 희생물이 된다. 따라서 해탈의 지복은 궁극적으로 바로 이 같은 여섯 범주에 대한 참된 인식에서 비롯된다.

이에 따라 이 학파의 자매학파로 일컬어지는 느야야학파에서는 참된 인식에 대한 논의를 위주로 한다. 느야야(nyāya)란 협의로는 논증방식을 의미하지만, 광의로는 올바른 인식방법에 의해 인식대상을 고찰하는 것, 즉 지식일반을 말한다. 그들 역시 인도의 다른 철학과 마찬가지로 앎을 통해 해탈을 추구한다. 다만 차이가 있다면 탐구방법에 대한 체계적인 규칙과 절차를 분명히 하고 있다는 점이다.

그들 논의의 주요 골자는 다음과 같다.

① 참된 인식방법(지각·추리·증언·유추)에 의해 ② 인식대상(아트만·신체·감관·대상·지성·의식·업·번뇌·윤회·행위의 과보·괴로움·해탈)을 고찰한 다음, 이에 대한 ③ 의혹을 갖고, 그 의혹을 타인과의 대론을 통하여 밝히려는 희구를 ④ 동기로 삼아 자신의 주장을 다른 이에게 드러내어야 한다.

그러기 위해서는 ⑤ 실례를 들고, 자신의 주장인 ⑥ 정설(定說)을 입증하기 위해 일정한 형식의 ⑦ 논증방식을 취해야 하며, 그런 다음 그러한 주장의 ⑧ 검증과 ⑨ 확정이 이루어지게 된다. 나아가 이렇게 확정된 주장은 ⑩ 논의와 ⑪ 논쟁과 ⑫ 논박을 통해 진리를 드러내고 상대방을 굴복시키게 되는데, 그 결과 상대방(혹은 자신)의 오류, 이를테면 ⑬ 그릇된 이유명제의 적용, ⑭ 궤변, ⑮ 그릇된 비난이 드러나고, 마침내 ⑯ 패배하게 되는 것이다.

그들은 말하고 있다.: "지복은 이 같은 16가지 범주에 관한 올바른 지식에 의해 획득된다. 즉 괴로움과 탄생과 업과 번뇌와 그릇된 앎이라는 계열은 그 반대순서로 소멸됨으로써 마침내 괴로움에서 해방될 수 있는 것이다."52)

그러나 느야야 또한 바이세시카와 마찬가지로 자아란 개별적 실체로서, 그 자체로서는 어떠한 인식도 갖지 않는다. 인식이란 다만 자아가 감관이나 마음과 관계함으로써 갖게 되는 우연적 속성에 지나지 않는다. 필경 그것이 자아는 아니다.

따라서 세계에 대한 올바른 인식만으로 해탈은 성취되지 않는다. 궁극적으로는 인식으로부터도 벗어나지 않으면 안 된다. 즉 느야야학파에서는 자아의 본성에 대한 경전상의 가르침(증언)을 듣고, 앞서 언급한 절차에 따라 그것의 진리성을 검토한 다음, 요가수행을 통해 실증적으로 체험할 때, 비로소 해탈에 이르게 된다고 가르치고 있다.

---

52) 《느야야 수트라》 I. 1-2.

제3장 《바가바드 기타》의 이념
- 지금 우리는 무엇을 해야 할 것인가? -

1. 아르주나의 딜레마

바라타 왕국의 판두 왕이 죽자 그 자리를 그의 눈먼 형인 드리타라슈트라가 일시 계승하게 되었다. 그는 판두의 다섯 왕자 — 유디스티라, 비마, 아르주나, 니콜라, 그리고 사하데바를 그의 아들들과 함께 양육하였다. 판두의 왕자들이 성년이 되었을 때, 그들은 경건함과 영웅적인 미덕을 갖추게 되었고, 드리타라슈트라는 유디스티라를 후계자로 책봉하였다. 그러자 카우라바(쿠루의 자손)들은 그들의 아버지가 장님인 까닭에 왕권을 물려받지 못한데 앙심을 품고, 맏이인 두료다나의 주도 하에 판다바(판두의 자손)들을 해치려고 음모를 꾸몄다.

그들은 판다바의 다섯 형제들을 축제에 초청하여 가연성의 재료로 지은 궁궐에 머물게 하고는 거기에 불을 질렀다. 간신히 목숨만을 건진 판다바들은 숲으로 도망쳤다. 온갖 고난과 시련을 겪으면서 은둔자로 지내던 중 활쏘기 시합에서 승리하여 판찰라 왕의 공주와 결혼하게 되었다. 이 소식을 들은 드리타라슈트라는 그들을 불러들여 왕국의 절반을 나누어 주었다. 판다바들은 비록 거친 황무지였지만 훌륭한 왕국을 건설하여 장자인 유디스티라를 왕으로 세웠다.

왕국이 나날이 번성해가자 두료다나의 시기와 질투는 더욱 더 깊어졌다. 판다바의 왕 유디스티라는 어질고 현명하였지만, 놀음을 좋아하는 것을 알고서 그를 유혹하였다. 그리고 속임수의 달인인 숙부 사쿠니의 도움으로 그로부터 형제들과 아내를 포함하여 그의 전 왕국을 얻게 되었다. 그러나 결국 타협이 이루어져 판두의 다섯 형제와 아내는 12년 간 왕국을 떠나 숲 속에서 지낸 후 13년째 도성에 들어와 살되, 만약 정체가 탄로나지 않으면 왕국을 돌려주고, 탄로나면 다시 숲에서 12년을 지내기로 합의하였다.

그들은 숲 속에서 온갖 고초를 겪었지만 그것을 정신적인 성장의 기회로 삼으면서 무사히 13년을 넘겼다. 그리고 자신들의 왕국을 돌려줄 것을 요구하였다. 그러나 두료다나는 거부하였다. 유디스티라는 그들 형제 각각에게 마을 하나씩만을 떼어주어도 만족하겠다고 하였지만 이마저도 거부하였다. 왕실의 장로들이 중재하였으나 소용이 없었다. 이제 전쟁을 피할 수 없게 되었다. 인도의 모든 왕국들은 편이 갈려 전쟁의 소용돌이에 빠져들었다.

그들은 모두 지존(至尊)인 크리슈나(Kṛṣṇa)의 도움을 받기 원하였지만, 그는 그의 부족인 브리슈니 전체와 자신 가운데 하나를 선택하게 하였다. 두료다나는 브리슈니부족을 선택하였고, 아르주나는 크리슈나를 자신의 마부로 삼았다. 그리하여 인도의 모든 군대, 심지어 그리스인, 박트리아인, 중국인들까지 쿠루의 벌판에 모여들었다. 그들은 수많은 깃발을 앞세우고서 서로 대치한 채 온갖 종류의 소라나팔과 트럼펫을 불어댔고 북을 두들겼다. 천지가 진동하였다. 이제 바야흐로 전쟁이 막 시작되려고 하였다. 이 긴박한 순간, 최 일선에서 판다바의 군대를 총 지휘하던 아르주나에게 회의와 번민이 밀려왔다.

> 오! 대지의 주인이신 크리슈나여,
> 양편의 군대 사이에 나의 전차를 세워주시오.
>
> 아르주나는 거기서 진 치고 있는 아버지들과 조부들
> 스승들과 숙부들, 아들들과 손자들, 그리고 친구들을 보았다.
>
> 양편의 군대에 있는 장인들과 그들의 친구들도 보았다.
> 정렬해 있는 그들이 모두 친족임을 안 쿤티의 아들 아르주나는
> 지극한 연민에 사로잡혀 낙담한 채 이같이 말하였다.
>
> 서로 싸우기 위해 이렇게 정렬해 있는 내 친족들을 보니
> 오! 크리슈나여, 사지는 맥이 풀리고, 입은 바짝 타며
> 온몸에 전율이 일고 머리카락은 곤두섭니다.
>
> 활을 잡을 수도 없고, 살은 화끈거리며
> 몸을 가눌 수도 없고, 마음조차 비틀거립니다.
> 진속을 죽이는 이 전쟁에서 무슨 즐거움을 기대할 수 있겠습니까?
>
> 오! 크리슈나여, 나는 승리도 왕국도 쾌락도 원하지 않습니다.
> 왕국이 무슨 소용이겠으며, 즐거움이나 삶 또한 무슨 소용이겠습니까?
> 우리가 왕국과 쾌락과 즐거움을 원하는 것도 그들을 위해서인데
> 그들은 이렇듯 목숨도 부도 던져버리고 싸우기 위해 여기에 서 있습니다.[1]

그것은 분명 딜레마였다. 아르주나는 싸우기를 두려워하였던 것은 아니었다. 전쟁은 크샤트리야 전사계급인 그의 의무였다. 그는 모든 계급의 사람들이 그들의 의무(dharma)를 충실히 이행함으로써 사회가 유지될 수 있

---

1) 《바가바드 기타》 I. 21; 26-33.

다는 사실을 알고 있었다. 더구나 이 전쟁은 정의의 명분을 갖는 전쟁이다. 그러나 정의를 구현하기 위해 친족을 죽임으로써 그들의 가문이 파괴되고, 그럼으로써 가문의 법도 내지는 사회의 질서가 파괴되므로 이 역시 정의로울 수 없다. 전사로서 의무를 수행하지 않는 것도 죄악이지만, 의무를 수행하는 것 역시 죄악을 낳게 된다. 이제 어떻게 해야 할 것인가?

이러한 아르주나의 딜레마는 그만의 것이 아니라 보편적인 것이다. '검사와 어머니'에서, 어머니를 벌주면 모정을 저버리게 되고, 벌주지 않으면 검사의 의무를 방기하게 된다. 진실을 위해 친구를 배신해야 할 것인가, 우정을 위해 거짓을 말하여야 할 것인가? 오늘날 우리는 여전히 정의 혹은 사랑의 복음을 전하기 위해 이른바 성전(聖戰)을 치러야 하는 아이러니 속에 살고 있다.

더욱이 인도의 사유에서 볼 때, 그것이 어떠한 행위(업)든 세속에서의 행위는 생사윤회의 속박과 괴로움을 낳는 원동력이 된다. 따라서 속박과 괴로움에서 벗어나고자 한다면, 행위를 포기하지 않으면 안 된다. 그러나 세속의 대중은 그들의 가족을 부양해야 할 의무가 있으며, 그 사회의 일원으로서 사회를 유지시켜야 하기 때문에 절대적으로 행위를 거부할 수 없는 입장에 처해 있다. 행위를 부정하는 것은 대중의 존재자체를 부정하는 것이며, 사회를 부정하는 것이기도 하다. 의무로서의 행위는 인간이 추구해야 할 네 가지 가치 중의 하나였다.

우리에게는 생소하게 들릴지 모르지만, 그들의 입장에서 본다면 행위할 수도, 그렇다고 행위하지 않을 수도 없는 일이었다. 우리는 이러한 모순을 어떻게 극복해야 할 것인가?

《바가바드 기타》는 아르주나의 딜레마로부터 그 이야기를 시작한다. 《바가바드 기타》는 '지존(至尊 혹은 世尊, bhagavad)의 노래(gītā)'라는 뜻의 서사시이다. 원래는 호머의 《일리아드》나 《오딧세이》에 비견되는 고

대인도의 대서사시 《마하바라타》 제6장에 실려 있던 것이지만, 그 내용상 하나의 독립된 문헌으로 따로이 취급되어 읽혀져 왔다.

이것의 성립연대에 대해서는 여러 이설이 있지만, 대략 기원전 500년에서 200년 무렵에 대서사시에 편입된 것으로 알려진다. 작자 또한 알려지지 않는다. 그러나 인도인들에게 있어 이러한 사실은 그다지 중요하지 않다. 이것은 《우파니샤드》와 더불어 가장 뛰어난 진리의 말씀으로 알려지며, 진리는 시공을 초월하는 것으로 믿기 때문이다. 수많은 현자들이 여기서 영감을 얻었으며, 마하트마 간디 또한 이를 삶의 지침서로 삼았다. 오늘날 힌두교의 성전을 하나만 꼽으라면 아마도 이것이 될 것이다.

《바가바드 기타》는 전18장 700송으로 이루어진 그리 크지 않은 문헌이지만, 여기에는 인간의 행위에 대해서 뿐만 아니라 우주에 관한 일체의 사변을 포함하고 있다. 그러나 본서에서는 다만 아르주나의 딜레마를 중심으로 그 이념을 간추려 보기로 한다.

2. 자아에 대한 모색

아르주나의 딜레마는 본질적으로 인간의 삶에 대한 비전이 제시되지 않고서는 해결될 수 없는 문제이다. 세계란 무엇이며, 자아란 무엇인가? 또한 인간행위의 본성은 무엇이며, 인간의 구원은 어떻게 가능한가? 우리는 무엇을, 어떻게 해야 할 것인가?

아르주나의 스승은 그의 마부 크리슈나(Kṛṣṇa)였다. 크리슈나는 누구인가? 인도신화에서 그는 야쇼다와 난다라는 목동부부의 장난기 많은 귀여운 아기였고, 피리를 잘 부는 소치는 목동이었으며, 라다의 연인이었다.

그는 환희와 사랑과 아름다움의 화신이었다. 그는 신들의 신인 비쉬누의 화신으로, 인도인 모두의 아기였고 연인이었다. 그는 누구라도 쉽게 다가갈 수 있는 친근한 존재였기에 쿠루의 전쟁터에서 마부로 나타난 것은 당연한 일이라 하겠다. 그는 단지 아르주나만의 마부가 아니라 인도인 모두의 마부였다.

화신, 화현 혹은 권화(權化)로 번역되는 아바타라(avatāra)라는 개념은 《바가바드 기타》에 이르러 비로소 구체적으로 등장한다. 이것은 힌두교뿐만 아니라 이후 나타난 대승불교의 가장 중요한 개념중의 하나이다. 여기서 그는 마부이지만 지존(至尊)인 비쉬누의 화신이며, 따라서 《바가바드 기타》는 바로 지존인 크리슈나의 노래이다.

그는 언어로 규정할 수 없는 우주의 궁극적 실재이지만, 인간과 만나고 싶을 때면 언제라도 프라크리티(근본원질)을 통해 이름과 형태를 지닌 구체적 모습으로 이 세상에 나타난다. 그렇게 함으로써 바야흐로 현실의 세계와 인격적인 관계를 맺게 되는 것이다.

> 나는 불생불멸의 자아이며, 모든 존재의 주재자로서
> 내 자신의 환영(māyā)에 의해 물질(prakṛti)로 존재하게 되었나니
> 정의가 쇠퇴하고 불의가 넘칠 때마다
> 오! 아르주나여, 나는 내 자신을 드러내는 것이니라.
>
> 선한 자들을 보호하고, 악한 자들을 멸하기 위해, 그리고
> 정의를 확립하기 위해 유가(세월의 주기)마다 세상에 나타나노라.[2]

그러나 한편으로 생각하면, 그와 마찬가지로 프라크리티(물질)로부터 전개한 우리 인간들은 미혹으로 말미암아 자신의 진정한 자아인 아트만

---

2) 《바가바드 기타》 IV. 6-8.

(혹은 푸루샤)을 알지 못하고, 프라크리티에서 파생된 정신적 물질적 현상을 자아로 착각한다.3) 따라서 프라크리티로부터 해방되어 참된 자아를 인식한 자, 그는 바로 크리슈나와 다르지 않다.

크리슈나는 말하고 있다.

> 나의 출생과 행위의 신비로움을 진실로 아는 이는
> 육신을 버린 후 다시 재생하는 일없이 나에게로 온다네.
> 탐욕과 공포와 분노를 떠나, 나를 진실로 생각하고 귀의한 이는
> 지혜와 고행에 의해 정화되어 나의 상태에 이르게 되노라.4)

인도전통에 따르면, 이미《우파니샤드》나 상캬의 철학에서 살펴보았듯이 우리의 자아는 항상 두 가지 형태로 존재한다. 일상의 정신적 육체적 경험을 통해 확인되는 자아와, 경험의 주체로서 결코 알려질 수 없는 자아가 그것이다. 전자가 현상의 차별적 혹은 개별적 자아(이를테면 小我)라면, 후자는 현상 배후에 존재하는 보편적 자아(이를테면 大我, 혹은 眞我)이다. 또는 전자가 다만 물질이나 생명 혹은 정신현상을 통해 드러나는 자아라면, 후자는 결코 드러날 수 없는 순수정신이다. 선자는 태어남과 죽음, 고통과 비애를 경험하는 무상한 존재이지만, 후자는 결코 태어나는 일도, 죽는 일도 없는 영원한 실재이다.: "이 세상에는 두 가지 자아(puruṣa)가 있으니, 가멸자(可滅者)와 불멸자가 그것이다."5)

혹 상캬철학의 이론에 따라 가멸자가 프라크리티에서 파생된 현상적 자아를, 불멸자는 세계의 본질인 프라크리티라고 한다면, 진실의 자아는 이 두 가지 모두를 초월하는 순수정신이다.6): "최고아로 불리는 더 높은

---

3) 이에 대해서는 본서 제2장 3-1) '상캬와 요가학파'를 참조바람.
4)《바가바드 기타》IV. 9-10.
5)《바가바드 기타》XV. 16.

자아가 존재하니, 그는 우주에 내재하여 이를 유지하게 하는 불멸의 주(主, Īśvara)이다."[7]

《바가바드 기타》에서의 자아는, 말하자면 《우파니샤드》의 아트만과 상캬학파의 푸루샤가 종합된 존재로서, 그것은 다양한 세계의 근저에 가로놓인 통일성이며, 모든 현상의 배후에 존재하는 불변의 빛이며, 모든 것을 초월하면서도 모든 것에 내재하는 절대자이다. 그것은 경험적인 자아를 비롯한 일체의 객관세계가 의존하는 필수불가결한 토대이다.

이 같은 주체가 존재하지 않는 한 객관의 세계는 덧없이 사라져 버리겠지만, 그러나 세계가 사라진다고 해도 주체는 결코 사라지지 않는다. 《바가바드 기타》에서는 이러한 진실의 자아에 대해 '절대'로서의 온갖 형용을 아끼지 않는다.

> 그것은 누구를 죽이는 존재도 아니고, 죽여지는 존재도 아니다. 그것은 태어나지 않으며, 죽지도 않는다. 일찍이 생겨난 일도 없고, 앞으로도 생겨나는 일이 없을 것이다. 그것은 불생불멸의 영원한 태고적 존재로서, 육신이 살해될지라도 결코 살해되는 일이 없다. ― 그것은 칼로도 짜를 수 없고, 불로도 태울 수 없으며, 물도 그것을 적실 수 없고, 바람도 그것을 말릴 수 없다. 그것은 영원하고 편재하며 불변의 부동자이다.[8]

> 최고아는 시작도 없고, 어떠한 속성도 갖지 않기에 변하지 않으니, 비록 육신에 머문다 할지라도 그것은 행위하지 않으며 더럽혀지지 않는다. 일체에 편재하는 허공이

---

6) "브라흐만의 낮(창조의 시기)이 도래하면 미현현(未顯現, 즉 프라크리티)으로부터 세계(현현)가 생겨나며, 밤(파멸의 시기)이 도래하면 미현현이라 불리는 것으로 융해된다. 세계에 존재하는 모든 것은 생겨났다가는 밤이 되면 자신의 의지와는 무관하게 융해되어 버리며, 낮이 되면 다시 생겨난다. 그러나 미현현보다 더 높은 또 다른 미현현의 존재가 있나니, 모든 존재가 소멸하여도 그것은 소멸하지 않는다. 이러한 미현현은 불멸자로서, 지고의 존재라고 말한다. 그것에 이르면 더 이상 돌아오지 않으니, 그것은 나의 지고의 주처(住處)이다."(《바가바드 기타》 VIII. 18-21)
7) 《바가바드 기타》 XV. 17.
8) 《바가바드 기타》 II. 19-21; 23-24.

미세함으로 인해 그 무엇에 의해서도 더럽혀지지 않듯이, 육신에 머무는 자아 역시 어디에서도 더럽혀지지 않는다.9)

이제 문제의 소재는 분명해졌다. 아르주나의 번민은 진실의 자아가 아닌 현실의 일상에서 슬픔과 기쁨 따위를 경험하는 자아, 다시 말해 육화된 자아에서 비롯된 것이다. 진실의 자아는 세계를 관조할 뿐 결코 세계로부터 영향받지 않는다. 세상에서 펼쳐지는 드라마는 다만 프라크리티에 의한 객관의 세계로서, 진실의 자아는 결코 거기에 등장하지 않는다. 그 드라마에서 태어나고 죽고, 슬퍼하고 기뻐하는 주인공은 지성과 에고와 마음, 그리고 육체의 총화인 육화된 자아이다. 진실의 자아는 배우(행위자)가 아니라 관객(관조자)일 뿐이다.10)

그러나 다른 한편으로 본다면, 가족을 부양하고 사회를 유지시키는 것은 진실의 자아가 아닌 행위자로서의 자아이다. 《베다》의 세계관은 기본적으로 행위자로서의 자아에 근거한다. 그들에게 있어 최선의 행위는 제사였고, 그것을 통해 그들 공동의 질서 속에 편입될 수 있었다. 그러나 《우파니샤드》의 현자들은 죽음과 재생에 종속되지 않는 궁극적인 자아를 찾으려고 하였으며, 이 때 자아는 초월적이고도 절대적인 지자(知者)로 간주되었다. 전자가 외면적이고도 사회적인 자아를 강조하였다면, 후자는 내면적이고도 개인적인 자아를 강조하고 있다.

인간은 양면성을 지닌다. 몸은 현실에 있지만 마음은 이상을 지향한다. 고대 인도인들은 그들의 삶의 과정을 네 단계, 즉 학생기·가주기·임서

---

9) 《바가바드 기타》 XIII. 31-32.
10) "상캬철학에 따르면, 모든 행위는 육체와 행위자와 각종 수단(기관)과 여러 다양한 노력들과 그리고 운명(과거업력)이라는 다섯 가지 요소로 이루어지니, 그런 까닭에 여기서의 행위자를 독존(獨存)의 자아라고 보는 자는 진실을 알지 못하는 어리석은 자이로다."(《바가바드 기타》 XVIII. 13-14; 16).

기・유행기로 나눔으로써 이러한 양면을 시기적으로 절충하기도 하였다. 인간으로서의 욕망과 사회적 종교적 의무를 마친 자만이 진실의 자아를 추구할 수 있었다.11) 그러나 《바가바드 기타》에서는 또 다른 형태의 절충을 시도하고 있다. 즉 여기서는 자아를 순수의식의 궁극적 실재로 보는 《우파니샤드》의 비전을 받아들이는 동시에 행위에 대한 《베다》의 명령을 보존하고 있다.

우리 인간은 행위를 요구하는 세속에 몸담고 있으면서 진실의 아트만을 추구하는 양면성의 존재이다. 이것이 아르주나의 딜레마였다.12) 행위는 육체를 요구하며, 이 때 '나'는 궁극적으로 육화된 자아의식(즉 행위자)이다. 그러나 육체는 실재로의 통찰을 방해한다. 실재로의 통찰은 다만 육화되지 않은 순수의식(즉 지자)에 의해 가능하며, 이러한 측면이야말로 인간의 숭고한 가치라는 것이 인도사유의 전통적 입장이었다.

그렇지만 세속에 머무는 이상 그들의 자아는 육화된 자아이고, 육화된 자아에게 있어 행위는 불가피한 것이다.

> 행위하지 않음으로써 '행위로부터의 자유'를 얻을 수 없으며
> 행위의 포기만으로 완전함에 이르는 것도 아니다.
> 왜냐하면 그 누구도 행위하지 않고서는 한 순간도 존재할 수 없으며
> 또한 프라크리티의 속성상 어쩔 수 없이 행위하도록 되어 있기 때문이다.
>
> 행위는 행위하지 않음보다 나으니, 그대에게 부과된 행위를 행하라.
> 행위하지 않고서는 그대의 육신조차 부양하기 어려울 것이다.13)

---

11) 본서 제1장 3-3) '삶의 네 단계'를 참조할 것.
12) 이는 아르주나의 딜레마일 뿐만 아니라 불교를 포함한 전 인도철학의 본질적인 문제였다. 행위(카르마)와 행위의 포기, 세속과 열반, 현상과 실재는 무엇이며, 양자의 관계는 어떻게 규정되는 것인가? 양자는 마을과 숲이라는 형태로 상징되기도 하는데, 이에 대해서는 본서 에필로그 '숲과 마을'을 참조바람.
13) 《바가바드 기타》 III. 4-5; III. 8.

> 육신을 소유한 이로서 행위의 완전한 포기는 불가능하니
> 행위의 결과를 포기하는 이야말로 진정한 포기자로 일컬어진다.14)

앞서 상캬철학에서 살펴본 것처럼 세계 내에 존재하는 경험적 자아(즉 지성·에고·마음과 육체의 복합체)는 프라크리티(근본원질)의 삿트바·라자스·타마스라는 역동적인 세 가지 속성에 지배받고 있기 때문에 행위하지 않을 수 없다. 그러나 그 때 행위자는 진정한 자아가 아니지만, 무지에 의해 이를 진정한 자아라고 여길 경우, 라자스(격정)에서 생겨나는 욕망이, 연기가 불을 가리듯이, 먼지가 거울을 가리듯이 진정한 자아를 은폐하게 될 것이며, 거기서 비롯된 행위는 속박을 낳게 될 것이다.

욕망의 자아를 진정한 자아라고 생각하는 우리는, 행위와 그것에 의해 산출되는 결과에 목숨을 건다. 그것은 나의 것이고, 나의 세계이며, 그러하기에 진실이고, 진실이 되어야 한다고 믿기 때문이다.15) 그러나 만약 그 때 행위와 자아는 다만 프라크리티에서 비롯된 생명활동일 뿐이라고 여긴다면 욕망도 집착도 생겨나지 않을 것이고, 행위는 더 이상 속박을 낳지 않을 것이며, 단지 의무로서만 이행하게 될 것이다.

> 행위는 전적으로 프라크리티의 속성에 의해 행해지는 것임에도
> 아만(에고)에 의해 미혹된 자아는 내가 행위자라고 생각한다.
> 그러나 아르주나여! 프라크리티의 속성과 행위를 진실로 아는 자라면
> 속성이 속성에 대해 작용한다고 생각하여 행위에 집착하지 않는다.16)

---

14) 《바가바드 기타》 XVIII. 11.
15) 행위와 행위자의 구체적 형태와 종류에 대해서는 《바가바드 기타》 XVIII. 23-28을 참조할 것.
16) 《바가바드 기타》 III. 27-28.

3. 행위가 그대를 자유롭게 하리라

아르주나가 그러하였던 것처럼, 극단적인 유물론자나 이상론자가 아닌 범속한 우리들 역시 모순 속에 살아가고 있다. 현실에 몸담고 있으면서 이상을 꿈꾼다. 허망과 진실, 순간과 영원 속에서 회의하고 절망한다. '사느냐 죽느냐 그것이 문제이다.' 우리의 삶은, 마치 화투패가 나의 의사와는 관계없이 주어지듯이 그렇게 대양 속으로 던져졌고, 애당초 화투판에 끼지 않았다면 몰라도 끼어든 이상 쳐내야 하듯이 살아내야 한다. 그러기 위해 행위하지 않으면 안 된다. 그것은 욕망과는 다른 차원의 문제이다.

인도의 거의 모든 철학에서는 욕망이란 본유적인 것이 아니라 무지의 소산으로, 그릇된 자아에 대한 믿음에서 생겨난 우연적인 것이라고 말한다. 그것은 에고의 산물이다. 대개 세속에서의 행위는 이러한 욕망에서 비롯된다. 그리고 이 때 욕망은 행위 그 자체에 대한 욕망이라기보다 그 행위가 낳게 될 결과에 대한 욕망이다. 욕망한 바대로 행위가 결과를 산출하게 될 때 우리는 기뻐하지만, 그렇지 못할 경우 절망한다. 그 순간 기쁨이나 절망은 자신을 지배하는 모든 것이 되지만, 다음 순간 그에 근거하여 또 다른 욕망을 꿈꾸고 행위함으로써 일찍이 경험하였던 그 모든 것들은 물거품처럼 사라지고 만다.

따라서 윤회의 속박과 고통을 낳는 것은 행위 그 자체가 아니라 욕망과 그에 대한 집착이다. 세속에서 육체를 갖는 한 행위는 불가피할뿐더러 필연적인 것이지만 욕망은 그렇지 않다. 포기해야 할 것은 행위가 아니라 행위결과에 대한 욕망과 집착이다.

그러나 도대체 욕망이 배제된 행위가 어떻게 가능한 것인가? 적당한 비유일지 모르지만 일찍이 올림픽에서 금메달을 딴 어느 소녀궁사가 말하기를, 자신은 일단 사대(射臺) 위에 올라서면 명중시키고자 하는 생각을 하지 않으며 오직 쏠 뿐이라고 하였다. 욕망과 집착이 배제된 행위는 그 자체 성스러운 것이다. 대승불교에서 베품(보시)·도덕적 규율(지계)·참음(인욕)·정진과 같은 세속적 덕목이 종교적 덕목이 될 수 있었던 것도 이 때문이다.

행위 그 자체는 더러운 것이 아니다. 청소부의 행위든, 성직자의 행위든 행위 그 자체로서는 고귀한 것이다. 다만 결과에 집착할 때 비루하다. 《바가바드 기타》에서 크리슈나는 이 같은 욕망을 떠난 행위, 결과에 집착함이 없는 행위야말로 구원에 이르는 직접적 통로임을 장(章)에 관계없이 읊조리고 있다. 바야흐로 세속에서의 행위가 종교적 행위로 승화하게 된 것이다. 이것이 이른바 카르마요가(karma yoga)이다.

무엇이 행위이고, 무엇이 행위하지 않음인지 현자들조차 이에 미혹하다.
내 이제 그대에게 행위에 대해 말하리니, 이를 알고 나면 악으로부터 해방되리라.

행위 속에서 행위하지 않음을 보며, 행위하지 않음 속에서 행위를 보는 이
그는 사람들 가운데 지혜로운 자이고, 설세번 사로서 완진한 행위자이다.

행위의 결과에 대해 집착하지 않고 항상 만족하며, 어디에도 의존하지 않으면
그는 어떠한 행위를 하더라도 사실상 아무것도 행위하지 않은 사람이리라.

아무런 욕망 없이 마음과 에고를 절제하며, 모든 소유를 포기한 채
오로지 몸으로만 행위할 것 같으면, 그는 더 이상 죄를 범하지 않게 될 것이다.

던져진 삶에 만족하고, 이원의 대립을 초월하며, 질투에서 자유로운 이
성공과 실패에 좌우되지 않는 이, 그는 행위할지라도 결코 속박되지 않는다.

집착이 사라져 자유로우며, 그의 마음은 지혜로 굳건한 이

제사를 지내듯 행위하는 이의 행위는 완전히 융해되어 어떠한 속박도 없다.[17]

바라타의 아들이여, 무지한 자는 [결과에] 집착하여 행위하지만
현명한 사람들은 세계의 질서를 유지하기 위하여 집착 없이 행위하노라.[18]

제사와 보시와 고행의 행위는 현자들의 정화수단으로, 포기되어서는 안 되지만
이러한 행위 역시 집착과 결과에 대한 욕망을 버리고 행해야 하느니라.[19]

그대의 권리는 다만 행위하는 것일 뿐 결코 결과에 있는 것이 아니다.
행위의 결과를 행위의 동기로 삼지 말 것이며, 행위하지 않음에도 집착하지 말라.[20]

아르주나의 딜레마는 '어떻게 더 이상 속박을 낳지 아니하면서 사회적 의무를 수행할 수 있을 것인가' 하는 것이었고, 《바가바드 기타》의 메시지는 '행위결과에 대해 집착함이 없이 행위하라'는 것이었다. 이는 필경 소수 엘리트들에 대한 가르침이 아닌 세속의 대중을 위한 가르침이었다.

일상에서 자신에게 주어진 의무만을 충실히 이행한다면, 수드라든, 바이샤든, 크샤트리야든, 그 누구든 그것으로 구원에 이를 수 있다. 명상을 위해 숲에 깃들 필요도 없으며, 처자와 이 세상의 모든 것을 버리고서 출가할 필요도 없다. 《바가바드 기타》가 다른 어떤 성전보다 대중적인 인기를 얻게 되었던 것도 이 때문이었다.

그러나 카르마 요가는 사실상 개아(個我)의 완전한 상실을 의미한다. 여기서의 행위는 오로지 사회의 질서(다르마)나 절대자 브라흐만에게 바쳐져야 하는 것으로,[21] 이는 종교적 행위와 다르지 않으며, 또 다른 형태

---

17) 《바가바드 기타》 IV. 16; 18; 20-23.
18) 《바가바드 기타》 III. 25.
19) 《바가바드 기타》 XIII. 5-6.
20) 《바가바드 기타》 II. 47.
21) 이 같은 의미에서 본다면 《바가바드 기타》는 인도 카스트제도를 옹호하는 것이라

의 절대주의라고 할 수 있다.

이제 크리슈나는 아르주나에게 종교적 이익(해탈)과 사회적 의무를 함께 성취할 수 있는 길을 교시한다.

> 행위를 브라흐만에게 맡기고, 집착을 포기한 채 행위하는 자는
> 마치 물에 젖지 않는 연잎처럼 더 이상 죄악에 물들지 않는다.
>
> 그러니 언제나 집착 없이 마땅히 행해야 할 일을 행하라.
> 집착이 없는 자는 행위하면서도 궁극에 이르기 때문이다.
>
> 그대 나에게 모든 행위를 맡기고, 진실의 자아를 생각하면서
> 욕망도, '나'라는 의식도 없이 열망에서 벗어나 나가 싸워라.[22]

4. 신애(信愛)의 길과 지혜의 길

이처럼 《바가바드 기타》에서는 '행위를 통한 구원'을 설하고 있을지라도 전통적인 두 입장, 즉 제사(yajña)를 통한 구원이나 지혜(jñāna)를 통한 구원을 무시하는 것은 아니다. 물론 《바가바드 기타》에서는 지난날의 형식적인 《베다》의 제사를 부정한다. 이에 따르면 《베다》는 다만 제사행위의 결과로써 천상에 태어나거나 향락과 권력을 얻기 위한 갖가지 미사여구로 이루어진 것으로, 진실이 아닌 물질적 현상에 관한 이야기일 뿐이

고 볼 수 있다.: "비록 비천할지라도 자신의 의무(svadharma)를 행하는 것이 다른 사람의 의무를 잘 행하는 것보다 낫다. 차라리 자신의 의무를 행하다가 죽는 것이 나으니, 다른 사람의 의무를 행하는 것은 위험하기 때문이다.; 본성(svabhāva)적으로 주어진 행위를 행한다면 죄과를 얻지 않을 것이리라."(III. 35; XVIII. 47)

22) 《바가바드 기타》 V.10; III.19; III.30.

다.23)

상캬학파의 프라크리티에 의한 세계 전개설을 수용하는《바가바드 기타》에서는 신이든, 행위이든, 지식이든, 제사든, 일체의 세계현상을 프라크리티의 세 속성인 삿트바(기쁨)·라자스(격정)·타마스(미망)로 해석하는데,24) 지식의 길은 삿트바적인 속박을 파괴하는데 효과적이므로 이러한 속성이 우세한 사람에게 적합하고, 아르주나처럼 라자스가 우세한 사람에게는 행위의 길이 적합하다. 그리고 신애의 길은 타마스가 우세한 이뿐만 아니라 모든 이에게 적용될 수 있다.

즉《바가바드 기타》상에서 제사는, 앞서 인용한 것처럼 현자들의 정화수단으로서 필요하지만, 결과에 대한 집착 없이 행해져야 한다. 다시 말해 제사를 비롯한 모든 행위는 자신이 아닌 신에게 바쳐져야 한다. 여기서 신은 물론 크리슈나이다. 그러나 그는 다만 물질을 통해 일시 나타난 존재일 뿐, 모든 존재의 근원인 불멸의 지존인 비쉬누이고 브라흐만이다.

그가 갖는 충만성은 인간의 이해를 초월한다. 그는 인격신(Iśvara)이라는 점만 제외한다면 어떠한 속성도 갖지 않으며, 따라서 말로 표현할 수 없다는《우파니샤드》의 브라흐만과 동일하다. 그러나 우리는 말로 표현할 수 없기에 무속성의 브라흐만이 인격신보다 우월하다고도 말할 수 없다. 그의 충만성 역시 인간의 사유로써는 헤아릴 수 없으며, 단편적인 형상들의 집합으로서만 나타날 뿐이다. 그것은 부분으로 이루어진 세계의 총화이다.

---

23) 《바가바드 기타》II. 42-46 참조.
24) 특히《바가바드 기타》14장, 17장, 18장에서 이에 대해 집중적으로 설하고 있다. 이를테면 모든 감관에서 지혜의 빛이 생겨나는 것은 사트바가 우세할 때이고, 욕망과 집착, 절망 등이 생겨나는 것은 라자스, 어두움과 게으름과 미혹이 생겨나는 것은 타마스가 우세할 때이다.(XIV. 11-13)

수많은 얼굴과 눈들, 기이한 갖가지 모습들
　　　신성한 천상의 장식품과 치켜든 신비한 수많은 무기들
　　　천상의 화환과 옷을 걸치고서, 신성한 향유를 발랐으며
　　　사방으로 향한 얼굴, 무한하고도 온갖 경이로 가득 찼으니
　　　만약 하늘에 천 개의 태양이 동시에 떠올랐다면
　　　아마도 저 위대한 자아의 빛과 비슷하였으리라.
　　　그 때 판두의 아들 아르주나는 신 중의 신인 그의 몸에서
　　　수많은 부분의 세계가 하나로 합쳐진 전 우주를 보았도다.25)

　그는 사랑과 자비로써 아들과 친구와 연인으로, 그리고 마부로, 혹은 동물 등 수천 수만의 만상(萬象)으로 육화하지만, 세상의 어떠한 방식 — 베다의 학습이나 제사, 보시, 고행으로도 볼 수 없다. 그는 다만 진실한 믿음과 사랑으로만 보여질 뿐이다. 존재하는 모든 것은 그의 화현이며, 그는 궁극의 지존(至尊)이므로 세상의 모든 것을 받아들인다. 그것은 그의 은총이다.

　따라서 《베다》의 신도, 그들에게 바치는 찬가도, 불도 그의 또 다른 모습들이며, 비록 《베다》의 신이든, 쉬바든, 어호외든, 알리든 그 밖의 다른 어떤 신을 섬길지라도, 궁극적으로는 그를 섬기는 것과 다르지 않다. 다만 문제는 이름과 형상에 매이지 않는 진실한 믿음과 사랑, 즉 신애(信愛)이다.

　　　나는 제사이며, 조상에 바쳐지는 공물이며, 신성한 약초이며
　　　만트라(찬가)이며, 녹인 버터이며, 불이며, 제물이다.
　　　나는 이 세상의 아버지이며, 어머니이며, 보호자이며, 조부이며
　　　알아야 할 것이며, 정화수단이며, '옴'이며, 《리그》《사마》《야주르베다》이다.

---

25) 《바가바드 기타》 XI. 10-13.

충만한 믿음으로 설사 다른 신을 신애하고 제사지낼지라도
진실한 법도는 아니지만, 그들 역시 나에게 제사지내는 것이니
나는 바로 모든 제사의 향수자이고, 주인이기 때문이다.
그러나 그들은 나를 알지 못하므로 조만간 다시 타락하게 될 것이다.

잎사귀든, 꽃이든, 과일이든, 물이든 신애로써 바친다면
나는 경건한 이들이 바친 신애의 공물을 기꺼이 받으리라.
그러니 그대가 무엇을 하든, 무엇을 먹든, 누구에게 보시하든
또한 무슨 고행을 하든 나에게 바치는 것으로 여기고 행할지어다.[26]

그는 결코 차별적 존재가 아니다. 차별적인 화현은 다만 그의 자비의 은총일 뿐이다. 따라서 그의 사랑 역시 무차별적이다. 그는 비천한 태생이든, 여인이든, 바이샤든, 수드라든 누구에게나 평등하다. 심지어 악의 무리마저 포용한다. 그에 대한 믿음과 사랑은 결국 세계의 모든 존재에 대한 믿음과 사랑이다.

믿음과 사랑, 신애(信愛)로 번역된 박티(bhakti)는 '나누다' '공유하다'는 뜻의 어근 √bhaj에서 파생된 말로서, 신과 인간이 그 본질을 공유한다는 의미이다. 이는 마치 연인이 포옹하는 순간 몸도 마음도 하나가 되는 것처럼, 믿음과 사랑은 신과 인간을, 인간과 세계를 하나로 만든다. 이는 사랑의 극치인 동시에 인간존재의 가장 이상적인 모습이기도 하다. 여기에 '나만을 사랑하라'는 배타나 질투는 더 이상 허용되지 않는다. 믿음과 사랑을 통해 구원에 이르는 것, 이를 박티요가(bhakti yoga)라고 한다.

그러나 이것은 결코 돈이 없고 지혜가 없어 제사로도, 지식으로도 구원에 이를 수 없는 자들을 위한 저급한 구원의 도가 아니다. 도리어 지혜란 그를 사랑하는 이로 하여금 그에게 다가설 수 있도록 그가 부여한 것이

---

[26] 《바가바드 기타》 IX. 16-18; 23-24; 26-27.

라고 《기타》에서는 말하고 있다.: "항상 심신을 제어하여 사랑으로 나를 신애하는 이들에게 지혜의 길을 열어준 것이니, 그들은 이것에 의해 나에게 이르게 되리라."27)

박티는 필경 이지적인 것이 아니라 감성적인 따스함으로, 우리는 이 같은 모습을 대승불교의 관세음보살이나 아미타불에 대한 신앙에서도 찾아볼 수 있다. 만약 이러한 박티적인 성격이 불교에 채용되지 않았다면 대승불교는 성립하지 않았을지도 모른다.28)

한편 《바가바드 기타》에서는 《우파니샤드》이래 인도철학의 본령이라 할 수 있는 지식을 통한 구원 역시 강조되고 있는데, 이를 즈야야 요가(jñāna yoga)라고 한다. 그렇다면 여기서의 지식은 무엇에 대한 것인가? 이미 살펴보았듯이 《바가바드 기타》의 철학적 토대는 《우파니샤드》와 상캬철학에 있다. 상캬학파의 프라크리티에 의한 세계(자아과 비아)전개를 수용하면서 푸루샤를 그 배후에 존재하는 불멸의 통일자, 즉 아트만(혹은 브라흐만)으로 간주한다.

따라서 여기서의 지식은 진실의 자아인 아트만(즉 지자)은 세계를 경험하는 현상적인 자아(즉 행위자)가 아님을 식별하는 것이며, 나아가 아트만이 바로 브라흐만임을 통찰하는 것이다. 그리고 이러한 지식은 다시금 욕망을 떠난 행위와 절대적인 믿음과 사랑의 원천이 된다.

《바가바드 기타》에서는 이처럼 이전까지 첨예하게 대립되어 오던 철학적 종교적 윤리적 이념들, 이를테면 《우파니샤드》의 일원론, 상캬의 이

---

27) 《바가바드 기타》 X. 10.
28) 반야바라밀다로서의 공(空)은 세계의 본질(眞如, tathāta)로서, 그것으로 인해 대자비가 가능하다. 우리는 냉철한 예지를 통해 거기에 이를 수도 있지만, 다른 한편으로 무한한 빛(無量光)이자 생명(無量壽)으로 나타난 여래(tathāgata, 혹은 아미타불)를 절대적으로 신앙함으로써도 거기에 이를 수 있다. 왜냐하면 그것이 그의 본원(本願)이기 때문이다. 이에 대해서는 본서 제8장 '중관'과 제14장 '정토'에서 다시 논의하게 될 것이다.

원론, 지식과 제사(행위), 대중들의 유신론적 신앙 등이 '지식(jñāna)'과 '행위(karma)'와 '신애(bhakti)'라는 구원의 도로서 종합되고 있다. 이것은 본질적으로 크리슈나가 인간에게 가능한 모든 이미지로 자신을 드러낼 수 있기 때문이었다. 그는 어떠한 속성도 갖지 않는 절대자이기도 하였고, 물질적 속성을 통해 인간과 관계하는 인격신이기도 하였으며, 지존의 아트만, 최고의 푸루샤, 프라크리티(물질적 현상세계)의 총화, 모든 신들 중의 신이기도 하였다.

 이런 까닭에 《바가바드 기타》는 《우파니샤드》와 더불어 힌두교의 모든 교파에서 인정하고 있을 뿐만 아니라 세계적으로 가장 널리 알려지고 읽혀진 인도고전이 되었던 것이다. "《우파니샤드》는 암소요, 크리슈나는 젖을 짜는 목동이며, 아르주나는 송아지, 그리고 《바가바드 기타》는 우유이다." — 인도인들은 고래로 이렇게 말하고 있다.

제4장 인도의 반(反) 전통철학
―쾌락과 고행의 윤리―

1. 차르바카 유물론

기원전 6세기 무렵 인도 땅에는 거대한 변혁의 물결이 넘쳐나고 있었다. 수많은 사람들이 세계와 자아에 대한 철학적 관심을 갖고, 지적 모험을 감행하였다. 이미 그 전 시대에 갠지스강 유역을 중심으로 마가다(Magadha)의 라자가하(王舍城), 코살라(Kosala)의 사밧티(舍衛城), 카시(Kāsi)의 바라나시 등과 같은 전제국가와 장대한 도시들이 생겨났고, 상공업의 발달과 더불어 장자(長者, śreṣṭin), 거사(居士, gṛhapati)로 일컬어지는 거상이나 자산가들도 출현하였다.

변혁의 시기, 일찍이 신성한 힘의 원천이었던 《베다》는 그 힘을 상실하였고, 권력과 부가 새로운 힘의 척도가 되었다. 그리고 그것을 획득하기 위해 먹고 먹히는, 이른바 '물고기의 법칙(matsya nyāya)'이 사회를 지배하였다.

이러한 시대적 상황 속에서 무력에 의하지 않고서 국가 간의 충돌을 영원히 종식할 이상적 군주로서 전륜성왕(轉輪聖王)이 동경되었으며, 이와 더불어 전통사상에 대한 새로운 도전도 모색되었다. 이는 '깨달음'이라는 또 다른 동경이었다. 일찍이 《베다》를 대신하여 《우파니샤드》가 출현하였지만, 전체적으로 볼 때 그것은 《베다》를 계승한 것이었다. 전통에 반하는 보다 강력한 도전, 흔히 정통의 유파(有派, āstika)에 대해 무파(無派, nāstiak)로 일컬어지는 일련의 철학들이 이 시기에 일어났다. 불교와 자이나교, 아지비카, 그 밖에 이루 헤아릴 수 없는 이단적인 사상들이 바로 그것이다.

이 시기, 신비적 직관은 지적 탐구심으로 대체되고, 종교는 철학에 압도되었다. 최고선이나 초월적 절대적 진리의 빛이 퇴색된 마당에 이제 더 이상 꺼릴 것이 없었다. 그들은 자유롭게 출가하고, 자유롭게 사색하였다. 무엇이라도 말할 수 있었다. 이 시기 이단적인 사상형태로 자이나교 경전에서 363가지를, 불교경전에서 62가지를 열거하고 있는 것은 이 시대 인간의 지적모험이 얼마나 풍요로웠는지를 말해준다.

그들 중 가장 전통에 반하는 입장에 선 이들은 차르바카(Cārvāka)로 일컬어지는, 극단적인 감각론에 입각한 일련의 유물론자들이다. 이들은 반 전통일 뿐 아니라 전통과 반 전통을 포함한 전체 인도철학 안에서도 매우 이단적인 사유형태로, 이 책에서 '거의 모든 인도철학'이라고 할 때, 그것은 바로 이들을 제외한 모든 인도철학을 뜻한다. 또한 불교 내부에서도 사견(邪見)이라 할 때, 그것은 대개 행위(업)의 인과를 부정하는 이들을 가리킨다.

차르바카라고 하는 말은 '씹는다' '먹는다'를 뜻하는 $\sqrt{cārv}$에서 파생된 말로서, '먹고 마시며, 즐기자'는 주장의 설교자나 실천가를 의미하지만, 어느 시기 유물론자를 가리키는 일반명사가 되었다고 한다. 혹은 이 학파의 창시자라고도 하며, 창시자 브리하스파티의 출중한 제자의 이름이었다고도 한다. 어쨌든 이들은 그들 자신의 문헌을 남기고 있지 않기 때문

에, 그들의 철학을 밝히기 위해서는 아마도 왜곡되었을 다른 학파의 전승에 근거하지 않으면 안 된다.[1]

무엇보다 이들은 극단적인 감각론자로서, 지각만을 유일한 인식의 원천으로 생각한다. 인도철학의 모든 학파에서는 '무엇을, 어떻게 볼 것인가'에 대해 그들의 논의를 집중한다. 다시 말해 그들은 각각의 존재론을 바탕으로 한 인식론, 즉 인식방법론(pramāṇa vāda)을 전개시키고 있는데, 지각, 추리, 증언 등이 일반적인 인식방법이었다.[2]

그렇다면 차르바카는 왜 지각만을 인정하는 것인가?

인도철학 일반에서 추리(anumāna)란 지각에 근거한 것, 지각한 다음(anu)의 인식(māna)으로, 말하자면 이미 알려진 사실로부터 새로운 판단을 획득하는 언어형식을 말한다. 예를 들면 우리는 이전 사람들의 죽음으로부터 '모든 사람은 죽는다'는 결론을, 혹은 이미 경험한 불과 연기 사이의 필연적 관계를 통하여 '연기가 나는 곳에 불이 있다'는 결론을 도출하며(귀납추리), 또한 그 같은 일반적 사실에 근거하여 아직 경험하지 못한 특수한 사실, 예컨대 '나도 사람이기 때문에 죽는다', '저 산에 연기가 나기 때문에 불이 있다'는 사실을 알게 된다(연역추리).

그러나 차르바카에 따르면, 제한적으로 경험된 특수한 사실을 제한 없이 일반화시키는 것은 논리적 비약이며, 따라서 일반적 사실에서 특수한

---

1) 그 대표적인 것이 14세기 베단타 철학자 마드바(Mādhva)가 쓴 《전철학강요(Sarvadarśanasaṃgraha)》이며, 후술하듯이 초기불교의 《장아함경》에 실린 《사문과경(沙門果經)》에서도 이러한 사상을 찾아볼 수 있다.
2) 곧 인식방법은 무엇을 볼 것인가에 따라 결정되며, 그것을 사람들로 하여금 보게 하는 지식을 말한다. 말한 대로 차라바카는 이중에서 지각만을, 불교와 바이셰시카에서는 지각과 추리만을, 상캬에서는 지각과 추리와 증언 모두를 인정하며, 느야야에서는 여기에 유추를, 프라바카라 미맘사에서는 다시 요청을 더하며, 밧타 미맘사와 베단타에서는 다시 비존재(비지각)를 더하여 여섯 가지의 인식방법론을 주장한다. 대개 현실적이고 경험적인 철학일수록 그 수는 적어지고, 초월적인 철학일수록 많아진다고 보면 무방할 것이다.

사실을 추론하는 것은 선결문제 미해결의 오류를 범하는 것이 된다. 예컨대 과거의 사람이 모두 죽었다할지라도, 그 같은 사실에 의해 현재와 미래의 사람들 역시 모두 죽을 것이라고 판단하는 것은 우리의 지각의 범위를 넘어선 것이며, 추리의 근거가 되는 불과 연기 사이의 불변적이고도 필연적 관계(vyāpti) 자체가 추리의 결과이기 때문에 결국 순환논법에 빠지고 만다는 것이다.[3]

또한 증언은 믿을 수 있는 이의 말씀으로, 여기에는 신뢰성이 뒷받침되어야 하는데, 이 역시 귀납추리의 결과이든지, 우리가 결코 확인할 수 없는 권위를 전제로 하지 않으면 안 된다.

따라서 그들은 추리나 증언에 의해 알려지는 일체의 형이상학적 개념들, 이를테면 초월적인 자아(혹은 영혼)나 신, 인과법칙, 윤회나 영혼의 재생 따위를 믿지 않는다. 그들은 주장한다.: "선 악업의 과보는 존재하지 않으며, 괴로움이나 즐거움은 인간에게 고유한 것이다. 세계란 다만 지(地)·수(水)·화(火)·풍(風)이라는 네 가지 물질적 요소의 우연적인 결합일 뿐이며, 자아 역시 지성의 속성을 더한 육체일 따름이다. 곧 네 가지 요소의 결합체인 육체가 사멸하면, 자아 역시 사멸하고 말기에 감각적 육체적 쾌락만이 인생의 유일한 목적이다."

이러한 사실은 우리들 경험상으로 명백한 것이다. 화장터엘 가보라. 잘난 이든 못난이든, 현자든 우자(愚者)든, 부자든 빈자든 그의 모든 것은 재와 함께 사라지며 아무것도 남기지 않는다. 이는 근대 유물론과 크게 다르지 않다. 이에 따르면 일체의 정신현상은 뇌수의 소산이다. 의식이나 정신은 단순히 물질의 모사나 반사에 지나지 않는다고 레닌은 말하고 있다.

---

[3] 이에 대해 불교에서는 '지각만이 유일한 인식수단이다'는 그들의 주장 역시 특수한 경험에 근거하여 지각과 인식수단 사이의 동일성을 증명하는 추리의 일종이라고 비판한다.

그들 역시 지성은, 마치 발효된 누룩으로부터 취하는 성질이 생겨나는 것처럼 물질에서 파생된 것이라고 말하고 있다. 세계의 변화와 다양성은 어떤 통일자에 의해 주어진 것이 아니라 자연 그 자체의 산물일 뿐이라는 것이다.

그들에게는 지금 여기서 볼 수 있고, 잡을 수 있는 것만이 확실한 것이었다. '내일의 금화보다는 오늘의 동전이 확실한 것이며, 내일 공작이 되기보다는 오늘 비둘기가 낫다.' 그들은 세계가 괴로움이라는 사실을 거부한다.

왜 괴로운가? 무상하기 때문이다. 오늘 누리는 이 즐거움은 영원하지 않으며, 그것이 상실될 때 괴로움을 초래하기에 즐거움조차 괴로움을 잉태하고 있다. 이에 대해 그들은 쌀이 벼 껍질에 싸여 있다고 해서 버릴 수 없듯이, 오늘의 즐거움을 포기해서는 안 된다고 말한다. 오늘은 오늘이고, 내일은 내일이다. 오늘과 내일 사이의 필연적 인과관계는 확인되지 않는다. 이 같은 이유에서 그들을 로카야타(Lokāyata), 즉 현실세간에 추종하는 순세파(順世派)로 부르기도 한다.

그들은 말한다.

> 삶이 너희의 것일 때, 즐기며 살라.
> 죽음의 번뜩이는 눈초리를 벗어날 이 아무도 없으니
> 우리의 육신이 일단 태워지게 되면
> 어떻게 그것이 다시 돌아오겠는가?[4]

어쩌면 오늘의 우리 역시 차르바카인지도 모른다.: "어제의 사랑은 어제의 일이었고, 오늘의 미움은 오늘의 일이다. 양자 사이의 인과관계는

---

4) 《전철학강요(Sarvadarśanasaṁgraha)》(S.Radhakrishnan and C.A. Moore, ed., *A Source Book in Indian philosophy*, princeton Univ. press, 1973), p.228.

확인되지 않는다. 오로지 오늘만이 존재할 따름이다."

2. 육사외도(六師外道)

앞서 언급하였듯이 차르바카가 일련의 유물론적 경향의 사상을 말하는지, 구체적인 학파였는지는 알려지고 있지 않다. 그런데 불전(佛典)에서는 당시 비 전통의 자유사상가로서 여섯 명의 이름을 들면서 그 중 아지타 케사캄바린이라는 이의 주장으로 이와 유사한 사상을 언급하고 있다.

흔히 육사외도(六師外道)로 불리우는 이들 여섯 명의 사상가는, 자이나교조 마하비라의 또 다른 명칭인 니간타 나타풋타를 제외하고는 모두 자신들의 문헌을 남기고 있지 않기 때문에 다른 교파의 문헌, 특히 초기불교의《장아함경》권제17에 실린《사문과경(沙門果經)》과 이에 상응하는 남전(南傳) 상좌부 경전 등에 실린 단편적인 기사에 근거하여 알 수밖에 없다. 그러나 이는 필경 비판적 입장에서 다루어졌을 것이기 때문에 폄훼된 것임을 감안하지 않으면 안 된다. 아무튼 이에 따라 그들의 주장을 간단하게 살펴보면 다음과 같다.

먼저 아지타 케사캄바린(Ajita Kesakambalin)은 인간이란 다만 네 가지 물질적 요소의 우연적 결합일 뿐이기 때문에 그것이 해체되는 죽음과 더불어 모든 것이 끝장난다는 단멸론(斷滅論)을 설하고 있어, 앞서 설명한 인도 유물론의 선구로 이해되기도 한다. 그는 다음과 같이 말하고 있다.

사람은 네 가지 요소로 생겨났기에 목숨이 끊어지면, 지(地)의 요소는 땅으로 되돌아가고, 수(水)의 요소는 물로, 화(火)의 요소는 불로, 풍(風)의 요소는 바람으로 되돌아가 모두 괴멸하며, 모든 감각기관은 허공으로 돌아간다. 곧 사람이 죽어 들것에 싣고

화장터로 가면서 그를 찬탄할지라도 불타고 남은 그의 뼈는 비둘기 색의 흙이 되고, 그를 위해 바쳐진 공물도 재가 되고 만다. 보시는 어리석은 이들의 잠꼬대일 뿐이며, 사후의 존재를 설하는 것은 근거 없는 망설일 뿐이다. 어리석은 자든, 지혜로운 자든 목숨을 마치면 모두 괴멸하여 아무것도 남기지 않는다.[5]

두번째, 푸라나 캇사파(pūraṇa Kassapa)는 선 악업과 그 과보를 부정하는 도덕부정론자였다. 즉 그는 "스스로, 혹은 남을 시켜 살아 있는 것들을 죽여 토막내고 저미며, 삼거나 굽는 등으로 그들을 해코지하여 고통 속에 울부짖게 하여도, 살육하고 도둑질하고 겁탈하더라도 그것은 죄가 아니다. 갠지스강 남쪽으로 가 중생을 칼로 도륙하여 이 세상을 가득 채울지라도 악의 과보는 없으며, 갠지스강 북쪽으로 가 크나큰 보시를 베풀어 중생을 이롭게 할지라도 복의 과보는 없다."고 말하고 있다.

그의 사상이 다만 이것뿐이었을까? 그러나 또 다른 불전에서는 그를 다음에 설할 막칼리 고살라의 경우처럼 무인무연론(無因無緣論)의 주장자로 전하고 있는데, 이에 대해서는 뒤에 다시 살펴보기로 한다.

세번째, 파쿠다 캇차야나(pakudha Kaccāyana)는 지・수・화・풍의 네 가지 물실석 요소 이외에도 괴로움・즐거움・영혼(jīva)을 영원 불변의 실체로 간주하여, 날카로운 칼로써 타인의 목을 자른다고 할지라도 그 사이만을 통과할 뿐 그의 생명(영혼)은 해칠 수 없다고 하였다. 따라서 죽이는 자도 없고 죽는 자도 없다.

그는 영혼을 주장한다는 점에서 유물론자는 아니었지만, 괴로움과 즐거움을 행위의 소산이 아닌 실체로 간주하였다는 점에서 영혼의 작용을 인정한 것은 아니었다. 괴로움은 인간에게 고유한 것이며, 따라서 그것으로부터 벗어난다고 하는 것은 부질없는 일이다. 이런 점에서 파쿠다 캇차

---

[5] 《장아함경》 권제17 〈사문과경(沙門果經)〉 ; 남전 《장부경전》 II 상의 같은 경 참조.

야나는 다음에 설할 막칼리 고살라와 밀접한 관계를 갖는다. 《사문과경》에서도 그는 이같이 말하고 있다.

> 힘도 없고 정진도 없다. 사람들은 힘도 없고, 정진도, 그것으로 나아가기 위한 방편도 없기 때문에 어떤 원인이나 근거 없이[無因無緣] 더러움을 낳게 되며, 원인이나 근거 없이 청정함을 낳게 된다. 생명을 갖는 모든 존재는 어떠한 힘도 갖지 않기에 사실상 자재(自在)도 없고 원수도 없다. 다만 정해진 운명에 따라 여섯 종류의 생 중의 어딘가에 존재하면서 온갖 괴로움과 즐거움을 향수할 뿐이다.

네번째, 막칼리 고살라(Makkhali Gosāla)는 세계는 어떠한 원인이나 근거 없이 다만 그 자체로서 존재할 따름이라고 하였다. 예컨대 우리에게 괴로움이 생겨났다면, 그것은 어떠한 원인도 조건도 없이 자연으로 정해진 본성에 따라 저절로 생겨난 것이며, 따라서 괴로움으로부터 벗어나려는 의지적 노력 또한 무용하다. 이를테면 실패는 실이 다 풀릴 때까지 굴러가다 더 이상 굴러가지 않는 것처럼 윤회 또한 그러하다는 것이다.

즉 그는 세계를 구성하는 요소로서 영혼을 비롯한 지·수·화·풍과 허공을 인정하면서, 다른 한편으로는 획득과 상실, 괴로움과 즐거움, 탄생과 죽음 또한 세계의 고유한 본성으로 인정함으로써 운명론(niyativāda)의 입장에 서고 있다. 세계의 원인이나 근거뿐만 아니라 인간의 의지적 노력이나 행위, 그에 따른 결과 등 일체를 부정하며, 오로지 자연의 본성인 운명에 순응함으로써 지복에 이르고자 하였다.

> 보시[의 효력]도 없으며, 제사[의 효력]도 없다. 선도 악도, 선악의 과보도 존재하지 않으며, 금생도, 내생도, 아버지도, 어머니도, 하늘의 신도, 신의 나타남도, 중생도 존재하지 않는다. 세상에는 사문도, 바라문도, 평등한 수행자도 없으며, 또한 현생과 내세에 스스로 깨닫고, 다른 이에게 두루두루 나타나는 일도 없으니, '있다'고 말하는 모든

것은 다 허망한 것이다.[6]

막칼리 고살라는 아지비카(Ājīvika)라고 하는 교파의 세번째 교조로서,[7] 자이나교의 교조 마하비라와 6년 간 함께 수행하기도 하였는데, 이 교파는 후세 아쇼카왕으로부터 동굴사원을 기진받는 등 불교 자이나교와 더불어 대표적인 사문종교였다고 전한다. 불타가 깨달음을 얻은 후 최초로 만난 이들도 아지비카교도였으며, 그의 열반을 가섭존자에게 전한 이도 그들이었다.

아지비카라는 말은 '생활방법'을 의미하는 ājīva에서 유래한 것으로, '그들만의 특별한 방식으로 생활하는 자'를 뜻한다. 혹은 '삶을 버리고 (a-jīva) 타인의 시물(施物)로 생활하는 자'로 이해되기도 한다. 즉 그들은 철저한 고행과 난행 그리고 걸식의 생활을 영위하였으며, 마하비라와 헤어지게 된 것도 그의 온건한 고행주의 때문이었다고 한다. 그러나 불교 내부에서는, 한역(漢譯)불전에서 사명(邪命)으로 번역되고, 그것은 8정도의 정명(正命)과 반대되는 개념으로 이해됨으로써 점상(占相)이나 꿈의 해몽, 예언, 주술 등으로 생활의 방편을 삼는 종교집단으로 간주되었다.

다섯번째, 산자야 벨라팃풋타(Sañjaya Bellaṭṭiputta)는 불타의 2대 제자였던 사리풋타(舍利弗)와 목갈라나(目犍連)의 스승으로, 인도의 대표적인 불가지론자(ajñāna vādin)였다. 그는 당시의 주요한 철학적 문제, 이를테면 내세, 내세로의 유정의 변화재생, 선 악업의 과보, 깨달은 자(여래)의

---

6) 《장아함경》 권제17 〈사문과경〉.
7) 막칼리(혹은 maṅkhali, skt. maskarin)는 '대나무(maskara) 지팡이를 들고 다니는 파'라는 뜻으로, 자이나교조 마하비라가 니간타 나타풋타 즉 '니간타파에 속한 나타족의 아들'로 불리듯이 그가 막칼리파에 속한 자이기 때문에 막칼리 고살라로 불려지게 되었다고 한다. 고살라는 소 외양간이라는 뜻이다. 탁발승인 그의 아버지가 사밧티 근처에서 우기를 만나 거처를 얻지 못하고 소 외양간에서 그를 낳았기 때문에 그렇게 이름지었다고 전한다.

사후의 존재유무에 대해 각기 '그렇다고도 말할 수 없고, 그렇지 않다고도 말할 수 없으며, 이와 다르다고도 말할 수 없고, 다르지 않다고도 말할 수 없다'고 하여 판단중지의 입장을 취하고 있다.

또 다른 불전에서는 이와 유사한 형태의 회의론을 포만론(捕鰻論, amarāvikhepa) 즉 '뱀장어처럼 붙잡기 어려운 궤변론'이라고 하였다.[8] 즉 거기서 그들은, '인간은 궁극적으로 이 같은 문제에 대해 알 수 없으며, 그럼에도 어떤 식으로든 판단을 내리고자 할 경우, 자신의 판단에 대해 욕탐(欲貪)을 일으키고, 다른 입장에 대해서는 미워하게 된다. 그럴 때 다시 거짓을 말하게 되며(혹은 집착하게 되거나, 다른 이로부터 힐난을 받게 되며), 그것은 결국 자신을 구속하는 장애가 되기 때문에, 장애의 속박으로부터 벗어나기 위해서는 그같이 표명하지 않으면 안 된다'는 것이다.

이러한 점에서 본다면 산자야는 희랍의 회의론자 필론과 흡사하다. 필론에 의하면, 우리의 지식은 사물의 진상이 아니라 다만 감각과 사유 속에 나타난 것임에도 그것을 사물의 진상이라고 독단을 내려 여기에 집착함으로써 마음의 동요를 일으켜 자유를 얻지 못한다. 그러므로 불확실한 지식밖에 주지 못하는 일체의 판단을 중지함으로써 마음의 진정한 자유를 얻을 수 있다는 것이다.

여섯번째, 니간타 나타풋타(Nigaṇṭha Nathāputta)는 자이나교조 마하비라를 불교도들이 부르는 이름이다. 니간타(혹은 Nirgrantha)란 '속박에서 벗어났다'라는 뜻의 당시 종교단체를 말하며, 나타풋타란 나타족 출신의 사람이라는 뜻이다. 자이나교에 대해서는 다음절에서 보다 자세히 설명하기로 한다.

아무튼 기원전 6세기 무렵의 인도는 세계에 대한 다양한 탐구의 목소리들로 넘쳐났던 백가쟁명(百家爭鳴)의 시기였다. 그러나 우리는 불교와

---

8) 《장아함경》 권제14 〈범동경(梵動經)〉; 《장부경전》 〈범망경(梵網經)〉 2.24.

자이나교를 제외한 그 밖의 목소리에 귀 기울이기 어렵다. 그들의 이야기는 너무나 단편적이고 또한 거두절미된 채 폄훼되어 전하기 때문이다.

그들의 궁극적인 관심사는 무엇이었던가? 다만 죽으면 그만이고, 살육과 보시는 죄악도 선행도 아니며, 세계는 원인도 조건도 없이 그저 그렇게 우연적으로 생겨난 것이므로, 또한 이렇다고 말할 수도 없고, 저렇다고 말할 수도 없으며, 그렇지 않다고도, 그렇지 않은 것도 아니다고도 말할 수 없으므로 그저 아무렇게나 되는 대로 살라는 말이었던가? 그렇다면 막칼리 고살라는 무슨 까닭에서 마하비라보다도 엄격한 고행을 하였던 것이며, 어떻게 현자로서 대중들의 존경과 공양을 받을 수 있었을 것인가?

앞서 언급한 《사문과경》에 의하면, 그들은 다 같이 수많은 제자들을 거느린 스승으로서, 지식이 풍부하여 그 명성이 멀리까지 알려졌으며, 마치 큰 바다가 많은 것들을 받아들이듯이 많은 이들로부터 존경과 공양을 받았다고 하며, 이 경 또한 당시 가장 강력하였던 마가다국의 왕 아자타샤트루가 그들을 방문하여 주고받은 진리(인과의 이치)에 대한 문답으로 구성되어 있다.

진실로 그들이 추구하였던 바는 무엇이었던가? 그들은 한결같이 고행을 추구하였다. 자아를 부정함으로써, 설혹 인정한다할시라도 그 작용을 부정함으로써 인간의 의지와, 그에 따른 일체의 욕망과 행위(업)의 가치를 부정하였으며, 나아가 행위에 의해 초래되는 이 세계도, 저 세계도 부정하였다. 그것은 완전한 허무이지만, 허무에 매몰되지 않고 온몸으로 그것을 받아들이는 것은 고행과 다르지 않다. 도리어 이 같은 고행은 자아를 정화하고자 하는 의지적 발로에서 행해지는 자이나교의 고행보다 철저한 것이며, 이런 까닭에 막칼리 고살라는 마하비라와 결별하게 되었던 것이다.

일체의 자의식을 거부하는 그들에게 있어 초월적인 신이나 자아는 물론이거니와 선도 악도, 정진도 노력도 의미가 없다. 따라서 세계 또한 신이나 자아, 혹은 선악의 행위에 의해 드러나는 것이 아니라 다만 정해진 자연의 본성대로 전개될 따름이다.9) 이것이 이른바 불교에서 그들의 교설로 규정하는 무인무연론(無因無緣論)이다. 이러한 점에서 푸라나 캇사파와 파쿠다 캇차야나는 어떤 식으로든 아지비카의 막칼리 고살라와 밀접한 관계를 갖는다고 하는 것이 학계의 정설이다.10)

그렇다면 아지타와 산자야의 경우는 어떠한가? 사실상 불교의 여러 전승에서는 육사외도의 주장이 교착되어 설해지고 있기 때문에 각각의 인물과 그들의 주장을 확정짓기란 매우 어려운 일이다. 남전《사문과경》에서는 아지타의 설로서 단멸론 이외 막칼리 고살라의 주장을 일부 설하고 있으며,《사문과경》의 다른 번역인《적지과경(寂志果經)》에서는 앞서 산자야의 주장을 아지타의 설로, 푸라나의 주장을 산자야의 설로 전하고 있다. 우리는 이러한 전승간의 교착을 어떻게 이해해야 할 것인가?

또 하나, 앞서 차르바카 유물론을 '로카야타'라고도 이름한다 하였는데, 불전에서 로카야타는 대개 교묘한 언사로써 세간을 미혹시키는 궤변론으로 일컬어진다. 그들은 대개 이런 식으로 말한다.: "까마귀는 희다. 왜냐하면 그 뼈가 희기 때문이다. 두루미는 붉다. 왜냐하면 그 피가 붉기 때문이다." 즉 그들은 세계가 존재하는가, 존재하지 않는가? 단일한가, 차별적인가?에 대해 '존재한다고 하면 존재하는 것이고, 존재하지 않는다고 한다면 존재하지 않는 것이다'고 말한다.11)

---

9) '모든 존재는 정해진 운명에 따라 전개하여 6취 중 어딘가에서 괴로움과 즐거움을 경험하게 된다.'(niyati saṅgati bhāva parināma chalābhijāti,《장부경전》Ⅱ.〈사문과경〉; 定分相續轉變受苦樂六趣《잡아함경》제155경)
10) A. L, Basham, *History and Doctrines of THE ĀJĪVIKAS*, (Montiral Banarsidass, Delhi, 1981), pp.17~18; Benjamin Walker, ed., *Hindu World*, vol.Ⅱ, (George & Unwin, London), p.22.
11)《상응부경전》12. 제48경.; 앞서 언급한《적지과경》에서 아지타도 역시 이 같은

아무튼 아지타와 산자야 역시 어떤 식으로든 서로 관계하고 있는 것만은 분명하다. 추측해 보자면 인간의 지식이 물질적 현상이라고 보는 한, 지식 그 자체는 어떠한 타당성도 지니지 않는다고 해야 할 것이다.

그렇다면 그들이 추구하였든 바는 그것이 전부인가? 자이나교의 전승에 따르면, 행위(도덕)부정론자든 불가지론자든 궁극적으로 지복의 해탈을 추구하였다.[12] 그것은 바라문이든 사문이든 당시 수행자들의 궁극적 가치였다. 즉 불가지론자 역시 고행을 통해 해탈에 이르려 하였다. 왜냐하면 지식은 어떠한 타당성도 갖지 않기 때문이다.

당시 고행은 무아론자이든, 유아론자이든 사문종교의 일반적 경향이었다. 쾌락이 세속의 일이었다면 고행은 출가자들의 일이었다. 불타가 고행자들이 머무는 숲을 찾아갔던 것은 우연이 아니며, 쾌락과 고행을 지양하여 중도를 설파한 것 역시 이러한 시대적 배경에 근거한 것이다.

이제 우리는 무한한 지식과 힘과 지복의 자아를 주장한다는 점에서 이들과는 다를지라도 역시 고행을 절대적으로 강조하는 자이나교의 철학을 통해 고행의 이론적 근거를 좀더 명확히 알아 볼 수 있을 것이다.

3. 자이나교의 고행의 윤리

1) 개조 마하비라

자이나(Jaina)란 말 그대로 '영적인 승리자(Jina)의 가르침을 따르는 무

형태로 설하고 있다.: "후세가 있냐고 물으면 있다고 할 것이고, 없냐고 물으면 없다고 말할 것이다."
12) 《수트라크리탕가(Sutrakritanga)》 II. 2. 79.

리'라는 뜻이다. 영적인 승리자인 지나는 일반적으로 '위대한 영웅'이라는 뜻의 마하비라(Mahāvīra)로 일컬어진다. 대웅전(大雄殿)의 '대웅'이 바로 그 이름이다. 물론 불교에서의 대웅은 불타를 가리키지만, 당시 위대한 영적 각성자들은 호칭을 공유하였다. 마하비라 역시 불타 혹은 아라한(Arhat)로 불리기도 하며, 불타 또한 바가바트(Bhagavat, 世尊)로 불리기도 하는 것이다.

마하비라의 본명은 바르다마나(Vardhamāna)이다. 그는 불타와 거의 동시대에 살았으며, 그의 가계나 행적은 불타와 매우 유사하여 초기 서구의 인도학자들은 둘을 동일 인물로 간주하기도 하였다. 그는 기원전 6세기 무렵 쿤다그라마(오늘날 비하르주 파트나 부근)에서 태어났으며, 그의 아버지는 크샤트리야의 왕으로서 이름은 싯다르타였다. 그의 어머니 트리샬라는 릿차비 왕 체타카의 누이로, 전설에 따르면 그녀는 흰 코끼리를 비롯한 14가지 태몽을 꾸었는데, 그것은 태어날 아이가 전륜성왕이 되거나 티르탕카라(Tīrthaṅkara, 생사의 여울을 건넌 자, 혹은 건너게 하는 자) 즉 구세주가 되는 것을 암시하는 것이었다.

소년시절 그는 그의 무리들 가운데 가장 힘이 세었고 인내심이 강하였으며, 아름다운 몸과 마음씨를 지녔다고 한다. 보다 온건한 분파인 백의파(白衣派)의 전승에 따르면, 그는 카운딘야종족 출신인 야쇼다(Yaśodā)와 결혼하여 아누자(Anujā)라는 딸을 얻었지만, 보다 엄격한 분파인 공의파(空衣派)의 전승에 따르면 결혼은 물론 일체의 세속적 쾌락을 버렸으며, 이미 여덟 살 때부터 재가자의 계율을 지켰다고 한다. 28세 때 부모가 돌아가자 출가하여 파르슈바(parśva) 추종자가 되었다.

자이나교 전통에 따르면, 자이나교는 마하비라에 의해 시작된 것이 아니라 이미 아득한 옛날 티르탕카라에 의해 시작되었고, 파르슈바와 마하비라는 각기 23번째와 24번째 티르탕카라이다. 그래서 자이나교도들은 자신들의 종교야말로 인도에서 가장 오랜 전통을 갖는다고 믿고 있다. 실제 파르슈바는 마하비라보다 250년 앞서 살았던 역사적 인물로 인정되고 있으며, 그가 설하였다는 경전도 현존한다.

앞서 언급하였듯이 불교에서는 그를 니간타 나타풋타로 부르고 있는데, 이는 바로 그가 니간타(혹은 Nirgrantha) 즉 업의 속박에서 벗어나려는 파르슈바의 추종자로서, 나타(혹은 Nāya)족의 아들이라는 뜻이다.

그는 철저한 무소유자로서 한 곳에서 하루 이상, 한 마을에서 닷새 이상을 머물지 않았으며, 출가한 지 13달 이후부터는 나행(裸行)을 지켰다. 2년째 되던 해 막칼리 고살라를 만나 6년을 함께 수행하였으나 견해차이로 헤어지게 되었다. 그러나 그로부터 얼마 후 막칼리 고살라는 지나(Jina)가 되었음을 선포하였고, 아지비카교의 세번째 스승이 되었다.

그 또한 출가한 지 13년째 되던 해, 즈림바카그라마라고 하는 마을 근방의 사라나무 아래에서 완전한 지혜(kevala jñāna)를 획득하였다. 마침내 일체의 속박과 고통으로부터 해탈하였으며, 지나로서 24번째의 티르탕카라가 되었다. 앞서 육사외도를 전하고 있는 《사문과경》에서도 그를 다만 '모든 지혜와 모든 통찰(見)을 갖춘 이로서, 모든 것을 알고 깨달아 언제 어디서나 지혜가 구현되는 이'로 묘사하고 있다.

이후 30년 간 우기 동안의 안거(安居)를 제외하고는 마가다, 코살라, 참파 등지를 돌아다니며 그의 복음을 전하다가 72세 때 파파(오늘날 파트나 근교 파바푸리)에서 입멸하였다. 그가 입멸한 후, 교단은 완전한 무소유의 나행을 주장하는 공의파(空衣派, Digambara)와, 마하비라의 나행은 다만 무소유의 한 사례였을 뿐 중요한 것은 해탈에 필요한 내면적인 성취라고 주장한 백의파(白衣派, Śvetāmbara)로 분열하였다. 분열의 원인은 옷이었지만, 여기에는 여인도 출가하여 티르탕카라가 될 수 있는가? 하는 문제가 결부되어 있었다.

그리고 교단이 분열함에 따라 마하비라의 말씀 또한 다르게 전해져 왔다. 백의파의 전승에 따르면 원래 마하비라의 가르침은 14가지 푸르바(pūrva)에 포함되어 그의 직제자들에게 전해졌지만 대부분 망실하였고, 오직 한 명만이 이를 전승하였다. 그렇게 6대를 내려오다가 마하비라 입멸 후 200년 무렵(마우리야왕조의 찬드라굽타 시대), 마가다지방에 대 기근이 들어 당시 교단의 수장이었던 바드라바후(Bhadrabāhu)가 대중들을 이끌고 남인도로 이주하였다.

그렇지만 14가지 푸르바를 모두 전승한 최후의 일인이었던 스툴라바드라(Sthūlabhadra)는 잔류하여 교단의 수장이 되었고, 혼란의 시기 성전에 관한 지식이 소실될까 염려한 나머지 파탈리푸트라에서 경전편찬회의를 개최하여 12앙가(Aṅga)를 결집하였다. 앙가란 자이나교라는 몸체의 사지(支)라는 뜻이다.

그러나 그 뒤 바드라바후의 교도들이 돌아와 의복의 착용문제로 교단이 분열됨에 따라 그들은 이를 성전으로 인정하기를 거부하였다. 그리고 시간이 지남에 따라 이마저 뒤섞이고 산실될 위기에 처하자 5세기 중엽 구자라트지방의 발라비에서 다시 경전편찬회의를 열어 11권의 앙가와 12가지 우파앙가(upāṅga, 부수적인 앙가) 등 41종류의 정경(正經)을 확정하였다.

이들 정경에 대해서는 수많은 주석과 철학적 저술들이 작성되지만, 그 중에서 가장 유명한 것은 일찍이 우마스바티(Umāsvāti, 3세기 초)에 의해 저술된 《탓트바르타디가마 수트라(Tattvārthādhigama Sūtra)》이다. '진리 요체의 증득에 관한 경'이라는 뜻의 이 책은 백의파와 공의파 모두가 그 권위를 인정하는 것으로, 하루에 한 번 이를 독송하면 하루 단식하는 것과 그 공덕이 같다고 말할 정도로 존중받는, 자이나교 철학의 가장 대표적인 요강서(要綱書)이다. 이 책에서의 내용도 거의 다 여기에 근거한 것이다.

2) 상대주의 지식론

《탓트바르타디가마 수트라》는 다음과 같은 말로 시작하고 있다.

> 올바른 통찰과 올바른 지식, 그리고 올바른 실천, 이것이 해탈에 이르는 길이다. 올바른 통찰이란 진리의 요체에 대한 믿음이며, 믿음은 직관 혹은 인식에 의해 획득되어진다.[13]

마하비라에 의해 일깨워졌던 자이나교의 비전은 무엇인가? 그는 무엇을 어떻게 보았던 것인가? 그는 완전한 지혜의 구현자였다. 그는 어떠한 장애도, 어떠한 속박도 갖지 않는 영혼의 빛만으로 세계를 통찰하였다.[14]

그러나 우리네 범속한 이들은 그렇지 못하다. 우리는 의식과 감관을 통하여 우리에게 보여진 세계만을, 그것도 살아온 방식대로 받아들이며, 그것을 진실이라고 믿는다. 마치 장님이 코끼리를 만지고서 벽이라 하고, 부채라고 하며, 나무둥치, 밧줄이라고 하듯이 우리 역시 사물을 부분적이고도 제한적으로밖에 볼 수 없다. 그것은 우리의 영혼이 물질적 영향에 속박되어 있으며, 모든 사물은 다양한 측면의 성격을 갖기 때문에 어떤 대상에 대한 우리의 인식은 언제나 특정의 관점과 상황에 한정될 수밖에 없다는 것이 그들의 생각이었다.

또한 그에 따라 우리의 판단 역시 편파적일 수밖에 없다. 그것이 설사 무지는 아니라 할지라도 필경 불완전한 지식이 분명함에도 그것을 알지

---

13) 《탓트바르타디가마 수트라》 I. 1-3.
14) 여기서 '영혼(jīva)'이란 자아로도 대체될 수 있고, 또한 앞에서는 실제 그렇게 사용하였지만, 자이나교의 경우 뉘앙스상 이 말이 적합하다고 생각되어 이하 계속하여 영혼이라는 말을 사용하였다. 《우파니샤드》상에서는 대개 아트만이 절대적 우주적 자아라면, 지바는 개별적인 자아, 경험을 통해 드러나는 현실의 자아를 가리킨다.

못함으로써 독단적이고 배타적인 삶을 영위하게 되는 것이 우리의 현실이다. 구태여 예를 들 필요도 없을 것이다. 어떤 영화를 보고서 어떤 이는 '재미있었다'고 하고, 또 어떤 이는 '재미없었다'고 하였다면, 혹은 '배우들의 연기가 좋았다'거나 '배경음악이 좋았다'고 하였다면, 그것은 결국 자신의 주관에 따른 편파적인 판단일 수밖에 없는 것이다.

자이나교에 따르면 모든 사물은 그것이 어떻다는 긍정적인 성질(혹은 속성)과 어떠하지 않다는 부정적인 성질 등 무수한 성질을 지니며, 또한 다른 사물과의 무수한 관계 가운데 존재하는데, 이를 부정주의(不定主義) 혹은 다원주의(anekānta vāda)라고 한다. 때문에 그것들은 보는 관점(naya)에 따라 다르게 파악될 수밖에 없으며, 따라서 그에 대한 판단을 내릴 때에는 '아마도' '어쩌면' '어떤 관점에서 본다면'이라고 하는 상대적인 개연성을 배제해서는 안 된다. 이를 관점주의(naya vāda), 상대주의(syād vāda)라고 한다.

자이나교 전통에서는 고래로 다음의 일곱 가지 관점이 고려되고 있다.
① 어쩌면 그럴 것이다.
② 어쩌면 그렇지 않을 것이다.
③ 어쩌면 그렇든지, 그렇지 않을 것이다.
④ 어쩌면 말할 수 없을 것이다.
⑤ 어쩌면 그렇든지, 말할 수 없을 것이다.
⑥ 어쩌면 그렇지 않든지, 말할 수 없을 것이다.
⑦ 어쩌면 그렇든지, 그렇지 않든지, 말할 수 없을 것이다.

이러한 자이나교의 상대주의는 나의 지식만이, 나의 철학과 종교만이 진실이라고 하는 독단과, 상대방에 대한 배타성을 반성하게 한다는 점에서 경청할 만하지만, 그것 자체가 절대적인 것은 아니라 할지라도 또 다른 절대를 전제로 한다. 즉 '코끼리는 벽이다'고 하는 판단이 제한적이고 부분적인 것이라고 한다면, 그래서 그러한 판단에는 반드시 '어떤 관점에서 본다면'이라는 조건이 수반되어야 한다면, 이는 이미 전체(절대)로서의 코끼리, 눈뜬 이의 판단이 전제된 것이다.

그렇다. 그들은 영혼이 물질적 영향을 얼마만큼 받고 있는가에 따라 지식의 상대성이 증감한다고 생각한다. 마치 먹장구름에 가려진 태양의 빛과 엷은 솜털구름에 가려진 태양의 빛은 그 광도가 다르듯이, 물질적 탐욕에 휩싸인 이의 지식과 고결한 정신의 소유자가 갖는 지식 또한 다르다. 그리고 궁극적으로 해탈자의 영혼은, 어떠한 구름에도 가려지지 않은 태양처럼 그 어떤 것―시간과 공간, 나아가 일체의 물질적 조건에 제한되지 않고서 다만 그 자체로서 빛날 뿐이다.

이에 따라 그들은 지식을 두 가지 유형의 다섯 종류로 구분한다. 우리로서는 참으로 이해하기 어려운 일이지만, 감각기관이나 마음을 매개로 하여 알려지는 지식을 간접지라 하고, 그러한 매개 없이 영혼에 의해 즉각적으로 알려지는 지식을 직접지라고 한다. 그리고 당연히 직접지를 보다 높은 단계의 지식이라 여긴다. 즉 부분적이고 불완전한 인식수단인 감각기관은 어떤 식으로든 영혼의 전지성을 은폐하기 때문에, 대개의 사람들이 인식의 필수조건이라 생각하는 이것을 완전한 지식의 장애물로 생각하는 것이다.

간접지에는 다시 감각기관과 마음을 통해 획득되는 지각이나 추리 혹은 기억 등의 감관지(感官知)와, 이에 기초하여 믿을 만한 사람이나 경전의 말씀을 통해 얻어지는 성전지(聖典知)가 있다. 직접지에는 초감각적 지식, 이를테면 너무 멀리 있거나 너무 미세하여 눈으로 직접 볼 수 없는 사물에 대한 지식인 직관지(直觀知)와, 다른 사람의 마음을 아는 타심지(他心知), 그리고 태양처럼 어떠한 장애도 없이 영혼 그 자체로서 대상을 드러내는 지식인 완전지(完全知)가 있다.

앞서 말하였듯이 이러한 구분은 영혼에 침투하고 있는 물질적 영향력에 의한 것으로, 뒤의 것일수록 좀더 순화된 영혼의 지식이며, 완전지(kevala jñāna)는 말 그대로 물질적 제약으로부터 완전히 벗어난 상태의 영혼을 말한다.

그렇다면 자이나교에서 말하는 영혼이란 무엇이며, 어떻게 물질에 속박되고, 또한 해방된다는 것인가? 궁극적으로 지식의 대상은 무엇인가?

3) 영혼의 속박과 해방

자이나교에서는 세계를 생명의 실체인 영혼(jīva)과 생명을 갖지 않는 실체인 비영혼(ajīva), 이를테면 운동의 조건과 정지의 조건, 허공, 그리고 물질로 해석한다. 이것들은 모두 실체로서 초월적인 존재가 아니라 세계 안에서 경험된다. 실체란 속성의 토대이다. 그러나 양자는 불가분의 관계를 갖는다. 실체는 속성을 통해 드러나며, 속성 또한 실체 없이 존재할 수 없다. 그러나 실체는 영원하지만, 속성에는 변화하지 않는 본연적 속성도 있고, 변화하는 우연적 속성도 있다.

인식(혹은 지식)이 영혼의 본연적 속성이라면, 욕망이나 쾌락 등은 우연적 속성이다. 혹은 물과 물의 본연적 속성인 습윤성은 불변이지만, 맑음이나 흐림은 우연적 속성으로 이를 통해 변화가 초래된다. 어제 사랑하였다가 오늘 미워하는 경우, 그것은 '나' 자체가 변화한 것이 아니라 '나'의 속성인 사랑이 미움으로 변화한 것으로, 이같이 변화하는 속성을 양태(paryāya)라고 한다.15) 곧 세계의 변화는 실체의 변화가 아니라 양태와 그 관계의 변화일 뿐이며 세계의 차별 역시 그러하다.

이제 좀더 구체적으로 이야기해 보자.

---

15) 《탓트바르타디가마 수트라》 V.38; 41-42.

먼저 영혼. 그들의 영혼관은 매우 유니크하다. 우리는 영혼의 존재를 어떻게 아는가? 그것은 생명이다.16) 살아 있는 모든 존재는 영혼을 지닌다. 영혼의 가장 본질적 속성은 인식(upayoga)이다.17) 사람도 세계를 인식하며, 개도 역시 인식한다. 양자의 차이는 무엇인가? 어제의 세계는 기쁨이었고, 오늘의 세계는 슬픔일 때 양자의 차이는 무엇인가?

영혼에는 물질적인 힘의 영향으로부터 해방된 영혼도 있고, 속박된 영혼도 있으며, 움직이는 것의 영혼도 있고, 움직이지 않는 것의 영혼도 있다. 하나의 감각기관만을 갖는 영혼도 있고, 두 가지, 세 가지, 혹은 마음을 포함하여 여섯 가지 감각기관 모두를 갖는 것도 있다. 자이나교에 따르면 움직이지 않고 하나의 감관(즉 촉각)만을 갖는 것은 식물이다.18) 그리고 앞서 언급하였듯이 속성이나 물질의 침투 정도가 다를 뿐 식물이나 동물이나 인간의 영혼은 모두 본질적으로 동일한 실체이다.

좀더 생각해 보자. 식물은 하나의 영혼만을 지니는가? 그러나 그것은 꺾꽂이로도 번식하기 때문에 수많은 영혼을 지닌다고 할 수 있다. 그렇다면 그 모든 영혼들은 다만 지금 구체적으로 드러난 식물에만 존재하는가? 죽고 난 식물들의 영혼은 어디에 존재하는가? 영혼이 실체인 이상 사멸하는 일은 없다.

오늘날 식물은 물론이거니와 동물의 체세포를 이용하여 새로운 생명을 탄생시킨다고 할 때, 만약 생명현상이 차르바카의 경우처럼 단순한 물질현상이 아니라고 한다면, 그 많은 생명은 어디에 존재하는 것일까? 상상

---

16) 전통적으로 영혼 즉 jīva라는 말은 명(命)으로 한역(漢譯)되고 있다.
17) 《탓트바르타디가마 수트라》 II. 8. upayoga란 자이나교의 특수한 술어로, 생명현상에 존재하는 정신작용을 말한다. 보통 attension, consciousness, attentiveness로 영역된다.
18) 식물에도 영혼이 있는가? 오늘날 몇몇 화훼농가에서는 화초에게 음악을 들려 주고서 보다 고품질의 화훼를 생산한다고 하는데, 이는 과학적인 설득력이 있는 것인가?

할 수도 없을 만큼 많은 그것들은 너무나 미세하여 결코 지각할 수 없지만, 온 세계 속에 퍼져 있다고 하지 않으면 안 된다. 자이나교에서는 이것을 니고다(nigoda)라 하는데, 그들에 따르면 온 우주는 가득 찬 영혼으로 맥박치고 있다. 그것이 설사 돌덩이라 할지라도 결코 예외가 될 수 없다. 그리고 영혼은 실체로서 식물이든 곤충이든 짐승이든 인간이든, 혹은 니고다이든 그 자체로서는 어떠한 차별도 없다. 이것이 그들의 영혼관이다.

다음으로 운동과 정지의 조건. 인도철학 일반에서 다르마(dharma)는 공덕을, 아다르마(adharma)는 죄과를 의미하지만, 자이나교에서는 이를 운동의 조건과 정지의 조건으로 이해한다. 그러나 공덕이 그러하듯이 이 역시 세계를 구성하는 수많은 사물(영혼과 물질)들의 질서와 조화를 유지하는 원리이다.

즉 물고기의 운동은 물고기에 속한 것이지만, 물이라는 조건 없이 결코 운동할 수 없는 것처럼 세계내의 운동을 해명하기 위해 이 같은 존재가 설정되지 않으면 안 된다는 것이다. 그렇다고 이것이 공간과 같은 것이라는 말은 아니다. 공간은, 운동과 정지의 조건을 포함하여 영혼과 물질 등 연장을 갖는 모든 실체에 장소를 부여하는 원리이다.

운동과 정지의 조건 및 공간은 다 같이 분할될 수 없고, 무한 영원하며, 지각할 수 없는 것이지만, 현실에서 경험하는 운동과 정지, 그리고 연장으로부터 추리된 것이다. 그러나 연장의 경우 운동이 바로 운동의 조건은 아니듯이, 연장이 바로 공간은 아니다. 자이나교에 따르면 연장을 갖지 않는 초월적 공간도 존재하기 때문이다.

참고로 이와 유사하게 시간 또한 사물의 변화와 지속의 원리로 설정될 수 있지만, 그것을 실체로 인정하는 학파도 있고, 인정하지 않는 학파도 있다. 실체로 간주할 경우 시간은 연장을 갖지 않고 분할할 수 없는 단일한 존재이지만, 경험세계 속에서의 시간은 사물의 변화를 통해 각각의 단위로 나누어진다.

마지막으로 흔히 물질로 번역되는 푸드가라(pudgala). 푸드가라란 '함께 오다'는 뜻의 pum과 '흩어지다'는 의미의 gala의 합성어로서, 원자의 집합과 해체를 통해 드러나는 색·맛·냄새 등의 감각적 대상을 말하며, 나아가 세계에 대한 경험을 가능하게 하는 감각기관, 신체, 그리고 마음조차도 원자로 이루어져 있다고 그들은 생각하였다. 그래서 그들은 마음이나 감관을 통한 지식(즉 감관지)을 불완전한 지식이라고 여겼던 것이다. 그것은 도리어 색안경과 같은 것이어서 영혼의 빛을 은폐할 뿐이다.

자이나교에서는 영혼과 공간을 제외한 세계의 모든 것은 물질로부터 생겨났다고 말한다. 세계의 변화와 차별은 결국 원자들의 이합집산에 따른 것이다. 따라서 우리가 경험하는 일체의 세계는 물질의 소산이며, 업(행위) 역시 예외가 아니다.

일반적으로 인도에서 업은 심리적 윤리적 성격을 지니는 것이지만, 자이나교의 경우 물질적(혹은 물리적) 성격으로 이해한다는 점에서 매우 특이하다. 물론 그들이 업의 윤리적 성격을 부정하는 것은 절대 아니지만, 일차적으로는 물질현상으로 간주한다. 즉 업이란 영혼이 신체와 언어와 의식을 통해 물질세계와 접촉함으로써 우주에 편재한 미세한 물질의 입자가 영혼에 스며든 것으로, 이에 따라 영혼 본연의 속성인 무한한 통찰력과 지식, 무한한 환희, 무한한 힘이 속박된다. 마치 구름이 태양을 가리고, 먼지가 거울에 달라붙어 그 빛과 청정함을 장애하듯이, 하얀 경단에 떡고물이 묻어 그 본성을 장애하듯이 업의 물질 역시 그러하다는 것이다.

우주에 편재한 업의 물질은 그 자체로서는 구별될 수 없지만, 그것을 어떻게 받아들이는가에 따라 업의 성격과 업이 초래하는 결과는 달라진다. 특히 독단과 같은 그릇된 지식에서 비롯되는 탐욕이나 분노, 격정 등을 통한 업의 유입은 영혼을 보다 견고하게 장애하며, 그에 따라 또 다른 업을 짓게 됨으로써 영혼은 더욱 더 속박된다. 그리고 죽음의 순간 이러한 업물질은 영혼을 또 다른 세계로 인도한다. 이렇듯 세상의 온갖 종류의 육화된 영혼은 모두 업의 결과이다.

그렇다면 본래 청정하고 완전한 지혜의 상태인 영혼이 태초 어떻게 업을 일으키게 되었으며, 반복되는 생사윤회에 속박 당하게 되었던 것인가? ─'신은 왜 세계를 창조하였으며, 어머니는 왜 날 낳으셨던가?' 사실상 어떠한 철학 종교에서도 이 같은 종류의 물음에 대해 자신의 입장을 명백히 밝히기란 어려운 일이다. 특히 그들의 지식을 경험세계에서 구하는 초기불교나 자이나교의 경우, 특히 그러할 것이다.[19]

다만 말할 수 있는 것은 지금 자유롭지 못하다는 사실이고, 그것은 업에 속박되어 있기 때문이며, 따라서 업으로부터 벗어나야 한다는 사실이다. 중요한 것은, 예컨대 광산에 금이 어떠한 이유에서 잡석과 섞여 있게 된 것인가? 하는 점이 아니라, 분명 잡석 속에 금이 감추어져 있으며, 그것을 어떻게 추출할 것인가? 하는 점이다.

이제 그 답은 분명해졌다. 진정 업으로 말미암아 우리가 속박의 상태에 놓이게 되었다면, 무엇보다 먼저 영혼을 속박하는 염오(染汚)하고도 거친 업은 더 이상 짓지 말아야 할 것이며, 또한 이미 영혼을 속박하고 있는 업의 물질은 소멸해야 할 것이다. 그렇다면 무엇이 염오하고 거친 업인가?

첫째는 살아 있는 것을 해치는 것이다. 살아 있는 모든 존재는 다만 업과 그 양태의 차이만이 있을 뿐 동일한 무게의 영혼을 지닌다. 이것은 자이나교에서의 최고의 통찰이다. 따라서 살아 있는 것을 해치지 않는 불살

---

[19] 대승불교 여래장(《대승기신론》)사상에서는 '무명'에 의한 것이라 하였고, 베단타의 상캬라는 '마야(māyā)'에 의한 것이라 하였다. 양자 모두 현상세계의 동인이므로 주객분별의 인식으로는 그 시원을 알 수 없다. 본서 제10장 주12) 참조.

해(不傷害) 즉 아힘사(ahiṁsa)야말로 자이나교 수행도의 기초가 된다.

　인도의 거의 모든 철학과 종교가 불상해를 그들 수행도의 첫번째 덕목으로 꼽지만, 자이나교의 경우는 특별하다. 그들은 어떠한 종류의 살상도 금하며 육식도 허용하지 않는다. 사냥이나 고기잡이는 물론이고, 필연적으로 살아 있는 것을 해치게 될 농사마저 포기하였다. 수많은 미생물들이 살아 꿈틀거리는 술과 꿀도 금기시 되었다. 출가자의 경우는 더욱 철저하여 우기에는 바깥 나들이를 삼가하였으며(불교의 安居는 여기에 유래한다), 땅을 파서도 안 된다. 물도 걸러서 마시고, 길을 걸을 때에도 조심하였으며, 공중의 생명체를 들이마시지 않기 위해 마스크를 쓰기도 한다. 그것은 살아 있는 것에 대한 연민 때문이 아니라 생명에 대한 절대적 존중 때문이었다.

　둘째는 거짓말하는 것, 셋째는 남의 물건을 훔치는 것, 넷째는 성적인 행위, 다섯째는 소유에 대해 집착하는 것이 염오한 업이다. 따라서 그들은 불상해와 더불어 진실만을 말하고, 남의 것(부적절한 이윤추구를 포함하여)을 취하지 않으며, 성적인 청정, 그리고 소유에 대한 무집착, 혹은 무소유를 최고의 종교적 가치로 여겼다(이를 5대 誓願이라고 한다). 이 밖에도 신체적 언어적 의식적 행위의 제어, 일상거지에 있어 조심, 인내 · 겸손 · 청결 · 만족 · 자제 · 포기 등의 준수, 명상, 고난의 극복, 선행 등이 강조되었다.

　그리고 이미 영혼을 속박하고 있는 업물질을 소멸하기 위해서는 고행이 필요하였다. 고행(tapas)은 말 그대로 열(熱)의 의미를 갖기 때문에 업물질을 소진하는데 가장 유효한 방식으로 간주되었다. 그것은 마치 망고 열매가 날이 더워지면 빨리 익어 떨어지는 것과 같다. 그러나 고행이라고 하였지만, 우리가 상상하는 것처럼 불로 몸을 지지거나 칼로 찌르는 등 몸을 학대하는 것은 결코 아니다.

고행에는 내적 고행과 외적 고행 두 가지가 있다. 단식과 감식(減食), 혹은 음식의 제한이나 맛있는 음식의 거부, 독거(獨居), 신체적 난행(難行), 이를테면 특정의 자세를 취하거나 맨몸으로 더위와 추위를 감당하는 것 등이 외적 고행이라면, 참회·티르탕카라에 대한 예배·봉사·경전의 학습·명상 등이 내적 고행이다.[20] 여기에는 다시 세부적인 행법들이 열거되지만 고행은 궁극적으로 영혼의 정화를 위한 것이었다.

업의 속박으로부터 완전히 벗어난 영혼은 완전지(完全知)를 구현한 해탈자의 그것으로, 무한한 힘, 무한한 지식, 무한한 지복으로만 묘사될 뿐 어떤 차별적 양태도 갖지 않는다. 따라서 더 이상 윤회하지 않는다. 탄생과 죽음은 영혼의 양태일 뿐 본질적 속성이 아니기 때문이다. 그래서 단식을 통해 죽음에 이르기도 하지만, 그것은 삶(영혼)의 진정한 해방이기에 거룩한 행위로 간주된다.

자이나교와 불교는 다 같이 신의 존재를 믿지 않으며, 업의 법칙상 구원은 오로지 자신의 노력에 의해서만 가능하다. 티르탕카라에 대해 예배하는 것은 그에 의해 구원되기를 바래서가 아니라 해탈한 영혼의 완전성을 상기하기 위함이다.

불교도 그러하지만, 자이나교의 철학은 궁극적으로 업의 해명에 그 초점이 맞춰져 있다. 업은 어떻게 산출되고, 어떠한 형식으로 영혼을 속박하며, 그 같은 업의 속박으로부터 벗어나기 위한 방법은 무엇인가? 자이나교 철학의 중심개념은 영혼과 물질이며, 양자의 연결고리가 업이었다. 곧 영혼(jīva)과 비영혼(ajīva), 업물질의 유입(āsrava)과 속박(bandha), 억제(saṁvara)와 소멸(nirjarā), 그리고 해탈(mokṣa), 이것이 자이나교에서 말하는 진리의 요체(tattva artha)이다. 바로 이에 대한 올바른 통찰(믿음)

---

20) 《탓트바르타디가마 수트라》 IX. 18-19.

과 지혜, 그리고 올바른 실천에 의해 해탈은 성취된다.

자이나교의 윤리는 필경 불교의 그것보다 더 엄격하다. 어떠한 쾌락도 허용하지 않으며, 불교와는 달리 무의식적으로 행해진 행위조차 결과를 초래하기 때문에 의식적이든 무의식적이든 서원의 준수는 절대적인 것이었다. 따라서 그들을 결코 숙명론이라 할 수 없다.

우리는 대개 자이나교를 업에 의한 숙명론(宿作因說)으로 여기고, 모든 것이 지난 생에 결정된 것이라면 현재 노력도 정진도 무의미하다고 비판한다. 그러나 불교의 업설이 그러하듯이 업은 항상 현재의 몫이다. 업의 과보는 결코 피할 수 없지만, 그것이 다시 미래의 존재까지 결정짓는 것은 아니다. 미래는 항상 현재의 행위에 따라 결정되며, 인간의 행위는 그것이 선이든 악이든 항상 현재의 의지에 따라 일어난다. 업은 항상 창조적이다.

당시 인도철학상에서 보다 치명적인 논란은 불교의 무아설(無我說)에 있었다. 자아를 부정하는 경우, 필경 업을 부정하고, 업의 과보, 나아가 윤회마저 부정하지 않으면 안 된다. 육사외도에서 살펴보았듯이 그것은 이론의 정형이다.

그러나 붓타는 무아를 주장하였지만 결코 업부정론자가 아니었으며, 무상을 설하였으나 결코 허무론자 즉 단멸론자(斷滅論者)가 아니었다. 이것이 불교철학의 가장 큰 특징으로, 이에 따를 경우 막칼리 고살라 등은 무인무연론이 아닌 업부정론자로, 마하비라는 숙작인론자가 아닌 유아론자로 비판되어야 한다.

이제 장을 바꾸어 붓타는 어떠한 근거에서 무아와 무상을 설하였으면서도 업을 주장하고 업의 상속을 주장하게 되었는지에 대해 이야기해 보기로 하자.

제 2부

인도의 불교철학

제5장 초기불교
-세계는 경험된 것이며, 자아란 그 같은
경험을 통해 드러나는 가설적 존재이다-

1. 불타의 생애

불타(佛陀, Buddha), 그는 누구인가? 불타는 '깨달은 자(覺者)'란 뜻이다. 우리에게는 '부처' 혹은 그 존칭어인 '부처님'이란 말이 더 친숙하다. 혹은 '진리로서 온 자'라는 뜻의 여래(如來, tathāgata), '마땅히 공양을 받을 만한 이'라는 뜻의 응공(應供, arhat), '바르고 원만한 깨달음을 얻은 자'라는 뜻의 정변지(正遍知, samyak saṃbuddha), '위없이 높은 이'라는 뜻의 무상사(無上士, anuttara), '세상에서 존귀한 분'이라는 뜻의 세존(世尊, bhagavat) 등으로 불려지기도 한다.

그의 본명은 고타마 싯다르타(Gotama Siddhartha)로, 샤캬(Śākya, 釋迦) 족 출신이다. 그래서 '샤캬족의 성자'라는 뜻에서 샤캬무니(Śākyamuni) 즉 석가모니(釋迦牟尼)로 불리기도 한다. 그의 생애를 전하는 이른바 불전문학(佛傳文學)은 모두 불타가 입멸한 후 수백 년이 지나 성립한 것으로, 그를 초인간적으로 묘사하기 위해 신화적으로 각색된 부분이 많아 그의 생애를 사실 그대로 묘사하기란 거의 불가능하다고 할 수 있다.

그러나 한편으로 생각하면, 비록 역사적 사실이 아니라 할지라도 그것들은 모두 불타에 대한 불교도들의 염원에서 비롯된 것이기에 불교이해의 새로운 단초를 제공한다. 역사상 그 대표적인 경우가 대승불교였다. 불전문학은 대승불교의 성립과 밀접한 연관이 있다. 이제 바야흐로 오로지 '사실'에 입각하여 불타의 생애에서 신화적 요소를 배제할 것이 아니라 마땅히 해석되지 않으면 안 된다. 신화가 해석되면 사상이 되고, 철학이 되기 때문이다.

불타의 일생은 간단히 탄생·출가·성도·입멸이라는 네 장면으로 나눌 수 있다.

첫번째 탄생 : 그는 기원전 6세기 무렵, 히말라야 산록의 소국 카필라바스투의 왕이었던 숫도다나(淨飯王)와 마야부인 사이에서 태어났다. 남전(南傳)에 의하면 베사카달(4~5월) 보름이지만, 북전(北傳)에 의하면 음력 4월 8일이다. 마야부인이 해산하기 위해 친정인 코올리로 가는 도중 룸비니(오늘날 네팔 남부 타라이지방)라는 곳의 아쇼카나무 밑에서 오른쪽 옆구리로 태어났다고 한다.

그는 태어나자마자 일곱 발자국을 걸으며, '천상천하유아독존(天上天下唯我獨尊)'을 외쳤다. 하늘이 범천(梵天)들이 우담발라 꽃비를 뿌렸고, 용들이 그를 목욕시키기도 하였다. 탄생 직후 아시타라는 선인이 그의 관상을 보고서 출가한다면 대각자가 될 것이고, 세속에 남을 경우 전륜성왕이 될 것이라고 예언하였다. 그는 그들만이 갖는 특이한 모습, 이른바 32상(相) 80종호(種好)를 지녔기 때문이었다.

그는 어째서 그러한 상을 갖게 되었던가? 그것은 전생의 수행의 결과였다. 불전(佛傳)에서는 말하고 있다. '전생에 수행이 없었다면 어찌 6년의 수행만으로 대각자가 될 수 있었을 것인가?' 이에 따르면, 3아승지겁 100겁(혹은 91겁) 전에 선혜(善慧)라는 한 바라문이 있었는데, 세상의 무상함을 관찰하고 출가하였다. 설산에 들어가 선정을 닦아 열반에 들려고 할 때, 연등불(燃燈佛)이 출현하여 세상을 교화하는 것을 보고 불타가 되기로 서원하였다. 그 후 연등불로부터 미래세에 불타가 될 것이라는 기별(記別)을 받고, 이후 보살로서 이루 헤아릴 수 없는 생에 걸쳐 보시(布施)·지계(持戒)·인욕(忍辱)의 바라밀을 닦았다. 그리고 그 결과, 다음 생에 부처의 지위에 오를 수 있는 보살로서 도솔천에 태어나게 되었고, 마침내 이 생에 카필라왕궁에 태어나 6년 수행을 통해 불타가 될 수 있었다고 한다.

《자타카(Jātaka)》 즉 《본생담(本生譚)》이라 불리는 경은 바로 불타가 이루 헤아릴 수 없는 과거의 생 동안 닦은 수행에 대해 이야기하고 있는 문헌으로, 그 같은 수행의 결과로서 32상을 지닌 최후신(最後身)의 보살로 태어나게 되었다는 것이다.

두번째 출가 : 그는 태어난 지 이레만에 어머니를 여의고, 이모인 마하파자파티에 의해 양육되었다. 그의 청년시절은 유복하고도 호화로웠다. 그를 위해 철따라 머무는 궁전(三時殿)이 지어졌고, 의복은 모두 당시 최고급이었던 카시국의 특산품으로 만들어졌으며, 먼지와 햇볕을 가리기 위해 양산을 든 시종들이 항상 수행하였다고 전한다. 16세(혹은 19세)에 야소다라라는 공주와 결혼하였고 라훌라라는 아들을 두었다. 그러다 29세 때 출가하였다. 왜 출가하였을까? 안락함과 호화로움을 버리고서. 그는 궁중의 호사스러움에 마음을 빼앗기지 않았으며, 언제나 세계와 인간에 대해 골똘히 사색하였다고 전한다.

불전에서는 그의 출가와 관련하여 사문유관(四門遊觀)이라는 보다 드라마틱한 사건을 전하고 있다. 어느 때인가 그는 동쪽 성문을 나섰다가 노인을 만났다. 그의 머리는 하얗게 세었고 허리는 굽었으며 피부는 쭈글쭈글하였고 저승꽃이 피어 있었다. 젊고 화려한 자신의 모습과는 전혀 다른 것이었다. 그러나 그것은 바로 미래의 자신의 모습이었다. 그것은 충격이었다.

그는 다시 남문 밖에서 병자를, 서문 밖에서 사자(死者)를 만났으며, 북문 밖에서 출가 수행자를 만났다. 그들은 늙음과 병듦과 죽음이라는 인간의 실존적인 고통의 속박으로부터 벗어나기 위해 세속의 온갖 욕망을 버리고서 출가한 자들이었다. 죽음이란 무엇이고, 그것을 야기하는 병듦과 늙음은 무엇인가? 그것은 바로 현실인간의 참 모습이었고, 그는 그것에서 벗어나고자 하였다.: "내가 출가한 것은 병듦이 없고, 늙음이 없고, 죽음이 없고, 근심과 더러움이 없는 안온의 열반을 얻기 위해서였다."[1]

그리하여 그는 마침내 출가하였다. 소용돌이치는 덧없는 생사윤회의 삶 저편에 존재하는 어떤 깊은 정신적 질서체계 속에서 고요하고 영원한 빛을 찾고자 하였다. 그러나 그것은 그만의 일은 아니었고, 당시 사문들의 일반적 경향이었다. 그 날은 북전에 의하면 음력 2월 8일이지만, 남전에 의하면 역시 또한 베사카달의 보름이었다.

세번째 성도 : 출가 후 그는 당시 유명한 수행자 알라라 칼라마와 웃다카 라마풋타에게로 가 무소유처(無所有處)와 비상비비상처(非想非非想處)라는 선정을 수행하였다. 이것은 일체의 정신작용이 정지된 상태, 그렇게 정지되었다는 의식마저 초월한 상태의 명상으로, 아마도 일체의 마음작용을 억제하고 소멸하려는 요가수행이었을 것으로 짐작된다. 이는 나중에 불교의 명상수행의 한 갈래로 수용되지만, 그는 다만 일시적인 의식의 단절을 원한 것은 아니었다.

그래서 그는 다시 가야 근교 고행자들이 많이 머물고 있던 우루벨라라고 하는 마을의 숲으로 갔다. 고행은 당시 사문들의 가장 일반적인 수행방법이었다. 그는 마음을 제어하고, 죽음에 직면할 정도로 감식(減食)과

---

1) 《중아함경》 권제56 〈라마경〉.

단식을 행하였으며, 호흡을 멈추는 고행도 하였다. 그 결과 살이 빠져 갈비뼈가 앙상하게 드러났고, 눈은 움푹 들어갔으며, 피부는 생기를 잃었다. 그것은 일찍이 그 어떤 사문도, 바라문도 경험해 보지 못한 것이었다. 그러나 그것으로도 진정한 해탈을 얻을 수 없었다. 그것은 쾌락에 반하는 또 다른 극단이었다. 그리하여 고행의 무의미함을 깨달았고, 마침내 포기하였다. 이는 결국 당시의 사상(바라문사상과 사문사상)이나 수행법과의 완전한 결별을 의미하는 것이었다.

근처 네란자라강에 나가 목욕을 하였고, 마을소녀 수자타로부터 공양도 받았다. 기력을 회복한 그는 앗사타(혹은 핍팔라) 나무 밑에 홀로 앉아 명상에 들었으며, 마침내 위없이 높고도 원만한 깨달음을 성취하였다. 그것은 출가한 지 6년, 그의 나이 35세 때의 일이었다. 이제 불타가 되었고, 여래가 되었다. 그리하여 그가 머물렀던 가야는 붓다가야가 되었고, 그가 앉았던 앗사타나무는 깨달음의 나무 즉 보리수(菩提樹)가 되었다. 그 날은 북전에 의하면 음력 12월 8일이지만, 남전에서는 역시 베사카달 만월이었다고 전하고 있다.

그렇다면 그는 무엇을 어떻게 깨달았던 것일까? 흔히들 진리를 깨달았다고 한다. 그렇다면 무슨 진리를 깨달은 것인가? 불타의 깨달음에 대해서는 이설이 분분하다. 4성제(聖諦)·12연기(緣起)와 같은 이법(理法)을 깨달았다고도 하고, 4념처(念處)나 7각지(覺支)·8정도(正道)와 같은 수행도의 완성에 의해 깨달았다고도 하며, 5온(蘊)·12처(處)·18계(界)와 같은 세계존재(諸法)의 참다운 관찰을 통해, 혹은 4선(禪)이나 3명(明)의 체득을 통해 깨달았다고 하기도 한다.

이 중의 하나만 들어보라고 한다면, 그것은 연기가 될 것이다. 그는 말하였다.: "연기법은 여래가 세상에 출현하든 출현하지 않든 법계에 상주하는 것이니, 여래는 이를 스스로 깨달아 원만하고 올바른 깨달음을 성취하였다." "연기를 보는 자는 법을 보는 자이고, 법을 보는 자 연기를 보는 자이다."[2)]

그 후 그는 3·7일(혹은 5주) 동안 삼매에 들어 법락을 즐기며 12연기를 순역(順逆)으로 관찰하기도 하였다. 그리고 바로 열반에 들려고 하였으나 범천의 간곡한 권청에 따라 마침내 그가 깨달은 법을 설하기로 결심하였다. 출가하여 처음으로 찾아갔던 두 스승 알라라 칼라마와 웃다카 라마풋타에게 설법하고자 하였으나 그들은 이미 죽고 없었다. 그래서 그는 바라나시 근교 사르나트(녹야원)로 가 그와 함께 고행하였던 다섯 명의 비구들에게 위대한 말씀의 첫 문을 열었다. 이를 초전법륜(初轉法輪)이라고 하는데, 그것은 괴로움과, 괴로움의 일어남과, 괴로움의 소멸과, 소멸에 이르는 길에 관한 거룩한 진리인 4성제(聖諦)였다.

네번째 입멸 : 이로써 불(佛, Buddha)·법(法, dharma)·승(僧, saṃgha)이라는 기성종교로서의 세 가지 조건이 충족되었고, 이후 그는 45년 간 각지를 유행하며 그의 가르침을 전하였다.《대반열반경(大般涅槃經)》에 따르면, 그는 열반에 들기 석 달 전 이를 예고한다. 그러자 제자 아난다는 슬퍼하며 물었다. "우리는 이제 누구에게 의지해야 합니까?"

그는 말하였다.: "여래는 교단의 통솔자가 아니며, 교단 또한 나에게 의지해서는 안 된다. 그대들은 오로지 그대들 자신을 등불(dīpa, 섬)로 삼고, 자신을 의지처로 삼아라. 법을 등불로 삼고, 법을 의지처로 삼아라."

그리고 3개월 후 쿠시나라(현재 카시아) 교외 숲 속에 이르러 최후의 설법을 하였다.: "수행자들이여, 내 이제 너희에게 말하노라. 존재하는 모든 것[諸行]은 무상하니, 게으르지 말라." 그리고는 사라나무 아래에서 마침내 완전한 열반을 성취하였다.

그것은 일반 범부들의 죽음과는 다른 것이었다. 범부들의 죽음은 업의

---

2) 《잡아함경》 권제12 제299경.;《중아함경》 권제7 〈상적유경(象跡喩經)〉.

찌꺼기를 남겨 또 다른 생으로 이어지지만, 그는 이제 생사의 윤회로부터 완전히 벗어났다. 그래서 불타의 죽음을 반열반(般涅槃, parinirvāṇa) 즉 완전한 열반이라 하고, 원적(圓寂) 혹은 적멸(寂滅)로 번역하며, '열반에 들었다'는 뜻에서 입멸(入滅)이라고도 한다. 불교에서 '멸(滅)'은 거룩한 말이다. 그것은 바야흐로 번뇌의 '멸'이고, 괴로움의 '멸'이며, 일체의 존재 속박으로부터의 '멸'이기 때문이다. 이 날 역시 남전에서는 베사카달 보름이라고 전하지만, 북전에 의하면 음력 2월 8일이다.

그 후 그의 유해는 화장되었고, 남은 유골(舍利)은 8등분 되어 인도 각지에 사리탑이 세워졌다. 분배에 사용된 병과 타고남은 재도 역시 또 다른 탑에 봉안되었다.

불타의 생애는 전통적으로 여덟 장면으로 나누어지기도 하는데, 이를 팔상(八相)이라 한다. 속리산 법주사의 팔상전(捌相殿)이라는 명칭 또한 이에 따른 것이다.

① 도솔내의상(兜率來儀相) : 아득한 옛날 선혜라고 이름하는 수행자가 연등불로부터 수기(授記)를 받은 후 3아승지겁 100겁 동안의 영웅적인 보살행을 성취하여 마침내 일생(一生) 보처(補處)인 도솔천에 태어나게 되었다.

② 비람강생상(毘藍降生相) : 여섯 이빨을 지닌 흰 코끼리를 타고 마야 부인에게 입태(入胎)하여 룸비니동산에서 태어났다.

③ 사문유관상(四門遊觀相) : 동·남·서·북문 밖에서 각각 늙은이와 병든 이와 죽은 이와 그리고 출가사문을 보았다.

④ 유성출가상(踰城出家相) : 그리하여 늙음과 병듦과 죽음의 성을 넘어 출가하였다.

⑤ 설산수도상(雪山修道相) : 온갖 번뇌와 싸우며, 6년 간 선정과 고행의 수행을 하였다.

⑥ 수하항마상(樹下降魔相): 위없이 높고 원만한 깨달음을 성취하여 마침내 마구니(魔)로부터 항복을 받았다.

⑦ 녹원전법상(鹿苑轉法相): 바라나시 녹야원에서 다섯 비구들에게 거룩한 진리의 말씀을 설하였다.

⑧ 쌍림열반상(雙林涅槃相): 45년 간 진리의 수레바퀴를 굴린 후 쿠시나라 사라쌍수 아래서 열반에 들었다.

불타 입멸 후, 이제 교단이 의지해야 할 곳은 그의 교법(敎法)이었으므로 그것을 정리하여 후세에 전하는 것이 무엇보다 시급한 일이었다. 그래서 남은 제자들 중 상수(上首)였던 마하가섭(迦葉)은 당시 마가다의 수도였던 라자그라하에서 500명의 아라한(깨달음을 얻은 자)과 더불어 경전편찬회의를 열었는데, 이를 결집(結集)이라고 한다. 여기서 우팔리와 아난다가 각기 그들이 전승하고 있던 율과 법을 암송하였고, 이의가 없을 경우 대중들이 함께 암송함으로써 불설(佛說)로 승인하였다.

역사상 이 같은 결집이 몇 차례 더 있게 되지만, 아무튼 여기서 결집된 율과 법은 그 후 정리 집성되어 율장(律藏, vinaya-piṭaka)과 경장(經藏, sūtra-piṭaka)이 되고, 여기에 이것들의 해석인 논장(論藏, abhidharma-piṭaka)이 더해져 이르바 삼장(三藏)이라고 일컬어지는 불교성전이 성립하게 되었다.

오늘날 현존하는 경장에는 북방으로 전해진(이를 北傳이라 한다) 《아함경(阿含經)》과 남방으로 전해진 《니카야(nikāya)》가 있다.

아함은 '전승'이라는 뜻의 āgama의 음역(音譯)으로, 다시 《장아함경(長阿含經)》(30경)·《중아함경(中阿含經)》(221경)·《잡아함경(雜阿含經)》(1362경)·《증일아함경(增一阿含經)》(471경)으로 나누어진다.

니카야는 '부류' 혹은 '집성'의 뜻으로, 이것 역시 《디그하 니카야(Dīgha nikāya, 長部經典)》(34경)·《맛지마 니카야(Majjhima nikāya, 中部經典)》(152경)·《상윳타 니카야(Saṁyutta nikāya, 相應部經典)》(2872경)·《앙

굿타라 니카야(Aṅguttara nikāya, 增支部經典)》(2198경)·《쿳다카 니카야(Khuddaka nikāya, 小部經典)》(15경)로 나누어진다. 이러한 각각의 경전들은 그 체제나 분량 내용상에 있어 제7장에서 설하게 될 대승불교의 경전과는 질적으로 다르다.

2. 불타의 진리관과 침묵

고타마 싯다르타, 그는 무엇을 깨달아 불타가 되었던 것일까? 흔히들 진리(dharma)를 깨달았다고 한다. 그러나 인도의 모든 철학 역시 그것을 탐구하였으며, 그것을 통한 해탈을 추구하였다. 세상의 어떤 철학도, 종교도 진리를 외치지 않는 것은 없다. 이것이 진리면 저것은 진리가 아닐 것이며, 저것이 진리면 이것은 진리가 아닐 것이다. 무엇이 진리인가? 우리는 무엇을 믿어야 할 것인가?

불타께서 카라마국의 케사풋타라고 하는 마을에 머무르고 있을 때, 카라마 종족들이 와서 물었다.: "수많은 사문과 바라문들이 우리 마을에 와서 각기 자신들의 주장이 진실이고, 다른 이의 주장은 거짓이라고 우기는데, 우리는 누구의 말을 믿어야 하겠습니까?"

그는 그들에게 말하였다.: "소문이나 전통에 이끌려서도 안 되고, 권위에 현혹되어서도 안 되며, 다만 논리나 추리에 따라서도 안 된다. 이성적으로 탐구된 것이어서, 그럴듯해 보이기 때문에 믿어서도 안 된다. 나아가 세간의 존경을 받는 스승의 주장이기 때문에 믿어서도 안 된다."

그렇다면 무엇을 믿어야 할 것인가? 그는 계속하여 말한다.

> 카라마 종족들이여, '이것은 무익한 것이다. 이것은 도덕적으로 비난받을 만한 것이

다. 이것이 실행되면 필시 슬픔과 고통을 낳게 될 것이다.'는 사실을 스스로 알 때, 그대들은 실로 그것을 거부해야 할 것이다. 또한 '이것은 유익한 것이다. 이것은 찬탄받을 만한 것이다. 이것이 실행되면 필시 이익과 행복을 낳을 것이다.'는 사실을 스스로 알 때, 그대들은 실로 그것을 수용해야 할 것이다. 탐욕과 증오와 어리석음은 이익을 낳는 것인가, 손해를 낳는 것인가? 탐욕과 증오와 어리석음에서 벗어나는 것은 이익을 낳는 것인가, 손해를 낳는 것인가?3)

진리란 신탁(神託)에 의해, 성전이나 전통, 혹은 이지적 탐구에 의해 알려지는 것이 아니라 일상의 경험에서 확인되어야 한다. 또한 그것은 필경 실제적 이익을 가져다 주어야 하며, 어떠한 이에게라도 보편적으로 적용되어야 한다. 왜 선을 행하는가? 그것은 신의 의지도, 존재의 궁극적 본성도 아닌 참으로 애호할 만한 안온한 과보(果報)를 초래하여 유정을 이롭게 하기 때문이다.

불타에게 있어 진리란 존재론적인 것이 아니라 실천론적인 것이었다. 앞서 살펴보았듯이 인도의 거의 모든 철학이 신(혹은 궁극적 실재)이나 존재본성에 대해 탐구하였으며, 그것은 대개 우리들 일상의 경험을 넘어서는 것이었다. 그러나 불타는 그 같은 형이상학적인 탐구를 배척하였다. 그것은 신탁이나 이지적 탐구에 의해 알려진 것일 뿐, 실제적 이익이 없기 때문이다. 그것은 도리어 카라마종족들이 겪었던 것처럼 혼란만 불러 일으킬 뿐이다. 누구의 주장을 진리로 받아들여야 할 것인가?

어느 날 불타께서 사밧티의 기수급고독원에 머물고 있을 때, 지적 갈망에 불타는 마룽캬풋타라는 청년이 찾아왔다. 그는 괴로워하고 있었다. 그리고 여느 철학에서처럼 그 같은 괴로움을 초극하는 궁극의 실재가 존재할 것이라고 믿었으며, 일체지자(一切智者)이신 불타께서는 참으로 그것을 아실 것이라 생각하였다. 만약 진실로 자신에게 그것을 말해 준다면

---

3) 《증지부경전》 I. 〈대품(Mahāvagga)〉 65; 《중아함경》 권제3 〈가람경(伽藍經)〉 참조.

그의 제자가 되어 범행을 배울 것이지만, 그렇지 못할 경우 그를 힐난하고 떠나기로 작정하고서 그에게 물었다.

> 세존이시여, 세계는 (시간적으로) 영원한 것[常]입니까, 영원하지 않은 것[無常]입니까? 세계는 (공간적으로) 유한한 것[邊]입니까, 무한한 것[無邊]입니까? 영혼과 육신은 동일한 것입니까, 다른 것입니까? 여래는 사후에 존재합니까, 존재하지 않는 것입니까? 혹은 존재하기도 하고 존재하지 않기도 하며, 혹은 존재하는 것도 아니고 존재하지 않는 것도 아닙니까? 어느 것이 진실입니까? 만약 세존께서 이것이 바로 진실이고, 다른 것은 모두 거짓된 것이라고 한결같이 알고 계신다면 세존이시여, 저를 위해 설해 주소서. 그러나 만약 세존께서 이것이 바로 진실이고, 다른 것은 모두 거짓된 것이라고 한결같이 알지 못하신다면 알지 못한다고 바로 말해 주소서.[4]

이는 고래로 4류(類) 10난(難)이라 일컬어지는 문제로, 불타는 이에 대해 어떠한 답도 설하지 않은 채 침묵하였다.(이를 無記라고 한다) 이러한 문제는 일상의 경험으로서는 알 수 없는 문제로서, 사실상 '궁극적이고도 초월적인 실재가 존재하는 것인가, 존재하지 않는 것인가?' 하는 하나의 문제로 귀결된다.

생성과 소멸을 끊임없이 되풀이하는 현상세계의 배후에 브라흐만 혹은 아트만과 같은 영속적이고도 단일한 실재가 존재한다면, 그것에 포괄되는 세계는 시간적으로나 공간적으로 무한할 것이며, 인간의 존재 또한 생과 사를 초월하여 영원할 것이기 때문이다. 그러나 만약 그러한 실재가 존재하지 않는다면, 세계는 우리에게 경험되는 것과 같이 다만 찰나의 허무로서만 존재할 뿐이며, 그것만이 '모든 것'이어야 한다.

그런데 일체지자이신 세존께서는 이에 대해 왜 침묵하였던 것인가? 그는 산자야 벨라팃풋타처럼 불가지론자나 회의론자였던 것인가? 아니다.

---

4) 《중아함경》 권제60 〈전유경(箭喩經)〉; 《중부경전》 I. 〈비구품(Bhikkhuvagga)〉 63 참조.

침묵이야말로 그의 확실한 대답이었다. 이에 대해 그는 다음과 같은 비유로써 말하고 있다.

> 만약 어떤 사람이 독화살을 맞아 극심한 고통에 시달리고 있을 때, 그의 친족이 그를 가련하게 생각하여, 그의 이익과 안온을 위해 의사를 부르려고 하였다. 그러자 그는 독화살을 쏜 자가 누구인지, 그의 성이 무엇이며, 이름이 무엇이며, 어떤 신분인지, 키가 큰지 작은지, 피부가 고운지 거친지, 백인인지 흑인인지, 바라문인지 크샤트리아인지 바이샤인지 수드라인지, 동쪽에 사는지 서쪽에 사는지에 대해 알기 전에 그것을 뽑을 수 없다고 하였다. 또한 그 활은 산뽕나무로 만들어졌는지, 물푸레나무로 만들어졌는지, 뿔로 만들어졌는지, 활줄은 실로 만들어졌는지, 사슴 힘줄로 만들어졌는지, (중략) 활에 달린 깃털은 매의 깃털인지, 닭털인지, 활촉은 창의 모양인지, 칼의 모양인지를 알기 전에 그것을 뽑을 수 없으며, 또한 활촉을 만든 자가 누구인지, 그의 성이 무엇이며, 이름이 무엇인지, (중략) 동쪽에 사는지, 서쪽에 사는지 알기 전에 그것을 뽑을 수 없다고 하였다. 그러나 그는 이를 알지도 못한 채 목숨을 마치고 말 것이다.
> 이와 마찬가지로 어떤 어리석은 사람이 '만약 세존께서 나를 위하여 세계는 영원하다, 영원하지 않다—고 설해 주지 않을 경우, 그를 쫓아 범행을 배우지 않을 것이다'고 하였다면 그도 역시 그것을 알지도 못한 채 목숨을 마치고 말 것이다.

독화살을 맞은 이에게 중요한 것은 '독화살을 맞았다'고 자각하는 것이며, 자각한 이상 그것을 지금 바로 빼어내지 않으면 안 된다. 그것을 쏜 자가 누구인지, 무엇으로부터 비롯되었는지 하는 물음은 한갓 호기심에 불과하다. 그것은 알 수도 없으며, 설사 안다고 할지라도 그 같은 앎에 의해 극심한 고통은 해소되지 않는다. 그 같은 앎에는 어떠한 실제적 이익도 없다.

마찬가지로 현상세계를 가능하게 하는 초월적이고도 영속적인 실재가 존재하는지 존재하지 않는지 하는 의문은 다만 지적 호기심에 불과할 뿐, 우리는 경험을 초월하는 그것을 알 수도 없으며, 안다고 할지라도 그것으로써 우리가 현실에서 직면하는 고통에서 벗어날 수 없다. 불타는 계속하여 다음과 같이 말하고 있다.

> '세계가 영원하다'고 주장하는 자도, 나아가 '여래는 사후에 존재하는 것도 아니고, 존재하지 않는 것도 아니다'고 주장하는 자도 역시 늙고 병들고 죽으며, 슬픔과 근심과 고통과 번민이 있으며, 온갖 생존의 괴로움이 일어난다. 나는 '세계는 영원하다, 내지 여래는 존재하는 것도 아니고, 존재하지 않는 것도 아니다'에 대해 한결같이 설하지 않으니, 무슨 까닭에서인가? 그것은 어떠한 실제적 이익도 없고, 진리에도 상응하지 않으며, 범행의 근본이 아니기 때문이며, 그것으로는 진실의 앎으로도, 깨달음으로도, 열반으로도 나아갈 수 없기 때문이다.

이 같은 초경험적 실재의 존재유무에 대한 물음은 영속론(常住論)과 허무론(斷滅論)으로 양분된 당시 인도 사상계의 한결같은 물음이자 철학일반에서의 물음이기도 하다. 그러나 그것은 다만 현실의 초라함에서 벗어나고자 갈망하는 이성적 인간의 지적 호기심에 지나지 않는 것으로, 끝없는 추상적 사변과 논의만을 산출하는 희론(戱論)에 불과하다. 그리고 그같은 희론으로써 현실 삶의 실제(실존)적 문제인 괴로움을 극복할 수 없다는 것이 불타의 생각이었다.

3. 세계(괴로움)의 생성

1) **괴로움의 세계**

그렇다면 불타가 한결같이 설하고자 하였던 것은 무엇인가? 어떠한 주장이 실제적 이익이 있으며, 열반으로 나아가게 하는 것인가?: "여래는 오로지 괴로움과, 괴로움의 생성과, 괴로움의 소멸과, 소멸에 이르는 방법에 대해서만 설할 뿐이다. 즉 여래는 오로지 설할 수 있는 것만을 설할 뿐, 설할 수 없는 것은 설하지 않는다."[5]

우리가 말할 수 있는 것은 적어도 우리에게 알려진 것, 경험된 것뿐이다. 우리는 한 번도 들어본 적이 없고 먹어본 적이 없는 과일에 대해 말할 수 없으며, 한 번도 들어본 적도 없고 만나본 적도 없는 사람에 대해 말할 수 없다. 또한 그러한 것에 대해 욕망하지도 증오하지도 않는다. 독화살을 맞은 이에게 있어 명명백백한 사실은 독화살을 맞았다는 것이며, 죽음으로 치닫고 있다는 것이다. 아니 목전의 문제는 심장을 압박하며 살점이 떨어져나가는 것과 같은, 숨조차 쉴 수 없는 고통일 것이다.

불타가 설하고자 하였던 것은 바로 그 같은 고통에 대해서였다. 그것은 적어도 우리에게 알려진 것이고, 경험된 것이다. 그 누구도 경험하지 않은 일에 대해, 알지 못하는 이로 말미암아 고통스러워하지 않는다.

불타는 사실상 이 같은 실제적인 고통(duḥkha)에 대해 이야기하고자 하였으며, 진정 그것으로부터 해방되고자 하였다. 불타가 진실로 말하고자 하였던 것은 괴로움[苦]과, 괴로움의 생겨남[苦集]과, 괴로움의 소멸[苦滅]과 소멸에 이르는 길[苦滅道]에 대한 것이었다. 그것은 네 가지 거룩한 진리[4聖諦]였고, 최초의 설법 또한 이에 관한 것이었다.

그렇다면 도대체 무엇이 괴로운 것인가? 우리네 삶에는 독화살을 맞은 것과 같은 괴로움도 있지만, 그것으로부터 벗어나는 즐거움도 있지 않은가? 삶에는 수많은 문제가 있고, 그것이 문제로 남을 때에는 괴로움이지만, 그것이 해소되는 순간은 즐거움이 아닌가? 이루고자 하는 욕망을 이루지 못하게 되면 화살을 맞은 사람처럼 괴로워하고 번민하지만, 그것을

---

5) 《중아함경》 권제 60 〈전유경〉.

성취하는 것은 즐거움이 아닌가?

인간의 경험에는 크게 세 종류가 있다. 즐거운 경험[樂受]과 괴로운 경험[苦受], 즐겁지도 괴롭지도 않은 경험[不苦不樂受, 즉 捨受]이 바로 그것이다. 괴로운 경험은 그 자체가 괴로운 것[苦苦性]이며, 즐거운 경험은 그것이 상실될 때 괴롭다[壞苦性]. 왼쪽 어깨에 메든 짐을 오른쪽 어깨로 바꾸어 멜지라도 그 때 편안함은 일시적인 것일 뿐, 짐을 지고 있는 이상 그것은 괴로움일 뿐이다. 등창을 씻어 즐거움이 생겼다고 해서 등창 자체를 즐거운 것이라고 할 수 없는 것이다. 경험세계에서의 즐거움은 항상 괴로움의 씨앗을 잉태하고 있다.

그리고 즐겁지도 괴롭지도 않은 경험일지라도 거기에는 무상의 괴로움[行苦性]이 있다. 모든 것은 변화한다. 정지해 있는 것은 아무것도 없다. 태어나서는 병들고 늙고 죽으며, 생겨난 것은 잠시 머무는 듯하지만 변천하여 마침내 소멸한다. 만남에는 항시 헤어짐이 따르며, 획득한 것은 조만간 상실하고 만다. 우리가 경험하는 일체의 세계는 끊임없이 생성과 소멸을 되풀이하며 변화한다. 영원한 것은 아무것도 없다. 이것이 이른바 무상(無常, anitya)이다.

변화를 초월하는 영원한 세계란 다만 이성적 인간이 꾸며낸 사유의 산물일 따름이며, 추상적 관념적 존재일 뿐이다. 즉 무상이란 우리가 경험하는 세계존재의 보편적 특성이며, 그것은 필연적으로 괴로움이라는 심리현상을 수반한다.

괴로움은 곧잘 인간 삶의 과정(혹은 양태)으로 묘사되기도 한다. 인간은 태어나, 늙고, 병들고, 그리고 죽는다. 그것은 괴로운 일이다. 경전에서는 늙음을 이렇게 묘사하고 있다.

> 머리털이 희어지고 이마가 벗겨지며, 피부는 늘어나 쭈글쭈글하게 되며, 감각기관은

쇠퇴하여 마비되고 사지에는 힘이 없으며, 등은 굽고 신음하며, 숨이 짧아 헐떡이게 되며, 지팡이 없이는 다닐 수도 없으며, 신체에는 거뭇한 저승꽃이 피어나며, 정신은 희미하고 쇠약하여 나다니기조차 어려우니, 이것을 늙음이라고 한다.[6]

생각해 보라. 한 인간이 지난 시절 이루어왔던 모든 것, 가족 지위 재산 그리고 미래의 꿈과 희망, 나아가 '자기'라는 정체성마저 먼지와 재로 변화시키는 죽음을. 자신이 아끼든 물건을 잃어버려도 안타깝고 괴로운 일인데, 자기가 사랑하는 사람이 떠나가도 하늘이 무너져 내리는 듯한 고통이 따르는데, 자신을 포함한 자신의 모든 세계를 앗아가는 죽음은 말해 무엇할 것인가?

그리고 삶의 양태로서 드러나는 사실들, 이를테면 사랑하는 사람과 헤어지는 것도 괴로움[愛別離苦]이고, 미워하는 사람과 만나는 것도 괴로움[怨憎會苦]이며, 얻고자 하는 것을 얻지 못하는 것도 괴로움[求不得苦]이다. 인간의 삶은 만남과 헤어짐, 사랑과 미움, 획득과 상실의 연속일 것이며, 그것은 모두 괴로운 것이다. 그러하기에 인간의 삶 그 자체가 괴로운 것[五蘊盛苦]이다.

그러나 우리는 이를 알지 못한다. 그것이 엄연한 현실임에도, 그 현실에서 한발 비켜서 있다고 생각한다. 왜 그러할까? 우리 범부들은 대개 지금 우리에게 드러나고 있는 사실만을 알 뿐이기 때문이다. 경에서는 이렇게 말하고 있다.

> 성자가 괴로움이라 여기는 것을 세간에서는 즐거움이라 여기고
> 세간에서 괴롭다고 하는 것을 성자들은 즐거운 것이라고 여기네.[7]

---

[6] 《잡아함경》 권제12 제298경.
[7] 《잡아함경》 권제13 제308경.

인간 삶에서 경험하는 괴로움은 관념적이거나 추상적 사실이 아니라 구체적이고도 실제적 사실이다. 그 누구도 피할 수 없는 일이다. 그럼에도 젊은이는 늙음의 고통을 알지 못하며, 건강한 이는 병환의 고통을 알지 못한다. 지금 사랑하고 있는 이들은 내일의 이별의 아픔을 알지 못하며, 미워하는 이들은 어제의 좋아하였음을 알지 못한다. 우리는 다만 지금 현재 자신에게 드러난 현실에 집착하고, 거기에 괴로워할 뿐인 것이다. 실연한 자에게 있어 세계란 오로지 실연에 의한 고통의 세계일 뿐이며, 병든 자에게 있어 세계는 오로지 병고의 세계일 뿐이다.

그렇다. 괴로움은 주체적인 것이다. 그것은 오로지 나만의 괴로움이며, 나만이 해소할 수 있는 것이다. 아무리 사랑하는 자식이라 한들 그의 죽음을 어머니가 대신 죽어 줄 수는 없는 일이며, 그 고통 역시 그의 몫일 따름이다. 불타가 반열반을 앞두고서 남긴 '자등명(自燈明) 법등명(法燈明)'의 법문도 이 때문이었다. 생사의 괴로움도 자신의 것이며, 그것에서 벗어나 열반에 이르는 것도 오로지 자신의 몫이다. 그것은 누구도, 불타도 대신해 줄 수 없는 일이기 때문이다.

2) 세계의 생성

(1) 세계의 조건들 ─ 12처・18계・5온

이렇듯 세계는 경험된 것이고, 경험된 일체의 세계는 괴로운 것〔一切皆苦〕이다. 그렇다면 '일체'란 무엇인가? 일체의 세계가 생성하게 되는 근거는 무엇인가? 브라흐만과 같은 초월적 절대자인가? 아니면 운명(혹은 우연)인가? 인간의 삶을 가능하게 하는 조건은 무엇인가?

어느 날 생문(生聞)이라고 하는 바라문이 물었다.

"무엇을 일체(一切)라고 합니까?"
불타께서 말씀하였다.
"일체란 12입처(入處)이니, 안(眼)과 색(色), 이(耳)와 성(聲), 비(鼻)와 향(香), 설(舌)과 미(味), 신(身)과 촉(觸), 의(意)와 법(法), 이것이 바로 일체이다. 그러나 만약 '이것은 일체가 아니니, 사문 고타마가 설한 일체를 버리고 또 다른 일체를 설하겠다'고 한다면, 그것은 다만 말일 뿐, 물어도 알지 못하며 의혹만 증가할 뿐이다. 왜냐하면 그것은 앎의 대상이 아니기 때문이다."[8]

여기서 '일체'란 주관의 자아와 객관의 세계를 포괄하는 개념으로, 생문 바라문은 일상에서 그것의 근거나 본질로 간주되는 이슈바라(Īśvara)와 같은 자재신이나 자아(혹은 영혼)와 같은 단일하고도 영속적인 존재에 대해 물었던 것이다. 이에 대해 불타는 일체를 다만 인식의 조건이 되는 여섯 가지 감관과 여섯 가지 대상이라는 12가지 범주, 즉 12처(處)로 분류하고 있을 뿐이다. 여기서 '처(āyatana)'란 바로 인식을 낳게 하는 문(門)의 뜻이다.

앞서 언급한 대로 초기불교에서의 세계란 알려진 세계, 경험된 세계이다. 그럴 때 인식의 조건은 무엇인가? 의식인가? 그러나 불교에 있어 의식이나 의식작용은 그 자체 단독으로는 일어나지 않으며, 반드시 감관과 대상을 조건으로 삼아야 한다.

예컨대 시의식은 눈과 그 대상인 색을 근거로 하여서만 일어나는 것으로, 앞의 다섯 가지 범주가 감성적 인식의 조건이라면 마지막 범주는 오성적 인식의 조건이다. 즉 앞의 다섯 가지 감관[5根]은 오로지 그것과 동시에 존재하는 현재의 물질적 대상만을 취하지만, 여섯번째 감관인 의근(意根)은 언어적 개념이나 과거 미래의 대상, 그리고 시간적 공간적 제약을 떠난 존재(이를 法이라 총칭하였다)까지도 취하며, 그래서 일체를 12가

---

8)《잡아함경》권제13 제319경.

지 범주로 분석하였던 것이다.

사실상 존재라고 이름 붙일만한 것은 이것뿐이다. 이 밖의 또 다른 존재, 이를테면 '인식할 수는 없지만, 그것으로 인해 인식하게 되는' 아트만이나 창조주 이슈바라와 같은 단일 보편의 존재는 다만 사유에 의해 규정된 개념적 존재일 뿐이다. 그것은 이를테면 '토끼 뿔'이나 '거북의 털'과 같은 존재이다. 따라서 그것에 대한 논의는 끊임없이 논의에 논의만을 산출하는 말의 유희일 뿐, 어떠한 실제적 이익도 없다.

또 다른 경전에서는 일체를 안계(眼界)·색계(色界)·안식계(眼識界), 이계(耳界)·성계(聲界)·이식계(耳識界), 비계(鼻界)·향계(香界)·비식계(鼻識界), 설계(舌界)·미계(味界)·설식계(舌識界), 신계(身界)·촉계(觸界)·신식계(身識界), 의계(意界)·법계(法界)·의식계(意識界)의 18계(界)로 분별하기도 한다.9) 여기서 '계(gotra)'란 종족 요소 성분 등의 뜻으로, 마치 한 광산에 각기 다른 광물이 존재하듯이 어떤 한 사람의 생의 흐름에도 서로 다른 18가지 종류의 요소가 존재한다. 이는 곧 앞의 12입처에 6식을 더한 것으로, 원래 의식은 단일하지만 그것이 나타나게 되는 근거(즉 감관)에 따라 안식 등의 여섯 종류로 나누었다.

나아가 일체 현상의 모든 존재는 다시 다섯 가지 그룹[5蘊]으로 환원되기도 한다.

> 두 가지 법이 존재하니, 안(眼)과 색(色) 등이 바로 그것이다. ― 안과 색을 근거로 하여 안식(眼識)이 생겨나며, 세 가지의 화합이 촉(觸)이다. 촉은 수(受)·상(想)·사(思)를 함께 낳으니, 이 네 가지는 무색온(無色蘊)이며, 안과 색은 색온(色蘊)이다. 곧 이러한 법들을 일컬어 '인간'이라 이름할 뿐, 자아나 영혼과 같은 인간으로서의 고유한 실체, 이를테면 중생(sattva)·나라(nara)·마누자(manuja)·마나바(māṇava)·푸루샤(puruṣa)·푸드가라(pudgala)·잔투(jantu)·지바(jīva)는 존재하지 않는다.10)

---

9) 《잡아함경》 권제16 제451경 등.

이것이 무슨 뜻인가? 우리 범부들은 대개 어떤 세계를 경험할 때, 인식과 동시에 좋고 나쁨을 판단하며, 그에 대해 집착하여 욕망하거나 미워한다. 그리고 우리는 그것을 그의 성향이라고 말한다. 그러한 일련의 과정들은 순간적으로 일어나기 때문에 우리의 세계는 다만 인식의 결과로서만 존재하며, 또한 단일한 것처럼 보인다. 그러나 그것은 사실상 과정들의 연속이며, 수많은 조건들의 산물이다.

어떤 이성과의 만남을 생각해 보자. 그를 만나기 전까지 그에 대한 어떠한 관념도 갖고 있지 않다. 아직 만나지 못한 어떤 이에 대해서는 상상할 수조차 없지만, 우리는 이미 알고 있던 이성들의 온갖 단점들을 갖지 않는, 혹은 모든 장점만을 소유한 이였으면 하고 상상할 수도 있을 것이다. 이른바 '이상'이다. 그러나 그러한 이를 만나기란 쉽지 않을 것이며, 아니 불가능할 것이며, 어느 시기 현실에서 현실적인 인간유형을 찾게 될 것이다.

만남의 일차적 조건은 감관과 대상이다. 시각기관인 눈을 예로 들면, 눈과 그 대상인 색채나 형태이다. 그를 보는 순간, 눈에 근거하는 의식 즉 시의식이 생겨날 것이며, 만남이 이루어지기 위해서는 이 세 가지가 반드시 관계해야 한다. 이를 '촉(觸)'이라 하자.

그 순간 좋다거나 나쁘다, 혹은 좋지도 않고 나쁘지도 않다는 첫인상을 받을 것이다. 그것은 아직 구체적 내용을 갖지 않는 느낌 즉 필링이다. 이를 '수(受)'라고 하자. 그리고 자리에 앉아 이름이며, 나이며, 고향, 취미, 기호 등에 대해 이야기할 것이고, 그에 대한 구체적 인상을 갖게 될 것이다. 이를 '상(想)'이라고 하자. 만약 인상이 좋았다면 그가 좋아한다고 한 노란 장미만을 보고도, 전화벨 소리만으로도 그를 떠올리고, 보고싶어 할 것이다. 혹은 그 반대일 수도 있을 것이다. 이것을 의사작용, 즉 '사

---

10) 《잡아함경》 권제13 제306경; 《구사론》 권제29(권오민 역, 동국역경원, 2002), p.1353.

(思)'라고 하자.

　이로써 이제 그를 만나기 전까지는 결코 존재하지 않았던 새로운 세계가 생겨났다. 그것은 사랑의 세계일 수도 있으며, 미움의 세계일 수도 있다. 그리고 그것이 깊어질 경우, 그의 '모든 것'이 되기도 한다. 결국 우리가 경험하는 모든 세계는 물질의 한 형태인 감관과 그 대상, 수·상·사, 그리고 의식에 근거한 것이라고 말할 수 있다.

　곧 불교에 있어 세계란 찰나찰나에 걸쳐 드러나는 물질(色)·지각(受)·표상(想)·의사(思, 혹은 의지적 작용 行)·의식(識)의 총체이다. 이를 5온(蘊)이라고 한다. '온(skandha)'이란 적집(積集) 집합의 뜻으로, 극미로 이루어진 물질의 적집이 색온(色蘊)이며, 찰나찰나 유전 상속하는 과거·현재·미래의, 거칠고 세밀한 등의 지각·표상·의사 등과 의식의 적집이 수온(受蘊)·상온(想蘊)·행온(行蘊)이고 식온(識蘊)이다. 무슨 말인가? 우리의 지각 내지 의식은 일견 단일하고 지속하는 것처럼 보이지만, 매 순간마다 새로이 일어난다. 그래서 수온 내지 식온이라고 한 것이다.

　《아함》의 여러 경전에서는 '안(眼)과 색(色)을 인연으로 하여 안식(眼識)이 낳아지고, 세 가지의 화합이 촉(觸)이며, 촉을 조건으로 하여 수(受)가, 수를 조건으로 하여 사(思) 혹은 애(愛, 갈애)가 생겨나며, 나아가 크나큰 괴로움의 세계가 생겨난다'라는 진술을 누누이 되풀이하고 있다. 세계란 무엇인가? 세계란 찰나찰나 생성 소멸하는 이러한 조건들을 통해 구성된 것이며, 그렇기 때문에 부단히 변화한다.

　이렇듯 온갖 존재가 인연화합하여 드러난 생성과 소멸의 세계를 불교에서는 유위(有爲)라고 한다. 유위(saṃskṛta)란 다수의 요소가 함께 작용된 것, 조작된 것이라는 의미이다. 인간이 경험하는 일체의 세계는 5온을 근거로 하여 이루어진다.

　그렇다면 경험의 주체가 되는 자아는 어떠한 존재인가? 불교에 있어 자아란 영원하고도 단일한 실체가 아니라 다만 그 같은 경험을 통하여 확인되는 가설적 존재일 뿐이다. 실체로서의 자아는 존재하지 않는다. 무아설(無我說)은 초기불교를 대표하는 사상으로, 이에 대해서는 다음 항(項)에서 좀더 자세하게 설명하기로 한다.

(2) 행위 — 업(業)

세계가 5온에 의해 '조작된 것' 즉 '유위'라고 한다면, 그같이 조작하게 하는 구체적인 힘을 일컬어 '행(行, saṃskāra)'이라 한다. 이것을 앞에서는 의사(혹은 의지)작용인 '사(思)'라고 하였지만, 광의로 말하면 행위를 일으키고자 하는 충동력을 의미한다. 따라서 여기에는 '수'와 '상'을 제외한 일체의 심리작용이 포함되며,11) 어떤 경에서는 의사(思) 대신 갈애(愛)나 집착(取)으로 나타내기도 한다. 그러나 이 역시 자신의 의사 혹은 의지에 따른 것이다.

불교에서는 자이나교의 업설과는 달리 일체의 행위 즉 업(業)을 의지적인 것으로 이해한다.12) 의사에 반하는 행위나 과실에 의한 행위는 그 결과를 초래하지 않는다. 오로지 의지적 행위만이 그 결과를 초래한다. 이를테면 남의 물건을 고의로 훔친 것과 남의 것인지 모르고 가져간 것은 그 성격이 크게 다르다. 심리적인 측면에서 본다면 전자는 분명 죄악이지만, 후자는 어떠한 죄악도 아니다.

따라서 업은 크게 의지[思業]와 의지에 의해 표출된 업[思已業]으로 나누어진다. 전자가 의식적 행위[意業]이라면, 후자는 언어적 행위[語

---

11) '수'와 '상' 역시 행온에 포함될 수 있지만, 그것은 번뇌의 투쟁을 낳는 근본(諍根因)이 되며, 생사 윤회의 세계를 낳는 가장 두드러진 원인(生死因)이기 때문에 따로이 독립시킨 것이라고 후세 아비달마불교에서는 해석하고 있다.
12) 업(karma)에 대해서는 본서 제1장 3-1) '삶의 현실'과 5. '인도철학의 중심개념'을 참조바람.

業]와 신체적 행위[身業]이다. 제1장에서 설명하였듯이 업이란 일차적으로는 활동 행위를 의미하지만, 인도에서는 대개 인과의 관념과 결합하여 결과를 낳는 힘으로 간주되었다. 그렇다고 할 때, 우리가 향수하고 있는 지금의 현실은 이전에 행하였던 이 같은 의식적, 언어적, 신체적 행위의 결과이며, 다음 생의 조건은 지금의 생에서 이루어지는 행위에 의해 결정된다. 이렇듯 행위에 의해 이 생에서 저 생으로 유전 상속하는 것을 윤회(輪廻)라고 한다.

곧 앞서 '세계란 경험된 것'이라고 하였을 때의 '경험'이란 다만 지식의 근거라거나 수동적으로 일어나는 지식현상을 말하는 것이 아니다. 그것은 능동적이고도 주체적인 의식적 언어적 신체적 행위를 말한다. 다시 말해 세계란 필연도, 우연도 아닌 의지에 따른 인간행위의 산물이다.

인간은 모든 행위로의 가능성을 지닌다. 천사 같은 행위를 통해 하늘의 세계를 구현할 수도 있지만, 악마 같은 행위를 통해 지옥의 세계를 초래할 수도 있다. 개인 각각의 업에 의해 개인의 삶이 초래된다면, 사회공동의 업에 의해서는 개인 삶의 바탕이 되는 객관의 세계가 초래된다. 불교에서는, 행위를 그것이 초래하는 과보의 성질과 종류, 과보가 초래되는 시기나 세계, 혹은 적용되는 범위에 따라 여러 형태로 분류하지만, 기본적으로 악업과 선업으로 나누며, 다시 성격이 보다 구체적이고도 분명하여 그 결과(과실과 공덕)가 막중한 것에 따라 각기 10가지로 분류하고 있다.

살아 있는 것을 죽이는 것[殺生], 주어지지 않은 물건을 취하는 것[偸盜], 그릇된 방식으로 여인을 취하는 것[邪婬]은 신체적인 악업이고, 자신의 생각과는 다르게 말하는 것 즉 거짓으로 말하는 것[妄語], 남을 손상시키기 위해 이간질하는 말[兩舌], 남을 헐뜯기 위해 발하는 욕설[惡口], 진실이 아닌 꾸며낸 말[綺語]은 언어적인 악업이며, 탐욕[貪]과 증오[瞋]와 무지[癡]는 의식적인 악업이다.

결국 세속에서의 일체의 악업은 탐욕과 증오와 무지의 어리석음에서 비롯되며, 탐욕과 증오는 다시 무지에서 비롯된다. 그렇다면 무엇에 대해 무지하다는 말인가? 무지란 단일하고 영속적인 자아가 실재한다는 그릇된 믿음을 말하는 것으로, 이에 대해서는 다음의 '무상과 무아'편에서 자세하게 설명하게 될 것이다.

그리고 선업은 이상의 악업에서 벗어난 행위이다.

우리는 결코 우리들 자신의 행위로부터 자유롭지 못하다. 물질이 관성을 지니듯이 인간 또한 타성을 지닌다. 일찍이 행해왔던 방식대로 행하고자 하며, 살아왔던 방식대로 살아가고자 한다. 그것이 편안하기 때문이며, 거기서 벗어날 경우 고통이 따르기 때문이다. 그래서 경에서 말하지 않았던가?: "성자가 괴로움이라 여기는 것을 세간에서는 즐거움이라 여기고, 세간에서 괴롭다고 하는 것을 성자들은 즐거운 것이라고 여기네."

이처럼 초기불교에서의 업은 인간이 향수하는 일체의 세계를 낳는 원동력이 된다. 그것은 나 개인의 삶의 조건인 동시에 한 시대, 한 사회, 나아가 세계의 방향을 결정짓는 조건이 된다. 업은 죽음과 함께 끝나지 않는다. 새로운 생의 원동력이 된다.

만약 죽음과 함께 끝난다고 하면 어제와 오늘, 전 찰나와 후 찰나의 인과적 관계 또한 인정할 수 없게 될 것이며, 결국 허무주의 내지 찰나주의의 단견(斷見)에 떨어지게 될 것이다. 어제는 다만 어제였고, 오늘은 다만 오늘일 뿐인 것인가? 그리고 양자 사이는 어떠한 인과적 관계도 확인할 수 없으며, 다만 우연의 소산일 뿐인가?

만약 그렇지 않다고 한다면 오늘과 내일, 현세와 내세는 무엇에 의해 상속되는가? 우리는 대개 '나'를 통해 세계의 연속성을 확인한다. 어제의 행복했던 삶도 나의 삶이었고, 오늘의 절망스러운 삶도 나의 삶이다. 그리고 이 때의 '나'는 그 같은 온갖 경험을 향수(享受)하는 토대로서 사실상 어제의 기쁨과 오늘의 절망, 어제의 젊음과 오늘의 늙음, 어제의 태어 남과 오늘의 죽음과는 관계없는 개별적인 실체이다. 그것은 바야흐로 불생불멸의 존재이다. 그러나 그럴 경우 그것에 덧씌워진 기쁨과 절망의 현실은 다만 꿈과도 같은 무지의 환상일 뿐이기에 궁극적으로 그 같은 현실을 인정할 수 없게 될 것이며, 결국 초월주의 내지는 영속주의의 상견(常見)에 떨어지게 될 것이다.

불교에 의하는 한 우리의 세계는 업에 의해 유전(流轉) 상속한다. 그것은 죽음으로 끝나지 않고 또 다른 탄생으로 이어진다. 업을 이야기하는 한 윤회는 필연적인 것이다.

(3) 생의 유전—12연기(緣起)

그렇다면 인간 삶의 유전은 어떻게 이루어지는가? 불타는 괴로움을 일으키는 갖가지 조건들을 12갈래로 이루어진 인과의 연쇄로 나타내기도 하였다. 이를 12연기(緣起)라고 한다. 연기는 흔히 불타 깨달음의 본질로 일컬어지기도 한다.: "연기를 보는 자는 법을 보는 자이고, 법을 보는 자 연기를 보는 자이다."[13]

연기(pratītya samutpāda)란 '~을 조건[緣]으로 하여 일어난다'는 뜻으로, 일체의 세계는 다양한 원인과 조건[因緣]에 의해 성립한다는 말이다. 연기는 곧 "이것이 있으므로 저것이 있으며[此有故彼有], 이것이 생겨남으로 저것이 생겨난다[此起故彼起]."는 말로 정형화된다.[14]

---

13) 《중아함경》 권제7 〈상적유경(象跡喩經)〉.
14) 일반적으로 전자는 공간적인 동시 병존의 관계로, 후자는 시간적인 계기관계로 해석하지만, 세친(世親)에 따르면, 양 구는 12연기의 각 지분의 관계를 보다 명확히 하기 위한 것일 뿐이다. 이를테면 '무명이 있으므로 행이 있다'는 앞의 구절에 기초한 법문이고 '무명을 떠나 행은 있을 수 없다'는 뒤의 구절에 기초한 법문이라는 것이다(《구사론》 권제9, 앞의 책, pp.449~450).

이것이 있으므로 저것이 있고 이것이 생겨남으로 저것이 생겨난다. 곧 무명(無明)을 조건으로 하여 행(行)이 있으며, 행을 조건으로 하여 식(識)이 있으며, 식을 조건으로 하여 명색(名色)이 있으며, 명색을 조건으로 하여 6처(處)가 있으며, 6처를 조건으로 하여 촉(觸)이 있으며, 촉을 조건으로 하여 수(受)가 있으며, 수를 조건으로 하여 애(愛)가 있으며, 애를 조건으로 하여 취(取)가 있으며, 취를 조건으로 하여 유(有)가 있으며, 유를 조건으로 하여 생(生)이 있으며, 생을 조건으로 하여 노사(老死)의 근심과 슬픔과 번민과 괴로움이 있다.[15]

이것이 초기경전상에서 설해지는 12연기의 기본형식이다. 혹은 때에 따라 '생을 조건으로 하여 노사가 있으며, 유를 조건으로 하여 생이 있으며, 나아가 무명을 조건으로 하여 행이 있다'는 식으로 현실사태의 조건을 소급해 올라가는 방식을 취하기도 한다. 또한 어떤 경전에서는 '애'에서 시작하는 5지(支) 연기, 6처에서 시작하는 8지 연기, '식'에서 시작하는 10지 연기, 혹은 '행'에서 시작하는 11지 연기도 설하고 있기 때문에 12연기는 연기의 완성형태로 이해된다.

그러나 연기설은 경전상에서 '매우 심오한 법〔甚深法〕', 혹은 '알기 어려운 법〔難見難知法〕'으로 묘사하고 있는 것처럼, 그 의미를 알기 어려우며, 각 지분 사이의 관계 역시 분명하게 이해되지 않는다. 오늘날 일부 학자들은 12연기를 논리적인 상관관계로 파악하기도 하지만, 고래로 일 찰나 중에 이러한 12지가 동시에 함께 일어난다는 찰나연기설,[16] 12지는 여

---

15) 《잡아함경》권제12 제293경 등.
16) 예컨대 탐욕에 의해 살생하였다고 할 때, 업을 발동시키려는 어리석음이 무명이며, 그렇게 하고자 하는 의지작용이 '행'이며, 대상에 대해 인식하는 것이 '식'이며, 식과 동시에 생겨나는 상·행온과 색온이 명색이며, 명색이 머무는 감관이 6처이며, 6처가 그 대상과 그에 따른 식과 화합하는 것이 '촉'이며, 촉을 지각하는 것이 '수'이며, 수에 대한 탐욕이 '애'이며, 이와 상응하는 온갖 번뇌가 '취'이며, 취에 의해 일어나는 신업과 어업이 '유'이며, 이와 같은 온갖 존재의 생기가 '생'이며, 변이와 괴멸이 '노사'로서, 이러한 모든 법은 시간적인 전후 관계로서가 아니라 동시찰나에 일어난다는 주장이다.

러 생에 걸쳐 시간을 건너뛰어 상속한다는 것으로, 아득히 먼 과거의 무명과 '행'에 의해 '식' 등의 현생의 결과가 초래되고, 현생의 '유'에 의해 아득히 먼 미래세의 생과 노사가 초래된다는 원속(遠續)연기설, 12찰나에 걸친 인과상속이라는 연박(連縛)연기설, 그리고 과거·현재·미래의 생에 걸친 5온의 상속이라는 분위(分位)연기설 등 네 가지 해석이 시도되었다. 그리고 분위연기설이 전통적으로 정설로 인정되어 왔다. 이는 부파불교 시대 가장 유력하였던 부파 중의 하나인 설일체유부의 학설로서, 이에 따라 12연기를 삼세(三世) 양중(兩重)의 인과설로 해석하게 되었다.

여기서 '분위(avasthā)'란 상태라는 뜻이다. 즉 12지는 모두 5온을 본질로 하지만 두드러진 상태에 근거하여 각각의 지분의 명칭을 설정하였다. 이를테면 무명이 두드러진 상태의 5온을 '무명'이라 하고, 노사가 두드러진 상태의 5온을 '노사'라고 이름한다는 것이다. 이에 따르면 12지는 다음과 같이 해석된다.

무명(無明)이란 무지로서, 과거 생에서 일어난 온갖 번뇌를 말한다. 즉 일체의 번뇌는 무명과 관계하여 일어나기 때문에 과거 생에서의 온갖 번뇌를 무명이라 이름한 것이다.

행(行)이란 무명에 따라 과거 생에서 지은 선악의 온갖 업을 말한다. 앞서 업을 일으키고자 하는 충동력을 '행'이라 한다고 하였는데, 과거생의 업은 이미 결과를 낳는 힘으로서만 존재하기 때문에 '행'이라고 하였다. 반대로 현생에서의 업은 아직 결과를 완전히 낳지 않았기 때문에 '행'이라고 말하지 않는 것이다. 따라서 무명과 행은 과거 생에서 지은 두 가지 원인이다.

식(識)이란 모태 중에 잉태되는 찰나의 5온을 말하는 것으로, 이 순간에는 5온 중에 '식'이 가장 두드러지기 때문에 그것을 일시 연기의 한 갈래로 이름하게 된 것이다. 이는 말하자면 원초적 의식이라 할 수 있다.

명색(名色)이란 잉태 이후 6처가 생겨나기 전까지의 5온을 말한다. 좀 더 정확히 말하면 의처와 신처(즉 비물질의 '명'과 물질의 '색')는 이미 생겨나 있으므로 4처가 생겨나기 이전이라고 해야 하겠지만, 이러한 2처는 명색의 상태에서는 아직 그 작용이 완전하지 않기 때문에 6처가 생겨나기 이전을 '명색'이라고 하였다.

6처(處)란 여섯 감관이 생겨나면서부터 감관·대상·의식이 접촉하기 전까지의 5온의 상태를 말한다.

촉(觸)이란 감관·대상·의식이 접촉하고 있을지라도 아직 괴로움이나 즐거움의 지각이 분명하지 않은 상태의 5온으로, 이는 말하자면 태어나서부터 3~4세까지의 단계이다.

수(受)란 괴로움 등의 지각은 생겨났으나 아직 애탐을 일으키지 않은 상태의 5온으로, 5~7세로부터 14~15세까지의 단계를 말한다. 그리고 '식'으로부터 '수'에 이르는 5지(支)는 과거 생에 지은 두 원인(즉 무명과 행)에 의해 초래되는 현재 생에서의 결과이다.

애(愛)란 의복 등의 물건과 이성(異性)에 대한 갈망(渴愛)이 생겨났지만 아직 널리 추구하지 않은 상태의 5온으로, 16세 이후로부터 성년기에 이르기 전까지의 단계를 말한다.

취(取)란 갈망이 증가하여 좋아하는 온갖 물건과 이성에 대해 집착하는 상태의 5온으로, 이는 성년기에 해당한다. 앞의 '애'가 처음으로 일어난 탐이라면, 이는 그것이 강력해진 것으로, 여기에는 물질에 대한 집착〔欲取〕·견해에 대한 집착〔見取〕·종교적 신조에 대한 집착〔戒禁取〕·자아에 대한 집착〔我語取〕 등 네 가지가 있다. 따라서 '애'와 '취'는 번뇌로서, 사실상 과거 생에서의 무명과 동일한 것이다.

유(有)란 앞의 집착으로 말미암아 짓게 된 업을 말하는 것으로, 이것에 의해 미래존재(이를 當有라고 한다)를 낳게 되기 때문에 '유'라고 하였다. 이 같은 의미에서 볼 때, 이것은 과거 생에서의 '행'과 그 의미가 동일하다.

생(生)이란 전생의 업 즉 유(有)에 의해 초래되는 미래 생의 첫 찰나의 5온을 말하는 것으로, 이는 사실상 현재 생에서의 '식'에 해당한다.[17]

노사(老死)란 태어남과 더불어 이전 생에서 지은 업(즉 '유')에 의해 수동적으로 초래되는 결과로, 그런 점에서 현재 생에서의 명색·6처·촉·수에 해당한다. 그럼에도 이를 다만 노사라고 이름한 것은, 그것에 대해 기뻐하는 마음을 버리고 근심의 마음을 낳게 하기 위해서이다.

이상에서 설명한 12지(支)의 관계를 다시 요약하면 '무명'과 '행'은 과거 생에서 지은 현재 생의 원인이고, '식'에서 '수'에 이르는 5지는 그 결과이며(이상 과거·현재의 인과), '애'와 '취'와 '유'는 현재 생에서 짓는 미래 생의 원인이고, '생'과 '노사'는 그 결과이다(이상 현재·미래의 인과). 이처럼 설일체유부에서는 12연기설을 삼세에 걸친 양중(兩重) 인과, 다시 말해 시작도 끝도 없는 생사의 윤환적(輪環的) 과정으로 설명하고 있는 것이다.

이를 도표로 나타내면 다음과 같다.

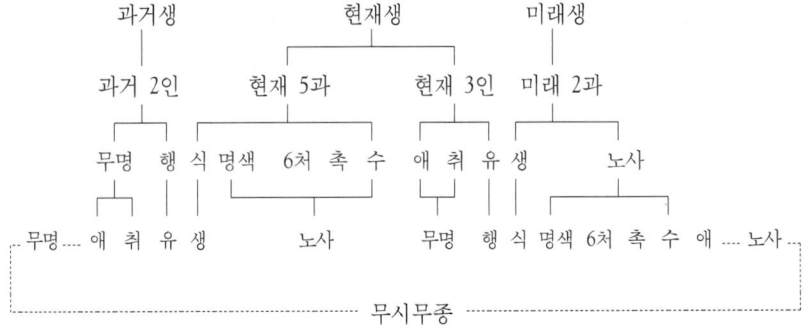

---

[17] 그럼에도 이를 '식'이라 하지 않고 '생'이라고 이름한 것은 미래세의 과보임을 나타내기 위한 것으로, 미래세 중에서는 '태어난다'고 하는 사실이 가장 두드러지기 때문이다. 그러나 현재 생에서는 의식의 작용이 가장 두드러지기 때문에 '생'이라고 하지 않고 '식'이라고 하였다(《현종론》권제14, 한글대장경200, p.368 참조).

앞서 말한 것처럼 현대 일부학자들은 이러한 태생학적인 해석을 통속적인 방편설로 폄하하기도 하지만, 12연기설은 궁극적으로 번뇌와 업과 세계의 관계를 해명하려는 것이었다. 즉 번뇌(무명)에 의해 업(행)이, 업에 의해 현실세계(식・명색・6처・촉・수)가 낳아지며, 다시 이를 토대로 번뇌(애・취)와 업(유)이 낳아지고, 그것에 의해 미래세계(생・노사)가 펼쳐진다.: '업과 번뇌가 있기 때문에 괴로움의 세계가 있는 것으로, 업과 번뇌가 생겨났기 때문에 괴로움의 세계가 생겨나게 된 것이다.' 불교사상사에서는 이 같은 연기설을 업감연기설(業感緣起說)이라고 한다.

다시 설일체유부의 논의에 따르면, 불타는 '과거・현재・미래세에 나는 존재하였던가?(혹은 존재하는가, 존재할 것인가?) 존재하지 않았던가? 존재하였다면 어떠한 존재이고, 어떠한 방식으로 존재하였던가?'에 대한 유정의 의혹을 제거하기 위해 12연기를 설하였다.[18] 인간의 삶은 과거 생으로부터 현재 생으로, 현재 생에서 다시 미래 생으로 이어지는 것으로, 그것은 영속적이고도 단일한 자아를 통해서가 아니라 오로지 번뇌와 업을 통해 이루어진다.

곧 초기불교에서 세계는 경험된 것, 다시 말해 주체적이고도 능동적인 인간 행위의 소산이다. 그리고 경험 내지 행위의 존재근거는 자아가 아니 5온이었고, 12연기는 바로 삼세에 걸친 5온의 상속을 해명하는 것이었다. 이로 볼 때 12연기설은 무아설의 연장이라고 할 수 있다.

3) 무상과 무아

불타는 당시의 사상계를, 생성 소멸하는 세계는 자아(아트만)라고 하는 불변의 실체에 근거한 것이며, 따라서 세계자체는 궁극적으로 불변의 실

---

18) 《잡아함경》 권제12 제296경.; 《구사론》 권제9(앞의 책), pp.433~434.

재라는 영속론(常住論, 정통 바라문사상)과, 세계의 생성과 소멸은 우연적인 것일 뿐 어떠한 인과적 관계도 갖지 않는다는 허무론(斷滅論, 혁신적인 사문사상)으로 구별하였다. 그러나 앞서 언급한 것처럼 궁극적 실재의 존재유무에 관한 논의는 인간의 경험을 넘어선 것으로, 희론(戱論)일 따름이다. 그래서 불타는 양자 모두를 지양하는 중도(中道)를 설하였다.

중도란 양극단의 파기이다. 즉 영속론은 우리들 경험의 범위를 초월한다는 점에서 독단이며, 허무론은 우리가 일상에서 경험하는 세계의 연속성을 부정한다는 점에서 역시 독단이다. 곧 모든 존재는 연기의 법칙에 따라 생성 소멸하는 일련의 흐름으로, 불변의 실재도 아니지만[非有] 그렇다고 단멸의 허무도 아니다[非無].

앞서 언급하였듯이 우리가 말할 수 있는 것은 오로지 변화의 영역이다. 영원한 것은 다만 사유와 언어의 세계일 뿐 현실이 아니다. 예컨대 우리는 '사랑'이라고 하면 언제나 영원하고도 단일 보편의 존재로 생각하지만, 현실의 그것은 변화하며 단일하지도 않다. 너의 사랑과 나의 사랑이 같을 수 없으며, 어제의 사랑과 오늘의 사랑 역시 다르다. 그러나 그것은 모두 '사랑'이라는 동일한 말로 치장된다. 언어란 시간과 공간을 초월하지만, 우리의 현실은 언제나 그 속에서만 존재한다.

불교에서의 언어는, 마치 손가락이 달을 가리키는 수단이듯이 다만 사물을 지시하는 도구일 뿐이지만, 현실의 세계는 언제나 추상의 언어에 은폐되어 나타난다. 우리는 언제나 우리의 사랑은 진실이고, 영원할 것이라고 생각하지만, 어느 날 문득 허망함에 직면하고 만다. 그것은 근심과 슬픔과 번민과 고통을 수반한다. 그리고 이 또한 영원한 것같이 생각되지만, 어느 날 문득 다시금 영원한 사랑을 꿈꾼다.

불교에서의 세계의 토대는 물질(色)·지각(受)·표상(想)·의지(行)·의식(識)의 5온이었다. 그러나 이것이 불변의 실체는 아니다. 우리가 경험하듯이 이 또한 변화한다. 우리의 마음은 한순간도 머물러 있지 않는다. 보다 적극적으로 말하면 찰나찰나에 생성과 소멸을 되풀이한다. 그러하기 때문에 그것의 일시적 화합물[5取蘊]인 세계 역시 생성하고 소멸하는 것이다.

뿐만 아니라 우리는 세계에 대한 경험을 통하여 자아의 존재를 확인한다. 불교에 있어 인간은 자신을 에워싼 외계로부터 독립되어 관찰되지 않는다. 다시 말해 의식적 존재인 우리 인간은 자신이 경험하는 세계와 유기적 관계를 통해서만 확인된다. 따라서 자아란 경험의 조건인 5온과는 별도로 존재하는 것이 아니라 5온의 상속을 일시 가설한 것일 뿐이다. 예컨대 불은 그 자체로서 존재하지 않으며 오로지 땔감과 관계하여 탐(작용함)으로써 그 존재성을 드러내듯이, 오로지 외계와 관계하여 인식하고 행위함으로써 드러나는 가설적인 존재이다.

'나는 뚱뚱하다'거나 '나는 꽃을 본다'고 하는 경우, 이 때 '나'란 궁극적으로는 '뚱뚱하다'는 인식, 혹은 '본다'고 하는 작용으로써 드러나는 것으로, 그 같은 인식이나 작용을 배제하고서는 그 존재를 확인할 수 없다. 자아란 다만 자아관념의 대상일 뿐 객관적으로 실재하는 것은 아니다.

'나'라고 하는 관념은 세계(곧 5온)에 대한 이기적 욕구의 결과로서, 세계에 대한 지각과 함께 일어난다. 그럼에도 '나'라고 하는 개체의 현실태는 이기적 욕구에 의해 자기개체성을 고집하기 때문에, 그러한 폐쇄된 개체성이 자아를 세계로부터 분리 독립시켜 지각에 선행하는 영속적인 실체로 간주한다. 이것이 바로 불교에서 말하는 무지의 정체이다. 무지란 곧 단일한 자아가 실재한다는 그릇된 믿음이다.

그럼에도 우리는 끊임없이 묻는다. '만약 단일하고 지속적인 자아가 존재하지 않는다면 누가, 누구를 위해 행위하는 것이며, 그 과보는 누가 받을 것인가? 자아를 부정하는 경우 결국 푸라나 캇사파처럼 행위도, 행위의 결과도 부정하고, 나아가 도덕적 책임마저 부정하지 않으면 안 되는 것인가? 불타는 무아를 설하였지만 결코 업 부정론자가 아니었으며, 도덕 부정론자는 더더욱 아니었다. 도리어 행위를 통해 자아를 규정하려고 하였고, 그렇게 함으로써 더욱더 엄격한 윤리성을 확보할 수 있었다.

첫째, 자아가 존재하지 않는다면 누가 행위하는 것인가? 우리는 대개 '내'가 존재하기 때문에 생각하고 사랑한다고 믿는다. 다시 말해 나는 생각과 사랑의 주체라고 여긴다. 그리고 그 때 생각과 사랑은 '나의 것'이기 때문에 그 자체로서 진실하다고 여긴다. 그렇다면 생각과 사랑을 일으키는 원인은 '나'인가? 그러나 우리는 차마 생각하기 싫은 것도 생각하며, 사랑하고 싶어하면서도 사랑하지 못하기도 한다. 왜일까? 그것은 조건〔緣〕이 갖추어지지 않았기 때문이다. 생각과 사랑은 수많은 조건들의 산물이다.

> 파구나가 부처에게 물었다.
> "세존이시여, 자아가 존재하지 않는다면 누가 사랑하는 것입니까?"
> 부처가 파구나에게 말하였다.
> "나는 사랑〔愛〕하는 자에 대해 설하지 않았다. 내가 만약 사랑하는 자가 존재한다고 설하였다면, 그대는 마땅히 '누가 사랑하는가?'라고 물어야 하겠지만, 그러나 그대는 마땅히 '무엇을 조건〔因緣〕으로 하여 사랑이 있게 된 것인가?'라고 물었어야 할 것이다. 그러면 나는 응당 느낌〔受〕을 조건으로 하여 사랑이 있으며, 사랑을 조건으로 하여 집착〔取〕이 있다고 대답할 것이다."[19]

즉 사랑을 포함한 일체의 행위는 수많은 원인과 조건의 산물이며, 그것을 통해 자아와 세계가 드러난다. 2만5천 가지 부품의 결합체를 일시 차(車)라고 이름할 뿐 그것과는 별도의 차가 존재하지 않듯이, 5온의 총화

---

19) 《잡아함경》 권제15 제372경; 《구사론》 권제30(앞의 책), p.1364.

를 일시 자아라고 이름할 뿐 그것의 토대가 되는 별도의 자아는 존재하지 않는다.

> 인간[衆生]은 어떻게 생겨났으며, 그 작자는 누구인가?
> 인간은 어디로부터 생겨났으며, 죽어 어디로 갈 것인가?
>
> 그대는 인간이 존재한다고 말하지만 이는 바로 악마의 견해
> 그것은 다만 몇 가지 허망한 요소의 집합일 뿐 거기에 인간은 존재하지 않는다.
> 마치 여러 부품이 화합한 것, 세간에서는 그것을 일컬어 수레라고 하듯이
> 온갖 온이 인연에 따라 화합한 것, 그것을 일시 인간이라 이름할 뿐이다.[20]

둘째, 영속적이고도 단일 보편의 자아가 존재하지 않는다면, 경험(혹은 세계)은 어떻게 지속이 가능한가? 우리의 경험이 단일하고 지속성을 갖는 것처럼 보이는 것은, 온갖 경험들이 인과적 관계를 갖고 연속적으로 일어나기 때문이다. 등불의 경우를 생각해 보자. 등불의 불꽃은 단일하며, 또한 지속하는 것처럼 보이지만, 그것은 사실상 찰나찰나 생성과 소멸을 되풀이하면서 끊임없이 타오르는 것일 뿐이다. 혹은 이 등불이 다른 등불로 옮겨 붙기도 한다. 그러나 등불의 불꽃이 그렇게 상속 전이하는 것은 등불이라는 영속적인 실체가 존재하기 때문이 아니다. 조건을 달리하는 불꽃들의 연속이 마치 지속하는 현상으로 비칠 따름이다.

강물 또한 그러하다. 실체로서의 강물이 존재하는 것이 아니라 찰나찰나 흐름의 연속일 뿐이다. 이름으로 일컬어지는 남강은 단일하고 지속적이지만—진주의 남강은 5백 년 전 논개가 몸을 던질 때에도 남강이었고 지금도 남강이지만—현실에서의 남강은 한순간도 머물러 있지 않다. 남강은 찰나찰나에 걸친 강물의 흐름일 뿐으로, 그 같은 흐름을 배제한 남

---

20) 《잡아함경》 권제45 제1202경.

강은 존재하지 않는다.

그렇다고 '등불'이나 '남강'이 존재하지 않는다는 것은 아니다. 다만 불꽃의 타오름을 가능하게 하고, 강물의 흐름을 가능하게 하는 영속적이고도 단일한 실체로서의 그것을 부정할 따름이다.

윤회 역시 그러하다. 윤회란 마치 풀벌레가 이 풀에서 저 풀로 옮겨가듯이 고정불변의 자아가 존재하여 이 생에서 저 생으로 옮겨가는 것이 아니라 연쇄적으로 일어나는 번뇌와 업을 통해 이루어진다. 경험의 지속은 부단한 생의 흐름(5온의 상속)일 뿐, 그것을 가능하게 하는 실체적인 자아에 기인한 것이 아니다.

이른바 《제일의공경(第一義空經)》이라 일컬어지는 《아함》의 한 경에서는 다음과 같이 설하고 있다.

> 업과 그 과보는 존재하지만 그 작자는 존재하지 않는다. 다만 이 온이 멸하고 다른 온이 상속할 뿐이니, 일시 개념적으로 칭명된 자아는 예외로 한다.21)

셋째, 자아가 존재하지 않는데 도덕적인 책임이 어떻게 가능한 것인가? 인간이 자신의 행위에 대해 책임져야 하는 것은 불변의 자아를 지녔기 때문이 아니라 그의 생이 인과적 연쇄로서 과거와 현재와 미래에 걸쳐 부단한 흐름으로 상속하기 때문이다. 불교의 저명한 학자인 세친(世親, Vasubandhu, 4~5세기 무렵)은 그의 《구사론》〈파아품〉 첫머리에서 그것이 어떤 형태이건 유아론(有我論)에 따르는 한 결코 해탈에 이를 수 없다고 단언하고 있다.22) 자아가 존재한다고 주장하는 한, 그에 집착함으로써 온갖 번뇌와 업이 생겨나고, 그에 따라 끝없이 유전할 것이기 때문이다.

---

21) 《잡아함경》 권제13 제355경.
22) 《구사론》 권제29(앞의 책), p.1340.

세상의 거의 모든 철학과 종교들이 한편으로는 인간이 구원되어야 할 영원한 자아(혹은 영혼)를 갖고 있다고 가르치면서, 다른 한편으로는 자비와 관용이라는 비이기성을 가르치고 있다. 자아를 갖는 한 이기성은 필연적인 것이다. 혹자는 말한다. 전자는 대아(大我)이며, 후자는 소아(小我)라고. 혹은 전자는 보편적인 자아이고, 후자는 개별적인 자아라고. 그렇다면 이같이 모순된 두 자아가 어떻게 서로 양립할 수 있을 것인가? 영원하고도 완전한 자아를 지녔음에도 어떤 까닭에서 죄를 짓게 되는 것인가?

그래서 고래로 철학의 관심은 '존재론과 윤리학은 양립할 수 없는 것인가?' 하는 문제에 집중되어 왔지만, 적어도 불타에 의하는 한 그것은 말장난에 지나지 않는다. 윤리란 존재론적인 토대 하에서만 성립한다. 세계를 어떻게 이해하는가에 따라 삶의 방식은 달라질 수밖에 없다.

초기불교에서는 그것이 어떤 형태이건 변화하지 않는 단일 보편의 존재를 인정하지 않는다. 대승불교의 윤리가 공(空)에 기초한 자비의 윤리라면, 초기불교의 윤리는 무아에 기초한 '버림(혹은 떠남)'의 윤리이다. 세계의 모든 악은 탐욕과 증오로부터 비롯되며, 그것은 바로 자아에 대한 그릇된 믿음인 무지로부터 야기된다. 자아관념(즉 我執)은 일체의 괴로움을 낳는 원인으로, 그것을 버리지 않는 한 괴로움의 속박에서 결코 벗어날 수 없다. 따라서 세속에서의 선뿐만 아니라 최고선인 열반조차 존재의 실상인 무상과 무아에 대한 통찰을 통해서만 가능하다.

12연기의 첫번째 갈래가 무명이었으며, 다음에 설할 열반에 이르는 8가지 길 가운데 첫번째 갈래가 정견(正見)인 것도 바로 이 같은 이유 때문이다. 세계[5取蘊]는 인연에 의해 생겨난 것이므로, 무상하고, 괴로우며, 진실로 '나' 혹은 나의 것이 아니다.

비구들이여, 어떻게 생각하는가? 물질은 영원한 것인가, 무상한 것인가?

무상한 것입니다, 세존이시여.
무상한 것은 괴로운 것인가, 그렇지 않은 것인가?
무상한 것은 괴로운 것입니다, 세존이시여.
만약 무상하고 괴로운 것은 변화하는 본성을 지닌 것이니, 이것을 '나' 혹은 '나의 것', 혹은 양자 모두라고 하겠는가?
그렇지 않습니다, 세존이시여.
이와 마찬가지로 지각·표상·의지·의식도 역시 그러하여, 그러한 일체의 존재는 '나'도 아니고, '나의 것'도 아니다.[23]

비구들이여, 물질은 무상한 것이며, 무상한 것은 괴로운 것이다. 괴로운 것은 '나'가 아니며, '나'가 아닌 것은 또한 '나의 것'도 아니다. 지각·표상·의지·의식도 역시 이와 같으니, 이와 같이 관찰하는 것이 진실한 바른 관찰이다. 이같이 관찰하는 자는 물질 등으로부터 해탈하리니, 나는 이러한 이를 탄생과 늙음과 병듦과 죽음, 그리고 근심과 슬픔과 괴로움의 번민으로부터 해탈한 자라고 말한다.[24]

4. 열반과 그에 이르는 길

1) 괴로움의 소멸 — 열반

불교의 궁극목표는 누가 뭐래도 열반이며, 불교사상사는 바로 '열반'이라는 개념의 이해와 그것으로 나아가는 방법의 탐구과정이었다고 할 수 있다. 열반은 '불어서 끈다'는 의미를 지닌 니르바나(nirvāṇa)의 음역(音譯)으로, 괴로움의 원인인 탐욕과 증오, 그리고 무지라는 번뇌의 불꽃이 꺼진 상태를 말한다.

이는 곧 우리에게 경험된 세계는 항상 지속하는 것처럼 보이고, 또한

---

23) 《잡아함경》 권제3 제82-87경.
24) 《잡아함경》 권제1 제9-12경.

자아와 같은 영속적 실체에 기인하는 것처럼 보이지만, 사실은 다수의 원인과 조건에 의해 조작된 것이기 때문에 궁극적으로 무상하고도 괴로우며, 실체성이 없는 것이라는 존재본성에 대한 통찰을 통해 무지와 탐욕, 그리고 집착 등의 일체의 번뇌와 그것에서 비롯되는 생사윤회의 괴로움으로부터 벗어난 상태이다. 따라서 열반을 성취한 이는 인간을 구속하는 일체의 속박으로부터 완전히 해방된 자로서, 완전한 평화(śānti)를 갖는다. 평화란 대립과 투쟁과 혼돈이 종식된 상태이기에 고요함, 적정(寂靜)으로 번역되기도 한다.

> [생사의] 여정을 모두 마친 자, 모든 것으로부터 완전히 자유로우며, 모든 속박을 끊어버렸으니, 그에게 더 이상 괴로움은 존재하지 않는다.
> 항시 깨어 있는 자, 그들은 거처에 탐하지 않으니, 백조가 연못을 떠나듯이 어리석음의 그곳을 떠난다.
> 모든 번뇌가 끊어지고, 먹을 것에 대해 무관심하며, 어떠한 것에도 속박되지 않은 자, 허공을 나는 새가 흔적을 남기지 않듯이 그들의 길에도 자취가 없다.
> 대지와 같이 너그럽고 문지방처럼 확고한 그는 성내지 않는다. 흙탕물이 없는 호수처럼 그렇게 평온한 자, 그에게 생사의 윤회는 더 이상 일어나지 않는다.[25]

> 모든 집착이 일어나는 곳을 알아 아무것도 바라지 않고, 탐욕을 떠나 욕심이 없는 성자는 무엇을 하려고 따로 구하지 않으니, 그는 이미 완전한 평화의 세계에 이르렀기 때문이다.
> 모든 것을 이기고 모든 것을 알며, 지극히 지혜롭고, 어떠한 것에 의해서도 더럽혀지지 않으며, 모든 것을 버리고 집착을 끊어 해탈한 사람, 현자들은 그를 성자라고 한다.[26]

열반에 이른 이 같은 성자를 아라한(arhan, 혹은 arhat)이라고 한다. 이

---

25) 《법구경》 VII. 90, 91, 93, 95.
26) 《숫타니파타》 210, 211.

는 '마땅히 공양을 받을 만한 분(應供)'이라는 의미이다. 진정 우리가 존경하고 공양을 바칠 이는 누구이던가? 부나 명성, 혹은 지식을 많이 가진 자인가? 이른바 성자로 일컬어지는 이들은 그들이 가진 지식과 지혜가 그들 삶에 반영되어 자유와 평화의 표본으로 드러난 이들이다. 불타가 카라마종족들에게 말한 것처럼 진리란 실제 삶을 통해 확인될 수 있을 뿐이다.

열반을 성취한 이는 완전한 자유와 평화의 표본으로, 인류의 영원한 사표(師表)이며, 그렇기 때문에 '마땅히 공양을 받을 만한 이' 즉 아라한으로 불리게 된 것이다. 불타도 물론 아라한이다. 그러나 그는 지복의 열반을 성취하였을 뿐 아니라 대비(大悲)라는 이타(利他)의 덕성까지 갖추었기 때문에, 후세 아라한과는 구별되기에 이른다.

그런데 우리는 앞서 '세계란 경험된 것이고, 경험된 일체의 세계는 괴로운 것[一切皆苦]이다'고 논의하였다. 또한 경험은 5온에 근거한 것으로, 이를 통해 자아가 확인되는 것일 뿐 그것과는 독립된 실체로서의 자아는 존재하지 않는다고 논의하였다. 그렇다면 열반이란 결국 경험의 소멸, 나아가 그것에 의해 드러나는 세계와 자아의 소멸, 곧 모든 존재의 절멸을 의미하는 것인가? 더욱이 삼세에 걸친 5온의 유전상속인 생사윤회가 괴로운 것이라고 할 때, 그것이 소멸된 상태는 어떠한 것인가?

이러한 문제는 불교도와 비불교도 사이에서뿐만 아니라 불교 내부에서도 제기되어 널리 논쟁되었던 문제 중의 하나이다. 만약 열반이 생존의 소멸, 존재의 절멸을 의미한다면, 불교는 허무주의의 나락으로 떨어질 수밖에 없다.

이러한 문제에 대해 이후 수많은 논의가 전개되지만, 결론적으로 말해 열반은 우리의 경험세계와는 차원을 달리하는 세계이다. 그것은 실증(實證)의 세계이지, 지금 여기서 우리의 경험을 토대로 한 논의의 대상이 아니다. 이에 관한 오래된 우화가 있다.

> 어느 날, 한 물고기가 뭍에 나갔다 온 거북이를 만났다. 물고기가 물었다.
> "자네 요즘 보이지 않던데 어딜 다녀왔는가?"
> 거북이 대답하였다.
> "뭍에 다녀오는 길이라네."
> 물고기가 말하였다.
> "뭍이라고? 거기가 어딘가?"
> 거북이 대답하였다.
> "그곳은 물 밖에 있는 마른 땅이라네."
> 물고기가 소리쳤다.
> "마른 땅이라고? 세상에 그런 곳이 어디 있나? 그런 곳은 상상할 수도 없는 곳이 아닌가?"
> 거북이 말하였다.
> "자네로서는 그렇게밖에 말할 수 없겠지만, 아무튼 나는 그곳에 다녀왔다네."
> 물고기가 말하였다.
> "그럼 어디 한번 말해보게. 그곳은 어떤 곳이던가? 깊은 곳인가, 얕은 곳인가? 차갑던가, 따뜻하던가? 흐리던가, 맑던가? 물이 세차게 흐르던가, 고요하게 정지되어 있던가? 거품은 얼마나 일어나던가?"
> 거북이가 그러한 모습들은 결코 보지 못하였다고 하니, 물고기가 다시 말하였다.
> "그렇다면 그곳은 결국 아무것도 아닌 곳에. 자네는 내가 물은 모든 것에 대해 그렇지 않다고 하니, 그렇다면 도대체 그게 무엇이란 말인가?"

물고기는 그의 경험을 토대로 뭍의 세계를 알려고 하였지만, 거북이는 결코 그곳에 대해 말할 수 없었다. 그곳은 필경 존재하기는 하지만, 물고기가 생각한 세계와는 그 의미와 성격이 달랐기 때문이다. 열반 또한 그와 같다.

우리는 앞서 불타가 '여래 사후(死後)의 존재유무'에 대해 침묵하였음을 기억하고 있다. 이는 5온이라는 연료가 소진되어 욕망이라는 불길이 완전히 꺼져 버린 상태이기 때문에 사후에 존재한다거나 존재하지 않는다는 식의 논의는 무의미하다. 우리들 경험상에서 비존재란 다만 '컵의 비존재'라고 하듯이 '컵'이라고 하는 구체적 사물을 전제로 한 것이지만, 연료가 이미 다하여 이제 더 이상 아무것도 전제되지 않은 어떤 상태를 두고서 다시 탄다거나 다시는 타지 않는다고 논의하는 것은 마치 거북의 털이 딱딱한가 부드러운가에 대해 논의하는 것과 같다.

> 번뇌를 소멸한 그는 더 이상 존재하지 않는 것입니까, 혹은 여전히 존재하는 것입니까? ㅡ번뇌가 다한 자에게는 그것을 헤아릴 근거가 없다. 그에게는 이제 더 이상 이렇다거나 저렇다고 말할 만한 근거가 없는 것이다. [유위의] 모든 존재가 완전히 끊어지게 되면 논쟁의 길 또한 완전히 끊어져 버린다.[27]

열반이란 우리가 생각하는 존재도 아니고 비존재도 아니다. 열반이란 바로 그 같은 양자택일적인 이원의 사유로부터 벗어나는 것이다.

그러나 다른 한편 열반이란 경험세계 자체(5온)의 소멸이 아니라 그것을 괴로움의 세계로 드러나게 하는 조건들, 이를테면 무지와 그에 따른 아집과 집착, 그리고 탐욕과 증오 등의 소멸로 이해할 수도 있다. 그것은 5온이라는 무거운 짐을 지게끔 하는 조건이 된다.[28] 그럴 때 열반은 사후가 아닌 살아 있는 동안 '지금 여기서' 획득되는 것이며, 현실의 삶을 자유롭고 풍요로운 충만함으로 이끄는 힘이 된다. 불타의 역동적인 45년 간의 삶은 바로 이 같은 열반에서 구현된 것이었다.

---

27)《숫타니파타》1075-6.
28)《잡아함경》권제3 제73경.

2) 열반에 이르는 길 — 8정도(正道)

그렇다면 이 같은 열반에 이르는 길은 무엇인가? 이에 대해서는 다양한 형태의 실천도가 제시되지만, 정견(正見)·정사유(正思惟)·정어(正語)·정업(正業)·정명(正命)·정정진(正精進)·정념(正念)·정정(正定)이라는 8정도(正道)가 가장 일반적으로 설해지는 실천도이다.

여기서 '정도' 즉 바른 도란 중도(中道)를 말한다. 중도란 서로 대립하는 양극단에서 벗어나는 것을 말한다. 예컨대 거문고 줄이 느슨하면 소리가 나지 않고 팽팽하면 끊어지듯이, 열반을 얻기 위한 수행 역시 극단적인 고행이나 지나친 쾌락을 피하고 중도를 행해야 하는 것이다. 8정도는 바로 이 같은 중도의 구체적 실현이라 할 수 있다.

불타는 이러한 실천적 중도 이외에도 세계의 실재[有]와 비실재[無], 영속[常]과 단멸[斷], 개별적 자아의 존재유무, 즉 육신과 영혼의 동일성[一]과 개별성[異], 그리고 행위자와 향수자가 동일인인가[自作自受], 동일인이 아닌가[他作他受] 하는 문제에 대해서도 역시 양자 파기의 입장을 취하고 있다. 왜냐하면 세계와 자아는 고정불변의 실체가 아니라 경험(업)을 통해 드러나는 존재이기 때문이다. 다시 말해 모든 존재는 인연에 의해 생겨난 것[緣起]이기 때문에 그 자체 실재하는 것도 아니지만, 그렇다고 허무의 단멸도 아니기 때문이다. 바로 이 같은 이유에서 불타는 바라문들의 아트만설을 비판하고 무상과 무아를 주장하면서도, 다른 일반 사문사상가들과는 달리 업을 통해 세계의 연속성을 해명하고자 하였던 것이다.

따라서 열반에 이르기 위해서는 무엇보다 먼저 이러한 존재본성에 대한 통찰이 이루어지지 않으면 안 된다. 이것이 정견(正見)이다. 경전에서는 고(苦)·집(集)·멸(滅)·도(道)의 4성제를 바로 관찰하는 것이라고 설명하고 있지만, 이 중에서도 특히 괴로움의 진리[苦諦]에 대한 통찰이 강조된다. 괴로움이 어째서 진리인가? 그것은 세계의 실상이다. 병의 실상을 알지 못하고서는 그 원인도 치유도 치유방법도 알지 못하듯이, 괴로움을 알지 못하고서는 그것의 원인도 소멸도 소멸의 방법도 알지 못하는 것이다.

그렇다면 왜 괴로운가? 무상하기 때문이며, 그렇기 때문에 무아이다. 협의로 말한다면 정견은 바로 무상과 무아에 대한 통찰이라 할 수 있다. 이는 바로 10악업 중 어리석음[癡]을 제거하는 수행도이다.

두번째, 정사유란 앞서 통찰된 내용을 마음으로 살피는 것을 말한다. 자아관념(아집)이 사라지고, 모든 것이 무상하다고 생각할 때, 더 이상 탐욕이나 증오, 남을 해코지하려는 마음이 생겨나지 않으며, 온화하고 착한 마음을 갖게 된다. 이는 곧 10악업 중 탐욕[貪]과 증오[瞋]를 제거하는 수행도이다.

세번째, 정어란 앞의 바른 생각에 따라 진실한 말, 남을 칭찬하는 말, 아름다운 말, 필요한 말만을 하는 것을 말한다. 이는 곧 10악업 중 언어적 악업인 거짓말[妄語], 이간질하는 말[兩舌], 욕하는 말[惡口], 꾸며낸 말[綺語]에서 벗어나는 수행도이다.

네번째, 정업이란 앞의 바른 생각에 따라 행동하는 것으로, 10악업 중 신체적 악업인 살생과 도둑질과 사음을 멀리하는 수행도이다.

다섯번째, 정명이란 정견에 따라 올바른 방식으로 생활하는 것, 즉 정당한 방법으로 의식주에 필요한 물자를 획득하는 것을 말한다. 특히 출가자의 경우, 관상이나 해몽 등의 미래를 점치는 일로 생활의 방편으로 삼아서는 안 된다. 정명은 바로 생활일상에서 실천해야 할 수행도이다.

여섯번째, 정정진이란 앞의 일들을 꾸준히 노력하여 물러나는 일이 없는 것을 말한다. 혹은 이미 일어난 악이나 번뇌는 제거하고, 아직 생겨나지 않은 악 등은 일어나지 않게 하며, 아직 생겨나지 않은 선은 생겨나게 하고, 이미 생겨난 선은 더욱 증진시키려고 노력하는 것을 말한다. 이를 4정근(正勤)이라고도 한다.

일곱번째, 정념이란 항상 기억하여 잊어버리지 않는 것을 말한다. 무엇을 기억해야 하는 것인가? 무상과 무아이다. 즉 몸[身]은 부정(不淨)한 것이며, 느낌[受]은 괴로운 것이며, 마음[心]은 무상한 것이며, 그 밖의 모든 존재[法]는 무아라고 항상 마음에 담아두는 것을 말한다. 이는 자신에게 경험된 세계는 청정하고, 즐거운 것이며, 영원한 것, '나' 혹은 나의 것이라는 네 가지 뒤바뀐 소견(즉 4顚倒)을 물리치는 수행도로서, 4념처(念處) 혹은 4념주(念住)라고 하여 하나의 독립된 수행방법(비파사나)으로 강조되기도 한다.

여덟번째, 정정(正定)이란 올바른 명상을 말한다. 여기서 정(定)은 삼마디(samādhi) 즉 삼매(三昧)의 번역어로서, 요가학파에서처럼 '마음의 작용을 억제하고 소멸하는 것'이 목적이 아니라 세계실상에 대한 올바른 통찰 즉 정견이 목적이다. 따라서 불교에서의 올바른 명상이란 고요함(선정, 즉 止)과 헤아림(지혜, 즉 觀)이 균등한 상태를 말하는데, 여기에는 4정려(靜慮 혹은 禪)로 일컬어지는 네 단계가 있다.

인도의 철학이 대개 그러하듯이 불교 역시 지혜를 통한 해탈을 주장한다. 그리고 이 때의 지혜는 우리가 일상에서 경험하는 '지혜롭다'거나 '똘똘하다'고 할 때의 지혜, 혹은 필로소피의 소피아(sophia) 즉 이성적 정신활동으로서의 지혜와는 다르다. 이 때 지혜는 반드시 도덕적 금계(禁戒)와 명상(禪定)에 수반되어 나타나는 것이며, 이 같은 지혜만이 우리의 삶을 본질적으로 변화시킬 수 있다.

이 또한 거의 모든 인도철학에 공통된 사실이다. 그러나 그 내용은 달랐다. 예컨대 《우파니샤드》와 자이나교에서의 통찰의 대상이 불변의 실재인 아트만 혹은 지바로 불린 자아였다면, 불교에서의 그것은 다만 무상이고 무아였다. 그러나 우리는 다만 그것을 개념적으로 알 뿐이다. '내가 없다'는 사실을 굳건한 '나'의 의식을 통해 인식하는 이율배반에 처해 있는 것이다.

불교에서는 계(戒)·정(定)·혜(慧)를 3학(學)이라고 하여, 해탈의 세 축으로 삼고 있다. 8정도 중에서 정견과 정사유는 혜학에 포함되고, 정어·정업·정명은 계학에, 정념과 정정은 정학에, 그리고 정정진은 3학 모두에 포함된다. 3학은 모든 괴로움과 속박에서 벗어난 삶으로 우리를 인도한다. 불타는 이것이야말로 바로 인류의 무거운 짐을 벗어 놓게 하는 유일한 길임을 밝히고 있는 것이다.

> 이미 무거운 짐을 벗어버렸거든 다시는 그것을 취하지 말라.
> 무거운 짐을 지는 것은 크나큰 고통이며, 그것을 버림은 크나큰 즐거움이라.
> 일체의 갈애를 끊으면 세계로의 모든 충동[行]을 다하게 될 것이니
> 존재[有]의 그 밖의 사실(짐꾼)을 통찰하면 다시는 그러한 존재로 돌아오지 않으리.29)

---

29) 《잡아함경》 권제3 제73경, 일명 〈중담경(重擔經)〉; 《증일아함경》 권제17 제4경 참조.

제6장 아비달마불교
-무아와 무상에 관한 변명-

1. 교단의 분열

앞장에서 언급하였듯이 석존은 '불타 입멸 후 교단은 누구에게 의지해야 할 것인가' 하는 아난다의 물음에 대해 '오로지 자기 자신을 등불로 삼고, 법을 등불로 삼아라'는 유훈을 남기고 있다. 이는 생사의 괴로움을 벗어나 열반에 드는 것은 오로지 자기 자신이며, 불타 역시 법을 깨달아 여래가 되었기 때문이다. 이 같은 유훈에 따라 성문(聲聞)의 제자들은 스승이 남긴 법(dharma)과 율(vinaya)을 결집(結集)하고, 그에 대한 참다운 이해와 실천을 통해 열반에 들고자 하였다.

그러나 시간이 지남에 따라 불제자들은 법과 율에 대한 입장을 달리하게 되었고, 마침내 교단은 분열하기에 이르렀다. 율장(律藏)에 따르면, 불타 입멸 후 백여 년이 지날 무렵 서방의 장로인 야사(Yasa)가 우연히 베살리를 방문하였다가 그곳의 밧지족 출신 비구들이 다음과 같은 10가지 사실을 합법적으로 시행하고 있는 것을 보게 되었다.

(1) 일반적으로 먹을 것은 다음 날까지 비축하여서는 안 되지만, 부패하지 않는 식염은 후일까지 소지하여도 무방하다[角鹽淨].
(2) 비구들은 태양이 남중하는 정오까지 식사할 수 있지만, 태양이 손가락 두 마디 정도 넘어갈 때까지는 먹어도 무방하다[二指淨].
(3) 탁발하여 한 번 식사를 마친 후라도 오전 중이라면 다른 마을에 가서 다시 탁발할 수 있다[他聚落淨].
(4) 동일 지역의 비구들은 한 달에 두 번 반드시 한곳에 모여 포살(참회의식)을 행해야 하지만, 사정에 따라 두 곳으로 나누어 시행하여도 무방하다[住處淨].
(5) 정족수에 미치지 않더라도 곧 도착할 비구의 동의를 예상하여 의결한 후, 사후에 승낙을 받아도 무방하다[隨意淨].
(6) 율(律) 규정에 없는 것은 스승의 관례에 따른다[久住淨].
(7) 식사 이후라도 응고하지 않은 우유는 마셔도 무방하다[生和合淨].
(8) 비구가 사용하는 방석은 크기가 결정되어 있지만, 테두리 장식이 없는 것이라면 크기에 제한이 없다[無緣坐具淨].
(9) 비구는 술을 마셔서는 안 되지만, 발효하지 않은 야자즙과 같은 술은 약용으로 마실 수 있다[飮闍樓伽酒淨].
(10) 출가자는 금이나 은을 가져서는 안 되지만, 부득이한 경우 이를 수납하여도 무방하다[金銀淨].

이에 야사는 그 부당함을 지적하였으나 받아들여지지 않자, 서방의 장로들에게 호소하여 이를 비법(非法)으로 배척하였다. 그리고 율장을 다시 결집하고, 경장 또한 제1차 결집의 내용을 다시 한 번 확인하기에 이르렀다.

그러나 이 같은 결정에 불만을 품은 밧지족의 비구 만여 명은 별도의 '대'결집을 시행하여 10가지 사실을 합법[淨法]으로 승인함으로써, 마침내 교단은 전통적인 계율을 고수하려는 보수적 경향의 장로들을 중심으로 한 상좌부(上座部, Theravāda)와 율조항을 자유로이 해석하려는 진보적 경향의 밧지족 비구들을 중심으로 한 대중부(大衆部, Mahāsaṃghika)로 근본분열하게 되었다.

한편 북방의 전승에 의하면, 불타 입멸 116년(또는 160년) 무렵 파탈리푸트라의 대천(大天, Mahādeva)은 다음과 같은 5가지 관점에서 불교의 이상인 아라한의 성자성을 부정하였다.

(1) 일체의 번뇌를 소멸한 아라한이라 할지라도 생리적 욕구가 완전히 없어진 것은 아니므로 천마(天魔)의 유혹에 의해 몽정하는 경우가 있다[餘所誘].
(2) 무명을 끊은 아라한이라 할지라도 번뇌나 열반에 관한 한 어떠한 무지도 없지만, 세속에 관해서는 무지한 경우가 있다[無知].
(3) 아라한은 수행과 열반에 관해서는 어떠한 의혹도 없지만, 세속의 일에 관해서는 의혹이 생기는 경우가 있다[猶豫].
(4) 아라한은 스스로 아라한과를 얻은 것을 알지 못하고 부처나 선배의 교시를 받아 비로소 득과(得果)의 자각을 획득하게 된다[他令入].
(5) '괴롭도다'라고 외침으로써 세간의 무상(無常)·고(苦)·비아(非我) 등을 통감하고, 이것에 의해 성도(聖道)에 들어간다[道因聲故起].

그리고 이에 반대하는 전통적인 장로들이 대천의 무리에게 배척받아 서북인도로 쫓겨감으로서 상좌부와 대중부의 근본분열이 일어나게 되었다.

이렇게 근본분열한 불교교단은 그 후 교법상의 해석을 둘러싸고 분열의 분열을 거듭한 끝에 불멸 4백 년(서력 기원 전후) 무렵 마침내 근본 2부를 포함하여 20여 부파로 지말(支末)분열하기에 이르렀다.

이들 각 부파의 발생사정이나 계통, 내지 그 명칭에 관해서는 여러 전승들 사이에 이설이 있어 반드시 일치하지는 않지만, 대표적 불교사서(史書)인 남전의 《도왕통사(島王統史, Dīpavaṃsa)》와 북전의 《이부종륜론(異部宗輪論)》이 전하는 분파계통은 다음과 같다.

제6장 아비달마불교   215

북전 : 《이부종륜론》(설일체유부전승)

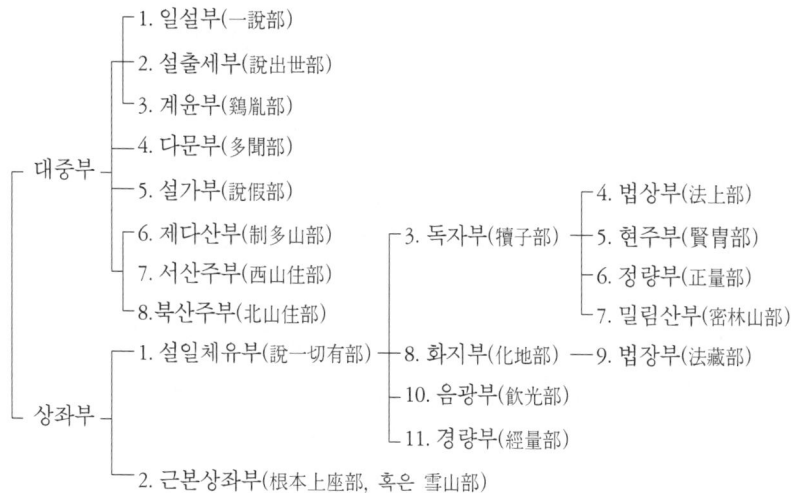

남전 : 《도왕통사》(분별설부전승)

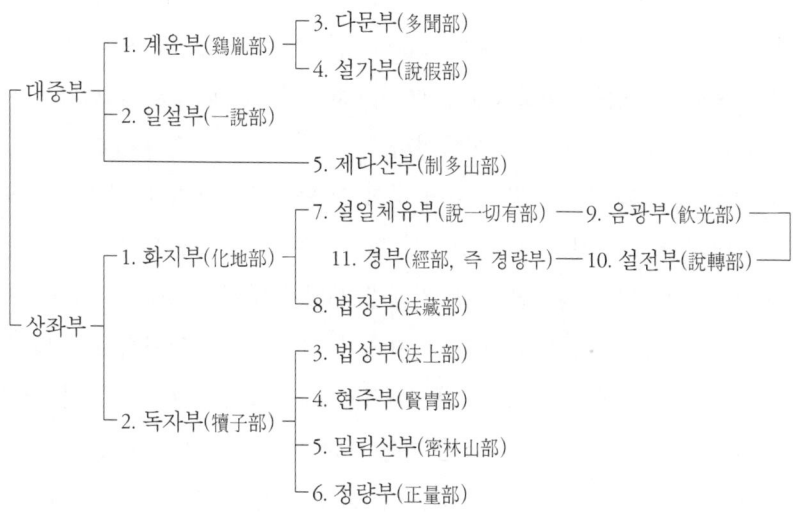

따라서 이 시기의 불교를 '부파불교'라 하며, 분열 이전의 불교를 '초기불교' 혹은 '원시불교'라고 한다. 이들 각각의 부파 명칭은 대개 그들이 주장하는 교설이나 스승의 이름, 혹은 교단의 특색 내지 그들의 거점지역에 따라 붙여진 것이다.

이를테면 설일체유부(說一切有部)는 일체법의 실재성[有]을 주장[說]함으로써 붙여진 명칭이다. 또한 일설부는, 불타는 한번의 말씀으로 일체법을 설하였다고 주장함으로써, 설출세부는 불타는 세간적 존재가 아니고 무루의 출세간적 존재라고 설함으로써, 설가부는 일체법은 실재하는 것이 아니라 가설적인 것이라고 설함으로써, 상좌부의 또 다른 명칭인 분별설부(分別說部)는 그들의 사상이 비판적(분별적)이기 때문에, 경량부는 아비달마(論)를 지식의 근거로 삼는 설일체유부와는 달리 경(經)을 지식의 근거[量]로 삼았기 때문에, 그리고 설전부는 5온의 전지(轉至) 상속을 설함으로써 붙여진 명칭이다.

또한 상좌부와 대중부는 교단의 형태에 따라 붙여진 이름이며, 법상(法上, Dharmottarīya), 현주(賢冑, Bhadrayānīya), 법장(法藏, Dharmagupta), 음광(飮光, Kāśyapīya) 등의 부파는 스승의 이름에 따라 붙여진 이름이며, 제다산, 동산주, 북산주, 독자(Vātsīputrīya, Vātsa 즉 Vaṃsa출신자), 화지부 등은 지명에 근거하여 붙여진 이름이다.

이렇듯 제 부파는 교리의 차이에 따라, 스승이나 지역에 따라 다양하게 분열하였지만, 유력한 부파도 있었고 그렇지 못한 부파도 있었다. 부파분열 이후 부파교단의 동향은 거의 전해지고 있지 않지만, 중국 구법승들의 여행기에 따르면 질적이나 양적인 면에서 대승교단을 압도하고 있다. 7세기 인도를 방문한 현장(玄奘)의 《서역기》에 의하면, 그가 방문한 불교사원의 수는 총 1,196곳으로, 대승(사원 116개소에 승려 수 19,400명)보다 소승(사원 638개소에 승려 수 130,130명)이 월등히 많았으며, 소승 중에서도 상좌부가 130곳, 대승상좌부가 71곳, 대중부가 21곳, 설일체유부가 28곳, 정량부가 351곳, 그 밖의 소승이 37곳이었다. 이로 볼 때 소승교단이 대승보다 압도적으로 우세하였으며, 소승 중에서도 특히 정량부 상좌부 유부 대중부 등의 4부가 위주였다.

그러나 그 이후에 나타난 바라문계통의 철학서에서는 일반적으로 불교에 관하여 설명할 때면, 제 부파 중 비바사사(毘婆沙師, Vaibhāṣika), 즉 설일체유부와 경량부, 그리고 대승의 중관학파와 유가행파에 대해 언급하며, 이로 인해 인도불교의 4대학파라고 하면 이 네 가지를 꼽는 것이 보통이다.

2. 아비달마 논장(論藏)의 성립

한편 불타 입멸 후 남은 제자(聲聞이라고 한다)들은 스승이 남긴 교법(敎法)을 정리 해석하고 연구하여 '아비달마(阿毘達磨, abhidharma)'로 일컬어지는 방대한 논서를 작성하였는데, 이로 인해 이 시기의 불교를 아비달마불교라고 하기도 한다. 불타 교법에 대한 정리 해석은 이미 경장(經藏) 안에서도 이루어지고 있지만(이를 論母 혹은 本母 mātṛka라고 한다), 부파분열 이후 그것은 더욱 활발하게 이루어져 마침내 경장 속에 도저히 포함시킬 수 없을 만큼 되었을 때 그것으로부터 독립하여 아비달마 논장이라고 하는 불교성전의 새로운 장르가 성립하게 되었던 것이다.

아비달마의 '아비(abhi)'는 '~에 대한', '뛰어난' '최상의'라는 의미로, '불타교법(dharma)에 대한 논의[對法]' 혹은 '(불타교법 중의) 뛰어난 법[勝法]'이라는 정도의 뜻이다. 즉 그들은 교법에 대한 참다운 이해를 통해 불타의 깨달음[自證法]을 추구하고자 하였던 것이다.

불타는 결코 철학자나 논리학자가 아니었다. 앞서 살펴보았듯이 그의 주된 관심은 인간과 세계에 대한 정교한 철학적 이론을 구성하는 데 있었던 것이 아니라 우리가 현실적으로 경험하고 있는 괴로움으로부터 벗어나게 하는 데 있었다. 따라서 그의 설법 역시 반드시 철학적인 논거나 논리적 일관성을 지닐 필요는 없었다.

마치 모든 환자에게 일률적으로 약을 투여하는 것이 아니라 병의 상태에 따라 각기 다르게 투여하듯이, 그의 말씀 또한 듣는 이의 능력에 따라 다양한 형식과 내용으로 설해졌다. 이를테면 산문의 설법으로써 뿐만 아니라 그의 인품만으로 중생을 교화하기도 하였고, 어떤 때에는 침묵으로, 혹은 비유나 우화, 시적 감흥, 혹은 문답이나 철학적 논의를 통해 교화하기도 하였다. 곧 괴로움이나 지적 능력은 사람들마다 동일하지 않았으며, 그들에게 실제적 이익을 주고자 하는 것이 불타의 주된 목적이었기 때문이다.

그러나 불타가 입멸한 후 여러 경에서 잡다하게 설해지고 있는 온갖 내용들을 일관되게 정리하고 해석하지 않으면 안 되었다. 불타가 살아 있는 동안은 그가 바로 진리의 표본이었기 때문에 그럴 필요성을 느끼지 못하였지만, 입멸 후 그것은 필연적이고도 불가피한 일이었다. 또한 여러 부파로 분열함에 따라, 혹은 바라문교의 새로운 도전에 따라 보다 정교한 이론적 체계를 갖추지 않으면 안 되었고, 그에 따른 논리적 난점들을 극복해야만 하였던 것이다.

《대비바사론》에 따르면, 경이란 아직 정법(正法)에 들지 못한 초입자에게 선근을 심고 정법에 들어가게 하기 위해 근기에 따라 설해진 잡설(雜說)이라면, 아비달마는 이미 정법에 들어 계율을 수지한 자로 하여금 세계존재의 실상을 통달하게 하기 위해 설해진 것이다. 그래서 아비달마는 경전상에 설해지고 있는 수많은 개념들을 정리 해석하고, 그것들 사이의 상호관계를 밝히고 있어 외견상 번잡한 이론적 체계를 띠게 되었지만, 아비달마가 궁극적으로 지향하는 바는 인간과 세계에 관한 통찰이었다. 그리고 그것은 바로 무상(無常)과 무아(無我)였다.

그러나 모든 부파가 자신의 독자적인 아비달마를 편찬하였다고는 보기 어려우며, 유력한 부파만이 이를 전승하였던 것으로 추측된다. 오늘날 현존하는 아비달마논서는 대개 상좌부와 설일체유부 두 파에 한정되어 있으며, 그 밖의 부파의 것은 사실상 얼마 되지 않는다.

상좌부에서 성전으로 꼽는 논장은 기원전 250년 무렵부터 50년 사이에 걸쳐 성립한 《법집론(法集論, Dhammasaṅgani)》《분별론(分別論, Vibhaṅga)》《논사(論事, Kathāvatthu)》《인시설론(人施設論, puggalapaññatti)》《계론(界論, Dhatūkathā)》《쌍론(雙論, Yamaka)》《발취론(發趣論, patthanā)》 등의 7론 뿐이며, 5세기 무렵 붓다고샤(Buddhaghośa)의 《청정도론》에 이르러 하나의 완성된 사상체계를 실현하게 된다.

설일체유부의 경우 《집이문족론(集異門足論)》《법온족론(法蘊足論)》《시설족론(施設足論)》《식신족론(識身足論)》《계신족론(界身足論)》《품류족론(品類足論)》과 《발지론(發智論)》 등 7론을 근본아비달마로 꼽고 있다. 특히 《발지론》은 가다연니자(迦多衍尼子, Kātyāyanīputra)의 저술로, 앞의 6론이 각기 근본적이고도 개별적인 특정의 문제를 논의하여 유부교학상에서 발[足]에 해당하는 것이라면, 이것은 유부교학을 전체적으로 조직하고 있기 때문에 몸[身]에 해당하는 것이라 하여 전통적으로 《발지신론》이라 일컬어져 왔다.

이후 이에 대한 백과사전식의 방대한 주석서인 《아비달마대비바사론(阿毘達磨大毘婆沙論)》이 편찬되고, 다시 이것의 요강서라고 할 만한 《아비담심론(阿毘曇心論)》 등을 거쳐 역시 5세기 무렵 세친(世親, Vasubandhu)에 의해 《구사론(俱舍論)》이 저술되었다. '구사(kośa)'란 창고 곳간의 뜻으로, 4성제를 논의의 골격으로 삼아 아비달마의 요지를 간추린 논이다.

즉 이 논은 전 9품으로 이루어져 있는데, 제1〈계품(界品)〉과 제2〈근품(根品)〉은 총론으로 세계를 구성하는 온갖 존재[諸法]의 본질과 작용에 대해 밝히고 있다. 그리고 제3〈세간품〉과 제4〈업품〉제5〈수면품(隨眠品)〉에서 고(苦)의 실상과 그 원인과 조건이 되는 업과 번뇌에 대해, 제6〈현성품(賢聖品)〉과 제7〈지품(智品)〉제8〈정품(定品)〉에서 고멸(苦滅)의 열반과, 그 원인과 조건이 되는 지혜와 선정에 대해 논설하고 있으며, 제9〈파집아품(破執我品)〉은 부록으로, 유아론에 대해 비판하고 있다.

《구사론》은 설일체유부의 사상체계를 상세히 밝히고 있을 뿐만 아니라 특히 수많은 불교술어에 대해 명쾌하게 정의하고 있기 때문에 이후 불교학의 기초가 되는 교과서로서 이용되었으며, 다른 어떤 논과도 비교할 수 없는 위치를 차지하게 되었다. 그러나 여기에는 경량부의 입장에서 유부의 학설을 비판한 부분도 없지 않아 카슈미르계 유부에서는 이를 인정하지 않았으며, 중현(衆賢)은 《순정리론(順正理論)》과 《현종론(顯宗論)》을 저술하여 이를 다시 비판하고 정통 유부학설을 밝히기도 하였다.

3. 무아와 무상에 관한 변명

1) 세계의 조건들—5위(位) 75법(法)

초기불교에 있어 세계는 경험된 것이며, 자아란 그 같은 경험을 통해 드러나는 가설적 존재였다. 그리고 경험의 조건이 12처 18계 5온 등이었다. 그런데 아비달마불교에서는 경험의 조건들을 경설에 근거하여 보다 적극적으로 분석하는데, 이를 제법분별(諸法分別)이라고 한다. 여기서 법(dharma)이란 원래 '유지하다' '지탱하다'는 뜻으로, 세계를 유지 지탱하는 법칙 질서 등을 뜻하지만,1) 아비달마불교에서는 보통 존재의 구성요소라는 뜻으로 쓰여지고 있다. 이를테면 수레라고 하는 개체는 그것을 구성하는 바퀴 축 등의 수많은 부품에 의해 유지되는 주관적 관념에 지나지 않는다.

즉 '법'이란 부품의 경우와 마찬가지로 인간의 인식 내지 경험을 구성하는 조건으로서, 개별적이고도 더 이상 환원 불가능한 독립된 실체이다. 이것은 자기만의 고유한 특성과 작용을 지닌 것으로 정의된다. 자신의 고유한 특성과 작용을 지닌 것, 이것만이 궁극의 존재[勝義有]이며, 이러한 온갖 존재가 인연 화합함으로써 드러나는 인간 내지 자아란 다만 주관적 관념[世俗有]에 지나지 않는다.

아비달마불교에서는 이러한 법으로 색법(色法, 11가지)・심법(心法, 한 가지)・심소법(心所法, 46가지)・불상응행법(不相應行法, 14가지)・무위법(無爲法, 3가지)의 다섯 갈래, 75가지 법으로 분별한다. 이를 5온과 비교하면 색온과 식온은 그대로 색법과 심법에 해당한다. 행온은 마음과 평등한 관계로서 상응(관계)하는 행과 상응하지 않는 행으로 나누어, 전자를 수・상의 2온을 포함하는 심소법에 포섭시켰으며, 후자를 따로이 독립시켜 불상응행법으로 분류하였다. 그리고 여기에 생성과 소멸이라고 하는 경험적 세계의 특성을 수반하지 않는 법을 무위법으로 설정하여 이른바 '5위(位) 75법(法)'의 체계를 성립시켰던 것이다.

(1) 물질적 존재 ― 색법(色法)

색이란 물질일반을 말한다. 물질이란 곧 시간적인 변이성과 공간적인

---

1) 본서 제1장 2. '철학과 종교'를 참조바람.

점유성을 지닌 존재를 말한다. 물질의 최소단위는 극미(極微)로서, 견고성·습윤성·온난성·운동성을 본질로 하는 지(地)·수(水)·화(火)·풍(風)의 4대종(大種)을 갖추고 있기 때문이다. 여기서 대종(mahābhūta)이란 보편적 존재라는 의미로, 견고성의 '지'는 물체를 능히 보지(保持) 저항하게 하는 작용을 갖고 있으며, 습윤성의 '수'는 물체를 포섭하여 흩어지지 않게 하는 작용을, 온난성의 '화'는 물체를 성숙하게 하는 작용을, 운동성의 '풍'은 물체를 동요하게 하는 작용을 갖고 있다.

따라서 '지'라고 하지만 그것은 우리가 보는 땅은 아니다. 땅 역시 극미의 집합인 이상 4대종을 모두 갖추고 있다. 땅은 다만 견고성이 두드러진 물질일 뿐이다. 마찬가지로 '수'라고 하지만 그것은 우리가 보는 물은 아니다. 물 역시 4대종을 모두 갖추고 있지만 습윤성이 두드러지게 나타난 물질이다. 그러나 다시 어떤 조건에 의해 견고성이 두드러지게 나타날 경우 그것은 얼음이 되고, 온난성과 습윤성이 두드러지게 나타날 경우 끓는 물이 되며, 운동성이 두드러지게 나타날 경우 증발하여 기체로 날아가게 될 것이다. 이같이 4대종 중 어느 것이 두드러지게 나타나는가에 따라 그 물질의 성격이 규정되는데, 이를 사대은현(四大隱現)이라고 한다.

우리가 경험하는 모든 물질은 이러한 4대종과 그 복합물(所造色, 이차적 물질)인 색(色)·향(香)·미(味)·촉(觸)의 결합체이다. 그리고 이 같은 물질적 존재에는 구체적으로 안(眼)·이(耳)·비(鼻)·설(舌)·신(身)의 5근(根)과, 색(色)·성(聲)·향(香)·미(味)·촉(觸)의 5경(境), 그리고 무표색(無表色) 등 11가지가 있다.

5근이란 다섯 가지 감각기관을 말한다. 여기서 '근(indriya)'이란 '인드라 신에 상응하는 힘' '인드라 신에 속한 영역'의 뜻으로, 신체 중에서 가장 밝게 빛나며 두드러지게 뛰어난 힘을 말한다. 따라서 안근이라고 함은 그냥 거친 물질덩어리의 눈(이를 扶塵根이라 한다)을 말하는 것이 아니라 이에 따라 외계대상[色境]을 취하여 안식(眼識, 시의식)을 낳게 하는 미묘한 작용의 눈(이를 勝義根이라 한다)을 말한다. 그리고 이근은 소리를 취하여 이식(耳識, 청의식)을 낳게 하는 색이며, 비근은 향을 취하여 비식(鼻識, 후의식)을, 설근은 맛을 취하여 설식(舌識, 미의식)을, 신근은 촉(觸)을 취하여 신식(身識, 촉의식)을 낳게 하는 색이다.

5경은 5근의 대상으로, 여기서 '경(viṣaya)'이란 경계 대상의 뜻이다.

그리고 무표색(無表色)이란 설일체유부의 특유의 개념으로 외부로 표출되지 않은 색을 말한다. 유부에 따르면 외부로 표출되는 신체적인 행위는 형태를, 언어적인 행위는 말소리를 본질로 하는데, 행위된 순간 눈에 보이지 않는 형태의 잠재세력을 낳아 이후 우리의 삶에 영향을 미친다. 유부에서는 이것을 무표업(無表業)이라고 하였는데, 밖으로 드러난 업의 본질이 물질(즉 형태와 말소리)이기 때문에 이 역시 물질의 일종으로 간주하여 무표색이라고 하였다.

다시 말해 이것은 비록 극미로 이루어져 있지 않고, 공간적 점유성도 지니지 않을뿐더러 그 특성인 형태를 갖지 않을지라도, 나무가 움직일 때 그 그림자도 따라 움직이는 것처럼 4대종을 원인으로 하기 때문에 색법에 포섭시켜 제6의식의 대상(즉 法處에 포섭되는 색)으로 규정하고 있는 것이다.

(2) 마음 — 심법(心法)

마음 자체는 단일하지만 그것이 발동하게 되는 근거에 따라 안식(시의식)·이식(청의식)·비식(후의식)·설식(미의식)·신식(촉의식)·의식(사유의식)으로 분류된다. 그렇지만 작용하는 상태에 따라 각기 달리 불리기도 한다. 즉 의식작용[心所]이나 신(身)·어(語)·의(意)의 3업을 불러일으키기 때문에 칫타(citta, 心 즉 集起)라 하고, 생각하고 헤아리기 때문에 마나

스(manas, 意 즉 思量)라고도 하며, 사물을 식별 인식하기 때문에 비즈냐나(vijñāna, 識 즉 了別)라고도 한다.

아비달마불교에서는 어떠한 경우에도 마음을 대승의 유식(唯識)에서처럼 현상세계를 가능하게 하는 씨앗(種子), 혹은 진여심이나 일심과 같은 유위와 무위의 일체의 세계를 가능하게 하는 근원적이고도 본질적 존재로 이해하지 않는다.2) 마음이란 무엇인가? 예컨대 '오늘 날씨가 좋다', '이 좋은 날 무엇을 하면 좋을까', '소풍을 가야겠다', 그리하여 마침내 소풍을 나서게 하는 존재, 그것이 바로 마음이다.

(3) 마음의 작용 — 심소법(心所法)

그런데 기이하게도 유부 아비달마에서는 마음의 작용(혹은 의식작용)을 마음과는 별도의 존재로 이해하고 있다. 예컨대 나에게 분노가 일어났다고 하자. 이 때 분노는 어떤 대상에 대한 지각·표상·의사·판단, 나아가 어리석음 미움 원한 분노 등 마음의 온갖 작용이 각기 개별적인 실체로서 마음과 동시에 생겨난 것이라고 말하고 있다.

그들에 의하면, 세계를 구성하는 온갖 존재는 각기 자기만의 고유한 특성과 작용을 지니고 있기 때문에 하나의 인식이 완전하게 이루어지기 위해서는 그것들이 동시에 생겨나야만 하는 것이다. 다시 말해 그것들이 동시생기하지 않고 계기(繼起)한다면, 각각의 작용은 찰나에 생멸(生滅)하기 때문에 하나의 완전한 인식을 이룰 수 없게 되고 만다.

그러나 마음의 작용과 마음은 절대적으로 관계(이를 相應이라 한다)하여 일어난다. 예컨대 어떤 순간에 안근과 항아리를 근거로 하여 항아리의 형상(이미지)을 띤 하나의 마음이 생겨났다면, 동일한 순간 동일한 감관과

---

2) 다만 대중부계통에서는 마음 그 자체는 본래 청정한 것[心性本淨]이며, 번뇌는 거기에 덧씌워진 것일 뿐 본래적인 것이 아님[煩惱客塵]을 주장하고 있다.

대상을 근거로 하여 동일한 형상을 띤 하나의 지각, 하나의 표상, 하나의 판단 등이 반드시 함께 생겨난다. 따라서 온갖 마음의 작용은 결코 단독으로 일어나는 것이 아니라 마음과 함께 일어나며, 마음 역시 자신의 고유한 작용(인식 즉 요별)을 이행하기 위해서는 반드시 마음의 작용을 수반해야만 한다. 그래서 마음의 작용(心所)을 상응법(相應法)이라고도 한다.

유부에서는 이러한 마음의 작용에 대해 다시 여섯 갈래, 46종류로 극단적일 만큼 자세하게 분별하고 있다. 간략하게 그 명칭만을 나열해 보면 다음과 같다.

첫째 대지법(大地法) : 선·불선·무기 등 어떠한 마음도 그것이 일어나기 위해서는 반드시 지각(受)·표상(想)·의지(思)·감각(觸)·의욕(欲)·판단(慧)·기억(念)·주의 경각(作意)·확인 결정(勝解)·집중(三摩地)의 열 가지 의식작용과 상응해야 한다.

둘째 대선지법(大善地法) : 선한 마음이 일어나기 위해서는 맑음(信)·게으르지 않음(不放逸)·경쾌함(輕安)·평정(捨)·공경 혹은 스스로에 대한 부끄러움(慚)·죄과나 남에 대한 부끄러움(愧)·무탐(無貪)·무진(無瞋)·어짐(不害)·노력(精進)의 열 가지 의식작용과 상응해야 한다.

셋째 대번뇌지법(大煩惱地法) : 선이나 악은 아니지만 올바른 지혜가 생겨나는 것을 방해하는 염오(染汚)한 마음이 일어나기 위해서는 어리석음(癡)·게으름(放逸, 불방일의 반대)·노력하지 않음(懈怠, 정진의 반대)·맑지 않음(不信, 신의 반대)·침울(惛沈)·들뜸(掉擧, 捨의 반대)의 여섯 가지 의식작용과 상응해야 한다.

넷째 대불선지법(大不善地法) : 불선(악)의 마음이 일어나기 위해서는 무참(無慚, '참'의 반대)과 무괴(無愧, '괴'의 반대)의 의식작용과 상응해야 한다. 즉 이러한 두 가지 의식작용에 의해 인과부정의 사견(邪見)과 인과도리에 미혹하는 무명(無明)이 생겨나며, 이로 말미암아 온갖 악행을 범하게 되기 때문에 불선이다.

다섯째 소번뇌지법(小煩惱地法) : 분노(忿)·위선(覆)·인색(慳)·질투(嫉)·싫어함(惱)·핍박이나 해침(害)·원한(恨)·아첨(諂)·사기(誑)·교만(憍)의 열 가지는 대번뇌지법 중의 어리석음(癡 혹은 無明)과 관계하여 일어나는 의식작용이다.

여섯째 부정지법(不定地法) : 추구(尋)·살핌(伺)·졸음(睡眠)·후회(惡作)·탐욕(貪)·미워함(瞋)·자만(慢)·의심(疑)의 8가지는 어떠한 마음과도 관계할 수 있는 의식작용이다.

(4) 마음과는 상응하지 않는 힘 — 불상응행법(不相應行法)

경험이나 인식의 조건은 이것만이 아니다. 예컨대 '마음에 분노가 생겨났다'고 할 경우, 분노를 생겨나게 하는 힘, 분노를 마음의 상속상에 획득되게 하는 힘, 그리하여 그로 하여금 범부로 불려지게 하는 힘과 같은 추상적인 힘 또한 존재범주의 하나로 설정되지 않으면 안 된다.

이러한 힘은 물질도 아니고, 마음과 상응하지도 않기 때문에 불상응행법(不相應行法)이라고 하는데, 여기에는 획득하게 하는 힘(得)·획득하지 못하게 하는 힘(非得)·보편성(同分), 마음의 상속을 일시 끊어지게 하는 힘인 무상과(無想果)·무상정(無想定)·멸진정(滅盡定), 생명(命), 생성(生)·지속(住)·변이(異)·소멸(滅)하게 하는 힘, 그리고 말의 의미를 드러내게 하는 힘인 단어(名身)·문장(句身)·음소(文身) 등의 14가지가 있다.

이는 말하자면 부분적으로 존재양태에 관한 관념을 추상화시켜 얻은 개념으로, 유부에서는 이를 하나의 개별적인 실체 즉 법으로 파악하고 있는 것이다.

(5) 무제약적 존재 — 무위법(無爲法)

이상의 네 종류 72가지의 법은 다양한 인과적 관계로써 조작되어 생성 소멸하는 우리들 경험세계를 구성하는데, 이를 유위법이라고 한다. 이에 대해 무위법이란 인과적 제약을 갖지 않는 존재, 따라서 더 이상 소멸하지도 않는 존재를 말한다. 유부 아비달마에서는 여기에 색법의 장(場)이 되는 허공(虛空)과, 더 이상 번뇌를 수반하지 않는 무루의 지혜에 의해 존재실상을 분별 간택(簡擇)함으로써 획득되는 번뇌소멸의 열반[擇滅]과, 인연이 결여되어 생겨나지 않은 존재[非擇滅] 등 세 가지를 들고 있다.

초기불교 이래 세계란 궁극적으로 신(혹은 단일한 실재)에 의한 것도 아니며, 우연의 산물도 아니다. 그것은 다만 의식적이든 무의식적이든 자신의 의지(욕망)에 따라 경험된 세계로서, 앞서 열거한 제법이 원인과 조건(즉 인연)으로서 화합하여 생겨난 것이다. 즉 무위법을 제외한 일체의 유위법은 그 자체 단독으로서는 결코 현상하지 않으며 다른 법을 조건으로 삼아 비로소 결과로 나타나게 된다. 다시 말해 세계란 온갖 인연(因緣)이 화합한 것이다.

여기서 '인(hetu)'이란 직접적 혹은 일차적인 원인을 말한다면, '연(pratyaya)'이란 간접적 혹은 이차적인 원인을 말한다. 말하자면 '인'이 원인이라면, '연'은 원인으로 하여금 결과를 낳게 하는 조건이다. 예컨대 싹은 씨앗으로부터 생겨나지만 씨앗이 바로 싹이 되는 것은 아니다. 그것은 수분이나 광선 온도 등의 일정한 조건 하에서만 비로소 싹을 낳게 된다.

어떤 이에게 분노(소번뇌지법의 하나)가 생겨났다고 하자. 그의 세계는 어떠하며, 그는 누구인가? 그의 세계는 분노의 세계이며, 그는 '분노하는 자'이다. 그리고 분노가 극에 치달아 욕설을 하거나 살인을 하게 될 경우, 그는 '욕쟁이'나 '살인자'와 같은 또 다른 존재위상을 획득하게 될 것이며,

그러한 행위는 다시 눈에 보이지 않는 형태로 잠재하면서 우리의 삶을 결정짓는 또 다른 조건이 된다. 그럴 때 우리의 현실존재를 규정하는 분노의 제 조건은 무엇인가?

곧 아비달마불교에서는 궁극적으로 그 같은 세계의 제 조건을 분석 해체함으로써 세계의 속박으로부터 벗어나고자 하였다. 유부에 의하는 한, 분노는 마음에 의해 조작된 것도 아니고, 자아에 의해 생겨난 것도 아니며, 신의 의지 또한 아니다. '분노하는 마음'이란 말 그대로 찰나 생멸하는 마음의 상속상에 분노가 획득된 상태로서, 그것은 어떤 대상에 대한 인식과 동시에 일어나기 때문에 지각[受]이나 표상[想] 등 인식의 보편적 작용인 대지법과 무참·무괴의 대불선지법, 그리고 대번뇌지법의 무명과 반드시 함께 생겨난다. 곧 분노가 일어나는 조건을 분석 관찰함으로써 비로소 그 같은 분노의 세계는 유위제법에 의해 조작된 세계로서, 항구적이지 않고 실체적인 것도 아니며, 진실로 나의 분노가 아니라는 판단[慧]을 이끌어낼 수 있는 것이다.

우리는 우리가 경험하는 세계가 단일하며 영속적인 것이라고 믿는 성벽이 있다. 분노가 일어나 극에 달하면 '나'의 세계는 오로지 분노의 세계일 뿐이며, 그것은 항구적이라고 믿는다. 누구도 그것을 다만 스쳐 지나가는 일시적 감정이라고 여기지 않는다. 이는 분노가 소멸(이는 지혜의 간택에 의한 소멸 즉 택멸의 열반이 아닌 無常滅이다)한 다음의 생각일 뿐이다. 그리하여 분노를 밖으로 표출시키거나 혹은 그렇지 못할 경우 절망하며, 그로 인해 또 다른 세계를 경험한다. 그것이 윤회이다.

유부의 제법분별은 바로 세계(예컨대 분노)란 단일하지도 항구적이지도 않으며, '나' 혹은 '나의 것'이 아니라는 판단을 낳기 위한 이론이며, 그 실천도(道) 또한 이 같은 사실의 통찰[見道]과 되새김[修道]에 지나지 않는다.

2) 제법의 삼세실유(三世實有)

앞서 언급한 것처럼 '법'으로 일컬어지는 온갖 존재의 요소들은 자신의 고유한 특성과 작용을 갖는 실체로서, 과거·현재·미래의 삼세에 걸쳐 실재한다. 그래서 이 부파는 설일체유부(說一切有部) 즉 '일체의 법이 실재한다고 주장하는 부파'라는 명칭으로 불려지게 되었고, 이른바 삼세실유(三世實有) 법체항유(法體恒有)가 이 부파의 기본명제가 되었다. 그러나 불타는 분명 무상(無常)을 설하였는데, 어째서 삼세가 실유이고, 법체가 항유라는 것인가?

그렇다면 또한 우리들 경험상에 나타나는 세계의 지속적 현상은 어떻게 해명해야 할 것인가? 오늘 그를 사랑하는 내 마음은 어제와 다름이 없고, 앉아 있는 의자 또한 그러하다. 만약 미세한 변화가 생겼다면 변화하기 전의 그것과 변화한 후의 그것의 관계는 무엇인가? 아비달마에서는 바야흐로 이 같은 문제에 대해 해명하여야만 하였다.

여기서 잠시 설일체유부의 시간관에 대해 살펴볼 것 같으면, 시간(kāla)이란 객관적으로 독립된 실체, 즉 '법'이 아니라 다만 생멸변천하는 유위제법에 근거하여 설정된 개념일 뿐이다. 이는 아비달마불교 뿐만 아니라 불교일반의 일관된 시간관이기도 하다.

시간은 어디에 존재하는가? 우리는 무엇을 통해 시간의 존재를 확인하는가? 시계인가? 그렇다면 시계가 발명되기 전에는 시간이 존재하지 않았는가? 우리는 다만 해가 뜨고 짐에 따라, 달이 차고 기움에 따라, 나뭇잎이 움트고 낙엽이 짐에 따라 시간이 흘러감을 안다.

《구사론》〈세간품〉에서는 시간의 단위로서 찰나(kṣaṇa)·달찰나(tatkṣaṇa; 120찰나)·납박(lava; 60달찰나)·모호율다(muhūrta; 30납박)·하루(30모호율다)·한달(30일)·일년(12달), 나아가 우주가 생겨나 소멸하여 허공이 되는 시간인 대겁(大劫)을 설하기도 하지만, 그것은 다만 세간의 변화를 구획하여 개념지운 것에 불과하다. 다시 말해 그것들은 모두 5온을 본질로 한다.3)

이처럼 세간에서의 시간[世]은 유위제법을 근거[路]로 하기 때문에 세로(世路, adhvan)라고도 한다. 시간이란 곧 유위제법의 이명(異名)이다. 따라서 '삼세실유'는 미래·현재·과거라는 시간 자체가 실재한다는 말이 아니라 삼세에 걸친 유위제법의 실유를 의미하며, 그것은 결국 '법체항유'와 다른 말이 아니다. 즉 우리가 경험하는 현상의 생멸변화는 다만 제법의 작용이 그러한 것일 뿐 제법 자체는 항상 실재한다. 다시 말해 제법 자체는 삼세에 걸쳐 실재하지만, 그것이 처한 상태[位]가 동일하지 않기 때문에 삼세라는 시간적 변화의 차별이 있게 된다는 것이다.

이것이 정통유부의 학설로 승인된 세우(世友, Vasumitra)의 위부동설(位不同說)이다. 그는 말한다.: "이를테면 동일한 주판알이라고 할지라도 일의 위치에 놓여지게 되면 일이라고 일컬어지고, 백이나 천의 위치에 놓여지게 되면 백이나 천으로 일컬어지듯이 어떤 법이 아직 작용하지 않는 상태에 놓여 있을 때를 미래라 하고, 지금 작용하고 있는 상태를 현재라고 하며, 이미 작용을 마친 상태를 과거라고 하지만, 법 자체로서는 동일하다."4)

그러나 일체제법이 삼세에 걸쳐 실재한다는 주장은 바로 '현상의 모든 존재(諸行)는 무상하다'는 불교의 기본명제와 모순되며, 이는 바로 이 무파가 다른 부파로부터 비판받고 논란의 대상이 되었던 문제일 뿐더러 대승의 일차적 타켓이 되었던 문제이기도 하다.

즉 대승의 반야(般若) 공사상에 의하는 한, 자아는 물론이거니와 법 또

---

3) 《구사론》 권제12(권오민 역, 동국역경원, 2002), p.559.
4) 《구사론》 권제20(앞의 책), p.912.

한 공이다. 어떠한 경우라도, 설혹 택멸의 열반이라 할지라도 자신의 고유한 특성을 갖지 않는다. 이른바 일체개공(一切皆空)이다. 그래서 반야경전의 핵심인 《반야심경》에서는 5온・12처・18계의 분별도, 12연기의 유전과 환멸도, 나아가 세속의 고(苦)와 열반의 고멸(苦滅)을 설한 4성제도, 그에 관한 지혜[智]와 지혜의 획득도 모두 자신만의 고유한 본성을 갖지 않는 허망한 것임을 밝히고 있는 것이다.5)

유위의 모든 법이 무상하다는 것은 초기불교 이래 불교의 기본입장이었다. 그런데 이 같은 무상과 제법의 삼세실유는 얼핏 보면 서로 모순되는 것 같지만 이 두 문제는 모순없이 함께 성립하며, 나아가 모든 존재의 무상성은 바로 제법의 실유를 통하여 비로소 확실하게 해명될 수 있다고 유부의 논사들은 생각하였다. 나아가 그들은 도리어 무상의 보다 적극적인 표현인 찰나멸론을 주장하였다. 이는 곧 한 찰나에 생성과 소멸을 되풀이한다는 주장으로, 어떠한 것도 시간적 지속성을 갖지 않는다는 말이다.

유부의 법유론(法有論)은 찰나멸(혹은 무상)의 이론을 보다 적극적으로 해명하기 위한 이론이라 할 수 있다. 필자가 생각하는 불교철학의 중심이론은 궁극적으로 상속의 이론이다. 즉 철저하게 생성의 철학인 불교에서 소멸과 생성 사이의 비단절적 연속을 어떻게 해명할 것인가? 다시 말해 찰나생멸하는 세계가 어떻게 인과상속의 지속적 현상으로 나타나는 것인가?

유부의 법의 이론에 따르면, 우리가 경험하는 현상세계는 찰나 생멸하는 유위제법의 끊임없는 연속에 불과하다. 이를테면 지금 책상 위에 놓여 있는 컵은 한 시간 전이나 지금이나 변함없이 동일한 컵으로서 지속적으

---

5) 본서 제7장 2-1) '《반야심경》' 참조.

로 존재하고 있다. 그런데 각각의 제법이 찰나멸적인 것임에도 불구하고 이처럼 다음 찰나에도 그대로 존재하는 것처럼 보이는 것은 선행한 제법을 상속하여 그것과 동류의 법이 동일한 장소에서 동일한 관계를 가지고서 계속 생기하기 때문이다. 다시 말해서 찰나 생멸적인 제법의 연속적 비단절적인 생기 위에서 '컵의 존재'라고 하는 시간적 지속현상이 우리들 경험세계의 사실로서 존재하게 된다는 것이다.

그러나 이 경우 법이 생기한다고 하여도 무(無)로부터 생겨나는 것은 아니며, 소멸한다고 해도 무로 돌아가는 것이 아니다. 생기라고 하는 것은 법이 미래의 영역(즉 아직 작용하지 않은 상태)으로부터 현재(작용하는 상태)로 현현하는 것이며, 소멸이라고 하는 것은 그것이 현재로부터 과거의 영역(이미 작용을 마친 상태)으로 사라지는 것이다.

만약 그렇지 않고 무에서 생겨나 무로 사라지는 것이라고 한다면, 그것은 바로 불타가 비판한 단멸(斷滅)의 사견(邪見)이 아닌가? 즉 과거법과 미래법이 실재하지 않는다면 과거로 흘러간 선악업은 소멸해 버렸으므로 현재의 괴로움이나 즐거움 등의 결과는 선행한 원인 없이 생겨나는 것이 되고, 현재의 선악업 또한 미래 어떠한 결과도 낳지 못할 것이기 때문에 '무인유과(無因有果) 유인무과(有因無果)'에 떨어지고 만다.6)

---

6) 중관학파의 비조인 용수(龍樹)는 연기를 상호의존적 관계로 해석하여 모든 존재[諸法]는 그 자신만의 고유한 본성이나 작용을 갖지 않으며, 따라서 일체는 공(空)이라고 주장하였다. 이를테면 밝음(明)이란 어두움(無明)이 해소된 상태이며, 어두움은 밝음이 결여된 상태일 뿐이기 때문에 개별적으로 실재하는 것이 아니다. 세속과 열반의 경우 역시 그러하며, 공이라고 하는 점에서 어떠한 차별도 없다(본서 제8장 참조).
그러나 유부에 의하면, 친구(mitra)와 대립하는 원수(amitra)가 친구 이외 다른 모든 이를 말하는 것도 아니고 친구 아닌 이를 말하는 것도 아니듯이, 진리의 말씀을 '진실'이라 할 때 이와 반대되는 거짓말(虛狂語)을 '비진실'이라고 하지만, 이는 진실 이외의 일체의 법을 말하는 것도 아니고 진실의 부재도 아니듯이, 무명 또한 명이 아닌 것도, 명의 성질이 결여된 것도 아닌 명에 반대되는 실유의 개념이다(《구사론》 권제10, 앞의 책, pp.456~457). 즉 '이것이 있으므로 저것이 있다'고 하였을 때, '이것'에 의해 드러나는 '저것' 역시 실유로서, 이는 세간상식에 속한다. 다시 말해 실

따라서 현재에 나타나기 이전의 법은 미래의 영역에 존재하며, 현재에서 과거로 사라진 이후의 법은 과거의 영역에 존재하지만, 현재는 법이 미래로부터 나타나 과거로 사라지는 한 찰나만 존재하며, 그래서 이 부파에 있어 법(dharma)과 찰나(kṣaṇa)는 동일한 개념이었다.[7]

이 같은 유부의 상속의 이론은 영화의 메커니즘을 통해 보다 잘 이해될 수 있다. 우리는 하나의 지속된 현상으로서 영화를 보고 있지만, 사실상 스크린에 나타난 영상은 일초에 24장의 개별적인 필름이 생성하고 소멸하는 현상이다. 즉 위의 릴에 감겨있던 필름은 한 장 한 장 광원 앞에

재하는 어떤 것이 타자를 인연으로 하여 생겨나는 것으로, 그럴 때 타자는 다만 생기의 조건일 뿐 존재 자체의 조건은 아니라는 것이다. 만약 그렇지 않고 일체는 타자에 근거하여 생겨났기에 무자성 공이라고 한다면, 일체는 무엇으로부터 생겨난 것인가? 무(無)인가? 그럴 경우 무인론(無因論)에 떨어지고 만다.

또한 예컨대 아버지가 그 자식에 대해 원인이 되었으면 더 이상 그 자식의 결과는 되지 않는 것처럼, 무거움이 가벼움의 근거(원인)가 되었으면 더 이상 그것의 결과는 되지 않는다. 만약 그럴 경우 가벼움과 무거움의 기준이 상실되어 모든 사물은 결국 가볍기도 하고 무겁기도 하다고 해야 하기 때문에 이는 사실상 지식의 부재이다. 혹은 '가벼움이란 무거움의 부재를 본질로 한다'고 할 경우, 무거움의 비존재와 가벼움의 존재가 동시에 함께 존재한다고 하지 않으면 안 된다. 즉 어떤 물건은 보다 가벼운 것에 대해 무거운 것이고, 보다 무거운 것에 대해 가벼운 것이지만, 이는 다만 현실의 그 물건[相]이 그렇게 인식된 것일 뿐 그 같은 인식이 낳아지게 된 근거로서의 '무거움'이나 '가벼움' 자체는 실재하지 않으면 안 된다고 유부에서는 말하고 있다.

다시 말하지만 대승의 공관에서는 '관계(相待, 즉 연기)'를 존재 자체의 조건으로 파악하였다면 유부는 다만 생기의 조건으로 이해하였을 뿐이다. 말하자면 용수는 오로지 인식을 통해 드러난 현실의 존재(能詮)에 대해 논의하였다면 유부는 그 근거(所詮)에 대해 논의하였다고 할 수 있다(唯能詮相待不定, 非所詮體而有改易.……是故相待非不實因.《순정리론》권제4, 대정장29, p.353하).

중현(衆賢)은 묻고 있다.: "자아뿐만 아니라 객관의 모든 존재[法] 또한 공이라고 한다면, 공의 본질은 무엇인가? 일체의 모든 존재가 공으로서 어떠한 우열의 차별도 없다고 한다면, '석녀의 아들이 용감하다'고 말할 수 없듯이 '열반 또한 청정하다'고도 말할 수 없으며, 그럼에도 불타가 그것을 설하였다면 그는 다만 중생을 현혹하는 자일 따름이다."(《순정리론》권제17, 대정장29, p.431중~432상).

[7] Th. 체르바스키《소승불교개론(*The Central Conception of Buddhism and the Meaning of the Word "Dharma"*)》, 권오민 역(경서원, 1986), p.96.

나타나 스크린에 비쳐지며, 비쳐지는 순간 바로 아래의 릴로 사라진다. 다시 말해 스크린에 비친 영상은 각기 개별적인 필름의 연속으로, 우리는 항상 인과적 관계로서 상속하는 현재의 순간만을 경험할 뿐이다. 그러나 사실상 필름 자체는 위의 릴에 감겨있을 때(미래)나 광원에 비쳐 작용할 때(현재)나 아래의 릴로 감겨 들어가 있을 때(과거)에도 각기 개별적인 존재로서 어떠한 변화도 갖지 않지만, 그것이 찰나찰나 간단없이 스크린 상에 비쳐짐으로써 생멸 변화하는 시간적 지속현상으로서 나타나게 되는 것이다.

우리는 일반적으로 유부의 법유론을 '삼세에 걸친 제법의 실유'로 이해하고 있지만, 보다 엄격히 말하면 제법이 이미 작용하였고 지금 작용하며 아직 작용하지 않은 변이의 상태가 바로 삼세이기 때문에, 삼세라는 시간의 흐름은 제법의 변이에 의해 가능하며, 따라서 지금 작용하고 있는 현재는 오로지 제법의 생성과 소멸의 순간일 따름이다. 다시 말해 유위제법이 비록 실재한다고 하지만, 그것이 현상하여 세계를 구성하는 것은 오로지 현재의 한 찰나에 불과하며, 그러한 현재의 한 순간 한 순간이 쌓여 경험세계에서의 시간의 흐름을 이루는 것이다.

불교가 생성의 철학이라는 것, 일체의 유위제법은 끊임없이 생성과 소멸을 되풀이한다는 '무상의 찰나멸론'은 초기불교 이래 너무나도 자명한 전제였기 때문에 이에 대해서는 논의의 여지가 있을 수 없지만, 그렇다면 소멸과 생성 사이의 비단절적인 연속을 어떻게 이해해야 할 것인가? 이 같은 상속에 관한 이론은 불교 제 학파에 있어 중요한 테마 중의 하나였다.

이러한 문제에 직면하여 다수의 부파들은 세계의 상속 내지 존재의 지속을 가능하게 하는 개념을 설정하기도 하였는데, 그것들은 자아에 비견될만한 것이었다.

예컨대 정량부에서는 행위의 인과상속을 가능하게 하는 존재로서, 영수증과도 같은 부실법(不失法)을 설정하였으며, 혹은 결과를 낳을 때까지 지속한다는 잠주멸설(暫住滅說)을 주장하기도 하였다. 또한 대중부에서는 일체의 마음과 그 작용을 낳는 근본식(根本識, 혹은 攝識)을, 상좌부에서는 존재 지속심으로서 유분식(有分識)을, 독자부에서는 행위나 인식의 주체로서 비즉온비리온(非卽蘊非離蘊)의 보특가라(補特伽羅)를, 설전부에서는 5온의 전이상속을 가능하게 하는 일미온(一味蘊)을, 경량부에서는 종자설(種子說)의 이론을 제출하였다. 그리고 이들 중 몇몇은 대승유식의 선구로 알려지지만, 전통적 입장에서 볼 때 무아설에 정면으로 배치되는 것이었다.8)

유부의 제법분별론과 실유론은 바로 무아와 무상을 변명하기 위한 논의로서, 유부교학의 정체성을 나타내는 이론이라 할 수 있다. 즉 철학일반에서 논의되는 영원한 단일 보편의 자아는 경험을 떠나 확인되지 않을 뿐더러 그것의 구체적인 작용 또한 알려지지 않는다. 따라서 그것은 '법'이 아니다. 수레가 바퀴 등을 갖는 것이 아니라 바퀴 등을 수레라고 하듯이, 내가 분노하는 것이 아니라 분노하는 자를 바로 '나'라고 하기 때문이다. 바퀴 등을 떠나 별도의 수레가 존재하지 않듯이, 경험(업)을 떠나 별도의 자아가 존재하지 않기 때문이다.

세친(世親)은 그의 《구사론》〈파아품(破我品)〉에서 유아론자인 바이세시카(Vaiśeṣika, 勝論)학파의 물음에 다음과 같이 답하고 있다.

> 바이세시카: 만약 자아가 존재하지 않는다면 무엇 때문에 업을 짓는 것인가?
> 세친: 응당 내가 괴로움과 즐거움의 과보를 받기 때문이다.
> 바이세시카: 그 때 '나'의 본질은 무엇인가?

---

8) 세친(世親)은 《구사론》〈파아품(破我品)〉에서 독자부의 보특가라설을 비판하고 있지만, 중현(衆賢)에 의하는 한 그의 종자 상속설 또한 불교의 정의(正義)를 교란시키는 이론일 따름이다(《순정리론》권제12, 대정장29, pp.397중~398상).

세친: 그것은 객관적으로 실재하는 것이 아니라 말하자면 자아관념 즉 아집(我執)의 대상일 뿐이다.

바이세시카: 무엇을 자아관념의 대상이라고 일컬은 것인가?

세친: 이를테면 5온의 상속이다.

바이세시카: 어떻게 그러함을 아는 것인가?

세친: '나'라고 하는 관념은 5온에 대한 애탐의 결과이며, 또한 반드시 '희다'는 등의 지각과 더불어 동일한 공간에서 일어나기 때문이다. 이를테면 세간에서 '나는 희다', '나는 검다', '나는 늙었다', '나는 젊었다', '나는 야위었다', '나는 뚱뚱하다'고 말한다. 즉 현실적으로 '희다'는 등의 지각과 자아관념은 동일한 공간에서, 동시에 생겨나는 것으로, 그대가 주장하는 자아 또한 결코 지각과는 별도로 존재하는 것이 아니다. 따라서 자아관념은 다만 5온을 조건으로 하는 것임을 알아야 하는 것이다.(중략)

바이세시카: 만약 자아가 그 자체로서 실재하지 않는다면 '나'라고 하는 관념은 누구의 것인가?

세친: 이 때 '누구의'라고 하는 소유격은, 이를테면 내 마음대로 부릴 수 있기 때문에 '나의 소'라고 하듯이 다만 관념을 부리는(다시 말해 일어나게 하고 일어나지 않게 하는) 원인으로서의 의미를 갖는다. 그렇다면 관념을 낳는 원인(5온)이 관념의 주인이 되기에 충분한데, 어찌 수고스럽게 구태여 자아를 설정하여 관념의 주인이라고 할 것인가?[9]

그는 계속하여 말하고 있다.: "우리가 경험하는 사랑과 미움, 슬픔과 기쁨 등의 모든 세계는 세계 내의 존재인 제법의 분별로써 충분히 해명할 수 있음에도 초경험적인 자아를 설정히는 것은, 마치 약으로써 충분히 고칠 수 있는 병을 돌팔이 의사가 속임수로서 '보사하'라고 주문을 외우는 것과 같다."[10]

---

9) 《구사론》 권제30(앞의 책), pp.1388~1390.
10) 《구사론》 권제30(앞의 책), p.1385.

제7장 대승불교의 성립
-자비는 공(반야)의 귀결이다-

1. 대승의 기원

　우리나라를 포함하여 동아시아불교의 전통을 이루는 대승불교가 언제, 누구에 의해, 어떠한 이유에서 성립하였으며, 대승교단의 실태는 어떠하였는지에 대해서는 오늘날에 있어서조차 여전히 불분명하다. 일반적으로 대중부와 같은 진보적 성향의 부파로부터, 혹은 불탑신앙이나 불전(佛傳)문학으로부터 발전하였을 것으로 추측하고 있다. 또한 제3장에서 살펴본 바와 같은 힌두교의 화신(化身, avatāra)사상이나 신애(信愛, bhakti)사상 등의 영향도 받았을 것으로 추측하고 있다.
　대중부는 자신의 논장을 전하고 있지 않기 때문에 그들 사상의 전모를 알 수 없지만, 부파분열의 원인이었던 계율상의 10가지 문제나 아라한에 관한 5가지 비판을 통해 볼 때, 그들은 형식적인 계율과 출가수행의 최고의 이상이었던 아라한의 무오류성을 부정하였다. 반면 그들은 불타를 초월적 존재로 여겼다.
　부파불교의 사서(史書)인《이부종륜론(異部宗輪論)》이 전하는 그들의 주장에 따르면, 여래는 언제나 무루의 선정에 머물러 있기 때문에 말하지 않고 행동하지 않지만 중생의 이익을 위해 일시 그의 모습을 나타낸 것일 뿐이다. 따라서 여래의 일거수 일투족이 모두 법의 시현(示現)이며, 말씀 역시 비록 세간의 언설일지라도 그것은 모두가 진리에 관한 것이다. 나아가 불타는 하나의 말로 일체의 법을 설하였으며, 육신도, 힘도, 수명도 무한할뿐더러 한 찰나의 마음으로 일체의 법을 안다는 것이다.[1]

또한 그들은, 번뇌는 다만 마음에 덧씌워진 환상[煩惱客塵]일 뿐 마음 자체는 본래 청정한 것[心性本淨]이라고 주장하였다. 곧 이러한 '청정한 마음'이 진리 법신(法身)의 보편성과 편만성(遍滿性)에 근거하여 보리심(菩提心) 내지 자성청정심(自性淸淨心)의 사상으로 발전하였을 것으로 추측하고 있는 것이다.

한편 불타 입멸 시 장례(茶毘)의식이나 사리의 분배, 불탑(佛塔)의 조성 등은 모두 재가신자들에 의해 이루어졌다. 불탑은 불타의 유골, 즉 사리(śarīra)를 봉안한 무덤으로, '쌓다'는 뜻의 스투파(stūpa)에서 비롯된 말이다. 초기불교 이래 불타는 구원자가 아니라 진리로 인도하는 스승 즉 도사(導師)일 뿐이었기 때문에 법을 떠난 불신(佛身)의 숭배는 무의미한 것이었으며, 불상이나 불탑의 숭배 역시 그러하였다.

또한 불타는 쿠시나라에서 완전한 열반[般涅槃]에 들었기 때문에 진리 자체[法性]로서는 실재할지라도 인격으로서는 실재하는 것이 아니며, 따라서 불사리에 대한 공양 예배는 무의미할 수밖에 없었다. 불타 역시 《대반열반경》에서 출가 수행자들은 사리에 대해 공양할 것이 아니라 오로지 열반이라는 최고선을 위해 노력할 것을 당부하고 있다. 즉 여래의 사리는

---

1) 《이부종륜론》(대정장49, p.15상중). 이에 반해 설일체유부의 경우, 무루의 선정 중에서는 말할 수 없으므로 여래의 말씀이 모두 진리 혹은 설법은 아니며, 하나의 말로써 일체법을 설한 것도 아니다.

신심이 돈독한 재가자들이 공양할 것이기 때문이었다. 실제로 불타의 장례의식은 말라족 사람들에 의해 거행되었으며, 사리를 8등분하여 중인도 각지에 탑을 세운 것도 재가신자들이었다.

전통적으로 불탑의 조성은 생천(生天)을 보장하였고, 따라서 불탑의 조성과 경영은 재가신자들의 몫이었다. 그들은 불타의 탄생지인 룸비니와 성도지인 붓다가야, 초전법륜지인 사르나트의 녹야원, 입멸지인 쿠시나라 등을 성지로서 숭배하였으며, 그곳에 사당(caitya)을 세워 순례하기도 하였다. 그리고 어느 시기 이들 불탑신앙자들은 하나의 그룹을 이루게 되었을 것이다.

성문의 출가자들이 불타의 교법과 계율을 기본으로 하여 교단을 지켜온 데 반해 불탑신앙을 중심으로 하는 이들 그룹에 있어서는 가르침의 내용보다 불타에 대한 동경이 신앙의 원천이었을 것이다. 그리고 이러한 동경과 찬탄은 대중부와 마찬가지로 불타를 점차 초월적 존재로 신격화하기에 이르렀다. 즉 세속의 사업에 종사하는 재가자로서는 계율을 엄격하게 지킬 수가 없고, 선정도 충분히 실천할 수 없으며, 그것을 통해 증득되는 교법의 참다운 이해는 더더욱 불가능한 일이었다. 그러면서 그들이 구원을 바랐다면, 그것은 오로지 불타의 자비에 의해서만 가능한 일이다.

이 같은 종교적 욕구에 따라 불타는 마침내 '중생을 구제하는 이'(즉 救濟佛)로서 등장하게 되었다. 예컨대 아미타불이나 아촉불은 구원의 불타이며, '삼계는 마치 불타고 있는 집과 같고, 그곳의 중생은 모두 나의 아들이다'고 설한 《법화경》의 석가모니불도 역시 그러하다.

그리고 만약 법 중심의 출가교단에 반하여 불타중심의 교법을 발전시킨 어떤 그룹이 있었다고 한다면, 그들은 당연히 출가교단에서 독립하여 자신들의 교법을 발전시키고, 관불(觀佛)이라는 종교행위를 실천하기 위한 장소로서 불탑을 선택하였을 것인데, 바로 이 같은 '불탑교단'의 재가성과 신앙적 성격이 대승불교 성립에 주요한 원인으로 추측되고 있는 것이다.

대승불교 성립의 또 하나의 주요한 원인이면서 불탑신앙과 밀접한 관계를 맺고 있는 것이 불전(佛傳)문학이다. 불탑신앙자들이 생각한 불타는 이제 더 이상 중생을 진리로 인도하는 스승이 아니라 이루 헤아릴 수 없는 생을 거쳐오면서 초인적 이력을 쌓은 불세출의 영웅이었다. 따라서 그에 대한 사모의 찬탄은 종래 법 중심의 이론적 교설과는 다른 형태의 문헌을 낳게 되었으며, 그것에는 논리적 설명을 초월한 비유와 은유, 혹은 우화의 성격을 띤 문학적 표현이 사용되었다. 이것이 이른바 '불전문학'으로, 이 같은 불전문학을 주도한 그룹을 찬불승(讚佛乘)이라고 한다.

그 중에서도 《자타카(jātaka)》는 불타의 전생을 설한 불전의 한 장르로서, 《본생경(本生經)》, 혹은 《전생담(前生談)》이라고도 한다. 즉 불전은 불타의 성불을 가능하게 한 전생과 현생의 수행을 밝히기 위한 것이기 때문에 《자타카》도 불전의 한 계통이라고 말할 수 있는 것이다.

그런데 불탑조성에 관계한 이들 중에는 '바나카(bhāṇaka)'라고 이름하는 자들이 있는데, 이는 독송자(讀誦者)라는 뜻으로, 《법화경》에서 대승운동의 지도자로 등장하는 '법사(法師, dharma-bhāṇaka)'라는 말 가운데 그 명칭이 보존되어 있다. 그들이 무엇을 독송하였는지는 확실하지 않지만, 아마도 그들은 불탑에 의지하여 생활하며, 탑에 예배하기 위해 모인 이들에게 거기에 조각된 불전에 대해 설명하고, 전생의 보살행을 찬탄하는 등 불타의 위대함을 읊조렸을 것이다. 바로 그러한 찬탄을 통해 **불타에 관한 새로운 교설**이 생겨나게 되었다.

나아가 그들은 오로지 일념으로 불타를 생각하며 불탑에 예배함으로써 불타와 직접 대면하여 그의 법음(法音)을 듣게 되었다. 그리고 이 때 친견한 불타는 더 이상 육체적인 몸을 지닌 색신(色身)으로서의 불타가 아니라 시공을 초월한 진리 법신(法身)으로서의 불타였다. 이것이 이른바 관불삼매(觀佛三昧)로서, 대승경전에 설해지고 있는 반주삼매(般舟三昧 pratyutpanna samādhi, 또는 諸佛現前三昧, 불타가 바로 앞에 직접 나타나는 삼매)가 바로 그것이다. 반주삼매의 기원은 필시 불탑에서의 종교적 체험에서 유래하였을 것으로, 그들은 이 같은 체험을 통해 '자신이 바로 보살'임을 자각하게 되었던 것이다.

아무튼 이러한 새로운 불교운동이 세력을 얻음에 따라 그들의 독자적인 사상을 나타내기 위해 새로운 경전을 편찬하면서 스스로의 도를 대승(大乘, Mahāyāna)이라고 하고, 기존의 부파불교 혹은 아비달마불교를 소승(小乘, Hīnayāna)이라고 폄칭하였다. 즉 대승은 남녀노소, 배운 자, 못 배운 자 할 것 없이 모두를 피안으로 인도하는 커다란 수레라는 뜻이다. 이에 반해 소승의 '히나'는 역어로서는 '작다'이지만, '마땅히 버려야 할' '저열한' '천한'의 뜻으로, 소수의 출가수행자들만을 위한 저열한 도라는 뜻이다. 즉 그들은 이타(利他)를 지향하는 보살의 도와 자리(自利)만을 구하는 성문의 도를 엄격히 구분하였던 것이다.

2. 초기 대승경전

앞서 언급하였듯이 대승불교의 기원은 불분명하지만, 분명한 사실은 대승경전이 존재한다는 점이다. 대승경전의 연원 역시 불분명하지만, 아마도 법 중심의 부파불교에 대해 비판적이었던 일단의 수행자들이 각기 숲 속에서, 혹은 탑 앞에서 삼매를 통해 법신의 불타를 친견하고, 그로부터 직접 전해들은 법문을 결집한 것으로 보인다.

이를테면 《대품반야경》에서 '불타는 오직 나를 위해 법을 설하지 여러 사람들에게 설하지 않는다'고 하였는데, 그들은 저마다 자신이 전해들은 법문을, 그 법문에서 가르치고 있는 이타(利他)의 정신에서 적극적으로 타인에게 전파하였으며, 그러한 각각의 법문이 인도 각지에 퍼져 마침내 북인도에서 하나의 경전으로 결집된 것이 바로 대승경전의 효시라고 할 수 있는 《반야경》인 것이다.

오늘날 현장(玄奘)의 번역으로 전해지고 있는 《대반야경》(완전한 명칭은 《대반야바라밀다경》)은 모두 16가지의 《반야경》이 결집된 것, 즉 16회(會)에 걸쳐 이루어진 것으로, 《대품반야경》은 제2회이며, 《도행반야경》(혹은 《소품반야경》)은 제3회, 《금강경》(완전한 명칭은 《能斷金剛般若波羅蜜經》)은 제9회이다. 그리고 우리에게 잘 알려진 《반야심경》(완전한 명칭은 《摩訶般若波羅蜜多心經》)은 《대반야경》의 핵심이라고 할 수 있다.

이렇게 하여 성립된 반야경전은 역사적 인물로서의 불타가 직접 설한 것이 아니기 때문에 부파교단으로부터 '불설(佛說)이 아니다'는 비난을 면할 수 없었다. 그러나 그들은, 불타가 깨달은 궁극적 진리는 언어적 표현을 초월하는 것으로, 그것을 진실로 새로운 언어의 세계로 열어 보였다는 점에서 대승의 경전이야말로 진정한 불설이라 하였다.

'대승(大乘)'이라는 말을 처음으로 명확히 사용한 이들은 《소품반야경》을 작성한 사람들이었다. 그들은 스스로를 법사라고 부르며, 그들이 설하는 '반야바라밀다(般若波羅蜜多)'라는 새로운 법이야말로 '모든 부처와 보살의 어머니'라고 주장하였다. 반야바라밀다는 존재의 실상인 동시에 대비(大悲)의 원천이었다. 이는 바야흐로 불타 깨달음의 본질로 인식되었다. 반야바라밀다의 증득 없이 6바라밀의 완성도 있을 수 없으며, 보살도 참된 보살일 수 없다. 따라서 진정한 보살이란 반야바라밀다에 의해 6바라밀을 닦는 자이다.

그들은 마침내 이 같은 '마하(大)반야'라는 법의 깃발을 앞세우고, '대승'이라고 하는 이타행의 새로운 불교를 탄생시켰으며, 자신의 열반만을 목적으로 하는 기존의 불교를 '소승'이라고 비판하였다. 그 후 그들은 다시 《유마경(維摩經)》을 작성하여 반야 공관(空觀)의 입장을 적극적으로 주장하였으며, 《반주삼매경(般舟三昧經)》《수능엄삼매경(首楞嚴三昧經)》 등을 작성하여 공관 삼매를 제시하였다.

법사들은 또한 《법화경》을 결집하여 점차 그 빛을 잃어가던 불탑신앙에 새로운 생명을 부여하였으며, 이 같은 새로운 '법'의 영원성을 강조하여 성문(聲聞)이든 연각(緣覺)이든 보살(菩薩)이든 모든 이는 이에 의해 평등하게 구원받을 수 있다고 주장하였다. 그리고 마침내 《화엄경》〈십지품〉에서 반야·공관에 입각한 보살의 서원과 실천, 부처에 이르는 보살의 단계와 그 달성에 관한 웅대한 체계가 이루어지게 되었다.

또한 다른 한편으로는 시간적으로나 공간적으로 영원 무한한 불타, 즉 아미타불(阿彌陀佛)에 대한 절대적 신앙과, 그의 본원력(本願力, 발심할 때 '모든 중생을 구제하리라'고 맹세한 서원의 힘)에 의한 타력적(他力的) 구원을 설하고 있는 《무량수경(無量壽經)》이나 《아미타경(阿彌陀經)》과 같은 정토(淨土)경전도 생겨나게 되었다.

1) 《반야심경》

《반야심경》은 반야경전의 핵심으로, 《마하반야바라밀다심경》의 줄임말이다. 여기서 '심(心)'은 마음을 뜻하는 것이 아니라 심장(hṛdaya) 즉 핵심을 뜻한다. 현존의 반야경전은 일시에 성립한 것이 아니라 원형으로 생각되는 《소품반야경》이 어느 때 늘어나기도 하고, 다수의 경전이 하나로 집성(集成)되기도 하며, 다시 하나의 주제로 요약되기도 하였는데, 그 대표적인 것이 《반야심경》이다. 따라서 대개의 반야경전이 기원전 100년에서 기원후 100년 사이에 성립한 것임에 반해 이것은 350년 무렵에 출현한 것으로 추측하고 있다.

우리가 흔히 접하는 《반야심경》은 현장(玄奘)의 한역(漢譯)으로, 270자 정도의 대단히 짧은 경이지만 고래로 매우 중요시되어 우리나라에서는 조석예불이나 불교행사에 늘 독송되고 있다. 그 내용은 유부 아비달마에서 분별한 제법(諸法), 이를테면 5온·12처·18계·12연기의 유전(流轉)과 환멸(還滅)·4제 등의 실재성에 대한 비판(부정)과 아울러 절대긍정을 통해 반야바라밀다를 밝히려는 것이다.

현장 역본의 번역과 원문은 다음과 같다.

마하반야바라밀다심경(摩訶般若波羅蜜多心經)
관자재보살께서 심오한 반야바라밀다를 행할 때, 5온의 자성이 모두 공(空)함을 비추어 보시고 일체의 괴로움에서 벗어났도다. 사리자여! 색(色)은 공과 다르지 않고, 공은 색과 다르지 않으니, 색이 바로 공이며, 공이 바로 색이다. 수(受)·상(想)·행(行)·식(識)의 경우도 역시 그러하다.

사리자여! 이같이 모든 존재는 공이니, 궁극적으로 생겨남도 없고 멸함도 없으며, 더러움도 없고 깨끗함도 없으며, 넘침도 없고 모자람도 없다. 그러므로 공의 관점에서 볼 때 색도 존재하지 않으며, 수·상·행·식도 존재하지 않는다. 안(眼)·이(耳)·비(鼻)·설(舌)·신(身)·의(意)도 존재하지 않으며, 색(色)·성(聲)·향(香)·미(味)·촉(觸)·법(法)도 존재하지 않는다. 안계(眼界) 내지 의식계(意識界)도 존재하지 않는다. 무명도 존재하지 않으며, 무명의 다함도 역시 존재하지 않으며, 나아가 노사(老死)도 존재하지 않으며, 노사의 다함도 역시 존재하지 않는다. 고(苦)·집(集)·멸(滅)·도(道)도 존재하지 않고, 이에 관한 지혜도 존재하지 않으며, 지혜의 획득도 역시 존재하지 않는다. 왜냐하면 그 자체로서는 획득(인식)될 수 없기 때문이다.

보리살타 즉 보살은 반야바라밀다에 의지함으로 말미암아 마음에 어떠한 장애도 없다. 마음에 장애가 없기 때문에 어떠한 두려움도 없으며, 뒤바뀐 소견에서 멀리 벗어나 마침내 열반에 이르게 된다.

삼세의 모든 부처님도 이 같은 반야바라밀다에 의지하였기 때문에 위없이 높고 원만한 깨달음(anuttarā samyaksaṃbodhi)을 증득하였나니, 그러므로 반야바라밀다에 대해 알아야 하리라. 이것이야말로 위대한 신령스러운 주문이며, 위대한 밝음의 주문이며, 위없이 높은 주문이며, 어디에도 비길 데 없는 주문으로, 일체의 모든 괴로움을 능히 제거할 수 있으니, 이것은 진실이며, 허망하지 않기 때문이다.

이 같은 반야바라밀다에 의해 주문을 설하자면 다음과 같다.

아제아제 바라아제 바라승아제 보리사바하(gategate pāragate pārasaṃgate bodhi svāhā; 가자 가자, 저편 언덕으로 가자, 저편 언덕으로 함께 가자, 깨달음의 성취로)

觀自在菩薩行深般若波羅蜜多時, 照見五蘊皆空, 度一切苦厄. 舍利子! 色不異空, 空不異色. 色卽是空, 空卽是色. 受想行識亦復如是. 舍利子! 是諸法空相, 不生不滅, 不垢不淨, 不增不減. 是故空中無色, 無受想行識. 無眼耳鼻舌身意, 無色聲香味觸法. 無眼界 乃至 無意識界. 無無明, 亦無無明盡. 乃至 無老死, 亦無老死盡. 無苦集滅道. 無智, 亦無得. 以無所得故. 菩提薩埵依般若波羅蜜多故, 心無罣礙. 無罣礙故, 無有恐怖. 遠離顚倒夢想, 究竟涅槃. 三世諸佛依般若波羅蜜多故, 得阿耨多羅三藐三菩提, 故知般若波羅蜜多. 是大神呪, 是大明呪, 是無上呪, 是無等等呪, 能除一切苦, 眞實不虛故. 說般若波羅蜜多呪, 卽說呪曰. 揭帝 揭帝 波羅揭帝 波羅僧揭帝 菩提沙婆訶.

《반야심경》은 말 그대로 반야바라밀다를 주제로 한다. 반야바라밀다(prajñāpāramita)란 무엇인가? 이는 '지혜의 완성'이라는 정도의 의미이지만, 이 때 지혜는 세간의 일상적 지혜와는 그 성격이 다르다. 이는 말하자면 세간의 언어적 분별을 떠난 초월적 지혜라고 할 만한데, 이에 대해서는 다음절의 '보살의 이념'과 제8장 '중관'에서 설명하기로 한다.

3. 대승 보살도

1) 보살사상의 형성

기존의 아비달마불교가 아라한의 불교라면, 대승불교는 보살의 불교이다. 대승경전은 오로지 보살의 이념과 실천에 대해 설하고 있다 해도 지나친 말이 아니다. 보살이란 산스크리트어인 보디사트바(bodhi sattva)를 한자로 음사한 보리살타(菩提薩埵)의 줄임말로써, '보리'는 깨달음의 뜻이며, '살타'는 유정(有情, 목숨을 갖고 살아 있는 존재자) 또는 중생(衆生)을 의미한다.

따라서 보살이라고 하는 말은 깨달음을 얻은 유정, 또는 깨달음을 추구하는 유정의 뜻으로, 보통 '위로는 깨달음을 추구[上求菩提]하고, 아래로는 중생을 구제[下化衆生]하고자 노력하는 이'로 설명된다. 한편 그는 자리(自利, 즉 지혜)와 이타(利他, 즉 자비)를 완성하고자 용맹정진하는 자이므로 마하살(摩訶薩, mahā sattva) 즉 위대한 자[大士]로 찬양되기도 한다.

보살은 원래 불타의 성도하기 전의 명칭이었다. 불전문학에서는 그가 연등불을 보고 존경심이 일어나 다섯 송이의 연꽃을 바치고, 편히 지나가도록 머리카락을 진흙에 펼치며 미래세 불타가 되기로 서원한 때로부터 그를 보살이라고 부르고 있다. 연등불은 '등불을 켜는 부처'라는 의미로 그의 마음에 보리(菩提)의 불을 켜고, 미래세 성불할 것을 기별(記別, 또는 授記, 예언의 뜻)한 부처이다. 따라서 기별을 받은 그는 성불할 것이 확정되어 있으며, 이러한 수행사는 기별을 받지 못한 이와 구별되지 않으면 안 된다. 여기서 보살이라는 말이 생겨나게 되었다. 이러한 보살을 석가보살(釋迦菩薩), 수기보살(授記菩薩), 또는 본생보살(本生菩薩)이라고 하는데 불전문학에서의 보살은 오직 석가보살 한 명뿐이다.

그러나 보살이라는 관념이 생겨나자 그 의미는 확대되고 보편화되었다. 즉 불타의 전신(前身) 뿐만 아니라 불타가 되기 전의 모든 중생을 보살로 인식하게 되었던 것이다. 우리는 범부로서 불타가 되고자 발심하여 노력하고 있는 인간이며, 성불하기 위해 수행함으로써 언젠가는 불타가 될 것이다. 그렇다면 지금 수행하고 있는 우리 범부도 보살이 아니겠는가?

물론 실제 색신(色身)의 불타로부터는 수기를 받지 못하였지만, 경전을 독송하고 불탑에 예배함으로써 대비(大悲)의 구제불(救濟佛)인 법신(法身)의 불타로부터의 수기는 가능하다. 성불의 길은 멀고 험난하여도 성불의 수기는 불타의 대비방편에 의해 모든 범부에게 열려 있는 것이다. 예컨대 《법화경》〈방편품〉에서는 "마음이 산란한 자라고 하더라도 탑이나 사당 안에 들어가 '부처님께 귀의합니다[南無佛]'고 한 번만 외우면, 그들은 모두 이미 불도를 이룬 것이리라."고 말하고 있다.

보살은 반드시 출가자에 한정되지 않는다. 《자타카》에 등장하는 석가보살 역시 가지각색의 신분으로 출현한다. 출가자는 물론이거니와 어떤 때에는 국왕이나 태자 대신 상인 나그네 등의 재가자의 모습으로 나타나기도 하며, 심지어 사슴이나 원숭이 토끼 등 여러 유형의 동물로 나타나기도 한다. 따라서 성불의 서원을 세운 우리들 역시 재가자로서의 보살인 것이다.

이렇게 하여 마침내 불전의 보살을 초월하여 대승의 보살이 탄생하게 되었다. 보살사상이야 말로 대승불교의 가장 큰 특색이라 할 수 있다. 보살에는 보살도가 완성된 관음(觀音)·문수(文殊)·보현(普賢)·대세지(大勢至)와 같은 대보살도 있지만, 대승교설을 믿고 보리심(菩提心, 지혜의 마음)을 일으켜 보살도를 실천하려고 발원한 이도 보살(이를 범부보살이라고 한다)이다. 누구나 다 보살이다.

2) 보살의 이념 — 반야바라밀다

불전의 보살은 미래의 성불이 약속된 보살로서, 32상을 초래할 만한 선업에 의해 탄생[業生]하지만, 대승의 보살은 서원에 의해 탄생[願生]한다. '원(願)'이란 보살의 삶의 목표이자 원동력으로, 마치 전사들이 전쟁터에 나아갈 때 갑옷을 입듯이, 보살은 크나큰 '서원의 갑옷'을 입지 않으면 안 된다.

범부들의 원은 대개 이기적 욕망이지만, 보살의 그것은 보리심에 근거한 이타(利他)의 서원이다. 보살의 서원에는 각각의 보살이 일으키는 개별적이고도 특수한 원[別願 또는 本願]과 모든 보살이 갖추고 있는 보편적인 원[總願]이 있는데, 아미타불의 전신인 법장보살(法藏菩薩)의 48대원이나 보현보살의 10대행원과 같은 것이 전자라면, 후자는 사홍서원(四弘誓願)을 말한다.

    중생을 다 건지오리다(衆生無邊誓願度).
    번뇌를 다 끊으오리다(煩惱無盡誓願斷).
    법문을 다 배우오리다(法門無量誓願學).
    불도를 다 이루오리다(佛道無上誓願成).

그런데 대승불교에 의하는 한 중생의 구제와 불도의 성취는 각기 개별적인 것이 아니다. 즉 중생구제는 바로 발심할 때 세운 서원의 실현이며, 자비행은 깨달음의 결과를 중생에게로 돌리는 실천[廻向]이기 때문에, 중생구제의 이타행[下化衆生]과 불도의 성취[上求菩提]는 보살의 서원으로서 불가분의 관계에 있는 것이다.

나아가 범부의 이타행은 연민의 분별심에서 비롯된 것이기 때문에 차별적이고 상대적이지만, 보살의 이타행은 보리(菩提) 즉 반야의 자각에서 비롯된 것이기 때문에 절대적이고 무차별적이다. 보살의 자비행은 반야의 공관(空觀)에서 비롯된 것이다. 그렇다면 반야(prajñā)란 무엇인가? 반야란《반야경》의 중심사상으로, 그것은 바로 공에 대한 예지의 통찰인 무차별·무분별의 지혜를 말한다.[2] 이것은 또한 무슨 말인가?

한밤중에 도둑이 들었다고 하자. 매우 위태로운 순간이었다. 그런데 마침 저녁에 먹다가 남겨 둔 사과가 있어 주인은 기지를 발휘하여 그것을 도둑에게 던졌다. 그것에 맞은 도둑은 놀라 도망쳤다. 그 때 도둑은 무엇에 맞아 도망을 친 것일까? 흉기였다. 어떤 학생이 미술시간에 정물로 쓰기 위해 가져온 사과를 먹어버렸다. 그래서 그는 미술선생님께 종아리를 맞았다. 그는 왜 맞은 것일까? 그 때 사과는 먹는 과일이 아니라 정물이기 때문이었다.

사과의 본성은 무엇일까? 먹는 과일인가, 흉기인가, 정물인가? 한밤중 도둑이 들었을 때나 미술시간에 그것은 먹는 과일이 아니다. 혹은 어느 해 사과값이 폭락하여 동물 사료용으로 폐기될 때에도 그것은 더 이상 인간이 먹는 과일이 아니다. 사과는 그때그때 상황에 따라 그 성격이 결정될 뿐 그 자신의 고유한 본성을 갖지 않는다.

상식적으로 사과라고 하면 그것은 이미 과일을 의미하며, 이미 과일인 이상 인간의 먹거리 중의 하나이지만, 이는 다만 상식의 차원일 뿐이다. 밤중에 도둑이 들었을 때 주인이 사과를 다만 먹는 과일로 여겼다면, 그것을 호신용 무기로 사용하지 못하였을 것이다. 따라서 사과는 궁극적으로 배와는 다르고 감과도 다른 먹는 과일로서의 '사과'라고 말할 수 없다. '사과'라고 하는 말은 다만 그것을 지시하는 세간의 언어적 명칭일 뿐 그것의 고유한 본성을 의미하는 것이 아니다.

우리가 언어로써 분별하는 일체의 사물은 그 자신의 고유한 본성을 갖지 않는다. 무자성(無自性, 혹은 無自相)이고, 공(空)이다. 그런 까닭에 그것은 사과를 비롯한 온갖 명칭으로 불릴 수 있는 것이다. 잔이 비워져 있기에 무엇으로든 채울 수 있으며, 물이 채워질 때 '물잔'으로 불려진다.

---

2) 무분별지(無分別智)에 대해서는 본서 제1장 2. '철학과 종교'를 참조할 것.

궁극적으로 사과는 자신의 고유한 본성을 갖지 않으며, 그렇기 때문에 '사과'로 불릴 수 있다. 《금강경》에서는 이 같은 사실을 반복적으로 설하고 있다.

> 부처가 설한 반야바라밀다는 반야바라밀다가 아니니, 그래서 반야바라밀다라고 이름하는 것이다.(제13〈如法受持分〉)
> 이른바 일체법은 일체법이 아니니, 그래서 일체법이라고 이름하는 것이다.(제17〈究竟無我分〉)
> 이른바 선법(善法)을 여래는 선법이 아니라고 설하니, 그래서 선법이라 이름하는 것이다.(제23〈淨心行善分〉)
> 범부를 여래는 범부가 아니라고 설하니, 그래서 범부라고 이름하는 것이다.(제25〈化無所化分〉)
> 여래가 설한 삼천대천세계는 세계가 아니니, 그래서 세계라고 이름하는 것이다.(제30〈一合理相分〉)
> 이른바 법상(法相)을 여래는 법상이 아니라고 설하니, 그래서 법상이라고 이름하는 것이다.(제31〈知見不生分〉)

따라서 '색 등의 5온은 공이며, 공이기에 색일 수 있다.'(《반야심경》) 곧 존재하는 모든 것이 갖는 차별적 특성은 모두 언어적 분별에서 드러난 사실일 뿐 진실이 아니다. 이것이 바로 세계의 실상이며 이같이 관하는 것이 반야바라밀다의 무분별의 지혜이다.[3] 이러한 반야바라밀다의 공관에서 본다면 일체의 세계는 공으로서 어떠한 차별도 없다.

이에 대해 출가와 재가가 둘이 아님[不二]을 주장하며, 세속에서의 깨달음을 강조하고 있는 《유마경》에는 다음과 같은 이야기가 실려 있다.

---

3) 《금강경》 제5〈如理實見分〉 "무릇 존재의 상은 모두 허망한 것이니, 만약 모든 상을 상이 아니라고 본다면 바로 여래를 볼 수 있을 것이다(凡所有相 皆是虛妄 若見諸相非相 卽見如來).

어느 날 유마거사는 그를 문병하러 온 문수보살을 비롯한 수많은 보살과 성문과 재가신자들과 법담을 나누고 있었는데, 이에 감동한 천녀가 꽃비를 뿌리며 이를 찬탄하였다. 그런데 보살과 재가신자들 위에 뿌려진 꽃비는 금방 밑으로 떨어졌지만, 십대제자를 비롯한 출가자 위에 뿌려진 꽃비는 그들의 몸에 달라 붙어버렸다. 성문들은 온갖 신통력으로써 꽃을 떼어버리려고 하였지만 그러면 그럴수록 더욱더 딱 달라붙었다.

이에 천녀는 물었다.

"대덕이시여, 굳이 꽃잎을 떨쳐내려는 이유가 무엇입니까?"

사리불이 대답하였다.

"천녀여, 모름지기 출가수행자는 꽃으로 몸을 장식하지 않습니다. 그것은[세속적인 것으로] 법도에 어긋나기 때문이지요."

천녀가 말하였다.

"그렇게 말해서는 안 됩니다. 꽃 자체는 법도에 어긋나지 않으니, 그것에는 아무런 분별도 없기 때문입니다. 꽃을 법도에 어긋나는 것이라고 여기는 것은 바로 그대의 분별하는 마음일 뿐입니다. 대덕이시여, 출가하여 뛰어난 교법과 계율에 안주하며, 그것을 사리 분별하는 것은 법에 집착하는 것입니다. 장로께서는 법과 율에 대해 사리 분별하고 있지만, 분별함이 없는 것이야말로 올바른 지혜입니다. 대덕이시여, 보십시오. 보살은 꽃에 대한 분별을 떠나 집착하지 않기 때문에 꽃이 달라붙지 않는 것입니다. 예컨대 사람이 두려움에 떨고 있을 때 악마가 달려들듯이 생사윤회의 두려움에 떨고 있는 자에게는 색·성·향·미·촉의 5욕(欲)이 달려드는 것입니다. 만약 어떤 자가 온갖 번뇌에 대한 두려움을 버렸다면 5욕이 그에 대해 무슨 일을 할 수 있겠습니까? 집착에 의해 길들여진 습성을 끊지 못한 자에게는 꽃이 달라붙지만, 이미 그러한 습성을 끊은 이에게는 더 이상 달라붙지 않습니다. 즉 보살은 그 같은 습성을 떨쳐버렸기 때문에 꽃이 달라붙지 않는 것입니다."(중략)

사리불이 말하였다.

"천녀여, 탐욕과 미워함과 어리석음을 분별하여 그것을 떠났기 때문에 해탈이 있는 것이 아니겠는가?"

천녀가 말하였다.

"탐욕과 미워함과 어리석음을 떠나 해탈한다고 함은 교만한 마음을 가진 자를 위해 설한 것일 뿐, 그러한 마음이 없는 자의 경우 탐욕과 미워함과 어리석음 자체가 바로 해탈의 상태인 것입니다."[4)]

소승불교에서 출가자의 대표(지혜제일)라 할 수 있는 사리불에게 있어 꽃은 세속적 장식으로 계율에 어긋나는 것이며, 탐욕 등의 번뇌 역시 속으로 떠나야 할 것이었다. 즉 해탈이란 바로 번뇌로부터 자유로워지는 것이었으며, 열반이라 함은 번뇌의 소멸을 의미하였기 때문이었다. 다시 말해 그의 마음에는 세속적인 것과 성스러운 것(열반)이라는 두 가지 범주의 차별이 있어 세속적인 것은 버리고 성스러운 것으로 나아가려고 하였던 것이다.

그러나 꽃 자체에 속되고 성스러운 본성이 있는 것이 아니듯이, 탐욕 등의 온갖 존재 또한 그 자신의 고유한 본성을 갖는 것이 아니다. 그 같은 '성'과 '속'은 사리불 자신의 분별이고 집착일 뿐, 분별과 집착을 떠난 대상 자체는 애당초 청정한 것으로, 그것은 깨달음의 대상과 다르지 않다. 탐욕을 탐욕으로밖에 볼 수 없는 사람은 탐욕을 떠나는 것, 즉 열반에도 집착하며, 열반도 그것에 집착하면 이기적인 욕망에 지나지 않는다.

《유마경》에서는 바로 이 같은 출가자의 이기적 욕망과 집착을 꾸짖고 있는 것이다. 따라서 보살 역시 '나는 보살이고, 타인은 미혹한 자이다'고 차별하면 그는 이미 보살이 아니다. 그것은 차별의 마음이고 분별의 마음으로, 그러한 차별과 분별은 사물의 고유한 본성이 아니라 인간의 사유분별에 의해 조작된 것일 뿐이다.

우리는 일반적으로 감각과 언어적 개념을 통해 세계를 분별함으로써 어떤 한 사물에 대해 다른 것과는 차별되는 그 자신의 고유한 본성이 실재한다고 생각하고, 그것에 대해 집착한다. 그러나 그것은 인간의 사유분별을 통해 그렇게 드러난 것일 뿐, 실상은 어떠한 차별도 없으며, 고유한 본성도 존재하지 않는다. 인간의 사유분별에 의해 차별된 일체의 세계는

---

4) 《유마경》 권제7 〈관중생품(觀衆生品)〉.

마치 눈병이 난 이에게 보여지는 환상과 같은 것으로서, 그것은 실상이 아니다. 예컨대 눈병이 없는 이는 환상이 존재한다는 판단을 초월하는 동시에 그것이 없다는 의식마저 초월하듯이, 세계의 실상은 유·무를 초월하는 것으로, 일체는 무차별이며 공(空)이기 때문이다.

다시 말해 분별의 대상이 되는 성스러운 것과 세속적인 것, 혹은 밝음(앎)과 어두움(무지), 열반과 생사, 출가와 재가는 각기 개별적으로 실재하는 세계가 아니다. 밝음이란 말하자면 어두움이 해소된 상태이며, 어두움이란 밝음이 결여된 상태이다. 따라서 어두움을 전제로 하지 않고 밝음은 존재하지 않으며, 밝음을 배제하고서 어두움은 성립할 수 없는 개념이다. 마찬가지로 생사를 떠나 열반이 따로이 존재하는 것이 아니다.

아비달마불교에서 열반이 최고선일 수 있었던 것은, 그것이 생사윤회와 대립하는 한에서였다. 만약 윤회와 해탈, 번뇌와 열반의 두 가지 가치가 서로 대립하는 고정불변의 것으로 파악되었다고 한다면, 해탈과 열반은 당연히 의미 있는 것이 될 것이다. 그렇지만 참된 의미에서 이 두 가지 사실의 대립은 실재하는 것이 아니라 일시적인 것이라고 한다면, 다시 말해 번뇌도 공이고 열반도 공이라고 한다면, 번뇌를 여의고서 열반을 획득한다고 하는 것 자체가 허망한 것이 되고 만다.

생사번뇌가 공이며 환상에 지나지 않는다는 것을 깨달으면 생사는 그대로 열반이 된다. 열반은 생사의 한 가운데 있는 것이지 시공을 달리하는 것이 아니다. 밝음과 어두움은 차원을 달리하는 별개의 세계가 아니다.5)

2~3세기 무렵 《반야경》을 계승하여 공사상을 대성시킨 용수(龍樹)는 그의 주저 《중론(中論)》에서 다음과 같이 설파하고 있다.

---

5) 이에 대한 보다 자세한 내용은 제8장 2-1) '인연에 의한 생기'를 참조할 것.

윤회는 열반과 어떠한 차이도 없으며, 열반도 윤회와 어떠한 차이가 없다.
열반의 영역이 바로 윤회의 영역으로, 양자 사이에는 어떠한 간격도 없다.6)

생사가 바로 열반이라는 사유방식은 '번뇌가 바로 보리'라는 사실과 대응한다. 즉 탐욕의 번뇌는 중생을 속박하는 고삐가 되지만, 보살에게 있어 그것은 중생구제의 방편이 된다. 말하자면 탐욕에 탐욕으로서의 고유한 본성이 없다는 것을 깨달으면, 탐욕은 중생구제의 방편이 되는 것이다.

따라서 보살은, 마치 연꽃이 저 높은 곳이 아니라 낮은 진흙탕에서 피지만 진흙에 물들지 않듯이, 열반에 들지 않고[不住涅槃] 세속에 머물지만 거기에 속박되지 않는다. 배는 물에 있지만 거기에 물이 스며들지 않듯이, 누에는 자신이 토해낸 실에 속박되지만 거미는 거미줄에 얽매이지 않으며 도리어 스스로의 자유로운 활동의 장(場)으로 삼듯이, 보살에게는 번뇌도 생사도 오히려 열반과 해탈의 토대가 되는 것이다.

대승보살의 자비행은 모든 존재는 공(空)이라는 반야의 공관에서 비롯된 것으로, 개별적 존재에 대한 집착이 사라지면 너와 나는 절대적으로 분리된 존재가 아니라 한 몸의 다른 면일 뿐이다. 다시 말해 일체의 사물이 차별되지 않고 절대적으로 공이라면, 모든 사물은 공이라고 하는 점에서 동등한 일체[同體]이며, 대비(大悲)는 이 같은 경지에서 실현될 수 있다.

유마거사는 '일체의 중생이 병들어 있기 때문에 나도 병이 들었노라. 만약 일체의 중생에게 병이 없어지면 내 병도 즉시 사라질 것이니, 보살의 병은 대비로 인해 일어난다'고 설법하고 있다. 중생과 내가 둘이 아니라는 이 같은 무차별·무분별의 경지에서는 세속적 행위가 그대로 종교

---

6) 《중론》 XXV. 19-20.

적 행위가 되는 것으로, 대승의 보살이 출가자의 이미지보다 세속적인 이미지로 묘사된 것도 바로 이 같은 이유 때문이었다.

3) 보살의 길 — 6바라밀

이와 같은 반야의 보리심을 일으켜 '이타(利他)의 서원(誓願)'이라는 갑옷으로 무장한 보살은 6바라밀(波羅蜜)을 닦음으로써 위없이 높고 원만한 깨달음을 얻을 수 있다. 일찍이 석가보살도 깨달음에 이르기 위해 이루 헤아릴 수 없는 생애 동안 보리심을 발한 보살로서 6바라밀의 실천을 통해 지혜와 자비의 완성을 추구하였던 것이다.

> 모든 보살 마하살이 궁극의 깨달음을 얻고자 한다면 마땅히 6바라밀을 닦아야 한다. 왜냐하면 아난다여, 6바라밀은 보살 마하살의 어머니로서, 모든 보살을 낳기 때문이다. 아난다여, 만약 보살 마하살이 6바라밀을 닦는다면 모두 궁극의 깨달음을 얻게 되리라. 이런 까닭에 나는 거듭 6바라밀을 닦기를 그대에게 당부하는 것이다. 아난다여, 6바라밀은 모든 부처님의 진리가 담겨 있는 이루 다함이 없는 법의 곳간[法藏]이니, 시방의 모든 부처님이 현재 설법하는 것은 모두 6바라밀이라는 법의 곳간으로부터 나온 것이며, 과거의 모든 부처님 역시 6바라밀을 닦음으로써 궁극의 깨달음을 얻었으며, 미래의 모든 부처님 또한 6바라밀을 닦음으로써 궁극의 깨달음을 얻게 되리라. 또한 과거·현재·미래의 모든 불(佛) 제자들 역시 6바라밀을 통해 열반을 얻을 것이다.[7]

여기서 바라밀이란 파라미타(pāramitā)의 음사로서, 피안(pāra)에 이른 (i) 상태(tā), 혹은 최상(pārami)의 상태(tā), 즉 완성(perfection)을 의미하는데, 한역(漢譯)에서는 보통 전자에 따라 도피안(到彼岸)으로 번역되고 있다.

강을 건너 저편 언덕(피안)에 가고자 할 때 어떻게 건너갈 것인가? 독

---

7) 《대품반야경》〈누교품(累教品)〉.

각(獨覺, 스승 없이 홀로 깨달은 부처)은 오로지 자력으로 건너갈 것이며, 성문(聲聞)은 불타의 교법을 뗏목으로 삼아 그것에 의지하여 건너갈 것이다. 그렇다면 보살의 경우는 어떠한가? 그는 반야의 지혜를 통해 이곳(此岸)과 저곳(彼岸)의 분별에서 벗어난다. 여기서 보면 저기가 피안이지만, 저기서 보면 여기가 피안이다. 피안은 고정된 실체로서 존재하지 않는다. 이 같은 인식의 전환을 통해 본다면 여기가 바로 피안이다.

따라서 파라미타에서의 '도달'이나 '완성'은 결코 도달할 수 없는 도달이고 완성할 수 없는 완성이다. 즉 바라밀은 무차별·공에 입각한 실천이기 때문에 특정한 지점의 도달이나 완성을 목적으로 하지 않으며, 따라서 결과에 집착함이 없이 닦아가야 하는 것이 바라밀의 참뜻이다. 바로 이같은 이유로 말미암아 보시 등의 세속의 윤리 도덕적 덕목이 종교적 덕목으로 승화될 수 있었던 것이다.

이러한 바라밀의 정형은 다음의 6가지이다.

(1) 보시(布施)바라밀: 보시란 '베푸는 것'이다. 베풂에는 물질적 베풂인 재시(財施)와, 진리의 말씀을 전하는 법시(法施), 두려움과 근심을 함께하고 도와 주는 무외시(無畏施) 세 가지가 있는데, 주는 자와 받는 자와 주는 물건에 어떠한 차별도 없는 것[三輪淸淨]이 진정한 보시이다. 즉 보시를 행하면서도 보시라는 선행에 집착하지 않고, 공덕의 대가도 바라지 않는 무주상(無住相)의 보시가 보시바라밀이다. 보시바라밀은 요컨대 반야 공관에서 이루어지는 것이기 때문이다.

(2) 지계(持戒)바라밀: 지계란 말 그대로 '계를 지킨다'는 의미이다. 전통적으로 계에는 재가신자들이 지켜야 할 5계(살아 있는 것을 죽이지 말며, 남의 것을 훔치지 말며, 사음하지 말며, 거짓말하지 말며, 술 마시지 말라)와 출가비구와 비구니가 갖추어야 할 250계와 350계 등이 있지만, 대승의 보살계에는 10가지 대계(大戒) 즉 살생과 도둑질과 사음과, 거짓말, 이간질하

는 말, 욕설, 꾸며낸 말, 그리고 탐욕, 미워함, 어리석음에서 떠나는 것과 같은 10선계(善戒)와, 그 밖의 48가지의 가벼운 계[輕戒]가 있다.

그렇지만 대승의 지계는 소승과 같은 수동적이고 타율적인 것이 아니라 이타를 위한 능동적이고 자율적 정신을 강조한다. 계(戒)는 다만 명상[定]과 지혜[慧]를 낳기 위한 준비단계로서 필요한 것이 아니다. 독도 약이 되는 경우가 있는 것처럼 불선 역시 이타행에 필요한 것이라면 두려움 없이 행해야 한다. 즉 계 역시 공한 것이기 때문에 거기에 집착함이 없이 자발적으로 지키며, 아울러 타인에게도 그렇게 하게 하는 것이 지계바라밀의 본질이다.

(3) 인욕(忍辱)바라밀: 인욕이란 '참고 용서하는 것'이다. 이 세계는 고해이며, 그러한 세계에 사는 한 괴로움을 참고 견디는 수밖에 없다. 우리가 욕된 일을 당하여 참지 못하는 것은 진실로 '나'가 있다고 하는 에고의식 때문으로, 보살에게는 그러한 마음이 없다. 8세기 불교논사 샨티데바는 그의 《보리행경(菩提行經)》에서 '화내는 것보다 더한 죄악은 없고, 인욕보다 어려운 고행은 없다. 그러므로 최선을 다해 인욕바라밀을 닦아야 하리라'고 노래하고 있다. "미움은 미움으로 사라지지 않는다. 미움은 오직 참음으로써, 자비로써 극복되는 것이니, 이것이 영원한 진리이다."[8]

(4) 정진(精進)바라밀: 정진이란 나약함이 없는 부동심(不動心)의 실천이며, 불퇴전(不退轉)의 노력이다. 대승의 공관은 결코 허무의 나태가 아니다. 불타는 입멸하면서 '생겨난 것은 반드시 멸하는 것이니, 게으르지 말라'는 가르침을 남기고 있는데, 선법을 향상시키는데 정진은 필수 불가결한 것이기 때문이다. 그리고 중생의 정진은 본질적으로 자신의 이익을 위한 것이지만, 보살의 정진은 집착함이 없는 이타의 정신에서 비롯된 것

---

8) 《법구경》 I. 5.

이다.

 (5) 선정(禪定)바라밀: 선정(dhyāna)이란 어지러운 마음을 가라앉히고 고요히 사색하는 것으로, 세계의 실상이 무자성・공임을 삼매로써 직관하여 그것에 대한 집착으로부터 벗어나는 수행이라고 할 수 있다. 앞서 언급하였듯이 초기대승의 불교도들은 불탑을 참배하고, 관불삼매(觀佛三昧)에 들어 불타를 친견하여 그로부터 반야바라밀다의 법문을 직접 들었던 것인데, 이것이 바로 선정바라밀이다.

 (6) 반야(般若)바라밀: 반야(prajñā)란 뛰어난(pra) 지혜(jñā)라는 뜻으로, 이 때 지혜는 이미 앞에서 설명한 대로 사유분별을 떠난 지혜이다. 예컨대 우리가 일상적으로 갖는 분별의 지혜가 밤(어두움)과 낮(밝음)의 구별이 있는 지구에 비유된다면, 이 같은 무분별의 지혜는 밤낮의 밝고 어두움의 구별이 없는 태양에 비유되는 것으로, 태양의 밝음은 어두움에 의해 드러나는 상대적 밝음이 아닌 절대적 밝음이기 때문이다.

 이 같은 태양의 밝음 아래서는 낮의 밝음도 밤의 어둠도 모두 그 의미를 잃고 만다. 공의 예지 아래서는 세속적인 것도 종교적인 것도 모두 그 의미를 상실하고 만다. 따라서 반야 공관에서 행해지는 일체의 세속적 행위는 그대로 종교적 행위가 되는 것이다.

 모든 보살은 보리심(菩提心)을 일으켜 6바라밀을 하나하나 닦음으로써 마침내 부처의 경지에 이르게 된다. 한편 《화엄경》에서는 이 같은 보살의 길로서 10바라밀을 설하고, 이에 상응하는 10가지 단계[十地]를 설하고 있다. 이에 따르면, 보리심을 일으켜 이타의 서원을 세우는 첫번째 단계인 환희지(歡喜地, 이 때 그는 환희에 충만하여 보시바라밀을 닦는다)로부터 시작하여 모든 존재가 공임을 관찰하는 반야바라밀의 제6 현전지(現前地)를 거쳐, 제7 원행지(遠行地)에서 초월적 보살이 되고, 일체지(一切智)를 실현하는 제10 법운지(法雲地) 이후 마침내 성불하게 되는데, 이에 대해서는 제12장에서 보다 자세히 설명하기로 한다.

이렇듯 대승불교는 반야의 지혜에 근거하여 자리이타의 보살행을 무한히 펼쳐 나가는 보살의 불교이다. 대승(大乘)이란 말 그대로 커다란 수레라는 뜻이다. 여기서 커다란 수레란 대승불교의 진리인 '대 반야'를 일컫는 말로서, 이는 모든 존재의 실상을 드러내어 일체중생을 이익되게 하는 것이기 때문에 대승이다. 이에 따라 보살은 지옥으로 가는 것조차 불사하는데, 이는 기존의 부파불교의 그것과는 확연히 구별되는 진리관이다.

유부 아비달마의 경우, 오로지 세속을 떠나 4제의 진리성에 대한 올바른 관찰과 이해를 통해 열반을 획득하는 것이 지상의 목표였다. 그러기 위해 그들은 세계를 다수의 존재로 분별함으로써 자아의 허구성을 폭로하였다. 그리고 변화유동의 세계를 그 같은 존재의 실유를 통해 해명하고자 하였다. 이른바 아공법유(我空法有)를 주장하였던 것이다.

이에 반해 대승에서는 법 또한 공이라는 이른바 아공법공(我空法空), 일체개공(一切皆空)을 설함으로써 자아와 비아, 번뇌와 보리, 생사와 열반의 이원성을 파기하고 동체의 대비(大悲)를 천명하였다. 즉 반야바라밀다가 깨달음의 본질적 측면이라면, 자비는 그것의 현실적 측면이었던 것이다.

아비달마불교가 분별의 철학이라면, 대승은 무분별의 철학이다. 전자가 불타의 교법을 중심으로 하였다면, 후자는 불타(깨달음)의 본질인 반야바라밀다를 중심으로 하였다. 그리고 이를 통해 그들은 각기 아라한과 보살이라는 이상적 존재를 추구하였던 것이다. 즉 기존의 불교가 교법 중심의 불교였다면, 대승불교는 불타중심의 불교였다.

제8장 중관(中觀)
-일체는 공(空)이다-

1. 중관학파의 기원과 기본입장

　대승불교가 각종 경전들의 편찬과 더불어 화려하게 전개되자 이제 바야흐로 이에 대한 이론적 근거를 마련할 필요성을 느끼게 되었다. 공(空)이란 무엇이며, 그것의 이론적 근거는 무엇인가? 또한 일체가 공이라면 우리가 경험하는 이렇듯 다양한 각각의 세계는 다 무엇인가? 이에 대한 최초의 철학적 근거를 마련한 이는 용수(龍樹, Nāgārjuna)였다. 앞서 언급한 것처럼 대승불교가 누구에 의해, 어떻게 발생하게 되었는가 하는 점은 분명하게 알려지고 있지 않지만, 용수는 그 이름을 역사에 남긴 최초의 인물이었다.
　그는 기원후 150년~250년 무렵 남 인도에서 활약한 대승불교의 가장 위대한 논사로서, 중관학파(中觀學派, Mādhyamika)의 개조일뿐더러 제2의 부처로 일컬어지기도 하였고, 나아가 중국에서는 8종(宗)의 조사(祖師)로 추앙되기도 하였다. 즉 그 후의 대승사상은 모두 그의 이론을 기초로 하여 전개되었다고 하여도 지나친 말이 아니기 때문이다.

그는 공과 연기의 이론을 밝힌 《중론(中論)》과 《십이문론(十二門論)》, 외도의 학설을 비판한 《회쟁론(廻諍論)》, 《대품반야경》을 주석한 《대지도론(大智度論)》 등 대단히 많은 저작을 남기고 있다. 이중에서도 특히 《중론》은 그의 대표적인 저술로, 이후 그의 후계자들, 이를테면 청변(淸辯, Bhāvaviveka), 월칭(月稱, Chandrakīrti) 등은 대개 이를 중심으로 연구하여 이에 대한 주석서를 저술하였기 때문에 이들 그룹을 중관학파라고 이름하게 되었던 것이다.

《중론》을 해설한 청목(靑目)은 "불타의 진정한 의도를 알지 못한 채 불타가 설한 온갖 존재(諸法), 이를테면 12연기나 5온·12처·18계 등의 법을 진리로 여겨 문자에만 집착하는 어리석은 이들에게 공성(空性)을 이해시키기 위해 용수보살께서 《중론》을 저술하게 되었다"고 밝히고 있다. 이처럼 《중론》은 일차적으로는 기존의 성문승, 그 중에서도 특히 유부 아비달마의 비판에 그 목적을 두고 있지만, 궁극적으로는 세계에 대한 인간의 분별인식과 이를 가능하게 하는 언어의 허구성을 폭로함으로써 일체의 집착과 망상으로부터 벗어나고자 하는 것이었다. 그것이 바로 존재 본성에 대한 통찰의 예지인 반야바라밀다였다.

따라서 중관에서는 아비달마와 같은 세부적인 철학체계의 구성보다는 서로 대립하는 일체의 철학적 개념에 대한 비판과 부정을 일차적 과제로 삼는데, 그 같은 비판과 부정의 가설적 개념이 바로 공(空)이었다. '공'이란 '부풀어 오른' '텅 빈' '공허한'이라는 뜻의 순야(śūnya)의 역어로서, 뭔가 결여된 상태를 의미한다.

우리 범부들은 대개 우리에게 인식된 대상은 다른 사물과는 차별되는 그 자신만의 고유한 본성을 지닌 것으로 생각한다. 예컨대 책상이라고 하면, 그것은 책상 이외 다른 모든 것과 차별되는 그 자신만의 고유한 본성과 작용을 갖는 것이라고 여긴다. 그러나 어떤 집에서 거기에 보자기를 덮어 식탁으로 사용하였다면 누구도 그것을 책상이라고 하지 않는다. 또한 추운 겨울날 아궁이 앞에 놓인 그것을 누구도 책상이라고 하지 않는다. 그것은 오로지 어떤 상황과 관계하여 어떻게 사용되는가에 따라 책상으로 불리기도 하며, 식탁이나 땔감으로 불리기도 한다.

곧 책상으로 일컬어지는 그것은 자신의 고유한 본성을 결여하고 있는데, 이를 무자성(無自性) 혹은 공(空)이라고 하는 것이다. 나아가 우리가 경험하는 일체의 존재는 어떤 식으로든 타자와의 관계를 통해서만 그 의미를 드러내는 것으로, 그 자체 개별적 독립적 존재가 아니며, 따라서 실유의 존재가 아니다.

이 같은 사유는 바로 아비달마불교의 그것과 정면으로 대립한다. 앞서 살펴본 것처럼 아비달마불교에서는 우리가 경험하는 세계를 다수의 인연에 의해 조작되어진 것[有爲]이라는 전제 하에 세계를 성립하게끔 하는 각종 조건이나 요소를 논리적으로 분석하여 그것의 실재성을 주장하였다. 즉 '법(法)'이라 일컬어진 존재의 요소는 자신만의 고유한 특성과 작용을 지닌 것으로, 그렇기 때문에 인식이 가능하다. 인식에는 반드시 그에 대응하는 대상이 존재하지 않으면 안 되기 때문이다.

이에 반해 대승의 공관(空觀)에서는 법은 개별적 실체로서 존재하는 것이 아니라 다만 인간사유에 의해 분별되어진 가설적 개념에 불과한 것이라고 주장한다. 곧 《중론》 전(全) 27품에서는 아비달마불교에서 분별되어진 일체의 법과 그것들의 인과관계는 물론이거니와 존재실상으로서의 법인 4성제, 최고의 법인 열반의 실재성마저 부정하고 있다.

그렇다고 공이 바로 비존재 즉 무(無)를 의미하는 것은 아니다. 책상은 현실적으로 엄연히 존재한다. 다만 그 자체로서 책상이라 일컬어지는 것은 존재하지 않으며, 타자와의 관계를 통해 일시적으로 존재하는 것이라고 주장할 뿐이다.

곧 세계는 존재나 비존재로 규정할 수 없다. 전자에 따를 경우 세계는 영원한 것이 되어 변화[生滅]가 부정되며, 후자에 따를 경우 허무의 나락으로 떨어지게 된다. 공은 결코 허무가 아니다.(공을 허무로 이해하는 것을 惡趣空이라고 한다.) 세계가 존재도 비존재도 아니라면, 그렇다면 뭐란 말인가? 이는 이율배반의 딜레마이다.

그러나 용수는 말한다.: "이 같은 형이상학적 딜레마는 인간이성에 의해 조작된 언어적 가구(假構)일 뿐 세계의 실상이 아니다."

세계의 실상은 존재[有]와 비존재[無], 영원[常]과 허무[斷], 혹은 동일성[一]과 차별성[異] 등의 대립으로부터 벗어나 있는 것으로, 이를 중도(中道)라고 하며, 중도로써 세계를 관하는 것을 중관(中觀)이라고 한다. 용수의 《중론》을 계승하는 그룹을 중관학파라고 이름하게 된 것은 바로 이 때문이다.

> 무릇 연기(緣起)한 것, 우리는 그것을 공(空)한 것이라고 한다.
> 이는 또한 언어적 명칭이며, 또한 역시 중도(中道)의 뜻이다.[1]

2. 일체는 공(空)이다

1) 인연에 의한 생기

제법종연기(諸法從緣起) — 모든 존재는 신의 피조물도, 우연의 소산도 아닌 인연에 의해 생겨난 것, 즉 연기(緣起)한 것이다. 이는 불타 깨달음의 본질로 일컬어지기도 하며, 초기불교 이래 불교철학의 초석이라고 할

---

1) 《중론》 XXIV. 18. 衆因緣生法 我說卽是無(空) 亦爲是假名 亦是中道義.

만한 명제이다. 연기(pratītya samutpāda)란 '~을 조건(緣)으로 하여 일어난다'는 뜻으로, 모든 존재는 다양한 원인과 조건을 인연(因緣)으로 하여 성립한다는 말이다.

이를테면 이미 앞에서 언급하였듯이 자동차는 수많은 부품들을 조건으로 하여 생겨난 가설적 개념에 지나지 않는다. 다시 말해 자동차는 수많은 부품들을 배제하고서 그 자체로서는 존재하지 않는 것이다. 마찬가지로 인간(자아) 또한 경험(즉 업)을 구성하는 조건인 5온을 배제하고서 그 자체로서는 존재하지 않는다.

연기설은 불교의 인과론이라고 할 수 있지만, 이처럼 불교에 있어 인과론은 꽃과 열매의 경우처럼 시간을 달리하는 두 가지 사물 사이의 생성 관계 뿐만 아니라 부분과 전체라는 동시적 관계로까지 확장되고 있다.

그런데 유부 아비달마에 있어 연기란 생의 유전을 밝히는 교설로서, 12연기는 바로 삼세에 걸친 5온의 상속을 해명하는 것이었다.[2] 곧 번뇌와 업을 조건으로 하여 괴로움으로 표상되는 현재의 생이 존재하게 되었다는 것이다. 그리고 결과를 낳게 하는 타자는 생기의 조건일 뿐 존재 자체의 조건이 아니라고 보았다. 실재하는 어떤 법이 타자를 조건으로 하여 현상(즉 작용)한다는 것이다.

이에 반해 용수는 연기를 계시적인 인과관계와 논리적 상관관계를 포함하는 관계성 일반으로 해석하였으며, 아울러 관계성을 존재 자체의 조건으로 이해하였다.

이를테면 '부자'라고 하였을 때, 무엇을 부자라고 할 것인가? 부자의 객관적이고도 절대적인 기준은 무엇인가? 빈자가 있기 때문에 부자가 있다. 부자는 빈자를 조건으로 하여 성립한 개념일 뿐이다. 따라서 관계가

---

[2] 이에 대해서는 본서 제5장 3-2)-(3) '생의 유전-12연기'를 참조바람.

배제된 그 자체로서의 부자(즉 절대적 부자)는 세상 어디에도 존재하지 않는다.

'아름답다'고 하였을 때 무엇을 아름다움이라고 해야 할 것인가? 우리는 경치가 '아름답다'고 하거나 그림이 '아름답다', 여인이 '아름답다'고 말한다. 여기에는 어떤 공통점이 있는 것인가? 또한 그것들은 다 같이 미의 정형을 갖추고 있기 때문에 아름다운 것인가? 그런데 우리는 정형이 깨어진 파격(破格)도 미의 일종으로 간주하기도 하며, 백 년 전의 아름다운 여인을 오늘날 더 이상 아름답다고 말하지도 않는다. 아름다움이란 객관적으로 실재하는 것인가, 다만 미의식의 소산일 뿐인가?

나아가 밝음이란 무엇인가? 캄캄한 밤중에는 촛불도 사방을 훤히 밝혀 주지만, 전등불 아래에서 촛불은 결코 밝지 않다. 그러나 태양이 빛나는 한낮에 전등불은 켜나마나이다. 밝음이란 다만 어둡지 않다는 의미 이외 다른 것이 아니다. 다시 말해 부자든 아름다움이든 밝음이든 일체의 모든 언어는 그에 상응하는 고정된 대상을 갖지 않으며, 그 자체로서 실재하는 것도 아니다.

> 깨끗함을 근거로 하지 않고서 더러움은 존재하지 않는다.
> 깨끗함을 근거로 하여 더러움이 있으니,
> 그렇기 때문에 더러움은 그 자체로서 존재하지 않는다.[3]

> 등불(밝음) 가운데 어둠은 존재하지 않으며, 그것이 머무는 곳도 역시 그러하다.
> 어둠을 밝히는 것이 등불이니, 어둠이 없다면 등불의 밝힘도 존재하지 않을 것이다.[4]

---

3) 《중론》 XXIII. 10.
4) 《중론》 VII. 10.

빈부·미추·명암 등의 상대적 개념은 그렇다 하더라도 그 밖의 언어의 경우는 어떠한가? 모든 언어적 개념은 자신을 한정함으로써 자기 이외의 내용을 배제한다. 이는 곧 어떤 언어적 개념의 의미는 그것의 모순 개념의 부정으로, 적극적으로 자신의 내용을 갖지 않는다는 말이다. 예컨대 책상이라고 하면, 책상 아닌 다른 것과의 관계를 통해서만 그것의 성격을 드러낼 수 있다. 만약 이 세상에 오로지 책상만이 존재한다면 책상이라는 말이 존재할 이유가 없다. 곧 말이란 사물의 차별성을 드러내기 위한 수단이지 말 자체가 실재를 반영하는 것은 아니다. 따라서 일체의 언어적 개념은 타자와의 관계를 통해서만 비로소 자신의 정체성을 나타낼 수 있다.

어떤 학생의 학점이 B였다면, 그것은 A학점이나 C학점과의 관계를 가질 때만 의미를 지닐 뿐이다. 모든 학생이 A학점이고, 모든 이가 부자라면, 구태여 A학점이라거나 부자라고 말할 필요도 없는 것이다. 따라서 일체의 언어적 개념은 자신만의 고유한 속성을 갖는 것도 아니며, 그에 상응하는 실재를 반영하는 것도 아니다. 다시 말해 타자와의 관계를 통해 비로소 의미를 지니게 되는 연기적 존재이다.

이제 용수에 의해 관계성 일반으로 정의된 연기에 대해 좀더 구체적으로 살펴보기로 하자. 앞서 언급한 자동차와 부품의 관계에 있어 유부 아비달마의 경우, 자동차는 부품의 결합에 의해 드러나는 주관적 관념(혹은 언어적 명칭. 이를 假名이라 함)에 불과하지만, 부품 자체는 그 자신만의 고유한 특성과 작용을 지닌 개별적인 실체였다. 동일자로서의 자아는 공〔我空〕이지만, 개별자로서의 법은 실재한다〔法空〕는 것이다.

이에 대해 용수는, 설일체유부가 말하고 있듯이 법이 구체적으로 현상하기 위해서는 작용해야 하며, 그러기 위해서는 반드시 자아에 의존하지 않으면 안 된다고 말한다. 즉 굴러가지 않는 바퀴를 더 이상 바퀴라고 할 수 없으며, 바퀴가 굴러가기 위해서는 전체자인 자동차에 근거하지 않으면 안 되기 때문이다.5) 바퀴의 자성이 비록 '굴러가는 것'이라 할지라도 스스로 굴러가지는 않기 때문이다. 말하자면 자동차는 필시 부품에 근거하지만 부품 역시 자동차에 근거하지 않으면 안 되는 것이다.

마찬가지로 안(眼)·이(耳)·비(鼻)·설(舌) 등의 감관이나 번뇌와 업 또한 스스로 작용하지 않으며, 반드시 그것이 작용하기 위한 근거를 갖지 않으면 안 된다. 용수는 말하고 있다.

> [탐욕 등의] 개별적 존재(法)에 의해 [탐욕]자(者)라는 주체(人)가 드러나며
> [탐욕]자라는 주체에 의해 [탐욕이라는] 개별적 존재가 드러난다.
> [탐욕이라는] 개별적 존재 없이 어떻게 [탐욕]자라는 주체가 있을 수 있으며
> [탐욕]자라는 주체 없이 어떻게 [탐욕이라는] 개별적 존재가 있을 수 있을 것인가?6)

> 행위로 인해 행위자가 존재하며, 행위자로 인해 행위가 존재하니
> 우리는 그 밖의 다른 어떠한 성립 이유도 찾아볼 수 없다.7)

이 같은 상호관계의 유형은 주체와 운동에도 적용된다. 즉 '간다'고 하는 운동은 '가는 자(者)'라고 하는 주체 없이 이루어질 수 없으며, 주체 또한 간다는 운동을 통해 확인된다. 다시 말해 가지 않는 부동의 주체는 존재하지 않는다. 왜냐하면 만약 그 같은 부동의 주체가 존재한다면 '가지 않는 자가 간다'고 하는 모순을 낳을 수밖에 없기 때문으로, 이에 대해서는 다음 항('유자성론의 비판')에서 다시 논의하기로 한다.

---

5) 그러나 유부에 의하면, 바퀴는 전체자인 자동차에 근거하는 것이 아니라 여타의 다른 부품과 관계할 뿐이다.
6) 《중론》 IX. 5. 以法知有人 以人知法有 離法何有人 離人何有法.
7) 《중론》 VIII. 12.

일상에서 경험되는 또 다른 연기의 유형은 주체와 대상이다. 인간의 사유분별은 불과 땔감을 개별적이고도 독립된 존재로 고정시킨다. 그러나 현실에서의 불은 오로지 땔감을 통해서만 존재할 수 있으며, 땔감 역시 불을 통해서만 존재한다. 땔감이라고 한 이상 그것은 이미 불을 전제로 한 것이기 때문이다. 따라서 양자는 자립적인 존재가 아니다. 마찬가지로 대상 없는 인식은 존재하지 않으며, 대상 또한 인식될 때 비로소 존재한다. 눈은 보여지는 것(색) 없이 구체적으로 작용할 수 없으며, 보여지는 것 역시 보여질 때 비로소 존재한다.

혹은 원인과 결과의 관계에 있어서도, 원인 없는 결과는 존재하지 않으며, 결과 없는 원인은 존재하지 않는다. 원인이라고 하는 말은 이미 결과를, 결과라고 하는 말은 이미 원인을 전제로 한 것이다.[8]

이처럼 용수에 의하면, 인간이 경험하는 일체의 존재는 언어와 대상, 주체와 작용, 주체와 대상, 그리고 원인과 결과로서 상호 관계함으로써 비로소 자신의 정체성을 드러내는 연기적 존재이다.

2) 연기·무자성(無自性)·공

인도철학의 전통은 언제나 유아론(有我論, ātma vāda)과 무아론(無我論, anātma vāda)으로 대별된다. 전자에 따르면, 현상계의 변화와 차별은 단일한 실재의 양태 내지 무지에 의한 환상일 뿐이기에 '영원의 철학' '동일성[一]의 철학'이라고 할 만하다. 그러나 후자에 따르면 오로지 변화와 차별만이 세계의 본성이기 때문에 '무상의 철학' '다양성[多] 내지 차별성[異]의 철학'이라고 할 만하다. 곧 전자의 대표는 베단타로 일원론을,

---

8) 《중론》 I. 7. '이러한 법에 의해 결과가 낳아질 경우, 이러한 법을 일컬어 원인(緣)이라고 한다. 만약 결과가 낳아지지 않았다면 그것을 어떻게 원인이라고 하겠는가?'

후자의 대표는 불교의 설일체유부로 다원론을 견지한다.

그런데 용수에 따르면, 유아론이든 무아론이든 대저 철학[見, darśana]이라 함은 인간의 사유에 의해 축조된 분별(分別)이며 희론(戱論)이다. 인간의 사유는 본질적으로 세계를 지향하고 탐구한다. 그것은 직관으로부터 지각・판단・추리의 과정을 거치면서 마침내 개념적 인식에 도달한다. 그리고 이것이야말로 명석한 인식이라고 단정한다. 그러나 우리가 명석한 인식이라고 생각하는 개념적 인식은 찰나찰나 단편적으로 일어난 다수의 판단과 기억의 종합으로, 그것은 궁극적으로 언어에 의해 구성된 것이다. 현실상에서 참이든 거짓이든 그것은 차별적이고도 배타적인 언어의 베일에 가려진 것이기에 진실이 아니다.

희론(prapañca)이라는 말은 언어적 허구를 말한다. 앞서 언급한 것처럼 언어는 자신만의 고유한 본성도, 그에 대응하는 외적 실재도 갖지 않는다. '밝음' '아름다움' '사랑'이라고 하는 말은 자신 이외 다른 모든 것과는 차별되어지는 그 자신만의 고유한 본성을 가지며, 이에 관한 인식 판단이 바로 분별(vikalpa)의 의미이지만, 실제 현실상에서의 밝음 등은 어두움 등과 관계함으로써 드러나는 사실일 뿐이다.

그러나 철학일반에서는 대개 언어적 분별을 통해 세계를 본질과 현상, 주체와 대상, 주체와 작용, 원인과 결과 등으로 구분 짓고, 각기 자신만의 고유한 본성(즉 自性)을 갖는다고 간주한다. 그리고 실체(dravya) 혹은 자성(svabhāva)이란 만들어진 것이 아니며, 타자에 의존하지 않는 자기 독립적 존재를 말한다.[9] 즉 유부 아비달마에서 말하는 이른바 '법'이란 자기만의 고유한 특성과 작용을 갖는 독립된 실체이다. 그것은 만들어진 것이 아니라 능히 세계를 조작하는 존재였다.[10]

---

9) 《중론》 XV. 2. 性名爲無作 不待異法成.
10) 본서 제6장 3-1) '세계의 조건들'을 참조할 것.

그러나 용수는 그것들은 모두 타자와 관계함으로써 비로소 자신의 정체성을 지니는 연기적 존재이기 때문에 자신의 고유한 본성을 갖지 않으며, 따라서 공(空)임을 천명한다. 그는 말하고 있다.

> 자성이 온갖 인연에 의해 생겨난다고 하는 것은 옳지 않다.
> 자성이 인연으로부터 생겨난 것이라면 그것은 만들어진 것이니
> 어떻게 자성이 만들어진 것이라고 하겠는가?[11]

곧 유부 아비달마에서는 연기를 어떤 존재의 생기의 조건으로 해석한 데 반해 용수는 존재자체의 조건으로 이해하였던 것이다.[12] 그에 따르면, 우리가 경험하는 일체의 모든 존재가 자신의 고유한 본성을 지닌 실체라면 그것들은 서로 관계할 수 없으며, 따라서 세계는 이루어질 수 없다. 이를테면 등불[明]과 어둠[無明]이 각기 개별적인 실체라면, 양자는 서로 관계할 수 없으며, 따라서 등불은 어둠을 밝힐 수 없고, 어둠은 등불에 의해 밝혀질 수 없다.

우리는 밝음과 어둠을 각기 서로 대립하는 독립된 세계로 생각하며, 세상의 거의 모든 철학과 종교도 이 같은 이원의 구도에서 출발한다. 동굴 안과 동굴 밖(플라톤의 동굴의 비유), 육체와 정신, 지상과 천국, 세속과 열반 등이 바로 이를 의미한다. 그러나 용수에 의하는 한 그것들은 모두 궁극적으로 인간의 언어적 분별일 뿐이다. 어둠이란 밝음이 결여된 상태이며, 밝음은 어둠이 해소된 상태이다. 곧 용수는 우리의 실체화된 언어적 고정관념의 허구성을 폭로하고자 하였다. 그것은 모두 무자성·공으로, 타자를 조건으로 하는 것이기 때문이다.

---

11) 《중론》 XV. 1-2.
12) 이에 대해서는 본서 제6장 주 6)을 참조바람.

3) 유자성론의 비판 — 8불(不)중도

 그런데 용수는 이 같은 자신의 이론을 적극적으로 주장하기보다 아비달마불교나 이교(異敎)의 유자성론의 모순을 지적하여 정법을 드러내는 이른바 파사현정(破邪顯正)의 방식을 즐겨 사용하였는데, 이를 귀류논법(歸謬論法, prasaṅga)이라고 한다. 그의 논파는 《중론》 전편에 걸쳐 다각도로 이루어지고 있지만, 그 기본형식은 서시(序詩)에 해당하는 예배의 노래[歸敬偈]에서 언급되고 있다.

> 생겨나지도 않고 소멸하지도 않으며, 불연속[斷, 허무]도 아니고 연속[常, 영원]도 아니며, 동일한 것도 아니고 다른 것도 아니며, 오는 것도 아니고 가는 것도 아니니, 능히 연기를 설하시어 이 같은 온갖 언어적 허구(戱論)를 완전히 멸하신, 설법자 중의 으뜸이신 정각자(正覺者) 그분께 예배드립니다.13)

 생(生)·멸(滅), 단(斷)·상(常), 일(一)·이(異), 거(去)·래(來)라는 8가지 논파(이를 八不이라 한다)는 온갖 언어적 허구가 완전히 사라진 열반을 의미하지만, 내용상으로는 유자성론을 비판하는 것이다. 이 송문(頌文)은 본장 제1절 말미에서 인용한 송문(주1)과 더불어 《중론》을 대표하는 것으로, 총론이라 할 만하다. 이제 이에 대해 간략히 살펴보기로 하자.

(1) 불생불멸(不生不滅) — 존재 유무의 비판

 우리는 보통 '불생불멸'이라고 하면 어떤 초월적인 영원한 존재나 형이상학적인 실체를 떠올리지만, 여기서는 반대로 그러한 존재에 대한 논의 자체를 비판하고 있다. 즉 그러한 존재 유무에 의해서는 생성도 소멸도

---

13) 《중론》 I. 1-2. 不生亦不滅 不常亦不斷 不一亦不異 不來亦不去. 能說是因緣 善滅諸戱論 我稽首禮佛 諸說中第一.

해명할 수 없다는 것이다.

　무엇이 생겨났다고 함은 어떤 존재가 스스로 생겨나는 것[自生], 다른 것으로부터 생겨나는 것[他生], 양자 공동에 의해 생겨나는 것[共生], 아무런 원인 없이 생겨나는 것[無因生] 등 네 가지 관점에서만 이야기될 수 있다. 그러나 그 어떤 것도 불합리하다.

　첫째, '스스로 생겨난다'고 하는 것은 이미 존재하고 있던 것이 다시 생겨난다는 말로서, 무의미한 반복일 뿐이며, 또한 하나의 존재에 두 가지 사실('생겨나게 한 것'과 '생겨난 것')이 공존하게 되는 모순을 띠게 된다. 후대 주석가에 따르면, 이는 근본원질인 프라크리티가 세계로 전개하였다는 상캬학파의 인중유과설(因中有果說)이다.14)

　둘째, '다른 것으로부터 생겨난다'면 보리로부터 벼가, 등불로부터 어둠이 생겨나야 할 것이고, 다른 이가 지은 악업의 고통을 받아야 하는 등 연속적인 생성이 불가능하다. 후대의 주석가들은 이를 아비달마논사, 혹은 바이세시카학파의 인중무과설(因中無果說)로 이해하고 있다.15)

　셋째, '자타 공동에 의해 생겨난다'고 할 경우, 앞의 두 가지의 모순을 모두 지니게 되는 것으로, 빛과 어둠이 공존한다고 말하는 것과 같다. 이는 상캬학파나 자이나교의 이원론(푸루샤와 프라크리티, 지바와 푸드가라)에 해당하는 것이라고 후대 주석가들은 말하고 있다. 이를테면 금과 불・장인의 솜씨 등에 의해 금반지가 생겨났다고 할 경우, 상식적으로는 타당한 것 같지만 이치상 하나의 존재가 두 가지 본성을 지닌 것이 되기 때문이다.

　넷째, '원인 없이 생겨난다'고 하는 것은 인과를 부정하는 것이고, 그럴 경우 작용도, 작자도, 선도, 악도 없을 것이며, 나아가 생천(生天)이나 해

---

14) 이에 대해서는 본서 제2장 3-1) '상캬와 요가학파' 참조.
15) 이에 대해서는 본서 제2장 3-2) '바이세시카와 느야야학파' 참조.

탈 역시 원인 없이 이루어져야 하기 때문에 이 역시 불합리하다.
 소멸 또한 어떤 것이 존재할 때와 존재하지 않을 때 등 두 가지 관점에서만 이야기될 수 있다. 그러나 존재하는 것은 소멸하지 않으니, 동일물에 존재와 비존재가 공존할 수 없기 때문이다. 예컨대 분필이 소멸하였을 때, 우리는 분필이라는 실체관념을 갖고서 '분필이 소멸하였다'고 생각하지만, 이러한 실체적 관념을 가진 채 분필의 소멸을 말하는 것은 모순이라는 것이다.
 그리고 비존재 또한 소멸하지 않으니, 한번 자른 머리를 다시 자를 수 없듯이 이미 존재하지 않는 것이 다시 소멸할 리는 없는 것이다.

(2) 부단불상(不斷不常) — 연속성과 불연속성의 비판
 이는 초기불교 이래 가장 일반적으로 설해지는 중도의 유형으로, 세계는 연기된 것이기 때문에 자성을 지닌 실체로서 연속[常]하는 것도 아니지만, 그렇다고 불연속의 단멸[斷]도 아니다. 만약 번뇌가 영원한 것이라면 누가 그것을 끊을 것이며, 단멸하는 것이라면 무엇 때문에 끊을 것인가?
 나아가 싹이라는 관념은 종자를 조건으로 하여 생겨난 것이라고 할 때, 종자는 소멸하여도 싹은 생겨나기 때문에 불연속이 아니며, 싹은 생겨날지라도 종자는 소멸하기 때문에 항구적인 연속도 아니다.

(3) 불일불이(不一不異) — 동일성과 차별성의 비판
 종자와 싹의 관계에서 보듯이 원인과 결과는 동일한 것도 아니지만 전혀 다른 것도 아니다. 동일하다면 싹은 생겨날 필요가 없는 것이며, 다르다면 양자 사이의 관계가 결여되어 싹의 생기를 해명할 수 없기 때문이다. 또한 불(타는 것)과 땔감(태우는 것)의 경우도 역시 그러하여, 만약 양

자가 동일하다면 땔감은 불 없이도 타야 할 것이며, 다르다면 서로 관계할 수 없으므로 불은 땔감을 태울 수가 없을 것이다.

마찬가지로 5온과 자아, 작용과 작자의 관계도 역시 그러하다. 즉 불과 땔감, 5온과 자아는 인과적 관계를 갖는 실체가 아니라 서로 관계함으로써 비로소 존재하는 것으로 그 자체로서는 무자성 공이기 때문이다.

(4) 불거불래(不去不來) — 주체와 운동의 비판

《중론》에서 '간다'는 사실은 '가는 자[去者]'와 '가는 운동[去法]'이라는 두 가지 측면에서 고려되고 있다. 그렇지 않을 경우 가는 자 없이 가는 운동이 있어야 할 것이며, 가는 운동 없이 가는 자가 있어야 하기 때문이다.

먼저 '가는 운동'의 경우, 이미 지나간 것은 가는 것이 아니며, 아직 지나가지 않은 것도 가는 것이 아니다. 그리고 지금 가고 있는 것도 가는 것이 아니다. 즉 현재라고 하는 것은 과거와 미래 사이의 무간의 접점으로, 길이를 갖지 않는 시간 중에 운동은 일어나지 않는다. 이는 형식상으로는 고대 그리스 엘레아학파의 제논의 역설과도 유사하지만, 그는 다만 운동과 변화(생성)의 불합리성을 지적하였을 뿐이다. 그러나 용수에 의하는 한 운동이 일어나지 않는 한 정지(부동) 또한 있을 수 없다.

다음으로 '가는 주체'의 경우, 이 때 주체는 운동을 갖는 것인가, 갖지 않는 것인가? 만약 갖지 않는다고 한다면 '가지 않는 자가 간다'고 하는 모순을 범하게 되며, 운동을 갖는다면 '가는 자가 간다'고 해야 한다. 그러나 이 경우, 가는 운동 없이도 가는 자가 있게 되며, 또한 하나의 존재에 두 가지 형태의 가는 운동이 야기되는 모순에 빠지고 만다.

이 같은 논의는 일견 궤변이나 말장난같이 들릴지 모르지만, 도리어 운동과 주체를 각기 개별적인 존재로 분별하여 양자간의 동일성 혹은 개별성을 주장하거나 주체의 연속성 혹은 불연속성, 영속적인 존재의 유무를 주장하는 기존의 철학을 파기하려는 시도에 다름 아니다. 그것은 다만 언어와 사유에 의해 조작된 추상관념에 지나지 않는다는 것이다.

용수에 의하면 인간이 경험하는 일체의 세계는 사유에 의해 축조된 것으로 허구이다. 그것은 실상이 아니다. 그것은 다만 언어의 세계이며, 신기루의 세계이다. 그것은 덧없는 것이고, 실체가 없는 것이다. 그리고 인간의 모든 고통은 바로 언어의 세계를 실재의 세계로 여기는 것에서 비롯되었다는 것이다.

> 일체의 모든 존재는 꿈과 같고, 신기루와 같으며, 물거품, 그림자와 같다.
> 또한 이슬과 같고 번개와도 같으니, 마땅히 이와 같이 관(觀)해야 하리라.16)

3. 이중의 진리관 — 2제설(諦說)

그러나 만약 일체의 모든 존재가 무자성으로서 공이라고 한다면, 우리가 바라보는 이 세계는 무엇인가? 거기에는 선도 있고 악도 있으며, 진실도 있고 허위도 있으며, 부자도 있고 빈자도 있지 않는가? 일체가 공이라면 윤리적으로나 언어적으로 허무의 혼돈에 빠져버리고 만다. 나아가 부처도, 그의 교법도, 그것을 따르는 승가도 공이라 하지 않으면 안 된다.

> 일체가 공이라면 [번뇌와 업의] 생겨남도 없고, 소멸함도 없으며, 그럴 경우 4성제도 없다. 4성제가 없다면 고(苦)를 알고, 집(集)을 끊고, 멸(滅)을 작증하고, 도(道)를

---

16) 《금강경》 제32 〈응화비진분(應化非眞分)〉 ; 《중론》 XVII. 33. '모든 번뇌와 업, 작자와 과보는 모두 신기루와 같고 꿈과 같으며, 노을과 같고 메아리와 같다.'

닦을 것도 없으며, 이 네 가지가 없다면 성자의 네 과보도, 그것으로 향하는 과정의 성
자도 없다. 곧 성자가 없다면 승보(僧寶)가 없고, 4성제가 없으니 법보(法寶)도 없다.
법보와 승보가 존재하지 않으면 불보(佛寶) 또한 존재하지 않는다. 이렇듯 공을 주장
하는 경우, 삼보를 파괴하며, 인과와 그에 따른 죄와 복, 나아가 일체의 세속언설을 파
괴하는 것이 된다.17)

물론 대승불교에서 설하는 반야바라밀다의 공은 허무의 공, 파괴의 공
이 아니다. 용수는 공을 잘못 이해할 경우, 마치 땅꾼이 뱀을 잘못 다루어
물리는 것처럼, 주술사가 주술을 잘못 써 도리어 화를 입는 것처럼 허무
의 나락[惡取空]에 떨어지게 된다고 경고하고 있다. 그는 다만 언어가 갖
는 허구성을 일깨우고자 하였다.

언어는 세계를 실체로서 고정시킨다. 언어란 그것에 의해 의미되는 대
상과 직접 관계하는 것이 아니라 다만 화자의 의도와 관계하여 그것을
드러내는 방편(의사소통의 수단)일 뿐이다. 즉 언어란 드러나야 할 대상에
대해 그것과는 별도의 판단을 낳게 하는 화자의 관념체계에 불과한 것이
기 때문에 절대적 의미를 지닌 것이 아니며, 상황과 조건에 따라 얼마든
지 변화할 수 있는 일시적인 것(prajñapti, 假說)이며, 한정적인 것(saṃvṛti,
世俗)이다.

그것은 다만 강 저편 언덕으로 건너가기 위한 배, 달을 가리키는 손가
락, 이층에 오르기 위한 사다리와 같은 것으로, 배가 강 저편의 언덕은 아
니듯이 언어 역시 세계가 아니다. 그럼에도 우리는 이 같은 사실을 간과
한 채 영속 단일 보편의 언어를 통해 드러나는 세계 또한 그러한 것으로
이해하고 있다. 다시 말해 언어와 세계를 동일시하는 것이다.

관념으로서의 사랑과 현실의 사랑은 다르다. 관념으로서의 사랑은 현

---

17) 《중론》 XXIV. 1-6.

실의 사랑을 은폐하고 왜곡시킨다. 그것은 언제나 영원하고 진실하다. 사랑을 사랑이라 규정할 때, 그것은 이미 관념의 틀 속에 갇힌 죽은 사랑이 된다. 그것은 바야흐로 비극의 시작이다.[18] 마찬가지로 언어적 관념으로 구성된 철학의 모든 학설 역시 궁극적으로는 세계를 은폐 왜곡하며, 언제나 자신의 학설이 영원하고 진실하다고 주장함으로써 세계를 끝없는 투쟁의 장(場)으로 전락시켰다.

'세계는 언어에 은폐되어 있다.' 용수는 세계를 부정한 것이 아니라 세계에 관한 이론 즉 언어를 부정하였다. 언어가 바로 공이며, 따라서 언어의 베일만 벗기면 세계는 그대로가 진실(열반)이다.[19]

그렇다면 용수가 설한 온갖 언어는 다 무엇이며, 나아가 불타의 이른바 8만 4천의 법문은 다 무엇인가? 언어가 공이라고 한 이상 그것 역시 세계를 은폐하는 허구가 아닌가? 일단은 그렇다고밖에 말할 수 없다. '공'에 관한 이론 역시 언어적 가설[假名]에 불과하다.

그러나 분명히 알아야 할 사실은 용수가 언어 자체를 부정한 것은 아니었다는 점이다. 우리는 언어를 통하지 않고서는 하루도 살아갈 수 없다. 언어는 일상적인 세계를 성립시키는 정보교환의 수단으로, 진실을 전하기 위해서도 언어는 필요하다. 언어가 허구임을 가르치기 위해서도 언어를 사용해야 하는 것이다. 다만 이 같은 언어의 일상적 기능을 넘어서서 언어는 그 자신만의 고유한 본성을 지니며, 그에 대응하는 존재가 객관적 실재한다는 생각이 허구이고 공이라는 것이다. 그리고 이러한 사상을 전하기 위해서라도 언어는 필요한 것이었다.

곧 용수는 세속제(世俗諦, 혹은 俗諦)와 승의제(勝義諦, 혹은 眞諦)라고

---

18) 이에 대해서는 본서 제5장 3-3) '무상과 무아'에서 좀더 자세하게 언급하였다.
19) '세계(업과 번뇌)에 대한 분별은 언어적 관념(희론)에서 일어나며, 언어적 관념은 공에 의해서만 사라진다.'(《중론》 XVIII. 5); '모든 지각이 사라지고, 언어적 관념이 사라진 그것이 바로 열반이다.'(동 XXV. 24)

하는 이중의 진리관으로 세계를 이해하고자 하였는데, 이를 2제설(二諦說)이라고 한다.

> 모든 부처님께서는 세속제와 승의제라는 두 가지 진리에 근거하여 법을 설하였으니 이 두 가지 진리를 구별하지 못하는 이는 불법(佛法)의 진실한 의미를 알지 못한다. 세속제에 의지하지 않고서는 승의제를 얻을 수 없으며, 승의제에 이르지 않고서 열반은 증득되지 않는다.[20]

여기서 세속제(saṃvṛti, 혹은 vyavahāra, 혹은 prajñapti-satya)라고 함은 언어적 진실을 말한다. '세속'의 원어 삼브리티 등은 모두 언어적 표현, 언설을 의미한다. 특히 삼브리티는 '은폐하다', 브야바하라는 '일상의 관습'이라는 뜻을 갖기도 한다. 즉 언어란 그 자체 진실이 아니며, 다만 일상의 표현일 뿐이다.

예컨대 '하늘이 푸르다'거나 '나는 푸른 하늘을 본다'고 할 때, '나' '하늘' '푸름' '본다'는 사실의 본질 내지 그것의 존재성을 문제로 삼는 것이 아니다. 이는 다만 하늘과 푸름(혹은 흐리지 않음)의 관계만을 염두에 둔 일상의 표현일 뿐이다. 이는 곧 그것이 어떠한 종류의 언어이든 세간의 언어는 사물의 본질과 관련된 것이 아니라 다른 언어와 관계한다는 사실을 의미하며, 이 같은 한도에서 언어의 효용성은 인정되지 않으면 안 된다.

그리고 승의제(pāramārtha-satya)란 최상의 진리, 궁극의 진리를 말하는 것으로, 개념적 언설을 넘어선 이른바 무분별의 진리, 곧 공성(空性)을 의미한다. 따라서 그것은 언어로 표현되지 않는다.

곧 용수는 불타의 교법(말씀)을 모두 바로 이 같은 승의제에 이르기 위한 방편(수단)으로 이해하였다. 말씀 자체가 진리는 아니다. 《법화경》의

---

[20] 《중론》 XXIV. 8-10.

예를 빌리자면, 불난 집에서 불난 줄도 모르고 놀고 있는 아들을 밖으로 불러내기 위해 그들이 평소 갖고 싶어하였던 장난감을 보여 주는 것과 같다.21) 따라서 불타의 말씀은, 마치 의사가 환자의 병에 따라 약을 처방하듯이 근기에 따라 점층적으로 설해졌다. 이를테면 악행을 저지르는 자에게는 선악의 과보를 말해 주기 위해 자아의 존재를 설하였고, 오로지 그 같은 선악의 과보에만 집착하는 이에게는 무아를 설하였지만, 세계존재의 실상은 유아도 무아도 아닌 공이라는 것이다.22)

용수는 궁극적으로 언어를 본질로 하는 우리의 인식과정을 전도된 것이라고 말한다. 따라서 우리가 해야 할 일은 언어를 통해 세계를 구분짓는 일(즉 사유판단)로부터 벗어나 세계를 그 자체로서 관조하는 것(순수직관)이며, 그것은 다름 아닌 공성(空性)이다.

용수는 말하고 있다.

> 마음의 작용이 사라지면 언어도 역시 사라지니, 이 때 존재의 실상은 열반처럼 생성하는 일도 소멸하는 일도 없다.
> 어떤 다른 조건에 의해 알려지지 않고 고요하며, 온갖 개념적 유희(희론)에 의해 더 이상 개념화되지 않으며, 분별적이지 않으며, 어떠한 차별적 의미도 없는 것, 이것이 바로 존재의 실상이다.23)

그리고 이러한 존재의 실상이라는 관점에서 본다면, 생사 윤회하는 세간과 열반(혹은 여래) 사이에는 어떠한 구분도 없다. 세간과 열반은 다만 말이 다르고, 그에 대한 관념이 다를 뿐 본질적으로는 공성으로서 동일하다. 그러나 우리 범부들은 바로 언어적 관념(희론)에 의해 그 같은 언어적

---

21) 본서 제11장 주6) 참조.
22) 《중론》 XVIII. 6. 諸佛或說我 或說於無我 諸法實相中 無我無非我.
23) 《중론》 XVIII. 7; 9.

관념을 벗어난 무자성의 여래를 그 자신만의 고유한 본성을 지닌 유자성적인 존재로 규정지음으로써 여래를 보지 못하는 것이다.[24]

어떤 미혹한 자가 새끼줄을 뱀으로 보았을지라도(그렇기 때문에 미혹한 자이다) 그가 본 것은 사실상 새끼줄로서, 뱀이라는 분별만 제거하면 그것은 바로 새끼줄이다. 뱀과 새끼줄은 서로 분리된 이원의 세계가 아니다. 마찬가지로 세간과 열반, 현상과 본체는 서로 대립하는 두 세계가 아니다. 그것은 다만 언어적 관념의 차별일 뿐이므로 그 같은 분별만 제거되면 세계는 그대로 진실이다. 공은 바야흐로 불이(不二)의 중도이다.

> 윤회는 열반과 어떠한 차이도 없으며, 열반도 윤회와 어떤 차이가 없다.
> 열반의 영역이 바로 윤회의 영역으로, 양자 사이에는 어떠한 간격도 없다.[25]

이같이 일체의 대립된 관념으로부터 벗어나 세계를 공(空)으로, 불이의 중(中)으로 관(觀)하는 것, 그것이 바로 반야바라밀다이다.

4. 삼론종(三論宗)과 승랑(僧朗)

용수의 중관사상은 8세기 후반 샨타라크시타에 이르기까지 인도불교 사상사에 지대한 영향을 미쳤으며, 인도에서 불교가 소멸한 이후에는 티

---

[24] 《중론》 XXII. 15-16. "불타는 언어적 허구(희론)를 벗어난 불멸자로서, 언어적 허구에 사로잡힌 이들은 그 같은 언어적 허구에 지혜가 손상되어 여래를 보지 못한다. 곧 여래의 본성이 바로 세간의 본성으로, 여래가 무자성이므로 세간 역시 무자성이다."; 《금강경》 〈법신비상분(法身非相分)〉 '若以色見我 以音聲求我 是人行邪道 不能見如來.'
[25] 《중론》 XXV. 19-20.

베트에서 새로이 꽃피우기도 하였다.

중관사상이 중국에 처음으로 알려진 것은 서역(西域)의 구마라집(鳩摩羅什, Kumārajīva, 344~413)이 용수의 《중론》을 번역하면서부터였다. 그는 용수의 또 다른 저술인 《십이문론(十二門論)》과 용수의 제자 제바(提婆, Āryadeva)가 쓴 《백론(百論)》도 함께 번역하였는데, 이로 인해 이후 중국에서는 이 계통의 학파를 삼론종(三論宗)이라고 부르게 되었다. 그러나 당시 삼론종은, 역시 구마라집이 번역한 《성실론(成實論)》과 함께 연구되었다. 그러나 이는 소승의 경량부 계통의 문헌으로, 설일체유부의 실유론(實有論)을 비판하고 있기는 하지만, 그것은 유에 반대되는 비유(非有, 혹은 假有)의 의미였고, 진정한 의미의 공은 아니었다. 이에 고구려 출신의 승려인 승랑(僧朗)이 삼론종을 성실종으로부터 완전히 분리시켜 이 종파의 실질적인 기틀을 마련하였고, 이후 승전(僧詮)과 법랑(法朗, 507~581)을 거쳐 마침내 수나라 길장(吉藏, 549~623)에 이르러 크게 대성하기에 이른다.

그렇다면 승랑은 대승의 반야 공관에 대해 어떻게 이해하였던 것일까? 우리는 대개 종교적이거나 이념적 도그마를 경계하며, 그것이 철학의 본래적 입장이라고 말하면서도 그같이 '도그마를 경계하라'는 교조(혹은 주장자)의 말씀을 다시 절대시하는 모순을 범하기도 한다. '조건 없이 사랑하라'는 교조의 말씀을 전하기 위해 전쟁도 불사하는 것이다.

대승의 '공'은 철저하게 인간의 도그마를 파괴하려는 것이었다. 그것은, 이미 살펴본 것처럼 이교(異教)에 대해서는 물론이고 '열반'이나 '여래'라고 하는 불교의 최고의 개념마저도 도그마로 여겨 깨트려버렸다. 도그마란 사물의 진상이 아니라 다만 인간의 언어적 관념(즉 假說)에 의해 산출된 허구일 뿐이기 때문이다. 우리의 세계가 대립과 투쟁의 장으로 특징지워지는 것은 그것을 진실로 여기기 때문이다.

용수에게 있어 무지란 진실(승의제)과 진실에 관한 견해(세속제)를 구분하지 못하는 것이었다. 이것이 이른바 이중의 진리관, 즉 2제설(二諦說)이었다. 그에 따르면, 불타의 모든 말씀은 진리로 나아가기 위한 방편설이다. 그렇다면 진리설과 방편설, 승의제와 세속제라는 2제설은 진리설인가, 이 역시 방편설인가? 4성제의 경우가 그러하듯이 '제(諦, satya)'란 진리라는 말이다.

승랑 당시 남북조시대에는 2제설을 진리설로 이해하였다. 말 그대로 세속제는 세간적 언어적 측면의 진리이며, 승의제는 초월적 절대적 측면의 진리였다. 이에 대해 승랑은 2제설 역시 방편설 즉 교설로 이해하였다. 승의제인 공에 관한 견해 역시 개념적 언설에 지나지 않는다. 다시 말해 관념의 대상이 되는 한 '공' 또한 공이라 하지 않으면 안 되기 때문으로, 이 같은 그의 입장을 약교이제설(約敎二諦說)이라고 한다.

따라서 다른 교설이 그러하듯이 2제설 또한 다양한 형식으로 설해질 수밖에 없다. 그는 중생의 근기나 인식의 얕고 깊음에 따라 세 가지(혹은 네 가지)로 중첩되는 2제설을 예시하고 있는데 그 내용은 다음과 같다.

첫번째는 유(有)와 무(無, 혹은 空)의 2제설이다. 우리 범부들은 대개 자신이 생각하는 것은 모두 실재하는 것, 참된 것으로 여기고, 그에 대해 집착함으로써 생사 미망에 떨어지기 때문에 유를 세속제로, 공을 승의제로 설한 것이다.

두번째는 유무와 비유비무(非有非無)의 2제설이다. 즉 소승인(성문 독각)들은 무(혹은 공)에 집착하여 생사를 벗어난 열반만을 추구하기 때문에 범부의 유견(有見)과 소승의 공견(空見)을 세속제로, 비유비무를 승의제로 설한 것이다.

세번째는 유무(二)·비유비무(不二)와 비이(非二)·비불이(非不二)의 2제설이다. 보살 중 어떤 이(有得菩薩)들은 비유비무의 불이를 절대진리로 여기기 때문에 앞의 두 형식의 2제설을 세속제로, 여기서 벗어난 것(非二・非不二)을 승의제로 설한 것이다.

　나아가 이러한 삼중(三重)의 2제설이 모두 교설이라면, 이것이 궁극적으로 지향하는 바는 무엇인가? 다시 말해 승랑에게 있어 진리란 무엇인가? 그것은 중도였다. 그에 따르면 2제설은 궁극적으로 중도를 나타내기 위한 교설이다. 2제는 서로가 서로에게 의존하는 상대적 개념[相對之假稱]으로, 어느 한편을 부정하고는 결코 성립될 수 없다. 그렇기 때문에 어느 한편에 집착하면, 그것이 아무리 참이라 할지라도 결국 편견이며 독단이다. 2제는 궁극적으로 하나의 실체(세계)에 대한 양극단의 견해를 파기하는 중도의 표현방식이다.

　이를테면 부자는 빈자를 통해서만 비로소 설정될 수 있는 개념이며, 빈자 역시 그러하다. 따라서 빈부의 형식은 고정되어 있지 않으며, 실로 다양하다. 거지사회에도 빈부의 차별이 있으며, 부유층에도 빈부의 차별은 존재한다. 그렇다면 나는 빈자인가 부자인가? 상대에 따라 빈자일 수도 있고, 부자일 수도 있다. 그것을 이른바 중산층이라고 하였던가?

　마찬가지로 세계는 그 자체로서 존재하는 것인가, 존재하지 않는 것인가? 현실적(혹은 언어적) 측면에서 본다면 존재한다고 하지 않을 수 없고, 본질적 측면에서 본다면 존재하지 않는다고 하지 않을 수 없다. 그러나 상대적 관점을 떠난다면 존재하는 것도 아니며, 존재하지 않는 것도 아니다. 이를 무엇이라 일컬어야 할 것인가? 이는 사실상 말로써도 사유로써도 드러낼 수 없는 언망여절(言忘慮絶)의 세계로서, 굳이 말로 표현하자니 '중도'이다. 이는 바야흐로 존재의 실상이다.

　곧 승랑에 있어 진(眞)・속(俗)의 2제설은 모두 불이(不二)의 중도를 밝히기 위한 교설로서, 말하자면 불가득(不可得) 불가설(不可說)인 중도의 표현방식이었다. 이를 이제합명중도설(二諦合明中道說)이라고 하는데,

인도 중관학에서는 찾아볼 수 없는 중국 삼론종의 독특한 입장이었다.[26]

---

26) 한 가지 의문이 남는다. 진(眞) 속(俗)의 2제설이 다만 교설일 뿐 진실의 실상이 아니라면, 진실의 실상은 일체 언어적 관념들을 파기하고 또 파기함으로써 드러나는 '말도 잊고 생각이 끊어진 세계'라면, 그것이 지향하는 바는 무엇인가? 그것이 세계에 관한 진실의 통찰이라면, 그 같은 통찰이 갖는 의미는 무엇인가? 다만 종교적 황홀의 광휘(光輝)일 뿐인가? 하나의 예화가 있다. 선종 제2조 혜가(慧可)의 계통(혹은 반야공관 계통의 선종인 牛頭宗)인 지암(智巖, 567~645)은 무용과 지략을 갖춘 기골이 장대한 장군출신으로, 40에 출가하여 열렬한 두타행자(頭陀行者, 무소유의 고행자)가 되었는데, 나병환자 마을(癘人坊)에서 그들에게 설법하며, 고름을 빨아 주고 씻어 주는 등 차마 할 수 없는 일을 다하다가 목숨을 마쳤다고 한다(《속고승전》 권제20, 대정장50, p.602). 이러한 그의 두타행은 어디서 비롯된 것인가? 초기 선종(능가종)의 두타행자들은 삼론의 공관을 함께 익혔다. 혜가는 섭산(攝山) 서하사(栖霞寺) 혜포(慧布)에게서 그것을 익혔으며, 혜가의 문하인 법충(法沖)은 흥황사(興皇寺) 법랑(法朗, 507~581)으로부터 《대품반야》와 삼론을 배운 지고(智瞿)에게서 그것을 익혔는데, 혜포나 법랑은 다 같이 승전(僧詮)의 제자로, 그들이 배운 바는 모두 승랑에서 비롯된 신(新)삼론이었다.

제9장 유식(唯識)
-세계는 마음의 투영이다-

1. 유식학파의 기원과 기본입장

우리가 바라보는 세계와 그 세계를 바라보는 '나'는 진실로 존재하는가? 일상의 세계에서는 객관의 외계도 주관의 자아도 실재한다. 그리고 그 사이에서 일어나는 온갖 인식도, 그에 따른 경험도 실재한다. 그러나 그것은 항구적이지 않다. 오늘의 경험은 엄연한 현실이지만, 조만간 새로운 경험에 의해 파기된다. 어제의 사랑도 젊음도 기쁨도 절망도 오늘 더 이상 존재하지 않는다. 다만 기억으로만 남아 있을 뿐이며, 그것마저 조만간 사라질지 모른다. 그것은 다 꿈이었던가?

그렇다면 엄연한 현실인 오늘의 경험도 다만 꿈일 것인가? 그러나 꿈은 언제나 깨어난 자에게 있어서만 꿈일 따름이다. 깨어나지 못한 자에게 있어 그것은 더 이상 꿈이 아니며 엄연한 현실이다.

그런데 우리의 현실은 '제 눈의 안경'이라는 말도 있듯이 주관적인 차별 현상으로 나타난다. 우리는 각기 자신의 안경을 통해 세계를 바라본다. 유식학(唯識學)에서는 고래로 '일수사견(一水四見)'이라는 말을 전하고 있다. 하나의 물을 네 가지로 본다는 것인데, 인간에게는 마시는 물이지만, 물고기에게는 집이고, 아귀에게는 피고름이며, 천상에서는 세계를 장식하는 보배이다. 이는 곧 동일한 대상에 대해 각기 견해를 달리한다는 말이다. 다시 말해 세계란 다만 주관적 관념에 지나지 않는다는 말이다. 이른바 '일체는 오로지 마음의 조작[一切唯心造]'이라는 것이다.

세계는 무엇이며, 자아는 또한 무엇인가? 초기불교에 있어 세계는 경험된 것이며, 자아는 그 같은 경험을 통해 드러나는 가설적 존재였다. 그리고 아비달마불교에서는 이에 따라 경험을 구성하는 온갖 원인과 조건들[諸法]을 보다 심층적으로 분별하고, 세계의 상속의 문제를 그것의 실유설(實有說)로 해명하고자 하였다. 이에 반해 대승공관에서는 그러한 온갖 원인과 조건은 그 자신의 고유한 본성도 갖지 않으며, 다만 인간의 분별개념에 지나지 않는다고 하였다. 다시 말해 일체의 모든 존재가 공[一切皆空]임을 천명하였던 것이다.

그러나 일체가 공이라면 이 세상의 모든 존재는 다 무엇이란 말인가? 세계가 사유 분별의 소산, 다시 말해 언어적 가설로서만 존재하는 것이라면, 그 같은 사유분별은 어떻게 일어나게 되는 것인가? 유식학파(唯識學派)에서는 바로 이러한 분별과 언어(즉 세계와 자아)가 비롯되는 장(場)으로서의 의식 자체를 심층적으로 분석하고, 그것의 전환을 통해 진여(眞如)의 열반을 성취하고자 하였다.

이들에 따르면 외계대상은 실재하지 않으며, 오로지 의식만이 존재할 뿐이다.(이를 唯識無境이라 한다) 우리는 의식(혹은 인식)을 통해 세계를 확인하고, 나의 존재를 확인한다. 그러나 이 때 세계도 나도 의식으로부터 독립하여 존재하는 것이 아니다. 이를테면 우리는 외계에 객관적으로 실재하는 '산'을 보는 것이 아니라 산의 관념을 보는 것이다. 즉 마음에 의해 낳아진 산의 관념이 외계로 투영되어 마치 외계 실재하는 것처럼 보일 뿐으로, 그것은 신기루와 같고 환상과 같으며 꿈과도 같은 것이다. 그것은 실재하지 않는 주객 이원의 허망분별(虛妄分別)일 따름이며, 실재하는 것은 오로지 의식뿐이다.

그렇다면 어째서 나뿐만이 아니라 다른 모든 사람들도 동시에 산을 보게 되는 것인가? 그것은 모든 물고기들이 '물'을 집으로 여기듯이 동일한 업(혹은 잠재의식)에 속박되어 있기 때문이다.

업에 속박되어 있는 한 관념으로부터 자유로울 수 없다. 우리 미망의 인간은 시작도 없는 아득한 옛날부터 익혀 온 업으로 인해 그 같은 관념의 소산인 나에 집착하고 세계에 집착한다. 그럼으로써 다시금 끝없는 생사윤회를 되풀이한다. 따라서 세계에 대한 우리의 인식은 허망분별일 따름이며, '오로지 의식만이 존재한다'는 유식성(唯識性)을 관조하는 요가의 실천을 통해 윤회의 속박으로부터 벗어날 수 있다고 그들은 말한다. 유식학파를 유가행파(瑜伽行派, Yogācāra) 즉 '요가를 실천 수행하는 이들'로 부른 것도 이 때문이다.

유식학파는 중관학파와 함께 인도 대승불교의 양대 학파를 형성한다. 이 학파의 개조는 미륵(彌勒, Maitreyanātha)으로 전해진다. 미륵이 역사상 실존인물인지 도솔천에 머무는 미래불(未來佛)인지는 분명하지 않다.

전설에 따르면, 이 학파의 실질적인 개조인 무착(無着, Asaṅga)이 선정을 통해 도솔천에 올라가 미륵보살로부터 대승경의 교리를 배워 지상의 사람들에게 전하였지만 그들이 이를 믿지 않자 그가 직접 내려와 설해 주기를 청하였다. 그래서 미륵보살은 밤마다 지상에 내려와 대광명을 발하며 4개월에 걸쳐 《십칠지경(十七地經)》을 설하였고, 다음날 낮에 무착이 그것을 해설한 결과 마침내 사람들이 대승의 가르침을 믿게 되었다고 한다. 이렇게 하여 생겨난 논이 바로 《유가사지론(瑜伽師地論)》이다.

미륵의 저작으로 알려지는 것에는 이 밖에도 《대승장엄경론(大乘莊嚴

經論)》《중변분별론(中邊分別論)》 등 몇 가지가 더 있어 역사적 인물로 간주되기도 한다. 즉 무착이 스승에 대한 경의로서 미륵을 미래불로 여겼던 것이 후대에 이르러 도솔천상의 미륵보살과 혼동되었다는 것이다. 이에 반해 어떤 학자들은 무착이 도솔천에 올라가 미륵보살에게 가르침을 받았다는 것은, 《반야경》이 상제(常啼)보살에 의해 구향성(具香城)의 탑에서 발견되었다거나 용수(龍樹)가 용궁에서 대승경전을 가져왔다는 설처럼 자신의 교설에 권위를 부여하기 위해 지어낸 허구로서, 역사적 인물로서의 미륵의 존재를 부정하기도 한다.

아무튼 유식사상은 《유가사지론》과 더불어 그들의 소의경전인 《해심밀경(解深密經)》을 근거로 하여 무착(無着)과 세친(世親, Vasubandhu, 4~5세기 무렵)에 의해 체계화되었다. 《해심밀경》은 말 그대로 '불타 교법의 심오한 뜻을 해석한 경'이라는 뜻으로, 《반야경》에서는 다만 5온·12처·18계 등의 일체의 모든 존재가 공(空)이라는 사실만을 밝혔을 뿐 그것의 궁극적 취지[了義]를 드러내지 못하였지만 여기서는 그것을 완전하게 밝히고 있다는 의미에서 붙여진 명칭이다.

무착의 저술로는 《중론》을 해석한 《순중론(順中論)》 등 다수가 현존하지만 그 중에서도 특히 《섭대승론(攝大乘論)》은 대승공관에 기초하여 유식사상을 정립한 대승교학의 개설서라고 할 만하다.

또한 세친은 원래 소승인 설일체유부에 출가하여 《구사론》을 저술하기도 하였지만,[1] 형의 권유로 대승으로 전향한 인물이다. 그는 《유식이십론(唯識二十論)》 《유식삼십송(唯識三十頌)》 등을 저술하여 형의 유식설을 계승 발전시켰는데, 이는 후대 유식사상의 초석이라고 할 만하다.

전자가 소승이나 외도와의 논쟁을 통해 유식무경(唯識無境)의 도리를

---

1) 본서 제6장 2. '아비달마 논장의 성립' 참조.

밝힌 것이라면, 후자는 유식학설 전반을 30송으로 간추린 것으로, 이후 10명의 논사들이 이에 대한 주석을 남겼다고 한다. 당(唐) 현장(玄奘)은 이 중 호법(護法, Dharmapāla, 530~561)의 주석을 중심으로 하여 《성유식론(成唯識論)》을 번역하였는데, 이는 중국 법상종(法相宗)의 소의논전이 되었다. 이하 이 두 논에 근거하여 유식학설을 간략히 소개하기로 한다.

2. 일체는 마음이다

1) 외계대상은 존재하지 않는다 ― 유식무경(唯識無境)

세친은 그의 《유식이십론》 첫머리에서 '삼계는 오로지 마음[三界唯心]'이라는 《화엄경》〈십지품(十地品)〉의 말을 인용하여 대승의 취지는 유식(唯識)임을 주장하면서 다음과 같이 설하고 있다.

> 오로지 의식만이 존재할 뿐 그 대상은 존재하지 않으니
> 마치 사람 눈이 백태에 끼면 터럭이나 두 개의 달이 보이듯이
> 실재하지 않는 대상이 허망하게 나타나 보이는 것일 뿐이다.[2]

즉 우리에게 인식된 세계는 그 자체로서 실재하는 것이 아니라 마치 눈병을 앓는 이에게 나타난 아지랑이나 신기루, 혹은 꿈과도 같다는 것이

---

[2] 《유식이십론》 제1송. 《유식이십론》에는 같은 명칭의 현장(玄奘) 번역 이외 후위(後魏)의 구담반야류지(瞿曇般若流支)의 《유식론(唯識論)》과 진(陳)의 진제(眞諦)가 번역한 《대승유식론》, 그리고 티베트 역 등이 현존하는데, 인용문은 《유식론》의 제1송이다. 현장의 번역은 이와 같다. "내면에서 의식이 생겨날 때 외계대상과 유사하게 나타난다. 이는 마치 현기증이 있거나 눈에 백태가 낀 자에게 터럭이나 파리가 아른거리는 것과 같으니, 여기에는 어떠한 진실의 의미도 없다."

다. 중관(中觀)에서도 역시 세계도 자아도 신기루와 같고 꿈과 같다고 보았지만,[3] 거기서 그같이 관찰하였던 것은 양자는 그 자신의 고유한 본성을 갖지 않는 무자성(無自性) 공(空)이었기 때문이었다. 그러나 유식의 경우, 나와 나를 둘러싼 세계는 의식에 의해 구축된 망상의 산물이기 때문에 그렇게 말한 것이다.

다시 말해 세계에 대한 인식(표상)은 의식의 특수한 변화(이를 轉變이라 한다)에 기인한 것이지 외계대상에 의한 것이 아니다. 그것은 본질적으로 환상이나 꿈에 지나지 않는다. 따라서 오로지 그 같은 환상을 일으키는 의식만이 존재할 뿐이다.

그러나 만약 세계와 자아가 의식상에 의해 나타난 표상에 지나지 않는 것이라고 한다면 다음과 같은 의문이 제기될 수 있다.

첫째, 어떤 사물의 표상은 왜 특정한 장소에서만 생겨나고 다른 장소에서는 생겨나지 않는 것인가?

둘째, 어떤 사물의 표상은 특정한 때에만 생겨날 뿐 항상 생겨나지 않는 것인가?

셋째, 달이 두 개로 보이는 등의 환상은 어째서 눈병에 걸린 자에게만 나타날 뿐 다른 사람에게는 나타나지 않으며, 또한 해상과 같은 사물의 표상은 어째서 한 사람에게만 나타나는 것이 아니라 시간과 장소를 함께 한 모든 이의 마음에 생겨나는 것인가?

넷째, 눈병에 걸린 자에게 나타난 환상이나 꿈 속에 나타난 사물은 실제적 작용이나 효능이 없지만, 깨어 있을 때는 그렇지 않다. 예컨대 환상에 의해 나타난 음식은 실제로 먹을 수 없지만 현실의 음식은 먹을 수 있다. 만약 일체가 모두 환상이라면 이러한 차이를 어떻게 설명해야 할 것

---

3) 본서 제8장 주16) 참조.

인가?

이에 대해 《유식이십론》에서는 다음과 같이 답하고 있다.

외계에 실재하는 대상의 표상만이 공간과 시간에 한정되어 생겨나는 것은 아니다. 꿈 속에서 보는 숲이나 여인 등도 특정한 장소에서만 나타나며, 거기서도 항상 나타나는 것이 아니라 특정의 시간에만 나타난다.

또한 '개 눈에는 뭐만 보인다'는 말이 있듯이 환상은 동일한 성향(업의 잠재력)을 지닌 이들에게 공통적으로 나타난다. 세친은 아귀를 예로 들고 있다. 전생에 행한 업의 과보로서 아귀에 떨어진 이들은 다 같이 맑은 물이 흐르는 강을 두고서 피고름으로 가득 찬 강으로 본다는 것이다.

네번째 물음 또한 꿈 속에서도 밥을 먹고 배가 부르며, 여인과 관계하여 실제 사정하기도 한다. 따라서 어떤 사물이나 사건의 표상이 한 사람에게만 생겨나지 않으며, 실제적 효능을 갖는다는 이유에서 외계의 실재성을 인정하는 것은 사리에 맞지 않는다.

그러나 환상이나 꿈 속에서 본 대상은 깨어나면 바로 허구임이 확인되지만, 깨어 있는 상태에서 경험한 대상이 환상이나 꿈이라는 것은 확인되지 않는다. 만약 내가 꿈 속에서 아름다운 여인을 보았다면 꿈 속의 여인은 내 마음에 의해 구상된 환영에 지나지 않는다. 그것은 내 마음의 소산이라 할 수 있다. 그러나 깨어 있는 상태에서 아름다운 여인을 보았을 경우, 어찌 그녀를 환영이라 하겠는가? 그녀는 내 인식으로부터 독립하여 존재하지 않으면 안 된다.

이에 대해 세친은 묻고 있다. 만약 외계대상이 실재한다면, 우리가 인식하는 그것은 다수의 부분으로 이루어진 하나의 전체[有分色]인가? 아니면 각각의 부분인가? 그러나 부분을 떠난 전체는 어디에도 존재하지 않는다.4) 또한 각각의 부분이란 더 이상 분할할 수 없는 물질의 최소단위인 극미(極微) 즉 원자일 것인데, 이 때 극미는 부피를 갖는 것인가, 부피를 갖지 않는 것인가? 만약 부피를 갖는다면 그것은 더 이상 극미라고 할 수 없을 것이며, 부피를 갖지 않는다면 아무리 많은 극미가 결합하여도 부피를 갖지 않아 산하대지 역시 하나의 극미와 다르지 않아야 한다.

따라서 우리가 인식하는 대상은, 그것이 꿈 속에서 만난 여인이든 깨어 있는 상태에서 만난 여인이든 다 같이 마음 밖에 따로이 존재하는 것이 아니다.5) 우리는 깨어 있는 상태에서와 같이 꿈 속에서도 그 여인과 헤어짐을 슬퍼한다. 꿈 속에서 그것이 꿈임을 알았다면 아름다운 여인과 헤어짐을 슬퍼하지도 않을 것이며, 흉포한 이를 만나 두려움에 떨지도 않을 것이다. 깨어 있는 상태에서도 역시 그러하다. 꿈은 거기서 깨어나기 전까지는 결코 꿈이 아니며, 현실 또한 거기서 깨어나기 전까지는 결코 꿈이 아니다.

세친은 말하고 있다.

> 깨어나지 않는 한 꿈 속에서 본 대상이 실재하지 않는다는 것을 능히 알지 못한다.6)

이에 따라 말한다면, 우리는 아름다운 여인을 인식하는 것이 아니라 의식상에 나타난 아름답다고 생각하는 여인의 관념(이를 影像이라고 한다)을 인식하는 것일 뿐이다. 그리고 이러한 관념은 두말할 것도 없이 마음에 의해 산출된 것이다.

---

4) 초기불교 이래 부분을 떠난 동일성의 전체는 인정되지 않는다. 예컨대 2만5천 가지 부품을 떠나 차(車)는 존재하지 않으며, 5온을 떠나 자아는 독립적으로 존재하지 않는다. 본서 제5장 3-3) '무상과 무아' 참조.
5) 《유식이십론》 제16송. '지금 바로 인식하는 것도 꿈 등과 같으니, 현재의 인식을 일으킬 때 이미 보는 주체와 그 대상이 더 이상 존재하지 않는데, 어떻게 지금 바로 보는 것이 존재한다고 할 수 있을 것인가?' 예컨대 우리가 지금 북극성을 보았다면, 그것은 지금 존재하는 것인가? 그것은 이미 천년 전의 빛이었다.
6) 《유식이십론》 제17송 후반, '未覺不能知 夢所見非有.'

요컨대 불교 제 학파 중 설일체유부는 인식에는 반드시 그 대상이 존재한다는 전제 하에 동시 병존하는 감관과 대상과 의식 사이에서 일어나는 접촉관계로 인식을 이해하였다. 이는 어떠한 내용도 갖지 않는 의식이 감관을 매개로 하여 외계대상을 인식한다는 이론으로, 인도철학에서는 이 같은 이론을 무형상지식론(無形象知識論)이라고 한다. 그러나 유부의 가장 적대적인 부파인 경량부에 의하는 한 외계대상은 그 자체로서 직접 지각되는 것이 아니라 의식에 부과된 그 형상을 통해 추리되는 것으로, 이러한 이론을 유형상지식론(有形象知識論)이라고 한다.[7]

이에 반해 유식학파에서는 '삼계는 오로지 마음이다'고 설파한 《화엄경》에 근거하여 인식의 대상을 외계에서 구하고 있는 것이 아니라 의식이 변화하여 나타난 표상에 불과한 것이라고 주장하였던 것이다.

2) 의식의 변화 — 식전변(識轉變)

그렇다면 이른바 유식(唯識) — '오로지 의식만이 존재한다'고 할 때 의식은 무엇이고, 그것이 어떻게 주객 이원의 세계로 나타나게 되는 것인가?

앞서 아비달마불교에서 의식 혹은 마음을 일컫는 말에 심(心, citta)· 의(意, manas)·식(識, vijñāna)이라는 세 가지 말이 있다고 하였다.[8] 이 세 가지는 동일한 것이지만 작용하는 상태에 따라 달리 불려진 것으로, 전통적으로 '심'이란 의식작용이나 행위를 불러일으키는 것[集起], '의'란 생각하고 헤아리는 것[思量], '식'이란 사물을 식별 인식하는 것[了別]으

---

[7] 이에 대한 좀더 자세한 내용은 졸저, 《유부 아비달마와 경량부철학의 연구》(경서원, 1994), 제2부 제4장 '유가행파의 무소연식론(無所緣識論) 비판과 경량부의 인식론'을 참조바람.
[8] 제6장 3-1)-(2) '마음-심법(心法)' 참조.

로 이해되어 왔다. 유식학파에서도 근본적으로 이와 다르지 않다. 다만 이를 의식이 변화하는 상태(이를 識轉變이라 한다)의 차별로서 이해하였다.

그런데 유식(vijñaptimātra)이라 할 때 '식(vijñapti)'은 단순히 식별 인식하는 작용(vijñāna)을 의미하는 것이 아니라 그러한 작용을 가능하게 하는 것, 혹은 그러한 작용이 가능하게끔 구체적인 의미내용을 지니고서 나타난 의식상의 형상을 말한다. 이는 아비달마불교에서 밖으로 드러난 언어적 신체적 행위를 표업(表業, vijñapti karma)이라고 하는 것과 같은 용법이라 할 수 있다. 따라서 '유식'이라 함은 오로지 의식이 변화하여 나타난 형상만이 존재할 뿐 일반적으로 인식의 조건으로 알려지는 외계대상도 주관도 실재하지 않는다는 말이다.

조금 소박하게 말해보자면, '나는 꽃을 본다'고 하였을 때, 상식의 세계에서는 '나'(혹은 나의 의식)도 '꽃'도 각기 존재하며, 이러한 주관과 객관 사이에서 '본다'고 하는 인식작용이 일어난다고 생각한다. 그러나 '본다'고 하는 작용이 배제될 때 꽃은 존재하지 않으며, 나 또한 존재하지 않는다. 우리는 보통 '불이 탄다'고 할 때, 탄다는 작용의 토대로서 '불'을 전제로 한다. 그러나 '탄다'는 작용이 배제된 기체(基體)로서의 불(타지 않는 불)은 어디에도 존재하지 않는다. 이처럼 '본다'는 인식작용이 배제될 때 인식의 대상은 물론이거니와 인식의 주체 또한 파악되지 않는다. 바꾸어 말해 바로 '본다'는 작용을 통해 주관과 객관이 드러나는 것일 뿐이다.

이에 유식학에서는 의식자체가 변화하여 주객 이원으로 나누어진 것처럼 보일 뿐이며,9) 그래서 그 사이에서 일어난 인식을 '허망분별'이라고 말하는 것이다. 그리고 이 때 의식상에 나타난 주관적 부분[能取]과 객관적 부분[所取]을 각기 견분(見分)과 상분(相分)이라 한다.

---

9)《성유식론》권제1(대정장31, p.1상), 識體轉似二分.

참고로 인식은 주관이 객관을 보는 것만으로 완성되지 않는다. 여기에 다시 대상을 인식하였다는 자각이 뒤따라야 한다. 인식이 여기까지 이르지 못하면 보고도 보지 못한 것이 되고 만다. 이를 자증분(自證分)이라고 한다. 또한 그럴 경우 이 같은 자각을 확정짓는 또 다른 자각(이를 證自證分이라 한다)이 필요하고, 마침내 무한소급에 떨어질 수도 있을 것이나 호법(護法)은 증자증분을 확정짓는 것은 자증분으로, 하나의 인식은 이러한 네 가지로 구성된 것이라고 이해하였다.10)

아무튼 주객 이원으로 나타나는 인식현상은 무명에 의한 허망분별일 뿐 결국 의식의 자기인식일 따름이다. 세친은《유식삼십송(唯識三十頌)》에서 이렇게 말문을 열고 있다.

> 자아와 외계대상을 가설함으로써 온갖 다양한 현상이 펼쳐지니, 그것은 곧 식이 변화한 것이다.11)

그렇다면 의식은 어떻게 변화하여 주객 이원으로 나타나게 되는 것인가?《유식삼십송》에서는 계속하여 설하고 있다.: "이러한 의식은 세 가지 형태로 변화하니, 이를테면 이숙(異熟)과 사량(思量)과 대상을 요별(인식)하는 식〔了別境識〕이 바로 그것이다."12)

여섯 갈래에 걸쳐 윤회하는 온갖 유정들의 삶은 그것이 비록 허망분별에 의해 구축된 망상의 산물이라 할지라도 실로 천차만별이며, 인간의 삶 또한 그러하다. 그리고 그러한 천만의 차별 한 가운데 '내'가 있다. 내가 나일 수 있기에 한편으로는 축복의 환희이기도 하지만, 다른 한편으로는

---

10) 이를 유식 사분설(四分說)이라고 한다. 그러나 안혜(安慧)는 자증분만의 일분설을, 난타(難陀)는 상분과 견분의 이분설을, 진나(陳那)는 상분·견분·자증분의 삼분설을 주장하였는데, 고래로 '安難陳護 一二三四'라는 게송으로 전해진다.
11)《유식삼십송》제1송 전반, 由假說我法 有種種相轉 彼依識所變.
12)《유식삼십송》제1송 후반과 제2송 전반, 此能變唯三 謂異熟思量 及了別境識.

절망의 고통이기도 하다. 인도의 거의 모든 철학이 말하고 있듯이 그것은 선행된 행위[業]의 결과이다. 그러나 행위에 의해 산출된 과보는 무기(선도 아니고 악도 아닌 것)로서, 그 자체로서는 또 다른 결과를 낳지 않는다. 예컨대 고통은 또 다른 조건에 의해 절망을 낳기도 하지만 새로운 도약의 원인이 되기도 하는 것이다.

'이숙(vipaka)'이란 다르게 익는다는 말로서, 과거세 행한 일체의 선악의 행위가 무기의 형태로 잠재된 의식을 이숙식(異熟識)이라 한다. 이것이 의식의 첫번째 변화이다.

말한 대로 이숙식은 선도 아니고 악도 아니며, 일상의 표층의식에 의해 인식될 수 없기에 뭐라고 말하기 어렵지만,13) 과거세에 행한 행위의 여력(이를 習氣 혹은 種子라고 한다)이 저장된 의식이라는 뜻에서 아뢰야식(阿賴耶識, ālaya-vijñāna)이라고도 하고, 종자에서 싹이나 꽃 등 어떤 한 식물의 모든 것이 낳아지듯이 일체의 세계를 낳을 가능성을 내장하고 있다는 뜻에서 일체종자식(一切種子識, bīja-vijñāna)이라고도 하며, 개인의 중심에서 심신의 상속을 유지시키는 의식이라는 뜻에서 아타나식(阿陀那識, ādana-vijñāna, 執持識이라고도 번역함)이라고도 한다.

그러나 보통은 아뢰야식으로 불리는데, 이는 유식사상의 트레이느마크와 같은 개념이다. 아뢰야(ālaya)란 히말라야(hima-ālaya, 눈의 곳간)에서 보듯이 곳간의 뜻이다. 그래서 장식(藏識)이라고 번역하기도 하는데, 심층의식이나 잠재의식 혹은 근원적인 마음이라 해도 좋을 것이다.

앞서 언급하였듯이 무아의 입장을 취하는 불교에 있어 마음이나 행위

---

13) 이것 역시 의식인 이상 대상의 형상과 그것을 파악하는 작용이 있어야 하지만, 다시 말해 아뢰야식에서 비롯된 현행식(現行識)에 대상의 표상과 그것을 외계 실재하는 것으로 받아들이는 작용이 있으므로 여기에도 이 양자가 존재한다고 해야 하겠지만 너무나 미세하기 때문에 명확히 아는 것이 불가능하다(《유식삼십송》 제3송, 不可知執受・處・了).

의 인과상속의 문제를 어떻게 이해할 것인가 하는 점은 중요한 철학적 문제 중의 하나였다.14) 즉 어떤 식으로든 마음이나 기억 혹은 행위의 상속을 해명함으로써 자기 동일성을 확보하지 않으면 안 되었던 것이다. 그것은 자신이 지은 선악의 행위에 대해 자기가 책임져야 한다는 거부할 수 없는 도덕적 요청이기도 하였다. 이에 대해 유식학파에서는 경량부의 종자설과 같은 이론을 받아들여 아뢰야식에 관한 방대한 이론체계를 구축하게 되었던 것이다.

그러나 이것이 비록 만유의 토대이고, 지속하는 것이라는 점에서 일견 자아와 유사한 성격을 지닐지라도 불생불멸하는 단일한 실체로서의 자아는 아니다. 세친의 표현을 빌리자면 이것은 '거센 흐름과도 같이 항상 유전 변화한다'.15) 그럼에도 이를 설할 경우 어리석은 범부들은 자아로 오인하여 이에 집착할까 염려하여 다만 뛰어난 보살에게만 설할 수 있는 것이라고 《해심밀경》에서는 말하고 있다.16)

자아의식을 바탕으로 하는 우리의 일상적인 인식은 모두 아뢰야식으로부터 생겨난다. 즉 자아(에고)의식이란 바로 이러한 아뢰야식을 대상으로 하여 그것을 '자기'라고 간주하는 의식으로, 이를 사량식(思量識) 혹은 말나식(末那識, manas)이라고 하는데, 이것이 의식의 두번째 변화이다.

'말나' 즉 manas란 '사유[思量]하다'는 뜻으로, 진실의 자아가 아닌 아뢰야식을 진실의 자아라고 생각하는 의식이다. 감성적 의식(前5識)을 종합 판단하거나 개념 등 비감각적 대상에 대한 인식(즉 제6의식)도 manas (mano-vijñāna, 意之識)라고 하지만, 이러한 자아의식은 '자아'라는 객관의 대상을 갖지 않는, 사유자체가 바로 식(意卽識)이기 때문에 인도에서는

---

14) 본서 제6장 3-2) '제법의 삼세실유'를 참조바람.
15) 《유식삼십송》 제4송 '恒轉如瀑流.'
16) 《해심밀경》 권제1 〈심의식상품(心意識相品)〉 제3(대정장16, p.692하).

vijñāna를 제외한 채 그냥 manas라고 하였으며, 중국에서는 말나식이라 음역하고 있다.

이러한 의식은 항상 네 가지 염오(染汚)한 의식작용(즉 번뇌 — 자아에 대한 무지[我癡]・자기가 존재한다는 견해[我見]・자아에 대한 교만[我慢]・자아에 대한 애착[我愛])을 수반한다. 이는 비록 악은 아닐지라도 올바른 지혜가 생겨나는 것을 방해하는 것(이를 有覆無記라고 한다)으로, 그래서 이를 염오식(染汚識)이라 하기도 한다.

우리들 범부가 일으키는 모든 사유의 밑바닥에는 '내'가 도사리고 있다. 그러나 그것은 실재하는 것이 아니다. 그것은 다만 자아의식의 소산일 뿐이다. 《유식삼십송》에 따르면, 자아의식은 아득한 옛날부터 익혀온 습성이 종자의 형태로서 아뢰야식에 저장되어 있다가 그것을 대상으로 하여 일어난다.17) 따라서 멸진정(滅盡定, 무의식상태)에 들거나 세계에 대한 통찰[見道]이 이루어진 성자에게는 이러한 자아의식이 일어나지 않는다. 그렇지만 아뢰야식은 오로지 번뇌종자가 완전히 끊어진 성자(아라한)만이 끊을 수 있다.

의식의 세번째 변화는 다섯 가지 감각기관[5根]과 사고기관[意根]을 매개로 각기 개별적 대상을 인식[了別]하는 안식(眼識)・이식(耳識)・비식(鼻識)・설식(舌識)・신식(身識)・의식(意識)의 6식이다. 이것은 말하자면 표층의식이라 할 수 있다. 따라서 여기에는 온갖 심리작용(아비달마에서 분별된 46종을 포함한 51종)이 수반되고, 선・악・무기의 성질도 갖는다. 그러나 구체적인 대상에 대한 인식이라 할지라도 앞서 언급한 것처럼 그것은 외계 실재하는 것이 아니라 마치 외계에 실재하는 것처럼 보일 뿐이다. 다시 말해 아비달마불교에서 말하고 있듯이 6식은 외계대상을 조

---

17) 《유식삼십송》 제5송, 依彼(아뢰야식)轉, 緣彼.

건으로 하여 일어나는 것이 아니라 의식이 변화한 것에 지나지 않는다.

이렇듯 의식은 세 가지 형태로 변화하여 나타난다. 과거세에 행한 업의 여력(즉 종자)으로 나타난 아뢰야식, 이를 상일주재(常一主宰)하는 자아로 그릇되게 집착하는 말나식, 그리고 보고 듣고 냄새맡고 맛보고 감촉하고 사유하는 여섯 의식이 바로 그것으로, 보통 보고 듣는 등의 다섯 가지 감성적 인식을 전(前) 5식이라 하고, 사유 판단의 오성적 인식을 제6식, 말나식을 제7식, 그리고 아뢰야식을 제8식이라고 한다. 이 가운데 6식과 제7식은 제8식으로부터 비롯된 것이기 때문에 전식(轉識)이라 하고, 제8식은 그것의 근본이 되기 때문에 근본식(根本識)이라고 한다.

주관과 객관, 자아와 세계로 이루어진 일체의 현상세계는 제8 아뢰야식에서 비롯된 전식의 소산이다. 다시 말해 의식의 변화에 따른 분별의 소산이다. 그것은 무명에 의해 마치 실재하는 것처럼 보이지만, 본질적으로 실재하는 것이 아니다. 그것은 환상과 같고 꿈과 같은 것으로, 의식에 투영된 그림자일 뿐이다. 세계를 인식하는 '나'도, 나에 의해 인식되는 세계도 의식과는 독립된 객관적 존재가 아니다. 그것은 모두 허망분별(虛妄分別)일 따름이다.

> 이러한 온갖 의식의 변화(전변)는 [허망한] 분별로서, 이것에 의해 분별된 그러한 모든 것은 실재하지 않는다. 그렇기 때문에 일체는 오로지 의식일 따름이다.[18]

3) 의식의 세 가지 존재형태 — 유식 삼성설(三性說)

주체든 객체든 일체 현상세계는 허망분별로서 환상과 같고 꿈과 같은 것이라면, 그러한 환상의 존재형태는 어떠한가? 그것이 거짓이라면 진실

---

18) 《유식삼십송》 제17송, 是諸識轉變 分別所分別 由此彼皆無 故一切唯識.

의 존재형태는 무엇이며, 진실이 어떻게 거짓으로 나타나게 되었던 것인가?

앞서 누차 언급하였듯이 꿈은 꿈에서 깨어나지 않는 한 꿈이 아니다. 그러나 깨어나는 순간 그것은 가상(假想)이다. 마찬가지로 우리가 오늘 경험하는 오늘의 현실 역시 미혹에서 깨어나지 않는 한 거짓이 아니지만, 깨어나는 순간 가상이다. 일체의 현상세계는 의식이 변화하여 나타난 가상이다. 세친은 《유식삼십송》에서 다음과 같이 말하고 있다.

> 이러 저러한 (사유)분별에 의해 여러 가지 사물들을 두루 분별하지만, 이것은 두루 분별되고 집착된 것일 뿐 그 자성은 존재하지 않는다.[19]

세계는 사유분별에 의해 일시 설정된 것, 유식학의 술어로 말하면 변계소집성(遍計所執性)이다. 이 말은 parikalpita-svabhāva의 역어로서, pari는 '두루[遍]', kalpa는 '사유하다' '분별하다[計]', 여기에 과거분사인 ta가 붙어 '분별된 것[所執]'의 뜻이다. 따라서 변계소집성이란 '두루 사유 분별된 것을 본성으로 하는 것'이라는 정도의 의미로서, 관념에 의해 구축된 가설적 존재를 뜻한다.

좀더 부연하자면, 우리는 대개 사유(혹은 언어)의 대상이 외계에 실재하며, 그것을 눈 등의 감관을 통해 인식한다고 생각한다. 그러나 실제 존재하는 것은 찰나마다 그 내용을 달리하는 지각현상(즉 識) 뿐이다. 예컨대 항아리에 대한 인식이 생겨났다고 할 때, 우리는 거기서 항아리·눈·나·의식 등의 조건들을 추출한다. 그리고 찰나찰나 내용을 달리하는 지각을 무시하고 거기서 추출된 조건들을 각기 개념화시켜 '나(혹은 나의 눈)는 항아리를 본다'고 말한다. 그러나 이는 개념적 구성에 지나지 않는

---

19) 《유식삼십송》 제20송, 由彼彼遍計 遍計種種物 此遍計所執 自性無所有.

다. 다만 세속의 언어적 관습에 따라 설정된 형식일 뿐이다.

우리가 보는 것은 개념화된 항아리이지 실제 항아리가 아니다. 그것은 관념에 의해 구축된 가설적 존재이다. 이렇게 본다면 열반이나 공(空)도 그것이 사유의 대상이 되는 한 가설적 존재이다. 곧 우리에게 나타난 세계는 바로 언어적 개념적 존재이고, 그것은 마치 토끼 뿔이나 까마귀의 이빨처럼 외계 실재하는 대응물을 갖지 않는 신기루와 같은 것이다.

그렇다면 이러한 언어적 개념은 어디서 비롯된 것인가? 유식학파에 따르면, 아뢰야식에 저장된 종자에는 크게 언어적 개념의 종자[名言種子, 혹은 等流習氣]와 업의 종자[業種子, 혹은 異熟習氣]로 나누어진다. 전자가 세계의 인식을 가능하게 하는 종자라면,[20] 후자는 각각의 유정이 태어나는 세계를 결정짓는 종자라고 할 수 있다. 그러나 궁극적으로는 업의 종자도 언어적 개념의 종자에 포함된다.

의식의 또 다른 존재형태는 의타기성(依他起性)이다. 의식의 변화(즉 분별)는 저절로 생겨나는 것도, 우연적으로 생겨나는 것도 아니다. 그것은 철저하게 다른 것에 의존하여 생겨나는 것으로, 세친은 다음과 같이 말하고 있다. "분별은 다른 것에 의존하는 것으로, 연(緣, 조건)에 의해 생겨난다."[21] 따라서 연이 소멸하면 의식도 소멸한다. 의식은 연에 따라 찰나찰나 생성하고 소멸한다.

그런데 여기에는 두 가지 관점이 가능하다. 의타기성의 존재는 생성이란 측면에서 본다면 실재하지만, 소멸이라는 측면에서 본다면 비실재이다. 이를테면 기억이나 소망 혹은 잠재의식 등을 조건으로 하여 일어나는

---

20) 그러나 어린 애기처럼 언어를 갖지 않은 경우도 있기 때문에 여기에는 다시 표의명언(表義名言)과 현경명언(顯境名言) 두 가지가 있다.
21) 《유식삼십송》 제21송 전반, 依他起自性 分別所緣生. 참고로 세계(즉 분별)를 낳는 '연(조건)'에는 인연(因緣)·등무간연(等無間緣)·소연연(所緣緣)·증상연(增上緣)의 네 가지가 있다.

꿈은 깨어나지 않는 한 실재하지만 깨어나는 순간 실재하지 않듯이, 의타기성의 분별 역시 현실적으로는 실재하지만 궁극적으로는 실재하는 것이 아니다. 실재한다고 여기는 것은 무지에 의한 그릇된 집착일 뿐 실상은 공이다. 자아도 세계도 허망한 분별일 따름이다.

곧 의타기성의 분별로부터 자아와 세계에 대한 집착(유식용어로 我執과 法執)이 제거된 의식의 궁극적 존재형태를 원성실성(圓成實性, 혹은 眞實性이라고도 함)이라고 한다. 이는 진실의 원만한 성취라는 정도의 의미로서, 의식상에 나타난 주객 이원의 자아와 세계가 의타기성의 공(空)임을 통찰함으로써 드러나는 진실, 다시 말해 아공(我空) 법공(法空)에 의해 실현되는 진여(眞如)를 말한다.

꿈을 꿈이라고 여길 때 바야흐로 꿈에서 벗어나게 된다. 꿈의 실상이 환상이듯이 변계소집성의 실상 또한 바로 공성이다. 이는 곧 미혹과 깨달음이 동일한 의식에 공존한다는 뜻으로, 이를 진망화합식(眞妄和合識)이라고 한다.

그렇다면 의타기성의 현실이 바로 진실의 원성실성이라고 할 수는 없겠지만, 그것을 떠나 존재하는 것도 아닐 것이다. 의타기성의 분별을 실재하는 것이라고 집착하는 것이 변계소집성이라면 그 같은 집착이 세거된 것이 원성실성이다. 관념이라는 색안경을 쓰고 본 세계가 거짓이라면, 그것을 벗어버리고 보는 세계는 진실이다.

세친은 말하고 있다.

  진실의 존재형태(원성실성)란 다른 것에 의존하는 존재형태(의타기성)에서 [허망분별인] 두루 분별하여 집착하는 존재형태(변계소집성)가 완전히 제거된 상태이다. 그렇기 때문에 진실의 존재형태는 다른 것에 의존하는 존재형태와 다른 것도 아니지만, 다르지 않은 것도 아니다.[22]

변계소집성과 의타기성, 그리고 원성실성을 유식 삼성(三性)이라 하는데, 이는 중관학파의 이제설(二諦說)에 대응하는 유식학파의 진리관이다. 따라서 이 또한 중관에서와 마찬가지로 무자성(無自性) 공(空)으로 설명한다.

이를테면 자아와 세계는 분별의 소산일 뿐 그 자신의 고유한 본성〔相〕을 갖지 않기 때문에 변계소집성은 상(相)이 무자성이며, 다른 것에 의존하여 일시 생겨난 것일 뿐 스스로 생겨난 것이 아니기 때문에 의타기성은 생(生)이 무자성이며, 원성실성은 자아와 세계의 분별에서 이미 벗어난 것이기 때문에 그 자체 이미 절대적〔勝義〕으로 무자성이다. 절대적으로 무자성인 원성실성이야말로 진여(眞如) 법성(法性)으로, 불지(佛智)의 경지이다.

이러한 의식의 세 가지 존재형태에 대해《섭대승론》에서는 실감나는 비유를 들고 있다. 예의 새끼줄과 뱀의 비유가 바로 그것이다. 어떤 사람이 밤중에 새끼줄을 오인하여 뱀으로 보았다면, 새끼줄을 확인하기 전까지 그것(뱀)은 결코 새끼줄이 아니다. 그것에서도 공포라고 하는 실제적 효능이 수반되기에 실재하는 뱀으로 믿을 것이다. 그러나 그것이 새끼줄임을 확인하는 순간, 뱀은 가상(헛것)일 뿐 실재하는 것이 아니다. 뱀은 그의 생각, 그의 관념〔名言〕이 꾸며낸 것에 불과하다. 이 때 뱀은 변계소집의 산물로 그 자체 고유한 본성을 갖는 것이 아니다.

그렇다면 새끼줄은 실재하는가? 그러나 새끼줄 역시 지푸라기 등의 온갖 인연에 의해 이루어진 것이기 때문에 일시 생겨난 것에 지나지 않는다. 그리고 그것을 풀어헤쳐 비벼 가루로 만들면, 다시 말해 미세하게 분석하면 새끼줄에 대한 지각마저 사라지고 만다.[23]

---

22)《유식삼십송》제21송 후반과 제22송 전반, 圓成實於彼(의타기) 常遠離前(변계소집)性. 故此與依他 非異非不異.

이처럼 뱀과 새끼줄과 공은 의식의 세 가지 존재형태이지만, 진실의 형태[眞實性, 혹은 圓成實性]는 '공성'으로서의 의식뿐이다. 주객 이원을 통해 경험되는 일체의 세계는 바로 이 같은 의식상에 나타난 분별상(相)에 지나지 않으며, 그러한 분별상이 제거된 의식 자체는 본래 청정하다. 유식학파에서는 말하고 있다.: "오로지 이 같은 의식만이 존재할 뿐[唯識]이며, 세계는 다만 의식상에 나타난 가상에 불과하다."24)

3. 깨달음으로의 길 – 전의(轉依)

그렇다면 이러한 유식성은 어떻게 증득되는가? 우리는 어떻게 관념이라는 색안경을 벗어버릴 수 있을 것인가? 우리의 사유분별은 이미 관념의 소산으로 망상일 뿐이므로 이것으로써 유식성을 증득할 수 없다. 다시 말해 '유식'을 주객 이원의 원리로 인식(분별)하는 것은 가능할지라도 통

---

23) 《섭대승론》 권중 〈소지상분(所知相分)〉(대정장31, p.143상)의 원문에서는 지푸라기가 색·향·미·촉의 원소로 되어 있으나 옛 사람들은 이를 지푸라기[麻]로 이해하여 원성실성에 배당하였다. 참고로 베단타학파의 샹카라도 이 같은 비유를 사용하지만, 그는 세계(즉 뱀)가 나타나기 위해서는 반드시 그것이 가탁(假託)하는 근거(즉 새끼줄)가 있어야 하며, 그것이 다름 아닌 브라흐만이라 하였다. 본서 제2장 2-3)-(4) '네가 바로 그것이다' 참조.

24) 이 같은 점에서 본다면 유식이란 '외계 대상은 실재하지 않으며, 오로지 사량(思量) 분별하는 마음만이 존재한다'는 말이 아니다. 이 때 사량(제7식) 분별(6식)은 변계소집성으로 실재하는 것이 아니다. 그것 또한 의식의 특수한 변화이다. 보조국사 지눌은 《진심직설(眞心直說)》에서 '공병(空甁)은 병이 없다는 말이 아니라 병 속에 아무것도 담겨 있지 않는 것을 말하듯이 무심(無心)이란 마음 자체가 없다는 말이 아니라 마음 가운데 아무것도 없는 것을 말한다'고 하였다. 유식 또한 그 같은 사량 분별이 사라진 본래 청정한 '무심의 마음만이 존재한다'는 뜻으로 이해되어야 하며, 이 같은 점에서 유식은 서양의 관념론과는 그 성격을 달리한다고 말할 수 있다. 참고로 이 같은 무심의 마음만이 '존재한다'고 말함으로써 이후 중관학파와 서로 대립하게 되었다.

찰은 불가능하다. 그것은 인도철학이나 불교의 다른 모든 절대적 개념이 그러하듯이 무분별(無分別)로서, 요가수행과 같은 실천적 방식을 통해 증득될 수밖에 없다. 그래서 유식학파를 유가행파 즉 요가를 실천하는 이들로 부르기도 하는 것이다.

요가의 실천은 궁극적으로 의식의 전환을 목적으로 한다. 앞에서 이미 설명하듯이 의식이 전개 변화하여 주객 이원의 세계에 대한 분별이 일어나게 되었고, 그에 집착함으로써 생사윤회의 미혹세계로 빠져들게 되었으므로 의식의 전환을 통해 그것의 본래 청정성을 회복할 수 있는 것이다.

이러한 의식의 전환을 전의(轉依)라고 한다. 여기서 '의'란, 마치 뱀의 근거가 새끼줄이었듯이 주객 이원의 근거가 된 의타기성의 의식을 말한다. 다시 말하자면 의타기성의 의식이 번뇌로 물듦으로 말미암아 변계소집성의 세계가 나타난 것이므로 참다운 통찰을 통해 그것이 허망한 분별임을 관찰할 때, 의타기의 의식은 변계소집성을 떨쳐버리고 원성실성으로의 전환이 이루어지게 되는 것이다.

우리들 범부의 세계에서도 의식(혹은 인식)의 전환은 이전과는 전혀 다른 새로운 세계를 열어 준다. 적절한 비유가 아닐지 모르지만 암에 걸린 환자가 자신의 병(혹은 죽음)을 받아들이는 순간 이전의 분노나 고통과는 다른 새로운 세계를 경험하게 된다고 들었다. 그러나 내가 암에 걸렸으며 조만간 죽게 될 것이라는 사실은, 그것이 아무리 '진실'이라 할지라도 차마 받아들이기 어려울 것이다. 거기에는 또 다른 고통이 따른다. 그것은 태어나 지금까지 익혀온 자신과 자신의 세계에 대한 집착 때문일 것이다.

하물며 존재 자체를 송두리째 뒤집는 유식(원성실성)으로의 전환을 말해 무엇할 것인가?《유식삼십송》에서는 이러한 의식의 전환에 이르는 실천도로서 자량위(資糧位)·가행위(加行位)·통달위(通達位)·수습위(修習位)·구경위(究竟位)라는 다섯 단계를 설하고 있다(여기서 '위'란 단계의 뜻이다). 이러한 실천도는 비록 그 이상은 다를지라도 설일체유부의 그것과 동일하다. 여기서 그 하나하나에 대해 설명할 여유는 없지만, 간략히 설하면 다음과 같다.

첫째, 자량위란 해탈로 나아가기 위해 자재와 양식을 획득하는 예비적 단계(그래서 順解脫分이라 한다)로서, 유식의 도리를 배워 그것이 진리임을 믿고 이해하는 단계이다. 그러나 그것은 다만 분별지(分別智)이기에 지말적인 번뇌는 일부 사라질지라도 번뇌의 뿌리인 자아와 세계에 대한 집착은 조금도 사라지지 않는다.

둘째, 가행위란 통찰의 준비단계(그래서 順決擇分이라 한다)로서, 어떤 한 대상에 대해 그것은 실재하지 않으며, 따라서 그것을 받아들이는 마음 (분별) 또한 실재하는 것이 아님을 관찰한다. 이는 말하자면 '유식'이라는 개념을 인식대상으로 삼는 단계이다.

셋째, 통달위란 주객의 분별이 사라진 통찰의 단계(그래서 見道라고 한다)로서, 《유식삼십송》에서는 '대상에 대해 어떠한 지식도 생겨나지 않을 때 유식성에 안주한다'고 설하고 있다(제28송). 이 단계는 보살이 나아가는 열 단계 중의 첫 단계[初地]로, 환희지(歡喜地)라고도 한다. 그러나 여기에서는 의식의 첫번째 변화인 아뢰야식이 여전히 존재하기 때문에 '분별의 가능성'은 여전히 남아 있다.

넷째, 수습위란 이전의 통찰을 되풀이하여 닦는 단계(그래서 修道라고 한다)로서, 이것이 완성될 때 전의(轉依)가 이루어져 마침내 원성실성의 의식(유식성)이 현현하게 된다. 즉 일체 모든 번뇌의 장애[煩惱障]뿐만 아니라 비번뇌성의 장애[所知障]마저 끊어 대 열반과 대각(大覺)을 성취하게 되는 것이다. 이것이 바로 다섯번째 단계인 구경위 즉 부처의 경지이다.

이제 전의가 이루어졌으므로 새로운 지혜, 새로운 세계가 열려진다(이를 轉識得智라고 한다). 그것은 분별의 세계가 아닌 무분별의 세계이다. 아니 분별과 무분별로부터 자유로운 세계이다. 분별이라 하였지만 그것은 허망분별이 아닌 중생의 이익을 위한 방편으로서의 분별(이를 後得智 혹은 權智라고 한다)이다.

즉 유루종자의 아뢰야식은 맑은 거울처럼 세계를 어떠한 관념으로도 거르지 않고 있는 그대로 비추는 대원경지(大圓鏡智)로 전환되며, 자아의 식인 말나식은 일체를 평등하게 여기는 평등성지(平等性智)로, 제6의식은 세계의 실상(즉 法空)을 무애자재하게 관찰하여 중생에게 설하는 묘관찰지(妙觀察智)로, 전5식은 이타(利他)의 본원력(本願力)에 따라 응당 해야 할 일을 자각하는 성소작지(成所作智)로 전환된다. 이것이 유식학파에서 말하는 불타 대각의 네 가지 지혜이다.

4. 법상종(法相宗)과 원측(圓測)

세친 이후 인도의 유식학은 6~7세기 유상(有相)유식과 무상(無相)유식이라는 두 가지 흐름으로 발전하였다. 이는 의식상에 나타난 형상이 실재하는가(혹은 진실인가) 실재하지 않는가(혹은 허위인가) 하는 문제에서 비롯된 것으로, 외계대상의 실재성을 부정하는 유식학파로서는 어떠한 식으로든 형상의 존재만은 인정하지 않을 수 없었던 것이다.

그런데 만약 형상이 의식의 고유한 것이라고 한다면 의식에서 형상을 제거하는 것이 불가능하다. 무상유식을 대표하는 안혜(安慧, Sthiramati, 510~570무렵)나 진제(眞諦, parmārtha, 499~569) 등은 형상은 다만 눈병 난 이에게 나타난 신기루와 같은 변계소집성이기 때문에 전의가 이루어질 때 형상도, 형상이 나타난 의식도 다 함께 사라진다고 보았다. 이들은 곧 승의제(勝義諦)의 입장에서 일체만유의 종자로서의 아뢰야식의 실재성을 부정하였으며, 그래서 안혜는 허망분별이 사라진 유식(진여) 일분설(一分說)을 주장하였던 것이다. 이러한 견해는 앞서 살펴본 바와 같은 세친의 유식설을 계승한 것이었다.

그러나 진나(陳那, Dignāga, 480~540무렵)나 호법(護法, Dharmapāla, 530~561) 등은 만약 형상이 실재하는 것이 아니라면(허위라면) 현실의 의식은 모두 허망한 것이 되기 때문에 여기서는 어떠한 진실도 생겨날 수 없다는 점에서 형상의 실재성을 인정하였다. 즉 그들은 세속적 진실[理世俗]의 입장에서 아뢰야식의 실재성을 주장하고, 8식에 대해서도 그 독립성을 강조하였다.

이러한 두 파의 견해 차이는 중국에도 그대로 반영된다. 508년 중국에 건너온 보리유지(菩提流支)와 늑나마리(勒那摩提)는 각기 세친의 《십지경론(十地經論)》을 번역하여 지론종(地論宗)을 열었지만, 아뢰야식을 놓고서 보리유지는 인식작용의 근원[妄識]으로, 늑나마리는 진여[淨識]로 해석함으로써 그 문하에서 북도파(北道派)와 남도파(南道派)로 나누어지게 되었다. 또한 안혜와 동향(서인도 발라비)으로, 546년 중국에 건너와 《섭대승론》과 이에 대한 세친의 주석서 등을 번역한 진제 역시 아뢰야식의 실재성을 부정하고 제9식으로서 청정 무구식(無垢識, 혹은 아마라식 amala-vijñāna)을 주장하였다. 이러한 해석에 따라 섭론종(攝論宗)이 형성되었으며, 동일한 주장을 펼쳤던 지론종의 북도파도 이에 통합되었다.

그러나 645년 호법의 제자 계현(戒賢, Śīlabhadra)에게 수학한 현장(玄奘, 602~664)이 귀국함에 따라 이러한 논쟁은 종식되고, 오로지 호법의 유상유식만을 정통설로 인정하게 되었다. 그는 대 소승의 수많은 경론(76부 1,347권)을 번역하였지만, 특히 세친의 《유식삼십송》에 대한 호법 중심의 주석서인《성유식론(成唯識論)》은 그의 제자 규기(窺基)에게 전수되어 법상종(法相宗)의 기본 텍스트가 되었다.

법상(dharma lakṣaṇā)이란 법성(法性)에 대응하는 말로, 존재의 개별적인 특성이라는 정도의 의미이다. 즉 그들은 천태(天台)나 화엄(華嚴)에서처럼 우주만유의 보편적 이상적 원리[理性]에 대해 탐구하기보다 세간의 차별적 현상[事相]에 대해 낱낱이 분석 판별하려고 하였다. 유식학 중에서도 호법 계통이 특히 그러하였던 것이다.

신라의 원측(圓測, 613~696)은 법상종 계통의 유식학자였다. 그는 신라 왕족 출신으로, 일찍이 당나라에 들어간 후 섭론종의 법상(法常)과 승변(僧辨)에게 수학하고, 현장이 귀국하자 그에게 사사하였다. 그는 현장의 역장(譯場)에서 번역을 돕기도 하였으며, 그 후 서명사(西明寺)에 머무르면서 19종의 저술을 남겼는데, 그 중《성유식론소》《해심밀경소》《인왕경소》('疏'는 소통 즉 해석의 뜻)《반야바라밀다심경찬(贊)》은 오늘날까지 전해진다.

그런데 중국의 불교사서(史書)에서는 그에 대한 매우 악의적인 기사를 전하고 있다.《송고승전(宋高僧傳)》에 따르면, 현장이 규기에게 새로이 번역한《성유식론》을 강의할 때 문지기를 매수하여 몰래 훔쳐 듣고서는 이를 먼저 유포시켰으며,《유가사지론》도 역시 그렇게 하였다는 것이다. 이는 필경 규기와 원측의 사상적 대립을 의미하는 것으로, 규기를 계승한 학자들의 시기와 질투가 빚어낸 허구라는 것이 일반적 견해이다.

그렇다면 원측의 유식관은 어떠하였던가? 진제의 구(舊)유식이나 현장의 신(新)유식과 구별되는 그의 독창적 견해를 몇 가지로 정리해 보면 다음과 같다.

첫째, 인식의 구조[心分說]에 관한 한 호법의 사분설(四分說)을 일방적으로 따르지 않았다. 즉 그는 안혜의 일분설을 삼계유심(三界唯心)을 설한 불타의 교설로 평가한 후, 그 밖의 학설 또한 논의 방식만 다를 뿐 이치에는 어긋남이 없는 방편설로 이해하였다.

둘째, 그러나 진제가 주장한 제9 무구식(無垢識)의 존재를 부정하였다. 앞서 언급하였듯이 진제는 안혜와 마찬가지로 제8 아뢰야식은 진여를 인식대상으로 삼는 법집(法執)이기 때문에 무구식을 따로이 설정하였던 것이지만, 원측은 이는 8식의 전환을 통해 나타나는 것[즉 8식의 淸淨分]이기 때문에 무구식을 별도로 설정할 필요가 없다고 하였다. 이러한 주장은 호법을 계승한 현장의 학설에 따른 것이다.

셋째, 이와 관련하여 만약 제8 아뢰야식이 염오식이라면 의타기성도 부정되지 않으면 안 되며, 나아가 의타기성을 부정하는 경우 변계소집(거짓)도 원성실(진실)도 모두 부정되어 허무론[惡趣空]에 떨어지고 만다.

이에 따라 원측은 호법의 설을 받아들여 변계소집의 무자성만을 인정하고 의타기성과 원성실성은 부정하지 않았다. 이를 부정한 것[즉 3無性說]은 집착을 막기 위해 진정한 뜻은 숨겨둔 채 은밀하게 설한 것[密意說]일 뿐, 원성실성은 변계소집성이 부정될 때 드러나는 진리성으로서 실재하지 않으면 안 된다. 예컨대 일체가 공이라고 하였을 때 공에 의해 드러나는 진리성마저 공이라고 할 수는 없다는 것이다.

넷째, 법상종에서는 현상의 차별적 입장에서 성문(聲聞)·독각(獨覺)·보살·부정성(不定性, 결정되지 않은 종성)·무성(無性, 선근을 갖지 않은 종성) 중 무루종자를 갖지 못한 성문·독각(이상 소승)·무성은 끝내 성불할 수 없다는 5성각별설(五性各別說)을 주장하였다.

그러나 원측은 다섯 종성은 본질적 차별이 아니라 다만 근기의 성숙·미성숙에 따른 시간상의 차별일 뿐 그들은 모두 궁극적으로는 성불할 수 있다는 일성개성설(一性皆成說)을 주장하였다. 이러한 설은 일승(一乘)만이 진실이며, 삼승(三乘)은 방편에 지나지 않는다는《법화》《열반》계통의 주장으로(《해심밀경》의 주장은 삼승진실 일승방편임), 그는 비록 법상종에 몸담은 유식학자였지만 이처럼 일종(一宗) 일파(一派)에 매이지 않은 사상가였다.

다섯째, 유식학파의 소의경전인《해심밀경》에서는 불타의 일대 교설을, 성문을 위해 4제를 설한 첫번째 시기, 대승을 위해 무자성(즉 공)을 설한 두번째 시기, 그리고 마침내 일체의 모든 이를 위해 무자성의 존재를 설한 세번째 시기로 나누고 있는데, 규기는 유식학이 바로 제3기에 해당한다고 주장하였다.

불타의 일대 교설을 설한 순서에 따라, 혹은 뜻의 얕고 깊음에 따라 판별 해석하는 이러한 작업을 교상판석(敎相判釋)이라고 하는데, 이는 대개 자신의 종파적 우월성을 드러내기 위함이었다.[25] 그러나 원측은 규기와는 달리 이 삼자간의 조화를 모색하였다. 즉 이 세 가지는 각기 저마다의 입장의 차이는 있지만 이치에 있어서는 서로 다르지 않다는 것이다. 예컨대 첫번째 소승경전은 공(空)을 숨기고 유(有)를 드러낸 교설이고, 두번째 반야경전은 유를 숨기고 공을 드러낸 교설이며, 세번째《해심밀경》은 공과 유의 도리를 함께 드러내는 교설이라는 것이다.[26]

이처럼 원측은 유식과 중관이 근본적으로 대립하는 것이라 보지 않았으며, 유상유식과 무상유식의 시시비비를 가려 절충을 시도하는 한편 종성(種姓)의 문제에 있어서는 일승적(一乘的)인 해석을 시도하기도 하였다. 호법의 설을 절대적 정의(正義)로 받아들인 규기 일파로서는 이러한 원측의 입장을 용납할 수 없었을 것이며, 매수 도청설 또한 여기에 기인하였을 것이다.

원측의 말년(686년), 신라의 신문왕은 측천무후에게 여러 차례 편지를

---

25) 교상판석의 구체적 사례에 대해서는 제11장과 제12장에서 자세하게 언급한다.
26) 《해심밀경소》 권제1 (한국불교전서1, p.289중).

보내 그의 귀국을 청하였으나 끝내 허락되지 않았다. 무후는 그를 부처님처럼 받들고 존경하였기 때문이었다. 그러나 그의 유식학은 승장(勝莊)으로 이어졌고, 신라로 돌아온 도증(道證)에 의해 태현(太賢) 등으로 계승되었다. 뿐만 아니라 그의 《해심밀경소》는 티베트어로 번역되어 거기서 연구되기도 하였다.

제10장 여래장(如來藏)
−마음은 바로 여래의 씨알이다−

1. 여래장사상의 기원과 발전

1) 기원과 발전

앞장에서 살펴본 대로 유식학파에 있어 아뢰야식은 진실성의 측면도 갖지만, 그것은 본질적으로 우리가 경험하는 차별적인 현상세계의 근원으로서 이해되었다. 즉 세계란 의식의 변화에 의해 나타난 허망 분별일 따름이며, 그 같은 분별이 사라질 때 드러나는 것이 진실성의 의식이었다. 전자가 마음의 현실적 측면이라면, 후자는 이상적 측면이라 할 수 있다. 그리고 진제(眞諦)는 그 같은 이상적 측면의 마음을 제9 무구식(無垢識, 즉 阿摩羅識)이라 하여 현실적 측면의 마음인 아뢰야식과 구분하기도 하였다.

인도 대승불교사상사에서는 용수(龍樹)에 의해 종합 정리된 공사상에 입각하면서 주체의 문제로서 바야흐로 마음에 대한 탐구를 전개시키고 있다. 예컨대 일체가 공이라면 일체는 무엇으로부터 비롯되었던 것인가?

생사 윤회하는 미혹한 세계의 주체는 무엇이며, 이로부터 벗어난 깨달음의 주체는 무엇인가? 초기불교 이래 자아는 부정되었으므로 이에 상응하는 주체로서 마음에 대해 탐구하지 않을 수 없었던 것이다.

마음에는 미혹의 마음도 있지만 깨달음의 마음도 있다. 미혹한 마음이 범부라면, 깨달음의 마음은 부처이다. 여기서 두 가지 사상이 낳아지게 되었다. 하나는 마음의 현실적 기능의 분석에서 출발한 유식사상이었고, 다른 하나는 마음이 바로 부처라고 하는 이상적 측면에서 고찰한 여래장 사상이었다.

여래장(如來藏, tathāgata garbha)이란 '여래의 태아' 혹은 '여래의 탯집'이라는 정도의 의미로서,[1] '모든 중생은 여래의 태아로서 여래 안에 포용되어 있다'거나 '모든 중생은 자신 안에 여래의 가능성, 여래의 씨알을 품고 있다'는 뜻이다. 후자가 보다 일반적인 의미이다. 즉 밖으로 드러난 모습은 미망의 범부이지만, 그러한 미망 속에 여래라는 태아가 감추어져 있다는 말이다.

이 같은 의미에서 여래장을 여래의 토대[如來界, -dhātu]라 하기도 하고, 여래의 종성[如來性, -gotra]이라고 하기도 한다. 또한 《대승열반경》에서는 이를 불성(佛性, buddha dhātu)이라고 하는데, 이는 모든 중생은 바로 부처로서의 본성을 갖고 있다, 부처로서의 토대를 지니고 있다는 뜻이다.

이러한 여래장으로서의 마음은 초기불교의 청정심(淸淨心)이나 '마음은 본래 청정하며 번뇌는 거기에 덧씌워진 것[心性本淨 煩惱客塵]일 뿐이다'는 대중부 계통에 그 연원을 두고 있다. 즉 이러한 본래 청정한 마음이

---

1) 아뢰야(ālaya) 또한 '장(藏)'으로 번역되지만, 여래장의 '장'은 신체의 특정부위를 직접적으로 명시하지 않는 중국 전통에 따라 '태'를 '장'으로 번역한 것이기 때문에 양자의 의미는 다르다.

진리 법신(法身)의 보편성과 편만성(遍滿性)에 근거하여 깨달음의 마음〔菩提心〕, 진리의 토대〔法界〕, 여래의 씨알〔如來藏〕 등의 말로 나타나게 되었던 것이다.

'여래장'이라고 하는 말을 최초로 설한 경전은 《여래장경(如來藏經)》이다.[2] 이 경은 단권(單卷)의 매우 짧은 경으로, "일체중생은 비록 그들이 윤회하는 온갖 세계의 번뇌 가운데 존재할지라도 항상 어떠한 더러움도 없는 여래장을 지니고 있어 나(여래)와는 아무런 차이가 없다"고 설하면서 그 비유로서 지극히 소박하고도 사실적인 아홉 가지를 들고 있다.

즉 이 경은 불타의 신통력에 의해 나타난 수많은 연꽃이 헤아릴 수 없는 빛을 발하다 문득 시들어 버리자 그 속에서 결가부좌하고 있는 부처가 나타남에 대중들이 기뻐하며 놀라는 일로부터 시작하는데,

첫째, 시들고 색이 바랜 연꽃잎 속에 불타가 앉아 있듯이

둘째, 꿀벌의 무리 가운데 꿀이 감추어져 있듯이

셋째, 껍질 속에 열매가 감추어져 있듯이

넷째, 오물에 순금이 떨어져 숨겨져 있듯이

다섯째, 가난한 집에 보물이 숨겨져 있듯이

여섯째, 망고 속에 씨앗이 감추어져 있듯이

일곱째, 누더기에 순금으로 만든 상이 싸여 있듯이

여덟째, 비천한 여인이 제왕의 자식을 품고 있듯이

아홉째, 흙으로 된 거푸집 속에 순금의 상이 들어 있는 것처럼 탐·진·치의 온갖 번뇌로 물든 일체중생은 여래장을 지니고 있으며, 중생이 아무리 번뇌에 물들어 윤회를 되풀이하더라도 여래장은 오염되지 않고

---

2) 이 경은 420년 무렵 불타발타라가 한역(漢譯)한 《대방등여래장경(大方等如來藏經)》이 현존하는데, 이미 진(晉)의 혜제(惠帝)와 회제(懷帝) 연간(290~311)에 법거(法炬)에 의해 번역된 적이 있기 때문에 여래장사상의 원류는 3세기 무렵으로 거슬러 올라간다.

소멸하지 않는다. 그것은 불타가 세상에 출현하든 출현하지 않든 상주(常住) 불변이라는 것이다.3)

일찍이 영원불변하는 것은 아무것도 없으며, 일체는 무상이고 무아라는 관점에서 출발한 불교는 유식사상을 거치면서 여기에 이르러 마침내 '불변의 존재'와 만나게 되었다. 물론 여래장 역시 유식과 마찬가지로 공관에 의해 드러나는 진리성으로, 말하자면 진공묘유(眞空妙有)라고 할 수 있기 때문에《우파니샤드》에서의 아트만과 동일하다고는 할 수 없겠지만, 아무튼 초기불교로부터 시간적 거리만큼이나 멀어졌다고 할 수 있다. 이는 어쩌면 어떤 한 사상이 겪어야 할 필연적인 운명(변증법적 귀결)과 같은 것인지도 모르겠다.4)

《여래장경》은 이상과 같은 아홉 가지 비유만을 이야기할 뿐 이론적 근거에 대해서는 언급하고 있지 않지만《부증불감경(不增不減經)》《승만경(勝鬘經)》《열반경》 등에서는 보다 정밀한 이론을 구성하고 있는데, 여기서는 그러한 운명을 감추지 않고 적극적으로 드러내 보이고 있다.

《부증불감경》은《여래장경》보다도 짧은 경전으로, 그 명칭은 반야중관의 부정의 논법이지만 내용은 절대 긍정으로 이루어져 있다. 무엇을 긍정하는가? 중생계(界, 토대)를 긍정한다. "중생계는 바야흐로 여래만이 관찰할 수 있는 궁극적인 진리[第一義諦]로, 여래와 동일한 세계[一界]이다. 곧 중생계가 바로 여래장이며, 여래장은 바로 법신(法身)이다. 이러한 법신은 생겨난 것도 아니고 소멸하는 것도 아니며, 증가하는 것도 아니고 감소하는 것도 아니다."5)

---

3)《여래장경》(대정장16, p.457하).
4) '만약 어떤 관념이나 지식이 그 대립성이나 자기부정을 매개로 하여 보다 본질적인 진리로 발전하는 사고법을 변증법이라고 한다면 여래장사상은 변증법적 귀결이라 할 수도 있을 것이다.'(시즈타니 마사오,《대승의 세계》, 정호영 역, 대원정사, 1991, p.239)
5)《부증불감경》(대정장16, p.467상).

이처럼 《중론》에서 양자파기 형식으로서의 불생불멸(不生不滅) 부단불상(不斷不常)이 여기서는 생멸(生滅)과 단상(斷常)의 관념을 떠난 절대적 실재로서의 법신의 상주 불변으로 표현되고 있는 것이다.

이러한 절대론적 경향은 《승만경》에 이르러 더욱 철저하게 나타난다. 승만부인이 그의 부친(코살라의 파사익왕)으로부터 불법을 믿을 것을 권유받고 불타를 찬탄하자 불타가 출현하여 그녀의 성불을 보증하였다. 이 경은 그녀가 생각하는 바를 말하고, 불타가 그것을 승인하는 형식으로 기술되어 있는데, 재가의 부인이 설법자로 등장하는 유일무이한 경이다.

그런데 여기서는 앞의 두 경전에 없는 새로운 사상이 나타난다. 즉 여래장은 청정한 여래 지혜의 근거일뿐더러 미혹한 범부의 근거이기도 하다. 유식사상에서 아뢰야식이 미혹한 범부의 근거가 된다는 것은 어느 정도 이해될 수도 있지만, 여래장이 염오와 청정, 생사와 열반 모두의 근거가 된다는 사실은 참으로 이해하기 어렵다. 그래서 경에서는 이 관계를 범부가 헤아리기 어렵다는 말을 되풀이하여 강조하고 있다. 이러한 사상은 《능가경》을 거쳐 《대승기신론》에 이르러 하나의 완전한 이론체계를 갖추게 되는데, 이에 대해서는 다음 절에서 설명하기로 한다.

아무튼 이런 까닭에 《승만경》에서는 공(空)으로서의 여래장과 불공(不空)으로서의 여래장을 설하고 있다. 즉 앞서 《여래장경》의 비유에서 보았듯이 번뇌에 감추어져 있는 법신[在纏位의 法身]이 여래장이었다. 따라서 그 같은 번뇌가 궁극적으로 공임을 간파하는 공의 지혜에 기초한 것이 공으로서의 여래장이라면, 그렇게 하여 드러난 법신은 불공으로서의 여래장이다. 이것이 바로 진여 법신이고 대승의 일승(一乘)으로, 이는 상대적 차별성을 떠난 절대적인 영원함[常]이며, 즐거움[樂]이며, 자아[我]이며, 청정함[淨]이다.

이러한 법신의 절대 영원함은 《대승열반경》에서 절정에 이른다. 이에 따르면 쿠시나라에서의 여래의 입멸은 방편에 불과하고 법신 자체는 상주 불멸이다. 중생 또한 법신을 본질로 한다. 그런데 여기서는 여래장이라는 말이 성불의 가능성을 의미하는 불성(佛性)이라는 말로 대체되어 '일체중생실유불성(一切衆生悉有佛性)' 즉 일체의 중생에게는 모두 불성이 존재한다는 유명한 가르침으로 제시되고 있다.

여래장사상에서는 이렇듯 마음을 이상적인 측면에서 이해하였다. 번뇌에 쌓인 중생의 마음이 여래장이라면 깨달음으로 나타나는 마음은 법신이다. 그러나 양자 사이에는 본질적으로 어떠한 차이도 없다. 번뇌는 허구[空]이기에 중생의 마음이 바로 여래 법신이다. 아니 중생이 따로 존재하지 않으니, '중생이 바로 여래이다'. 다만 여래이면서 여래임을 모르니, 그러기에 중생이다. 이리하여 이르는 과정은 다를지라도 마침내 《우파니샤드》의 '네가 바로 그것이다'는 명제로 돌아오게 되었다.

2) 무아와 여래장

이러한 여래장사상은 인도에서는 필경 대승불교의 중요한 한 갈래였고 《여래장경》 등의 세 경의 사상을 집대성한 《보성론(寶性論)》(완전한 명칭은 《구경일승보성론(究竟一乘寶性論)》)이 저술되기도 하지만 중관학파나 유식학파처럼 하나의 학파로 성립하지는 못하였다. 이는 티베트에서도 마찬가지였다. 그 이유는 무엇일까? 아마도 무아나 무상(無相)의 공을 설하는 불교전통에 반하여 '여래장'이라고 하는 통일적이고도 실재적인 원리를 설정하였기 때문은 아닐까?

이에 반해 중국을 중심으로 하여 동아시아에서 발전한 거의 모든 불교에 절대적인 영향을 미치고 있다. 천태종에서는 법신상주를 설한다는 점에서 《열반경》을 그들의 소의경전인 《법화경》과 같은 반열로 취급하였으며, 화엄종에서도 여래장사상을 토대로 하여 유식사상과의 종합을 꾀한 《능가경》과 《대승기신론》을 대승종교(終敎)로 판석하여 시교(始敎)인 중관·유식보다 더 높은 단계의 교설로 취급하였다.6) 또한 선종에서 말하는 공적영지심(空寂靈知心)도, 원효의 일심(一心)도, 지눌의 진심(眞心)도 이것에 다름 아니다. 그들이 다 같이 제창한 반본환원(返本還源)의 '본원'이 바로 이것이었다.

지눌은 말하고 있다.

> 이러한 진심(眞心)을 《보살계경》에서는 '심지(心地)'라 하니, 만선(萬善)을 낳기 때문이며, 《반야경》에서는 '보리(菩提)'라 하니, 깨달음의 본질이기 때문이며, 《화엄경》에서는 '법계'라 하니, [현상세계와] 서로 관철하여 융합 포섭하기 때문이며, 《금강경》에서는 '여래'라 하니, 유래하는 바가 없기 때문이며, 다시 《반야경》에서는 '열반'이라 하니, 여러 성자들이 돌아가는 곳이기 때문이며, 《금광명경》에서는 '여여(如如)'라 하니, 진실하며 상주 불변하기 때문이며, 《정명경》에서는 '법신'이라 하니, 보신과 화신의 토대가 되기 때문이며, 《기신론》에서는 '진여'라 하였으니, 불생불멸이기 때문이며, 《열반경》에서는 '불성'이라 하였으니, 삼신(三身)의 본체이기 때문이며, 《원각경》에서는 '총지(總持)'라 하였으니, 일체의 공덕을 유출하기 때문이며, 《승만경》에서는 '여래장'이라고 하였으니, [여래를] 감추고 있기 때문이다.7)

이와는 반대로 중관과 유식은 인도에서 불교가 사라질 때까지 존속하지만, 중국의 경우 같은 계통의 종파인 삼론종과 법상종은 50년도 채우지 못하고 여래장사상에게 그 자리를 내어주고 만다. 이는 아마도 분석과 비판이라는 부정적 입장을 취한 전자에 비해 지양과 종합이라는 긍정적 입장을 취한 이 사상이 그들의 성향에 보다 적합했기 때문이라고도 생각해

---

6) 이에 대해서는 본서 제11장 2. '지의의 교판과 천태종'과 제12장 2. '법장의 교판과 화엄종'에서 상론한다.
7) 《진심직설(眞心直說)》〈진심이명(異名)〉(한국불교전서4, p.716중).

볼 수 있을 것이다.

우리는 대개 이러한 동아시아의 불교전통에 익숙하기 때문에 아무런 의의없이 '여래장'(혹은 '영원한 자아')을 당연한 것으로 받아들이고, 나아가 그것이 바로 깨달음의 조건이고 대상이라고 말한다. 필경 여래장은 현상세계(염오)의 토대이자 깨달음(청정)의 조건이 되는 단일한 실재이다. 이는 물론 이들이 말하듯이 우리가 현실에서 논의하는 실재 비실재를 초월한 절대적인 실재로서, 영원과 무상, 즐거움과 괴로움, 자아와 무아, 청정과 염오가 극복된 절대적인 영원함이며, 즐거움이며, 자아이며, 청정함이다.

초기불교 이래 무상한 것을 영원한 것이라 여기고, 괴로움을 즐거움으로, 나 혹은 나의 것이 아닌 것을 나 혹은 나의 것으로, 부정(不淨)한 것을 청정한 것으로 여기는 것은 전도(顚倒)된 견해였다. 그러나 불교는 여기에 이르러 영원과 무상, 자아와 무아를 넘어선 영원한 자아를 찾게 되었고, 마침내 무아를 설하는 불교에 절대적 자아가 나타나게 되었다. 이는 아비달마나 유식에서 말하는 관념의 대상으로서의 자아가 아니라 법신으로서 실재하는 자아이다.

이에 따라 우리는 대개 '초기불교에서의 무아란 무조건적으로 자아가 없다는 뜻이 아니다'고 사족을 달기도 하지만, 사상의 역사는 항상 뒤에 나타나는 것일수록 새로운 것이다. 우리는 칸트를 통해 플라톤은 해석할 수 있어도 플라톤을 통해 칸트를 해석할 수는 없다. 그렇다고 하여 플라톤을 칸트식으로 해석할 수만은 없는 법이다. 마찬가지로 초기불교의 무아설을 여래장사상을 통해 해석할 수만은 없으며, 따라서 무아설이 무조건적으로 자아가 없다는 것이 아니라는 주장은 여래장을 전제로 한 해석일 뿐이다. 그것은 바로 현상적 자아가 부정될 때 나타나는 초월적 절대적 자아이다.[8]

이런 까닭에 혹자는 '여래장사상은 불교가 아니다'고 말하기도 하였다.[9] 그러나 불교가 반드시 불타의 깨달음만은 아니다. 그것은 언어로 드러낼 수 없는 자증법(自證法)이다. 그러하기에 그의 말씀(이것이 원래 '佛敎'라는 말의 의미였다)을 통해 그의 깨달음을 추구하려는 온갖 시도가 일어났으며, 그것은 시대와 지역에 따라 서로 다른 체계로 나타나기도 하였으니 이 또한 불교이다.

어떠한 사상도 정지되어 있지 않다. 사상은 흐르는 물과도 같다. 불타의 깨달음으로부터 비롯된 불교 또한 결국은 인간이성의 역사와 함께 하였다고 할 수 있다. 부정과 긍정을 통해 서로 대립하기도 하였고 종합하기도 하였으며 지양하기도 하였다. 불교는 결코 단일보편의 체계가 아니다. 그것은 시대와 지역에 따라 전개된 온갖 상이한 학적 체계가 모여 이루어진 매우 복합적이고도 유기적인 체계이다. 그것은 본질적으로 불타의 말씀이 그의 자내증을 근거로 한 가설적 성격을 띠기 때문이었다. 그는 도대체 무엇을, 어떻게 깨달았던 것인가? 2500년에 걸친 불교사상사는 바로 무엇을, 어떻게 깨달을 것인가에 대한 탐구와 해석의 도정이었다고 해도 지나친 말이 아닐 것이다.

우리는 항상 역사의 끝자락에 서 있지만, 그것이 우리의 모든 것도 아니며, 진실만도 아니다. 불교의 탐구는 불타가 말하였듯이 역사와 전통이라는 권위에 의탁해서도, 어느 일종(一宗) 일파(一派)에 국한되어서도 안

---

8) 《승만경》에서 설하는 진정한 자아[眞我]인 여래장은 6식과 그에 따른 의식작용을 통해 알려지지 않는다. 여래장이 생멸 단상을 떠난 것이므로 자아 역시 그러한 존재이다. 그것은 부사의(不思議), 우리들 현상의 마음으로 헤아릴 수 없는 것이다. 그러면서도 그것은 염오와 청정, 생사윤회와 열반의 토대이다. 《우파니샤드》에서의 자아(ātman) 역시 마음으로도 지성으로도 헤아릴 수 없는 불멸의 존재이자 생사윤회의 주체이다(본서 제2장 2-3) 참조).
9) 마쯔모도 시로우, 《연기와 공—여래장사상은 불교가 아니다》, 강혜원 역(운주사, 1994).

되며, 일단은 전체적 시각에서 바라보지 않으면 안 된다. 그런 다음 주체적인 해석이 뒤따라야 할 것이다. 그러한 일련의 과정이 '불교철학사'였고 '사상사'였다.

불교는 왜 이토록 다양하게 전개되고 변용되어야만 하였던 것인가? 도대체 무엇이 문제였던 것인가? 무아설도, 영원한 자아인 여래장설도 무엇보다 먼저 일단은 '인도철학과 불교'라는 전체적 시각에서 파악되지 않으면 안 된다.

2. 여래장과 아뢰야식의 종합 – 일심이문(一心二門)

《승만경》에서도 여래장을 깨달음뿐만 아니라 번뇌의 바탕이 된다고 설하고 있지만,《능가경(楞伽經)》에 이르러 깨달음의 근거가 되는 여래장과 앞서 유식사상에서 미혹한 세계의 근거가 되었던 아뢰야식을 적극적으로 종합하는데, 이는 다음에 설할《대승기신론(大乘起信論)》사상의 선구로 간주된다.

'능가'란 Laṅka 즉 스리랑카를 의미하는 것으로, 불타는 대해(大海)에 가로놓인 이 섬에 출현(avatāra)하여 그의 깨달음을 나타내고자 하였다. 그는 아뢰야식에서 온갖 의식(사량 분별)이 일어나는 것은 대해에서 파도가 일어나는 것과 같다고 관찰하였다. 즉 파도가 사라져도 대해는 사라지지 않듯이 의식이 소멸하여도 그 토대인 아뢰야식은 소멸하지 않는다는 것이다.

그렇다면 양자는 개별적 존재인가? 만약 의식과 아뢰야식이 다르다면 아뢰야식은 의식의 원인이 되지 않을 것이며, 다르지 않다고 한다면 의식이 소멸할 때 아뢰야식도 소멸해야 할 것이다. 그러나 아뢰야식의 참된 성질[眞相]은 소멸하지 않는다. 단지 거기에 배여 있는 업의 성질[業相]만이 소멸할 뿐이다.

《능가경》에서는 이러한 아뢰야식의 참된 성질을 여래장이라고 하였다. 곧 여래장과 이를 둘러싼 미혹의 분별은 아뢰야식의 두 측면으로, 전자가 생멸 변화의 토대가 되는 상주 불변의 원리라면, 후자는 생멸 변화를 일으키는 작용의 측면이다. 전자가 깨달음의 원리로서 무위법이라면, 후자는 미혹의 원리로서 유위법이다.

이같이 깨달음(진실)과 미혹(거짓)이라는 두 측면을 지닌 마음을 《대승기신론》에서는 진망화합식(眞妄和合識)이라고 하였다. 이 논은 원효(元曉)의 주석서인 《대승기신론소(疏)》를 통해 우리에게 너무나도 잘 알려진 문헌으로, 앞서 언급한 것처럼 중국에서 일어난 천태 화엄 선 등의 대승 종파에 절대적 영향을 미치고 있다.

이 책의 작자는 마명(馬鳴, Aśvagoṣa)으로 알려지지만 이에 대해서는 이설(異說)이 있다. 중국에서 지어진 것이라는 설도 있고, 인도에서 용수 이후 동명이인이 지은 것이라는 설도 있다. 일반적으로 마명이라 하면 카니시카왕(기원후 1세기) 무렵 《불소행찬(佛所行讚)》의 작자로 알려지기 때문이다.

《대승기신론》(이하 《기신론》)의 요지를 한 마디로 말하면, 제목이 지시하듯이 '대승'의 의미를 밝힘으로써 그것으로의 믿음을 일으키게 하려는 것이다. 대승의 다른 불교도 그러하지만 여래장의 불교는 믿음의 불교라고 할 수 있다. 범부에게 있어 여래장은 보여지지도 생각되지도 않는 것이기 때문에 그 존재를 믿고 닦아나갈 수밖에 없다. 그리고 이에 대한 믿음은 대승의 깊은 뜻이 이해되면 저절로 일어나기 때문에 대승의 의미를 밝히고자 하는 것이다.

대승(大乘, mahāyāna)이란 무엇인가? '대'는 크다는 뜻이고, '승'은 태워가는 것을 말한다. 무엇이 큰가? 그것은 바로 중생의 마음이다. 중생의 마음은 앞서 언급한 것처럼 생멸 변화하는 현상세계를 드러내기도 하지만, 불생불멸의 여래장을 바탕으로 한다. 세간과 출세간 그 모두의 토대이다.10)

《기신론》에서는 이 같은 마음의 두 측면을 심진여문(心眞如門)과 심생멸문(心生滅門)이라 하였다. 마음 자체는 본래 청정하지만, 미혹에 빠져 범부가 되기도 하고 깨달음에 이르러 부처가 되기도 한다. 본래 청정한 마음이 진여문의 측면이라면 여래장을 바탕으로 일어나는 미혹한 마음은 생멸문의 측면이다.

우리가 경험하는 차별과 변화의 현상세계는 허망한 생각[妄念]에 의한 것으로, 이를 여의게 되면 차별과 변화 또한 사라지게 된다. 다시 말해 일체의 모든 존재는 본질적으로 평등 불변의 존재로서, 이는 다름 아닌 일심(一心)의 세계이다. 일심은 망념(妄念) 망심(妄心) 혹은 분별심에 대응하는 말이다. 그러나 이는 다만 말일 뿐 상대적인 차별과 시비를 떠난, 그 어떤 말로도 형용이 불가능한 절대적 존재이다. 그래서 진여(眞如)이다.

진여(tathatā)란 '그러한 존재'라는 정도의 의미로, 대저 진리란 언어를

---

10) 이에 대해 원효는 그의 《대승기신론소》 첫머리에서 다음과 같이 말하고 있다. "《대승기신론》은 대승을 본질로 한다. 그것(대승)은 텅 비어 고요하며, 깊고 그윽하다. 그윽하고 또한 그윽하지만 어찌 만상(萬象) 밖을 벗어난 것이겠으며, 고요하고 또한 고요하지만 오히려 백가(百家)의 말속에 존재하는 것이라. 허나 만상 밖을 벗어난 것은 아닐지라도 5안(眼)으로도 그 형체를 능히 볼 수 없으며, 백가의 말속에 존재하는 것일지라도 4변(辯)으로도 능히 그 형상을 말할 수 없다. '크다'고 말하자니 아무리 적은 것[無內]에도 충분히 들어가며, '작다'고 말하자니 아무리 큰 것[無外]도 충분히 감쌀 수 있는 것이라. 그것을 '존재'라고 하자니 진여도 그것으로 인해 공이 되고, '비존재'라고 하자니 만물이 그것을 통해 생겨난다. 그것을 무엇이라 말해야 할지 알지 못하니, 굳이 말로 하자면 '대승'이다."(《한국불교전서》 1, p.733상).

통한 사유의 대상이 아니다(이를 離言眞如라고 한다). 따라서 '진여'라고 하는 말 또한 가설[依言眞如]에 지나지 않는다. 그러나 그것은 최고의 가설이다. 이에 근거하여 진여에 대해 말해 보자면, 일체의 차별상을 떠난 것이기에 진실의 공(空)이며, 그것은 또한 불변과 청정 등 일체의 공덕을 갖추고 있기 때문에 불공(不空)이다. 그렇지만 그것은 우리가 일상에서 경험하는 불변이나 청정과는 차원을 달리하는 것이다.

예컨대 우리는 오염된 낙동강을 정화하여 청정한 강으로 만들었다 할지라도 그것이 발원지(샘물)의 청정함과는 비교될 수 없다. '청정하다'는 말은 동일하지만 낙동강의 그것은 오염에 대응하는 청정함이라면, 오염 자체가 존재하지 않는 발원지의 청정함은 무엇이라 말해야 할 것인가? 그것은 청정하다고도 할 수 없는 청정함이다.

그러나 본래 청정한 마음과 미혹의 마음은 대해와 파도의 관계처럼 동일한 것도 아니지만 서로 다른 것도 아니다. 인도의 모든 철학이 그러하듯이 불교 또한 괴로움의 인식에서 출발한다. 세계는 바로 괴로움이며, 괴로움은 미혹(혹은 번뇌)에서 비롯된 업에 의한 것이다. 이렇듯 미혹은 필시 괴로움으로 나타나기 때문에 그 자체 연속성을 갖지 않는다. 모든 이들은 결코 괴로움에 안주하지 않으며, 희락(喜樂)의 진실을 추구하기 때문이다.

미혹(생멸의 염오심)과 깨달음(불생불멸의 청정심)이 불가분의 관계로서 화합해 있는 것이 아뢰야식이다. 《기신론》에서의 아뢰야식은 불생불멸의 마음으로 깨달음의 토대인 여래장사상의 '여래장'과 생멸의 마음으로 일체 현상을 드러내는 유식학파의 '아뢰야식'이 종합된 진망화합식(眞妄和合識)으로 이해되고 있다.[11]

---

11) 《대승기신론》(대정장32, p.576중), 心生滅者, 依如來藏故有生滅心. 所謂不生不滅與生滅和合, 非一非異, 名爲阿黎耶識.

곧 중생의 마음에 청정심이 나타나는 것을 깨달음 즉 각(覺)이라고 하는데, 여래의 평등 법신이 본래적 깨달음인 본각(本覺)이라면, 깨닫지 못한 범부를 불각(不覺)이라 하며, 불각의 상태(이는 괴로움을 낳기에 연속성이 없다)에서 각의 힘이 점차 강해지고 화합식의 상을 깨트려 각이 완전히 나타난 것을 시각(始覺)이라 한다. 그러나 시각은 마음의 근원[心源]을 깨달은 것이므로 바로 본각(성불)의 실현이다.

설명이 조금 장황하였지만 이를 도표로 나타내면 아래와 같다.

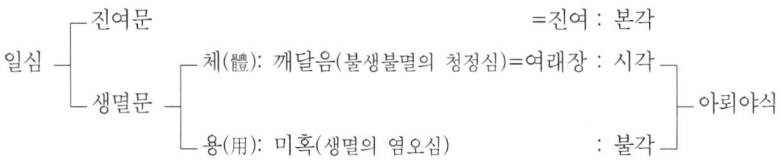

그렇다면 본래 깨달음(본각)의 존재인 중생은 어떻게 불각의 상태로 낳아지게 되었던 것인가? 여기서 불각이란 바로 범부들이 경험하는 현실세계로서, 중생의 마음에 주객분별의 인식세계가 낳아지게 된 것은 아뢰야식에 무명이 작용하였기 때문이나. 그러나 무명이라 하였지만 그것은 본각(청정심)을 떠나 스스로 존재하는 것이 아니다. 예컨대 방향을 잃고 헤매는 자의 미혹은 방향에서 비롯된 것이듯이(방향이 없다면 이에 관한 미혹도 없다), 범부의 불각은 본각에서 비롯된 것이다.

그러나 우리는 이미 우리가 알지 못하는 무시(無始)의 아득한 옛날부터 세계를 인식하여 왔기 때문에 무명이 어디서 어떻게 비롯되었는지 알지 못한다. 주객대립의 분별망상으로써 그것이 끊어진 무념의 일심을 인식할 수는 없는 것이다. 《기신론》에서는 무명을 이렇게 설명하고 있다.

이미 [분별의] 마음을 일으킨 자는 어떠한 경우라도 그 시작을 알지 못하니, 그 시작을 안다고 하는 것은 바로 무념(無念)의 상태이다. 그래서 일체중생을 '각(覺)'이라 하지 않는 것으로, 본래부터 찰나찰나 상속하며 일찍이 생각을 떠난 적이 없기 때문에 시작도 없는 무명이라고 말한 것이다.12)

마음(즉 아뢰야식)에 무명이 어떻게 생겨나게 되었는지는 알 수 없지만, 분명한 사실은 무명으로 인해 청정한 마음이 주객 이원으로 분열하였다는 것이다.13) 그렇다면 주객 이원의 인식세계는 구체적으로 어떻게 일어나게 되는 것인가? 《기신론》에서는 이를 마음의 세 가지 미세한 작용[三細]과 여섯 가지 거친 작용[六麤]으로 설명하고 있다.

여기서 세 가지 미세한 작용이란 무명업상(無明業相)·능견상(能見相)·경계상(境界相)을 말한다. 무명업상이란 불각에 의해 마음이 움직이는 것, 다시 말해 무명의 힘이 작용하여 망념의 세계가 일어나려고 하는 것이며, 이에 따라 주관과 객관으로 분열한 것이 능견상과 경계상이다. 이 단계에서는 아직 주객의 대응관계가 성립하지 않아 우리들 일상의 의식으로 인식되지 않기 때문에 미세한 작용이라 하였다.

다음으로 이러한 주객이 관계하여 일어나는 마음의 거친 작용에는 지상(智相)·상속상(相續相)·집취상(執取相)·계명자상(計名字相)·기업상(起業相)·업계고상(業繫苦相)이라는 여섯 단계가 있다. 우리는 대개 마음상에 나타난 대상을 외계의 존재로 오인하여 좋고 나쁨을 판단하고(지

---

12) 《대승기신론》(대정장32, p.576중하), 心起者, 無有初相可知. 而言知初相者卽謂無念. 是故一切衆生不名爲覺. 以從本來念念相續未曾離念, 故說無始無明. 이 같은 점에서 '무명'은 베단타의 마야(māyā)에 상응하는 개념으로 볼 수 있다. 본서 제2장 주 44) 혹은 주 13)의 본문참조.
13) 자이나교에서도 '본래 청정하고 완전한 지혜의 상태인 영혼(jīva)이 태초 어떻게 물질(pudgala)에 오염되어 생사윤회에 속박하게 되었던가' 하는 문제에 봉착하여 이와 유사하게 말하고 있다. 본서 제4장 3-3) '영혼의 속박과 해방' 참조.

상), 이에 따라 괴롭거나 즐겁다는 망념을 일으켜 지속시키며(상속상), 그러한 괴롭거나 즐거운 대상에 대해 집착한다(집취상). 그리고 집착한 대상을 개념[名字]화시켜 사유 분별하고(계명자상), 이에 따라 업을 일으키며(기업상), 마침내 업의 과보를 받게 된다(업계고상). 이는 바로 우리가 경험하는 현실의 실상으로, 이 모두는 불각(망념)의 소산이다.

그러나 다시 말하지만 이 때 망념(불각)은 청정심인 진여(각)와 불가분[不一不二]의 관계에 놓여 있다. 예컨대 바람은 물(혹은 나무)에 의지하여 자신의 모습을 드러내듯이(물이 없으면 바람의 움직이는 모습도 사라진다) 망념 또한 마음에 의지하여 나타나는 것으로, 마음 자체는 무념의 진여이기 때문이다.

> 각과 불각이 동일하다고 함은, 이러저러한 온갖 항아리가 모두 미진(微塵)의 성상(性相)이듯이, 이와 마찬가지로 무루와 무명의 온갖 허망한 업은 모두 진여의 성상이다.14)

《기신론》에 의하는 한 미혹과 깨달음, 무명과 진여는 상호 관계한다. 무명에 진여가 배여 있으며, 진여에 무명이 배여 있다. 마음 자체는 진여이지만 거기에 배여 있는 무명에 의해 망념의 세계 즉 마음의 세 가지 미세한 작용[三細]과 여섯 가지 거친 작용[六麤]이 전개하게 된 것이다.

대해에는 문득 바람이 불어와 파도가 일기도 하지만 그 때 파도는 대해를 기반으로 한다. 마찬가지로 범부의 미혹은 진여에 배여 있는 무명의 작용이며, 미혹의 고통에서 문득 정신이 들어 그 같은 미혹을 부정하는 것은 미혹의 자기부정이 아니라 미혹에 배여 있는 진여의 활동이다. 따라서 미혹과 진여는 결국 한마음[一心]일 뿐이다.

---

14)《대승기신론》(대정장32, p.577상).

이처럼 여래장과 아뢰야식은 《기신론》에 이르러 한마음으로 종합되었다. 지금은 비록 번뇌라는 파도가 일어 온갖 조화를 부리고 있지만 그 이면에는 여래의 씨알이 감추어져 있으며, 그것은 다름 아닌 우리의 본래마음이다. 그것은 위대한 지혜의 덕과 광명의 상을 갖추고 있으며, 법계에 두루 비추며, 진실의 지식이며, 그 자체로서 청정하며, 영원하고 즐거우며 청정한 자기존재이며, 청량(淸凉) 불변하고 원만 자재한 존재이다.15)

그것이 바야흐로 절대진리로서, 불타가 설한 보편적 법문의 본질[一法界大總相法門體]인 진여로서의 마음[眞如心]이라는 것이다.

3. 원효(元曉)의 일심사상

1) 원효 그는 누구인가?

육당 최남선은 한국이 낳은 위대한 사상가로 넷을 꼽자면 원효·지눌·퇴계·다산이며, 둘을 꼽자면 원효와 퇴계이며, 하나를 꼽자면 원효라고 하였다. 우리나라 방방곡곡 어느 한곳 원효와 관계되지 않은 곳이 없다고 할 정도로 그는 전설과 설화를 통해 우리들 삶 속에 스며들어 있다.

원효(617~686), 그는 누구인가? 그는 한편으로는 86부 180여 권에 달하는 저술을 남긴 대 사상가였지만, 다른 한편으로는 요석공주와 관계하여 우리나라 유학의 시조인 설총(薛聰)을 낳기도 하였고, 스스로 소성거사(小姓居士, 보잘 것 없는 이)라 칭하고서 방방곡곡을 떠돌며 춤추고 노래하

---

15) 《대승기신론》(대정장32, p.579상). 眞如自體相者, — 從本以來, 性自滿足一切功德. 所謂自體, 有大智慧光明義故, 遍照法界義故, 眞實識知義故, 自性淸淨義故, 常樂我淨義故, 淸凉不變自在義故, — 名爲如來藏.

며 뭇 대중들과 함께 한 무애(無礙) 자재인(自在人)이었다.

그가 살았던 시대는 신라 진평왕으로부터 문무왕을 거쳐 신문왕에 이르는 삼국통일 전후의 시기였다. 그 무렵은 불교가 공인(527년)된 지 100여 년이 지난 때로서, 원광(圓光, 532~630)과 자장(慈藏, 608~677?) 등이 불교적 이념으로 사회기풍을 조성하고 있었으며, 혜숙(惠宿) 혜공(惠空) 대안(大安)과 같은 이들이 당시 왕실 귀족중심의 불교를 서민 대중들에게로 확산시키던 때였다.

그는 34세가 되던 해 의상(義湘, 625~702)과 함께 육로를 통해 당나라로 유학길에 올랐으나 실패하고, 10여 년 후 백제가 망하여 해로가 열리게 되자 다시 구법(求法)의 길에 올랐다. 그러나 당나라로 가는 배를 타기 위해 항구로 가는 도중 무덤가에서 하룻밤을 지새며 깨달은 바가 있어 발길을 돌린 뒤 더 이상 유학을 기도하지 않았다고 한다.

《송고승전》에 의하면, 그들은 비 오는 어느 날 밤 인가(人家)를 찾아 헤매다가 땅막[土龕]을 발견하고 거기서 하룻밤을 보내게 되었다. 그런데 이튿날 일어나 보니 그곳은 땅막이 아니라 오래된 무덤이었고, 그 날도 계속하여 비가 내렸으므로 거기서 다시 하룻밤을 지내게 되었는데, 그 날 밤 그들은 귀신 때문에 잠을 이룰 수가 없었다. 긴밤에는 땅막이였기 때문에 편히 잘 수 있었으나 그 날 밤은 무덤이었기 때문이었다.

원효는 여기서 크게 깨달은 바가 있었는데, 《송고승전》에서는 그의 깨달음을 다음과 같이 전하고 있다.

> 마음이 일어나므로 온갖 현상이 일어나고, 마음이 소멸하므로 땅막과 무덤이 둘이 아닌 것이다. 삼계는 오로지 마음이요, 모든 존재는 오로지 의식일 뿐이다. 마음 밖에 그 어떤 것도 존재하지 않는데, 어찌 따로 구하겠는가? 나는 당나라에 가지 않으리라!16)

---

16) 《송고승전》 권제4 〈의상전(義湘傳)〉(대정장50, p.729상), 心生故種種法生. 心滅故

그는 모든 존재가 오로지 의식일 뿐이라는 유식(唯識)의 도리를 깨달았던 것이다. 이로 본다면 그는 원측과 같은 유식학자라고도 할 수 있을 것이며, 또한《송고승전》〈원효전〉에서도 그가 당나라에 가고자 하였던 동기가 현장(玄奘)의 문하를 흠모하여서라고 말하고 있다. 그러나 그는 궁극적으로《대승기신론》의 여래장사상에 기초하여 불교에 관한 백가(百家)의 쟁론, 나아가 차별 대립하는 사회현실을 화회(和會, 화쟁 회통의 준말)시키고자 하였다.

이미 살펴보았듯이《기신론》에 의하는 한 미혹의 중생과 깨달음의 여래는 본질적으로 다르지 않다. 그것은 일심으로 회통(會通)된다. 하물며 인간의 분별에서 비롯되는 일체의 대립, 존재[有]와 비존재[無], 주관[我]과 객관[法], 동일성[一]과 차별성[異], 진실[眞]과 허위[俗], 부정[破]과 긍정[立], 더러움[染]과 깨끗함[淨], 빈부 귀천 따위는 어떠할 것인가?

그에 의하면《기신론》은 모든 논의 으뜸이며, 모든 쟁론을 평정시키는 주체로서, 그의 무애행(無礙行)의 이론적 토대였다. 이에 따라 그는 여타의 불교사상가들과는 달리 어느 일종(一宗) 일파(一派)에 국한되지 않고 불교 전체의 이론을 수렴하고 있는데, 이미 언급한 대로 그의 저술은 양에서나 질에서 전무후무한 것이었다.

그가 저술하였다고 전하는 86부 180여 권 중 현존하는 것만도 부분적으로 전하는 것을 포함하여 23부에 달하는데,[17] 그 대표적인 것은 다음과 같다.

《대혜도경종요(大慧度經宗要)》

《법화경종요(法華經宗要)》

龕墳不二. 又三界唯心萬法唯識. 心外無法, 胡用別求? 我不入唐!
[17]《한국불교찬술문헌총록》(동국대 출판부, 1976)에 의함.

《금강삼매경론(金剛三昧經論)》
《무량수경종요(無量壽經宗要)》
《아미타경소(阿彌陀經疏)》
《열반경종요(涅槃經宗要)》
《미륵상생경종요(彌勒上生經宗要)》
《범망경보살계본사기(梵網經菩薩戒本私記)》
《대승기신론소(疏)》와 《별기(別記)》
《이장의(二障義)》
《유심안락도(遊心安樂道)》

이 중에서도 특히 《대승기신론소》는 중국에 《해동소(海東疏)》로 널리 알려졌으며, 화엄학을 대성시킨 법장(法藏)의 《기신론의기(義記)》도 여기에 영향받은 것으로 알려져 있다. 또한 역시 여래장사상을 전개하고 있는 《금강삼매경론》은 원래는 소(疏)였지만 중국의 학자들에 의해 '논'으로 존칭된 것으로, '논(śāstra)'이란 용수나 세친처럼 학파를 개창한 위대한 불교학자의 저술에 붙이는 명칭이었던 것이다.

2) 원효의 일심사상

고려의 숙종은 그의 덕을 기려 화쟁국사(和諍國師)라는 시호를 내렸으며, 우리는 일반적으로 그의 사상을 화쟁사상이라 말한다. 화쟁이란 대립과 갈등의 투쟁을 화해시키고 조화시킨다는 뜻이다. 그렇다면 그는 어떻게 투쟁을 화해시키고 조화시켰던 것인가? 화쟁의 이론적 근거는 무엇인가?

그것은 앞서 언급한 것처럼 《기신론》의 일심이었다. 그는 단순히 《기신론》의 일심을 조술(祖述)한 것이 아니라 그것을 통해 불교 제파(諸派)

를 종합하고, 나아가 다양하게 분열된 차별의 현상세계를 적극적으로 통일시키고자 하였다.

그러나 종합이니 통일이라 해도 그것은 다양성의 현실을 떠난 통일의 이상만도 아니며, 인간 이성이 지향하는 변증법적인 종합만도 아니다. 땅막과 무덤, 더러움과 깨끗함, 세속과 초월, 중생과 부처, 나아가 부정과 긍정, 비판과 주장 등 서로 대립하는 양자는 동일한 것도 아니지만 그렇다고 다른 것도 아니다.

그래서 그의 논의는, 언어에 종속되어 동일한 것은 동일한 것이고, 다른 것은 다른 것이라고 여기는, 혹은 동일하지 않은 것은 다른 것이며, 다르지 않은 것은 동일한 것이라고 여기는 우리의 지성으로서는 참으로 알기 어렵고, 또한 당혹스럽다. 언어의 세계에서는 긍정과 부정이 동시에 표현될 수 없고, 이것과 저것이 동시에 존재할 수 없으며, 언제나 어느 한 쪽을 선택해야 하기 때문이다. 그러나 원효에 의하는 한, 대립과 다툼(논쟁)은 언어에 대한 잘못된 이해로부터 비롯된 것이다.

그렇다고 원효가 논리성을 초월하는 언어를 구사하였다고는 생각되지 않는다. 그는 다만 서로 대립하는 양자가 다르다고 집착하는 이들을 부정하여 통일성의 이상(초월)을 드러내고자 하였고, 동일하다고 집착하는 이들을 부정하여 다양성의 현실(세속)을 드러내고자 하였다. 세속과 초월, 양자는 서로 모순 대립하는 것이 아니라 마치 새끼줄처럼 두 갈래가 하나로 교차하며 나타나기도 숨기도 하기 때문이다.

이러한 세계인식이 바로 승속(僧俗)을 넘나든 그의 무애행(無礙行)의 이론적 토대였으며, 그것의 근원이 일심이었다. 그는 말하고 있다.

일심이란 무엇인가? 더러움과 깨끗함은 그 본성이 둘이 아니고 진여(진실)와 생멸(거짓)의 두 갈래도 둘로 존재할 수 없기 때문에 '일'이라 한 것이며, 이러한 둘이 아니라는 사실[不二]은 모든 법 중의 진실로서, 허공처럼 텅 비어 있는 것이 아니라 그 자체 참으로 신령스럽게 아는 것[神解]이기 때문에 '심'이라 하였다. 그러나 이미 둘이 아니라고 하였는데, 어떻게 '일'일 수 있을 것이며, 일 또한 존재하지 않거늘 무엇을 '심'이라 하겠는가? 이러한 일심의 도리는 말을 떠나고 생각이 끊어진 경지라 그것을 무엇이라 해야 할지 모르겠지만, 굳이 말하자니 '일심'이다.[18]

우리는 앞서 《기신론》에서 여래장사상의 여래장과 유식사상의 아뢰야식이 각(覺)과 불각(不覺)의 원리로 종합되고 있음을 살펴보았다. 따라서 원효의 일심 역시 세간(차별)과 출세간(무차별)의 모든 존재를 포괄한다. 그것은 무차별의 절대[不二]이지만, 일체의 차별성을 포괄하는 절대[不一]이다. 무한자이지만 허공처럼 텅 비어 있는 것이 아니라 그 자체 참으로 신령스럽게 아는 것, 이것이 바로 일심이다.

그러므로 일심은 분별심에 대응하는 존재가 아니다. 온갖 형태의 그림자가 본체를 떠나지 않듯이, 온갖 형태의 항아리가 미진을 떠나지 않듯이 차별의 세간 또한 이를 떠난 것이 아니다. 두 가지가 비록 다르기는 하지만 어느 하나 버릴 것이 없다. 분별심을 떠난 일심은 존재하지 않는다. 다만 문제는 분별심과 일심을 서로를 배제하는 언어적 실체로 이해함으로써 양자를 대립시키는 범부의 미망인 것이다.

이렇게 본다면 세간의 차별은 본질적으로 일심과 다르지 않으며, 일체의 경론(經論) 또한 여기서 비롯된 것이다. 원효는 이른바 '종요(宗要)'라고 일컬은 온갖 다양한 경전들의 해설서를 남기고 있는데, 여기서 '종'이란 분별하여 펼친 것[開]이라면 '요'란 하나로 종합[合]하는 것을 말한다. 곧 온갖 형태의 경론과 이에 따른 종파는 일심의 펼침이기 때문에 궁극적으로 일심으로 종합되어야 한다는 것이다.

---

18) 《대승기신론소》(한국불교전서1, p.741상중).

예컨대 앞서 인용하였듯이 일심이란 무차별의 불이(不二)이지만, 그것은 다만 허공같이 텅 비어 있는 존재가 아니라 앎의 근원이다. 다시 말해 일심은 중관학파에서 말한 세계 실상으로서의 공[眞如門]이기도 하지만, 유식학파에서 말한 미혹의 근원으로서의 마음[生滅門]이기도 하다. 그는 중관과 유식에 대해 다음과 같이 말하고 있다.

《중관론》이나 《십이문론》 등과 같은 중관의 논서는 모든 집착에 대해 두루 비판[破]하고 비판을 또한 비판하며, 비판하는 것도 비판되는 것도 더 이상 인정하지 않으니, 이는 바로 가기만 하고 두루 미치지 않는 논이라 할 수 있다. 이에 반해 《유가사지론》이나 《섭대승론》 등과 같은 유식의 논서는 깊고 얕음을 설정하고 법문을 비판적으로 해석하여 자신들이 주장[立]하는 법을 버리지 않으니, 이는 바로 주기만 하고 빼앗지 않는 논이라 할 수 있다.19)

'가기만 하고 두루 미치지 않는 논'이란 모든 존재를 오로지 공으로 비판하기만 할 뿐 세계의 생성에 관한 어떠한 주장도 하지 않는다는 뜻이며, '주기만 하고 빼앗지 않는 논'이란 세계의 생성에 관한 주장만 할 뿐 그 같은 분별의 이론을 비판하지 않는다는 뜻이다. 전자는 비판(부정)만이 있고 주장이 없으며, 후자는 주장(긍정)만이 있고 비판이 없다.

이에 반해 《기신론》은 주장하지 않는 바가 없으면서 거기에 집착하지 않고 스스로 버리며, 비판하지 않는 바가 없으면서 거기에 집착하지 않고 다시금 인정하는 논이라고 하였다. 그리고 해설하기를 "여기서 '다시금 인정한다'고 함은 비판(가는 것)이 지극하면 두루 주장하게 되고, '스스로 버린다'고 함은 주장(주는 것)이 궁극에 이르면 비판하게 되는 것을 말한다"고 하였다.

그래서 그는 펼침[開]의 현실과 종합[合]의 일심이 자유자재로 서술되

---

19) 《대승기신론별기》(한국불교전서1, p.733중).

고, 펼침의 주장[立]과 종합의 비판[破]에 걸림이 없으며, 나아가 펼쳐도 얻는 것이 없기에 번거롭지 않고 종합하여도 잃는 것이 없기에 편협하지 않은 《기신론》20)이야말로 모든 논의 으뜸이며, 유무(有無) 등의 모든 쟁론을 평정시키는 주체라고 평가하였던 것이다.

현실(펼침)과 이상(종합)에 자유롭고, 긍정(주장)과 부정(비판)에 걸림이 없으며, 현실로서도 번거롭지 않고 이상으로서도 편협하지 않은 것, 이것이 원효가 이해한 일심이었다.

3) 무애(無礙)와 자재(自在)

원효는 자유인이었다. 그는 무엇에도 걸림이 없었다. 《송고승전》에 의하면 술집이나 창가(倡家)에도 들어가는가 하면 여러 경론의 주석서를 저술하여 《화엄경》을 강의하기도 하고, 혹은 사당에서 거문고를 타기도 하고 여염집에서 묵기도 하며, 산수(山水)에서 좌선하는 등 그의 삶에 규범이 없었다. 그는 저잣거리에서 무애박을 두드리고 무애무(舞)를 추며 무애가를 불렀다.

그것은 범인들 눈에 기행(奇行)으로 비칠 수도 있지만, 아마도 뭇 대중들로 하여금 일심의 근원으로 돌아가 일체 관념적 속박으로부터 벗어나게 하려는 염원에서 비롯되었을 것이다.

우리가 경험하는 현실세계는 언제나 주객 대립의 세계이다. 내가 있고 네가 있으며, 진실이 있고 거짓이 있으며, 깨끗함이 있고 더러움이 있다. 그리고 그 사이에는 항상 대립과 갈등의 투쟁이 꿈틀댄다. 그러나 오늘의 나는 어제의 내가 아니고, 어제의 진실 또한 오늘 더 이상 진실이 아니다.

---

20) 《대승기신론소》(한국불교전서1, p.733하), 開合自在, 立破無礙. 開而不繁, 合而不狹. 立而無得, 破而無失. 是爲馬鳴之妙術, 起信之宗體也.

그것은 모두 관념의 세계이며, 분별의 세계이다. 그리하여 그것으로부터 초월을 꿈꾸기도 한다.

그러나 원효에 의하면 현실이든 초월이든 일체의 세계는 일심에 포괄된다. 무덤과 땅막이 둘이 아니었듯이 예토(穢土)와 정토(淨土)가 둘이 아니며, 생사와 열반이 둘이 아니다. 예토도 정토도 한 마음 즉 일심에서 비롯된 것이며, 그것이 바로 부처의 지혜이다.[21] 원효는 일심을 통해 무애와 자재를 실현하였다. 그것은 그의 삶에서뿐만 아니라 그의 저술에서도 여실히 드러난다. 그가 평가한 《기신론》처럼 펼침과 종합이 자재하였고, 긍정과 부정이 무애하였다. 그러하기에 차별에 기초하는 우리들 일상의 언어습관으로 볼 때 그의 논의는 아리송하며 도무지 이해할 수 없을지도 모른다.

"일심의 근원은 무엇인가? 그것은 유(有)와 무(無)를 떠나 그 자체로서 청정하다." 그의 《금강삼매경론》은 이렇게 시작하고 있다. 유와 무는 우리의 인식상에 드러나는 가장 큰 범주로서 서로를 전제로 한다. 나에게 돈이 백 원 있다면, 그것을 있다고 해야할 것인가, 없다고 해야할 것인가? 실제적으로는 없는 것이 아니지만 현실적으로 없는 것이나 마찬가지이다. 그러나 없다는 것도, 있다는 것도 다만 분별의 소산일 뿐이다.

그런데 우리의 언어는 항상 상대적 조건 속에서 구사된다. 유가 아닌 것은 무이며, 무가 아닌 것은 유이다. 일(一)이 아니면 이(二)이며, 이가 아니면 일이다. 그러나 일과 이 사이에는 이루 헤아릴 수 없는 스펙트럼이 존재한다. 세계는 합리적인 지성의 척도인 '유는 유이고 무는 무이다'는 동일률의 논리나 '무는 유가 아니고 유는 무가 아니다'는 모순율의 논리로써 드러나지만, 그것은 다만 언어의 세계일 뿐 실제의 세계가 아니

---

21) 《무량수경종요》(한국불교전서1, p.562상), 萬境無限, 咸立一心之內. 佛智離相, 歸於心源, 智與一心渾同無二.

다. 또한 유도 아니고 무도 아닌 것을 중(中)이라 하지만, 예컨대 부자도 아니고 빈자도 아닌 이를 중산층이라고 하지만, 이 또한 다만 또 다른 조건을 갖는 가설(개념)일 뿐이다. 《금강삼매경론》에서는 계속하여 이렇게 말하고 있다.

[일심의 근원은 무엇인가? 그것은 유(有)와 무(無)를 떠나 그 자체로서 청정하다.] 그 자체로서 청정하기에 유무의 대립을 떠났지만 중(中)이 아니다. 그러나 중은 아니지만 유무의 대립을 떠났기에 유가 아닌 존재[法]라고 해서 바로 무는 아니며, 무가 아닌 현상[相]이라 해서 바로 유는 아니다. 이렇듯 유무의 양극단을 떠난 것이면서 중이 아니기에 유무의 존재가 조작되지 않음이 없고, 시비의 뜻이 두루 나타나지 않음이 없다.

중도는 유무(有無)·시비(是非) 등으로 대립하는 양자의 부정(비판)이다. 부정과 비판만으로는 세계를 이해할 수 없다. 일심은 유무의 양극단을 떠난 것이지만, 그렇다고 오로지 비유(非有) 비무(非無)의 '중'은 아니기 때문에, 다시 말해 청정한 그 자체는 부정되지 않기 때문에 유무와 시비가 일어날 수 있다는 것이다.

다른 한편 《금강삼매경론》에서는 이와 대응하는 동일한 논리가 구사되고 있다.

3공(空, 유식학파의 3무자성)의 바다는 진(眞)과 속(俗)을 융합한 것이면서 맑고도 맑다. 맑은 것이기에 진속의 두 가지를 융합하였지만 하나[一]가 아니다. 그러나 하나는 아니지만 진속을 융합하였기에 진이 아닌 현실[事]이라 해서 바로 속은 아니며, 속이 아닌 본체[理]라 해서 바로 진은 아니다. 이렇듯 진속을 융합한 것이면서 하나가 아니기에 진속(眞俗)의 존재가 설정되지 않음이 없고, 염정(染淨)의 현상도 갖추어지지 않음이 없다.

그는 이렇듯 종합과 펼침, 부정과 긍정을 종횡무진으로 구사하고 있다. 형식논리에 사로잡힌 일상의 범부에게 있어 그것은 차라리 혼돈이다. 그는 왜 침묵하지 않았던가? 침묵은 현실이 아니다. 침묵은 떠남이다. 현실에는 유무와 시비, 진속과 염정이 횡행한다. 그것을 끌어안지 않으면 안 된다.

그에 의하면 절대부정의 중(中)이나 절대긍정의 일(一)에서 그것은 드러날 수 없다. '중'이나 '일'은 유무나 진속과 마찬가지로 또 다른 언어로서 현실이 아니다. 현실 속에서는 부정과 긍정, 있음과 없음이 상호 교차한다. 내가 부자(유산자)가 아니라 해서 빈자(무산자)는 아니며, 빈자라고 해서 부자가 아니라는 법은 없다. 거지의 세계에도 부자는 있는 법이다.

그에게 있어 일심은 부정의 논리이기도 하며, 긍정의 논리이기도 하다. 그는 부정을 통해 세계에 대한 집착을 버렸으며, 긍정을 통해 세계를 포용하였다. 그에 따르면 일심에 서는 한 비판할 것도 없지만 비판하지 않을 것도 없으며, 주장할 것도 없지만 주장하지 않을 것도 없다. 이것이야말로 '이치라고 말할 수도 없는 지극한 이치[無理之至理]'이며, '그렇다고도 말할 수 없는 크나큰 그러함[不然之大然]'이라는 것이다.22)

---

22) 이상은 《금강삼매경론》의 대의(大意)인데, 새끼줄처럼 두 갈래로 교차되어 설해지고 있다. 원문은 다음과 같다. 夫一心之源, 離有無而獨淨. 三空之海, 融眞俗而湛然. 湛然融二而不一. 獨淨離邊而非中. 非中而離邊. 故不有之法, 不卽住無, 不無之相, 不卽住有. 不一而融二. 故非眞之事, 未始爲俗, 非俗之理, 未始爲眞也. 融二而不一. 故眞俗之性, 無所不立, 染淨之相, 莫不備焉. 離邊而非中. 故有無之法, 無所不作, 是非之義莫不周焉. 爾乃無破而無不破, 無立而無不立. 可謂無理之至理, 不然之大然矣 (한국불교전서1, p.406중).

제3부

동아시아의 불교철학

제1장 4-2) '인도철학의 시대적 전개'에서 이미 언급하였듯이 대승불교는 사상적 발달에 따라 초기 · 중기 · 후기의 세 시기로 구분된다. 각 시기에는 그에 따른 각각의 경전들이 결집되는데, 《반야경》《법화경》《화엄경》, 《아미타경》《무량수경》과 같은 정토관계 경전 등이 초기대승의 대표적 경전이라면, 《해심밀경》《여래장경》《승만경》《대승열반경》과 같은 유식 여래장 계통의 경전은 중기대승을, 밀교경전인 《대일경(大日經)》《금강정경(金剛頂經)》은 후기대승을 대표하는 경전이다.

그런데 인도에서는 이러한 경전들에 대해 우열을 평가하거나 특정의 경전에 권위를 부여하지 않았지만 중국에 전래되면서 이른바 '교상판석(教相判釋)'이라 일컬어지는 경전에 대한 비판적 해석이 시도되었으며, 급기야 특정의 경전이나 논서를 중심으로 하는 종파가 성립되기에 이르렀다. 후한(後漢)시대 불교가 도래한 이래 위진(魏晉) 남북조를 거쳐 수당(隋唐)시대에 이르러 형성된 삼론종 · 천태종 · 법상종 · 화엄종 · 율종 · 진언종 · 정토종 · 선종이 바로 그것이다. 물론 그 전에도 교상판석이나 종파가 없었던 것은 아니었지만, 비담종(毘曇宗) · 열반종(涅槃宗) · 성실종(成實宗) · 지론종(地論宗) · 섭론종(攝論宗)의 경우처럼 대개는 특정의 경론만을 연구하는 학파적 성격을 띠는 것이었다.

수당시대에 성립한 8종 중 중관과 유식계통의 종파인 삼론종과 법상종에 대해서는 앞에서 이미 간략히 살펴보았지만, 사실상 중국을 중심으로 하는 동아시아불교의 주류는 천태종・화엄종・정토종・선종 네 가지였다. 천태종과 화엄종은 각기 《법화경》과 《화엄경》을 소의경전(所依經典)으로 삼는 이론위주의 종파였다면, 정토종은 정토경전에 근거하여 칭명(稱名) 염불(念佛)을 위주로 하고, 선종은 소의경전을 채택하지 않고 바로 불타 깨달음을 직관하려는 실천위주의 종파였다.

그런데 이들은 대개 차별적인 현상세계에 대해 분석 비판하기보다 본질(본체)주의적인 입장에서 세계를 총체적으로 이해하려고 하였다. 앞서 '여래장사상'에서 잠시 살펴보았지만, 대해와 파도의 예로 보자면 생멸 변화하는 파도는 대해에서 비롯된 것으로, 그것은 궁극적으로 대해와 다른 것이 아니다. 대해의 관점에서 볼 때 파도는 부정되지 않는다. 아니 대해의 나타남이 바로 파도로서, 파도가 바로 대해이다.

우리는 일반적으로 절대진리를 논할 때, 그것은 보편적인 것으로서 현실을 초월하는 것이든지 내재하는 것이라고 이해한다. 물론 내재한다고 하더라도 현실이 바로 절대진리라는 것은 아니다. 여래장사상으로 말하자면, 바람이 자면 파도는 대해로 돌아가며, 무지의 망상을 걷어낼 때 진리가 드러난다. 설혹 진리가 현실에 내재한다고 할지라도 파도가 대해로 돌아가기 위해서는 바람이 자야하고, 진리가 드러나기 위해서는 무지의 망상을 걷어내지 않으면 안 된다. 진리는 언제나 구체적 현실성을 배제한다. 절대는 언제나 추상적인 것이었다.

이에 중국불교의 주류를 이루는 사상가들은 구체적인 차별의 현실이 바로 절대진리임을 천명하였다. 흔히 대해에 비유되는 이러한 절대 보편적 진리성을 '성(性)'이라 하기도 하고 '리(理)' 혹은 '총(總)' 혹은 '체(體)'라고 하여, '상(相)' 혹은 '사(事)' 혹은 '별(別)' 혹은 '용(用)'이라는 말로 표현되는 현상세계의 온갖 차별상은 '성' 그 자체이든지 혹은 그것이 나타난 것이라고 말하고 있는 것이다.

'절대는 바로 현실이다.' 혹은 '현실은 바로 절대의 나타남이다.' 천태와 화엄에서는 이를 각기 성구(性具)와 성기(性起)라고 하였다.

현상[相]과 본질[性], 보편[理]과 특수[事], 부분[別]과 전체[總], 나아가 생사와 열반, 중생과 부처, 그것은 둘이 아니다. 그렇다면 하나인가? '하나'라기보다 원융(圓融)이다. 하나는 둘에 대응하기 때문이다. 그들은 어떠한 차별 대립도 단절된 절대로서의 원융의 세계를 추구하였다. 다시 말하건대 그들이 추구한 '절대'의 '이상'은 상대의 현실을 떠난 추상적인 것이 아니었다.

동아시아의 불교사상가들이 생각한 최고의 진리는 항상 현실 그 자체를 절대적 이상으로 인식하는 것이었다. 떠남과 초월로부터 복귀와 내재, 아니 떠남과 복귀, 초월과 내재라는 구분조차 허용하지 않는 상즉(相卽)의 세계를 추구하였다.

그러나 다른 한편, 비록 중국인의 사유방식이 인도인의 그것과는 달리 현세에서의 삶을 중시하는 현실주의적인 입장을 취한다고 할지라도 그 같은 불교(진리)인식은 어쩌면 역사와 현실에 대한 현혹(眩惑)이라 할 수 있을지도 모르겠다.[1] 아니면 주어진 현실에 절대(종교)적으로 순응하려는 태도였는지도 모르겠다. 왜냐하면 그들은 현실 자체가 아니라 현실을 바라보는 시각(생각)을 바꾸려 하였기 때문이다. 불교사상사에서 언제부터인가 '마음'이 바로 세계였기 때문에 마음만 그렇게 바뀌면 세계 또한 그렇게 될 것이기 때문이었다.

이제 장을 바꾸어 동아시아에서 전개한 이들 네 불교의 세계관과 그 역사에 대해 간략히 살펴보기로 한다.

---

[1] 이 같은 불교인식에 관심 있는 이는 임계유(任繼愈),《중국 중세불교사상 비판》, 추만호 안영길 역(민족사, 1989)을 참조바람.

제11장 천태(天台)
-세계는 그 자체로서 진실이다-

1. 《법화경》의 중심사상

《법화경》의 완전한 명칭은 《묘법연화경(妙法蓮華經, Saddharmapuṇḍarika sūtra)》이다. 여기서 '묘법(혹은 正法)'은 불타가 설한 최고의 진리를 말하는 것으로, 이를 진흙탕에서 피면서도 거기에 물들지 않는 흰 연꽃[白蓮]에 비유한 것이다. 《법화경》이란 말하자면 '흰 연꽃과도 같은 정법을 설한 경'이라는 정도의 의미이다.

그렇다면 여기서 말하는 정법이란 무엇인가? 《법화경》은 다른 대승경전과 마찬가지로 일시에 성립한 것이 아니라 대체로 세 단계[會]에 걸쳐 이루어진 것이 어느 시기 합본된 것이다. 전 28장(구마라집 역본) 중 앞의 10장은 주로 일승(一乘) 혹은 일불승(一佛乘)에 대해, 22장까지는 불타의 영원성에 대해 설하고 있으며, 나머지에서는 다양한 신앙형태가 통일되고 있는데, 일반에서 《관음경(觀音經)》으로도 알려지는 〈관세음보살보문품〉은 이 경 제25장이다.

곧 《법화경》에서 말하려는 정법이란 일승의 사상을 말한다. 일승이란 무엇인가? 불교에서는 일찍부터 수행자들을 그들의 근기에 따라 성문(聲聞)·독각(獨覺)·보살(菩薩)이라는 세 그룹 즉 3승(乘)으로 나누어 왔다. 성문이란 4성제의 법문을 듣고 그에 따라 번뇌와 업을 소멸하여 열반에 들려는 이들을 말하며, 독각(혹은 辟支佛, pratyeka buddha)은 스승 없이 홀로 12연기를 관찰하여 깨달음을 얻고 그대로 열반에 든 이(그래서 緣覺이라고도 함)를, 보살은 대승공관에 입각하여 6바라밀을 닦아 깨달음을 얻으려는 이를 말한다.

앞의 두 그룹이 이른바 소승(小乘)이라면, 보살승은 대승이다. 대승 흥기 당시, 대승과 소승의 갈등은 오늘날 우리가 생각하는 것보다 훨씬 심각하였다. 대승은 기존의 전통적인 성문의 불교를 오로지 자신만의 깨달음을 추구하는 자리(自利)의 불교, '천한' '저열한' '마땅히 버려야 할 불교'라는 뜻의 '소승(hīnayāna)'이라 폄칭하였으며, 성문들은 대승을 불설(佛說)이 아닌 것으로 간주하였다. 중국 삼론종의 대성자인 길장(吉藏)에 따르면, 소승을 주장하는 이들은 대승을 배운 이들과는 물조차 다른 강에서 길러다 마셨다고 한다.[1]

그들은 애당초 불타의 경지[佛果]를 엿보려고도 하지 않았다. 다만 불타가 남긴 교법을 결집하고, 그 속에 담긴 의미를 해석하여 스승이 지나갔던 자취를 따르고자 하였을 뿐이었다. 이에 반해 대승의 보살들은 불타가 남긴 교법을 해석한 것이 아니라 불타를 해석하였다. 그들이 해석한 불타는 더 이상 인격체로서의 불타가 아닌 영원한 진리 법신(法身)으로서의 불타였으며,[2] 이를 통해 지금 여기서 무상정등각(無上正等覺)을 성취

---

1) 대·소승의 관계에 대해 좀더 알고자 한다면, 권오민, 《아비달마불교》(민족사, 2003) '후기'를 참조바람.
2) 《반야경》에서는 이를 '반야바라밀다'라고 하였다. 이는 모든 부처와 보살의 어머니로서, 이를 통해 볼 때 세존 고타마가 남긴 교법, 이를테면 5온·12처·18계의 제법분별도, 12연기의 유전과 환멸도, 나아가 세속의 고(苦)와 열반의 고멸(苦滅)을 설한

하려는 이상을 능동적으로 표방하였던 것이다.

후세 《법화경》의 본문(本門)으로 평가된 제16장 〈여래수량품(如來壽量品)〉을 중심으로 하는 경 후반(11-22장)에서는 바로 이 같은 불타의 영원성에 대해 묘사하고 있다. 우리는 다들 석가족 출신의 왕자 고타마 싯다르타가 출가하여 6년 수행 끝에 보리수나무 밑에서 위없이 높은 깨달음을 얻고 가르침을 펴다가 쿠시나라에서 입멸한 것으로 알고 있지만, 그것은 모두 방편(方便)으로 일시 그렇게 행한 것일 뿐 실상은 시작도 없는 아득한 옛날부터 이미 깨달음의 상태였다. 이른바 구원실성(久遠實成), 이것이 바로 불타의 본성이라는 것이다.

시작도 없는 아득한 옛날이 언제이던가? 5백천만억 나유타 아승지의 삼천대천세계(三千大千世界)를 가루로 만들어 동방으로 5백천만억 나유타 아승지의 국토를 지날 때마다 하나씩 떨어트리고 나서, 다시 그것을 가루로 만들어 1겁에 하나씩 떨어트린 시간보다 백천만억 나유타 아승지겁이나 더 오래 전부터 이미 깨달음의 상태였다.[3] 그 사이 현생의 부처인 석가모니불에게 부처가 되리라고 예언[受記]한 연등불 등의 수많은 부처로 출현하였고 또한 입멸하였다.

왜인가? 중생을 교화하기 위해서였다.

> 어떤 양의(良醫)에게 많은 자식들이 있었는데, 그가 다른 나라로 잠시 출장간 사이 독약을 잘못 마셔 쓰러져 죽게 되었다. 그 중에는 본심을 잃은 이도 있었고 본심만은 잃지 않은 이도 있었다. 그가 돌아왔을 때 그들은 모두 반겨 맞이하며 구원해 주기를 청하였다. 그는 양의인지라 온갖 약초에 색과 향과 맛을 갖추어 처방하여 주었다. 본심

4성제도, 그에 관한 지혜[智]도, 지혜의 획득도 '허망한 것'일 따름으로, 이것이 바로 우리가 주문과도 같이 외우는 270자 《반야심경》의 내용이다.

3) 《구사론》 권제12(권오민 역, 동국역경, 2002, pp.560~561)에 의하면 나유타(nayuta)는 10의 10승, 아승지(asaṃkhyeya)는 10의 50승.

을 잃지 않은 아이들은 기뻐하며 그것을 먹고 났았지만, 본심을 잃은 아이들은 좋은 색 등을 경계하여 먹지 않았다. 그러자 그 아버지는 생각하였다.

'독약의 중독으로 마음이 뒤집혀 나를 보고 기뻐하며 치료를 원하면서도 좋은 약을 먹지 않으니, 참으로 불쌍하구나. 내 이제 방편으로써 약을 먹게 하리라.'

그래서 "내 이제 늙고 쇠약하여 죽게 되었으므로 이 약을 남겨 두고 떠나니 두려워하지 말라."고 말하고서는 다시 다른 나라로 가 사자를 보내어 그가 죽었다는 소식을 전하게 하였다. 그 때 아이들은 아버지를 다시는 볼 수 없다는 생각에 슬퍼하다 비로소 정신이 들어 약을 먹고 병이 낳게 되었다.[4]

양의가 타국으로 떠남은 진심이 아니듯이 불타의 입멸 역시 진실이 아니다. 불타는 진리 법신으로서 영원하다. 이것이 구원실성의 본래의 부처 [本佛]이다. 이러한 부처의 세계[佛國土]는 세상의 온갖 차별이 사라진 하나의 평등한 세계로, 거기에는 더 이상 지옥도 아귀도, 축생・아수라・인간・천(天)도 존재하지 않으며, 마을도 바다도 숲도 존재하지 않는다. 삼천대천세계는 이루 헤아릴 수 없는 부처로 충만되어 있지만 그것조차 본불(석가모니불)의 일부에 지나지 않는다(제11장 〈見寶塔品〉).

그렇다면 이러한 영원한 불타가 굳이 시간과 공간에 한정되어 세상에 출현하는 이유는 무엇인가? 말한 대로 중생의 이익을 위해서이다.

> 모든 부처는 일대사인연(一大事因緣)으로 말미암아 세상에 출현하는 것이니, 무엇이 일대사인연인가? 모든 부처는 중생들로 하여금 부처의 지견(知見)을 열어[開] 청정하게 하기 위해 출현하는 것이며, 중생들에게 부처의 지견(知見)을 보여주고자[示] 출현하는 것이며, 중생들로 하여금 부처의 지견을 깨닫게[悟] 하기 위해 출현하는 것이며, 중생들로 하여금 부처의 지견의 길로 들게[入] 하기 위해 출현하는 것이다.[5]

---

4) 이상 《법화경》 제16 〈여래수량품〉.
5) 《법화경》 제2 〈방편품〉.

《법화경》에 따르면 성문이든 독각이든 보살이든 모두는 하나의 부처 일불승(一佛乘)에 포용된다. 그들에게 설해진 각각의 법은 다만 방편일 뿐 진실이 아니다. 《법화경》에서는 이에 관한 드라마틱한 비유를 들고 있다.

> 옛날 어떤 부유한 장자가 있었는데, 어느 날 낡고 오래된 그의 저택이 사방에서 솟구치는 불길에 휩싸이게 되었다. 집 안에는 그의 아이들이 불난 줄도 모르고 놀고 있었다. 아버지는 애가 타서 소리쳐 불렀지만 그들은 장난에 정신이 팔려 불난 것을 믿으려 하지 않았다. 어루고 달래어 보았지만 소용이 없었다. 그러다 문득 장자는 꾀를 내어 소리쳤다.
> "여기에 너희들이 갖고 싶어하였던 양이 끄는 수레[羊車], 사슴이 끄는 수레[鹿車], 소가 끄는 수레[牛車]가 있으니 빨리 나와 가져가라. 만약 지금 가지지 않으면 반드시 후회하게 될 것이다."
> 그러자 아이들은 부리나케 뛰쳐나왔고, 부유한 장자였던 아버지는 그들에게 흰 소가 끄는 커다란 수레[大白牛車]를 나누어 주었다. 그것은 비록 평소 그들이 갖기를 원하던 것은 아니었지만, 아버지의 크나큰 자비의 발로에서였다.6)

이 비유에서 양이 끄는 수레, 사슴이 끄는 수레, 소가 끄는 수레는 각기 성문승·독각승·보살승에 해당되며, 흰 소가 끄는 커다란 수레는 일불승에 해당한다. 따라서 삼승에 대한 각각의 법문은 불타는 집에서 나오게 하기 위한 유인책에 불과하다. 그것은 다만 일불승으로 들게 하기 위한 방편에 불과하다.

《법화경》에서는 말하고 있다. "여래는 다만 중생을 위해 일불승을 설하는 것이니, 그 밖에 달리 이승이나 삼승은 없다. ― 시방세계 중에는 이승도 없거늘 하물며 삼승이 있을 것인가?"7)

---

6) 《법화경》 제3 〈비유품〉.
7) 《법화경》 제2 〈방편품〉(대정장9, p.7중), 如來但以一佛乘故爲衆生說法. 無有餘乘

이에 따르는 한 보살뿐만 아니라 성문 독각 등 모든 중생은 부처의 아들[佛子]이며, 당연히 성불이 예정되어 있다. 이를 수기(授記)라고 한다. 즉 묘법의 흰 연꽃은 바로 일불승이지만, 이치상으로 볼 때 그것은 모든 존재의 실상(實相)으로서의 본래 청정한 법이다. 범부가 비록 번뇌에 덮혀 있을지라도 흰 연꽃과 같은 이러한 본래 청정한 정법을 지니고 있기 때문에 성문 독각 또한 성불을 보장(예언)하고 있는 것이다.

후세, 제2〈방편품〉을 중심으로 이같이 불타의 구체적 자취를 설하고 있는 이 경 전반을 적문(迹門)이라 하여 앞서 언급한 본문(本門)의 영원한 불타와 함께 법화사상의 두 축으로 이해하였다.

경의 명칭에서 보듯이《법화경》은 추상적 이론을 피하고 교묘한 비유로 설해지는 높은 문학성과 일불승의 절대성 혹은 통일성으로 인해 많은 사람들을 매료시켰으며, 후세 이를 통해 결사(結社)운동이 일어나기도 하였다.

2. 지의(智顗)의 교판(敎判)과 천태종

《법화경》은 용수도 그의《대지도론》에서 자주 인용하고 있으며, 세친은《묘법연화경우파제사(妙法蓮華經優波提舍)》(우파제사upadeśa는 '논의'의 뜻)를 저술하기도 하지만, 286년 축법호(竺法護)에 의해《정법화경(正法華經)》이란 이름으로, 406년 구마라집에 의해《묘법연화경(妙法蓮華經)》이란 이름으로 한역되면서부터 종파를 막론하고 수많은 이들이 이를

若二若三. ―十方世界中尙無二乘, 河況有三? 후대 중국에 이르러 천태종 내부에서뿐만 아니라 거의 모든 종파에서 이 문장을 둘러싸고 방편(3승)과 진실(일승), 수단과 목적에 관한 논쟁을 벌이고 있다.

찬앙(讚仰)하고 해석하였다.

열반종의 축도생(竺道生)도, 성실종의 법운(法雲)도, 삼론종의 길장도, 법상종의 규기도 이에 대한 주석서를 남기고 있다. 그런데 그 중에서도 특히 지의(智顗)가 강설하고 그의 제자 관정(灌頂)이 받아 적은 《법화문구(法華文句)》《법화현의(法華玄義)》《마하지관(摩訶止觀)》은 《법화경》을 중심으로 하는 하나의 새로운 종파, 천태종(天台宗)을 탄생시키기에 이르렀다. 천태종이라는 종파 명칭은 지의가 오래 머물렀던 오늘날 절강성 천태산에서 유래한 것이었다.

지의(538~597)가 살았던 시대는 양(梁)나라와 진(陳)나라가 차례로 망하고 수나라가 통일제국을 세우던 망국(亡國)의 난세(亂世)였다. 그 사이에 양친이 죽었고, 그의 일족이 몰락하였으며, 4만의 사원을 헐고 300만 명의 승려를 환속시킨 북주(北周)의 폐불(廢佛)도 있었다. 절망의 시대, 그가 보았던 것은 무엇이었던가? 그는 절망 속에서 영원을 응시하였다. 환언하면 영원 속에서 절망을 응시하였다. 세계는 사사무애(事事無礙)의 법계, 절대긍정의 세계만이 아니다. 그곳은 아비규환의 지옥이기도 하고 아수라장이기도 하다. 그러나 또한 지옥은 지옥만이 아니며 영원의 불계(佛界)이기도 하다.

이러한 세계인식은 가히 초인의 경지였을 것이다. 전기에 따르면 형주의 총관이었던 왕적(王績)이 그를 만나자 온몸을 부들부들 떨며 땀을 줄줄 흘렸다고 한다. 왕적이 집 밖으로 나와 흐르는 땀을 씻으며 말하였다. "내 몸소 백전을 겪어 싸우면 싸울수록 용기가 나 한번도 무서워해 본 적이 없었으나 오늘 그를 보자 부끄러운 땀이 흘러내리는 것을 막을 수가 없었다."

그러하였기에 폭군으로 알려진 진왕(陳王) 광(廣, 훗날 수양제)도 그를 지자대사(智者大師)라 존칭하고 그의 수계제자가 되었던 것이다. 우리가 보통 그를 천태 지자대사라고 부르는 것도 여기에 유래한다.

그는 이른바 천태 삼대부(三大部)로 일컬어지는 앞의 세 문헌 이외에도 수많은 저술을 남겼지만, 그의 사상적 단초는 《법화경》이었다. 그는 《법화경》을 햇빛으로 치면 온 대지를 구석구석 비추는 정오에,．우유로 치면 그 맛이 원숙한 제호(醍醐)에 비유하였다. 그는 불타의 일대 법문을 그것을 설한 시기에 따라 다섯 단계로, 설교방식과 내용에 따라 각기 네 가지 형식으로 구분하였다. 이른바 5시(時) 8교(敎)가 그것이다. 이는 물론 《법화경》이 불타교법의 본질임을 주장하려는 의도에서 비롯된 것이지만, 다른 한편으로 본다면 불타의 깨달음에 이르기 위한 교육학적 방법론이기도 하다.

먼저 5시에 대해 살펴보자. 그는 불타의 일대 교법을 화엄시・아함시・방등시・반야시・법화 열반시 다섯 단계로 나누고, 그 예증으로서 《법화경》〈신해품〉에 나오는 궁자(窮子)의 비유를 들고 있다.

    어느 부잣집 아들이 어려서 집을 나갔다가 길을 잃고 거지(궁자)가 되었다. 온갖 고난과 시련을 겪는 동안 아버지는 한시도 집나간 아들을 잊은 적이 없었다. 거지가 된 아들은 이리저리 헤매다가 우연히 그의 고향에 이르러 모든 이들의 공경을 받고 금은보화로 장식한 자신의 아버지를 보고서 두려운 생각에 도망쳤다. 그곳은 그가 품을 팔아 연명할 만한 곳이 아니었기 때문이었다.
    그 때 아버지는 바로 아들임을 알아채고 사람을 시켜 데려오게 하였으나 그는 두렵고 놀란 나머지 기절하고 말았다. 아버지는 일단 그를 놓아준 뒤 이웃 마을의 가난한 집에서 일하고 있던 그를 품삯을 두 배로 쳐준다고 유혹하여 데려오게 하였다. 그리하여 20년 간 머슴살이를 시키고 난 후 금은보화로 가득 찬 창고를 맡겼으며, 얼마가 지난 뒤 마침내 임종을 앞두고 모든 이들에게 그가 자신의 아들임을 선언하였다. 그리고는 그의 모든 재산을 물려 주었다.

불타는 성도 직후 3・7일 동안 자내증의 세계인 《화엄경》을 설하였지만 아무도 이해하지 못하였다. 그것은 마치 막 짜낸 우유와 같아서 어린 애기가 바로 마시게 되면 설사를 일으키는 것과 같다. 태양 또한 동녘에서 막 떠오를 때면 높은 산만을 비추는 법이다.

그래서 12년 간을 알아듣기 쉽게《아함경》을 설하고, 그 후 점차 수준을 높여 8년 동안《유마경》《승만경》등의 대승경전(이를《方等經》이라 한다)을, 다시 22년 간을 온갖《반야경》을, 그리고 최후 8년 간《법화경》을 설하고서 임종 직전《열반경》을 설하였다는 것이다. 이는 물론 역사적 사실이 아니지만, 아무튼 이는 천태지의의 불교관을 반영한 것이라고 할 수 있다.

다음으로 8교에는 설법방식에 따른 분류법인 돈교(頓敎)・점교(漸敎)・비밀교(秘密敎)・부정교(不定敎)라는 화의(化儀) 4교와 설법내용에 따른 분류법인 장교(藏敎)・통교(通敎)・별교(別敎)・원교(圓敎)라는 화법(化法) 4교가 있다.

돈교와 점교는 단박에 깨달음에 들게 하고, 점진적으로 깨달음에 들게 하는 교설을 말한다. 부정교(완전한 명칭은 顯露不定敎)는 듣는 사람의 근기에 따라 그 의미가 일정하지 않아 소승인은 소승의 깨달음을, 대승인은 대승의 깨달음을 얻게 되는 교설을 말하며, 비밀교(완전한 명칭은 秘密不定敎)는 듣는 사람이 서로 어떻게 이해하는지를 알지 못하고 각기 개별적으로 듣는 교설을 말한다.

여기서 지의는《화엄》을 돈교에,《아함》《방등》《반야》를 점교에 배당하고 있다.《화엄》은 깨달음 그 자체이기 때문에 교육적 측면에서 그 효과는 불완전하다는 것이다. 그리고 부정교와 비밀교는《법화》를 제외한 모두에 해당한다.

그렇다면《법화경》의 위상은 무엇인가? 사실상 5시와 화의4교는 종래 교판설을 인용한 것에 불과하며,[8] 지의의 독창적 교관은 화법4교라 할 수 있다.

첫째, 장교(藏敎)란 삼장교(三藏敎)의 줄임말로서, 여기서는 대승불교 흥기 이전의 《아함》과 아비달마를 말한다. 이 불교에서는 대개 세계를 분석하여 온갖 요소[法], 이를테면 5온·12처·18계 등으로 환원시키는 방법론을 채택하는데, 특히 설일체유부에서는 그 같은 존재요소의 실재성을 주장하였다. 이른바 아공(我空) 법유(法有)라는 것이다. 이는 5시로 본다면 아함시에 해당하고, 화의4교에서는 점교의 초보에 해당한다.

둘째, 통교(通敎)란 앞의 장교(소승)와도, 뒤에 설할 별교·원교(대승)와도 통하는 교법이라는 뜻으로, 대승의 일반적 가르침인 공사상을 말한다. 지의에 따르면 장교에서도 공을 설하지만 그것은 사물을 분석 해체함으로써 드러나는 공(이를 析法入空觀, 줄여서 析空觀이라 한다)인 반면, 여기서의 공은 사물 자체가 공(이를 體法入空觀, 줄여서 體空觀이라 한다)이다. 따라서 앞의 장교에서는 다만 자아의 공만을 설하지만(이를 但空이라 한다) 여기서는 '아'도 '법'도 모두가 공이다.

일반의 대승경전, 그 중에서도 특히 《반야경》이 이에 해당되므로 5시

---

8) 당시 교판에는 이른바 남3 북7로 일컬어진 열 가지 학설이 있었다고 지의는 전하고 있다(《법화현의》 권제10상, 대정장33, p.801상). 그 내용은 이러하다. 남3으로서 첫째, 호구산의 급(岌)법사는 돈·점·부정교로 나누고, 점교에 다시 유상교(有相敎)·무상교(無相敎)·상주교(常住敎)라는 3시교(時敎)를 주장하였다. 둘째, 종애(宗愛)법사는 무상과 상주 사이에 만선(萬善)이 다 같이 하나로 돌아간다는 동귀교(同歸敎, 즉 《법화경》)를 더한 4시교를 주장하였다. 셋째, 승유(僧柔) 등은 다시 무상과 동귀 사이에 포폄앙양교(褒貶仰揚敎,《유마경》《사익경》)를 더한 5시교를 주장하였다. 북7로서 첫째 북지사(北地師)는 남방의 3교에 인천교(人天敎)·무상교를 더한 5시교를 주장하였다. 둘째 보리류지는 반자교(半字敎)와 만자교(滿字敎)의 2교를, 셋째 불타발타라 등은 인연종(因緣宗, 비담)·가명종(假名宗, 성실)·광상종(誑相宗, 삼론)·상주종(常住宗)의 4종을, 넷째 어떤 이는 여기에 법계종을 더한 5종을, 다섯째 진종(眞宗,《법화경》)과 원종(圓宗,《대집경》)을 더한 6종을 주장하였으며, 여섯째는 유상대승교(10지를 설하는 《화엄》《대품반야》《영낙경》)와 무상대승교(일체중생의 열반을 설하는 《능가경》《사익경》)의 2교, 일곱째는 일불승만을 주장하는 일음교(一音敎)이다.

로는 방등시와 반야시, 화의4교로는 각기 점교의 중간과 끝에 해당한다.

셋째, 별교(別敎)란 앞의 장교·통교와도, 뒤에 설할 원교와도 구별되는 대승 보살만의 특별한 가르침이라는 뜻이다. 즉 앞의 두 가지는 공(空)만을 설하지만 여기서는 한 걸음 더 나아가 우리가 경험하는 현실을 가설[假]로서 해명하며, 마침내 양자가 서로 일치[相卽]한다는 중도[中]를 지향한다. 다시 말해 별교에 있어서 중도는 공과 가설에 비해 특별한 것이며, 목적적인 것(이를 但中이라 한다)이다. 그래서 별교이다. 《화엄경》이 대표적인 경전으로, 화엄시와 돈교에 해당한다.

넷째, 원교(圓敎)란 원만 원융하고 완전한 가르침이라는 정도의 의미로, 어떠한 차별 대립도 허용하지 않는 총체적 입장이므로 회삼귀일(會三歸一), 삼승을 일불승으로 귀일시키는 《법화경》이 여기에 해당한다.

지의에 따르면 《화엄》의 세계관은 너무나 순일(純一) 무잡(無雜)하기 때문에 현실이 결여되어 있다. 그에 의하는 한 절대진리라고 할 만한 중도(不二의 佛界) 또한 특별한 것이 아니다. 그것은 바로 세계의 실상이다. 아니 세계가 바로 중도이다. 무상의 요란한 세계, 사바세계가 바로 영원한 적광토(寂光土)라는 것이다.

3. 천태사상 — 제법실상론(諸法實相論)

1) 지의의 진리관 — 삼제원융(三諦圓融)

그렇다면 5시 8교의 이론적 근거는 무엇인가?

불교는 애당초 자아와 세계에 대한 분석적 비판적 탐구로부터 출발하였다. 예컨대 차(車)란 온갖 부품이 인연 화합하여 생겨난 가설적 개념이듯이 세계 또한 온갖 원인과 조건[因緣]에 의해 조작된 것, 경험된 것이며, 자아란 그 같은 경험을 통해 확인되는 가설적 개념에 지나지 않는다. 따라서 경험의 조건인 5온을 떠난 자아는 존재하지 않는다.9) 지의는 이러한 초기불교(《아함》)의 사상을 다만 드러난 세계를 분석하여 자아의 공만을 설하는 장교로 이해하였다.

이에 반해 대승의 반야사상에서는 이 같은 분석적 방법을 취하지 않고 모든 존재는 서로가 서로에게 의존하여 성립하는 연기적 존재이기 때문에 자신만의 고유한 특성을 갖지 않는 무자성(無自性)의 공을 주장하였다.10) 지의는 이러한 대승 반야사상을 존재 자체가 공임을 설하는 통교로 이해하였다.

일체의 존재가 공(空)이라면 우리가 경험하는 현실의 세계는 무엇인가? 용수(龍樹)에 의하는 한 그것은 모두 언어에 의해 드러난 가설적 존재[假名, 혹은 假說]이다. 따라서 있음과 없음, 같음과 다름, 선과 악, 생사와 열반 따위 또한 다만 언어적 가설로서 '공'이라는 본질적 측면에서 볼 때 다른 것이 아니기[不二 즉 中] 때문에 그에 집착해서는 안 된다. 이것이 이른바 천태 진리관의 단초가 된 공(空)·가(假)·중(中)의 3제설(諦說)이다.11)

지의는 이를 하나의 실상을 세 가지 측면으로 구별한 것으로 보았다. 원리는 하나이지만 설명하는 방식이 세 가지라는 것이다. 이를테면 빈자와 부자 등 대립의 차별세계는 그 자체 고유한 본성을 갖는 개별적 실체가 아니라 타자에 근거하여 설정된 가설적 개념[假相]이기 때문에 그것을 불이와 공으로 관찰하지 않으면 안 된다. 이를 종가입공(從假入空)이

---

9) 본서 제5장 3-3) '무상과 무아' 참조.
10) 본서 제8장 2-2) '연기·무자성·공' 참조.
11) 이에 관한 용수의 논의에 대해서는 본서 제8장 중관(특히 주1)을 참조할 것.

라 한다.

그러나 불이와 공으로 관찰한다 할지라도 그것이 가설적 개념인 빈자와 부자를 떠난 것은 아니다. 《반야경》에서도 말하고 있듯이 공 또한 공이기 때문에 다시 가설적 개념세계로 되돌아오지 않으면 안 된다. 빈자와 부자는 상대적 개념으로 본질적으로 공이기 때문에 그 같은 가설이 가능하다. 비어 있기에 술잔도 될 수 있고 물잔도 될 수 있는 것이다. 공만이 진실은 아니다. 공은 불가득(不可得) 불가설(不可說)로서 그 자체 드러날 수 없으며, 언제나 가상(假相)으로서만 나타나기 때문이다. 이를 종공입가(從空入假)라 한다.

또한 이러한 두 가지 관찰은 언제나 함께 하지 않으면 안 된다. 가상을 공으로 관찰하고 공을 가상으로 관찰해야 한다. 혹은 공으로써 가상을 파(破)하고 가상으로써 공을 파하여 둘 중 어디에도 집착하지 않는 공가상즉(空假相卽)의 중정[中]을 유지하지 않으면 안 되는데, 이를 중도제일의(中道第一義)라고 한다.

그러나 이상의 세 가지 관찰은 편의상의 순서일 뿐 공·가·중은 서로가 서로를 포섭 융합한다. '공'은 바로 '가'이고 '중'이며, '가'는 바로 '공'이고 '중'이며, '중'은 바로 '공'이고 '가'이다.

지의가 이해한 불교는 공·가·중의 세 단계였다. 소승의 성문들은 니힐니즘[空]에 빠져 세속의 현실을 버리고 열반만을 추구하였으며, 대승의 보살은 세속의 현실[假]로 되돌아왔지만 성문과 정면으로 차별 대립하게 되었다. 따라서 진정한 보살은 양자를 지양하여 중(中)에 머문다. 그러나 이 때 '중'은 양자와 차별되는 '중'이 아니라 양자 안에서 구현되는 '중'이다. 이를 원융삼제(圓融三諦)라고 하는데, 이것이야말로 일승을 설하는 《법화경》의 궁극적 취지라고 지의는 생각하였다.

공·가·중 3제는 궁극적으로 하나로 돌아간다. 이 때 하나는 '공'이기도 하고, '가'이기도 하며, '중'이기도 하지만, 그것은 하나의 실상, 하나의 원리이다. 지의는 설하고 있다.

> 3제는 세 가지이면서 하나이고, 한 가지이면서 셋이니, 서로가 서로를 방해하지 않는다. 세 종류가 모두 '공'이라 함은 언어와 사유의 길[言思道]이 끊어졌기 때문이며, 세 종류가 모두 '가'라고 함은 다만 언어[名字]로서만 존재하기 때문이며, 세 종류가 모두 '중'이라 함은 바로 실상이기 때문이다.12)

> 하나의 '공'은 일체의 '공'으로, '가'와 '중'이면서 '공' 아닌 것이 없으니, 그 모두를 '공'으로 관찰하는 것이다. 하나의 '가'는 일체의 '가'로서, '공'과 '중'이면서 '가' 아닌 것이 없으니, 그 모두를 '가'로 관찰하는 것이다. 하나의 '중'은 일체의 '중'으로, '공'과 '가'이면서 '중' 아닌 것이 없으니, 그 모두를 '중'으로 관찰하는 것이다.13)

지의에 의하는 한 그것이 어떠한 세계이든 세계의 실상은 공·가·중이므로 이같이 관찰하지 않으면 안 된다. 그것은 차별적인 것이 아니라 동시적인 것이다. '공'을 떠나 '가'와 '중'이 따로 존재하는 것이 아니며, '가'와 '중' 또한 그러하다. 앞서 말하였듯이 3제는 하나의 실상을 세 가지 측면으로 구별한 것에 지나지 않는다. 따라서 세계를 인식하는 한 찰나의 마음에 이미 세 측면이 갖추어져 있다고 할 수 있다.

우리가 경험하는 차별의 현실[假相]은 본질적으로 공으로서 무차별[不二, 즉 中]이지만, 이 삼자는 혼연(渾然)의 일체이다. 무슨 말인가? 우리는 흔히 부부는 일심동체라고 말한다. 그리고 이를 완전한 이상적 형태라고 여긴다. 이 때 일심동체란 어떠한 경지의 세계를 말함인가?

남성과 여성, 남편과 아내는 각기 독립된 고정불변의 실체로서 자신만

---

12) 《마하지관(摩訶止觀)》 권제1하(대정장46, p.7중).
13) 《마하지관(摩訶止觀)》 권제5상(대정장46, p.55중).

의 고유한 속성을 갖는 것인가? 그럴 경우 그것은 둘이지 하나가 아니다. 대승 공관에 의하는 한 아내 없는 남편은 있을 수 없고, 남편 없는 아내 또한 있을 수 없다. 양자는 서로가 서로에 의존하는 상대적 개념일 뿐이다. 그렇다고 상대적 개념으로서의 남편과 아내마저 부정되는 것은 아니다. 양자는 분명 자신의 역할과 능력을 발휘하면서도 고정불변의 실체로 여기지 않을 때 대립하지 않는다.

즉 남편과 아내가 본질적으로 둘이 아님[空]은 영원한 진실이지만 그것은 현실의 차별[假]을 떠나 수립되는 진실이 아니다. 부부 일심동체라고 함은 아마도 둘이 아니면서 둘이며, 둘이면서 둘이 아닌 상태[中]를 말하는 것이라고 해야 할 것이다.

우리는 진실로 말을 능숙하게 타는 이를 말과 혼연일체가 되었다고 말한다. 이러한 자는 어떤 자인가? 무엇보다 먼저 자신은 말을 부리는 자이며, 말은 이에 따라 달리는 동물이라는 주객분별의 생각을 버리지 않으면 안 된다[空觀]. 그렇다고 이것이 말타기를 그만두었다는 말은 아니다. 주객분별의 생각을 버리고 말과 하나가 되었을 때 바야흐로 기수와 말은 자유자재로 활동한다. 말은 바르게 달리고 기수는 교묘하게 몬다[假觀]. 이 때 주객분별을 버렸으므로 말과 기수는 눌이 아니지만 각기 서로의 활동을 다하기 때문에 둘이다[空假相卽의 中觀].

이렇듯 공·가·중의 3제는 세계의 실상으로 원융무애하다. 그것은 더 이상 차별적인 것이 아니라 한 찰나의 마음에 구현되는 것이다. 절대[不二, 空]와 상대[二, 假], 절대이면서 상대이고 상대이면서 절대[不二而二 二而不二, 中]는 각기 다른 존재방식(이를 各別三諦라 한다)이 아니다. 따라서 그것에 대한 관찰 역시 단계적으로 이루어지는 것[次第止觀]이 아니라 한 찰나에 단박에 이루어져야 하는데, 이를 일심삼관(一心三觀) 또는 원돈지관(圓頓止觀)이라 한다.

이에 따르는 한 우리들 일상의 삶, 우리들 경험상에 나타난 구체적 현실, 천차만별의 세계는 본질적으로 절대 평등의 세계이다. 끊임없이 일어났다 사라지는 파도는 부동의 대해와 물이라는 점에서 결코 다르지 않다. 그러나 현실적으로 같은 것도 아니다. 파도에는 파도의 모습과 작용이 있으며, 대해 또한 그러하다. 그러나 또한 다르지 않음을 통해 본 다름은 서로 대립하지 않으며, 그 자체로서 진실이다. 이른바 진공(眞空) 묘유(妙有)이다. 앞서 기수와 말이 둘이 아닐 때 진실로 각각의 작용이 나타난다고 하였다.

그렇다면 사사(事事) 건건(件件), 개개(個個) 물물(物物), 어느 하나 진실(不二의 진여법성, 즉 실상) 아닌 것이 없다. 그것들은 모두 본질적으로 진공의 묘유이기 때문이다. 혹은 묘유의 진공이기 때문이다. 나아가 불이(不二)의 진공도 이(二)의 묘유도 한 찰나의 마음에서 구현된다. 공·가·중은 한 찰나의 마음에 갖추어진 하나의 실상이기 때문이다. 이를 성구설(性具說)이라 하는데, 절을 바꾸어 좀더 자세히 이야기하기로 하자.

2) 지의의 세계관 – 일념삼천(一念三千)

세계는 그야말로 천차만별이며 삼라만상으로 존재한다. 진실의 세계도 있고 허위의 세계도 있으며, 초월의 세계도 있고 현실의 세계도 있다. 현실의 세계에는 또한 물질적 세계, 순수한 정신적 세계, 아비규환하는 지옥의 세계, 굶주린 아귀의 세계, 항상 싸움질만 하는 아수라의 세계, 약육강식의 축생의 세계, 나아가 환희와 열락으로 충만한 천상의 세계도 있다.

불교에서는 전통적으로 세계를 3계(界) 6취(趣)로 정리한다. 3계란 욕계(欲界)·색계(色界)·무색계(無色界)이다. 앞의 두 가지가 물질적 세계라면, 무색계는 물질이 존재하지 않는 순수 정신적 세계이다. 그리고 물질적 세계 중에서도 특히 욕망이 지배하는 세계를 욕계라고 하며, 욕망이 배제된 세계를 색계라고 한다.

욕계에는 다시 지하의 세계가 있고 지표와 천상의 세계가 있다. 지하의 세계에는 지옥이 존재하며, 지표의 세계에서는 아귀와 축생과 아수라와 인간의 삶이, 천상의 세계에서는 신들의 삶이 영위된다.

이러한 세계는 객관적으로 실재하는 세계인가? 아니면 인간정신에 투영된 관념의 세계일 뿐인가? 전통적인 입장에서 본다면 이것은 업에 의해 초래되는 개별적 세계이다.14) 그러나 지의에 의하면 우리에게 나타난 차별적 세계는 이미 불이의 진여법성(즉 실상)이기 때문에 각기 서로 분리된 것이 아니라 하나로 융합되어 있다. 이른바 10계(界) 호구설(互具說)이다.

지의는 미혹한 세계인 지옥・아귀・축생・아수라・인간・천상의 6취에다 깨달음을 지향하는 성문・연각・보살의 3승과 불계(佛界)를 더하여 10계를 열거하고, 각각의 세계가 10계를 포함하고 있다고 설하였다.

예컨대 10계의 중간인 인간계에 대해 말하자면, 여기에는 인간뿐만 아니라 지옥에서 부처에 이르는 다른 9계도 갖추고 있다. 인간은 어느 순간 악마가 되기도 하며 천사가 되기도 한다. 극악의 화신이 되어 지옥의 삶을 영위할 수도 있고, 극선의 부처가 되어 극락의 삶을 구현할 수도 있다. 인간은 가능성으로서 모든 세계를 다 품고 있다. 그가 경험하는 현실의 세계는 다만 그 중의 우세한 하나일 뿐이다.

그건 그렇다 하드라도 극악의 세계인 지옥에 어떻게 불계가 있을 수 있으며, 극선의 세계인 불계에 어떻게 지옥이 있을 수 있을 것인가? 이점

---

14) 중국의 대승교가(大乘敎家)들은 이를 업감연기설(業感緣起說)이라 하여 소승불교의 사상(본서 제5장과 제6장)으로 규정하였다. 업에 의한 세계전개에 대해서는 권오민, 《아비달마불교》(민족사, 2003) 제3장 '미혹한 세계'를 참조바람.

에 관한 한 선악에 대한 우리의 굳건한 고정관념을 반성하지 않으면 안 된다. 우리는 여타의 언어적 개념에 대해 그러한 것처럼 선악의 개념에 대해서도 그에 상응하는 차별적 세계가 존재한다고 여긴다. '선은 악이 아니며, 악은 선이 아니다.' '천사는 악마와 다르며 악마는 천사와 다르다.' 그렇다면 뱀은 사악하고 양은 온순한가? 이는 상징이다.

깨달음을 지향하는 성자들의 세계에서 본다면 인간의 세계는 악이고 고통이지만, 악취의 세계에서 본다면 선이고 쾌락이다. 상대론인가? 상대론이라기보다 상자(相資) 상즉론(相卽論)이다. 고통이 있기에 그것을 두려워하여 천상에 태어나기 위해 선을 행하며, 쾌락이 있기에 그것에 더욱 탐닉하여 지옥에 태어날 수도 있는 것이다.

악이 없으면 선도 없다. 지의에 의하면 선과 악은 서로 떨어질 수 없는 관계로서, 악의 지양이 선이며 선의 부정이 악이다. 선은 악에서 나온다. 그렇지만 대나무에 화성(火性)이 있을지라도 연(緣)을 만나기 전까지 불타지 않듯이, 악이 바로 선성(善性)이라 할지라도 연을 만나기 전까지는 선이 아니다. 그러나 연을 만나 대나무에 불이 나면 불은 도리어 그 대나무를 태워버리듯이, 연을 만나 악성 중의 선이 이루어지면 그 선은 도리어 악을 파괴한다. 따라서 악의 성상(性相)이 바로 선의 성상이다.[15]

이에 따라 지옥에도 선이 있고 불계에도 악이 있다고 설하게 된 것이다. 이는 본질적으로 지옥과 불계가 둘이 아니라는 그의 원융 상즉의 진리관에서 파생된 문제이지만, 매우 독특한 선악론이라 하지 않을 수 없다. 지의는 '그럴 경우 일천제(一闡提, 선근을 모두 끊어버린 극악무도한 자)도 성선(性善)을 끊지 않았으니 다시 선한 행위[修善]를 일으키게 되고, 부처도 성악(性惡)을 끊지 않았으니 다시 악한 행위[修惡]를 일으키게 되

---

15)《법화현의》권제5하(대정장33, pp.743하~744상).

는 것인가?' 하는 질문에 다음과 같이 말하고 있다.

> 일천제란 일찍이 성선에 이르지 못한 자로서, 성선에 이르지 못하였기 때문에 다시금 선을 행하여 거기에 물들게 되면 선한 행위를 일으켜 온갖 악을 널리 대치할 수 있다. 또한 부처는 성악을 끊지 않아 능히 악에 이르지만, 악에 이를지라도 악에 자재(自在)하다. 따라서 악에 물들지 않으며, 악한 행위를 일으키지 않기 때문에 부처는 영원히 더 이상 악을 짓지 않는다. 나아가 악에 자재하기 때문에 여러 가지 악의 법문을 널리 사용하여 중생을 제도하지만 하루종일 그렇게 할지라도 악에 물들지 않는다.16)

한번 죄인은 영원한 죄인이 아니며, 그에게도 개과천선의 길은 열려져야 한다. 부처 또한 극악의 지옥중생을 구제하기 위해서는 악을 갖추고 있다고 하지 않으면 안 된다. 절대 지선(至善)으로는 악을 배척할 뿐 구원할 수 없다는 것이 지의의 생각이었다.

아무튼 10계는 서로가 서로를 갖춤으로써 백계(百界)가 되고, 그러한 세계는 다시 《법화경》〈방편품〉에서 설하고 있는 존재의 열 가지 범주로 다시 확장되어 천계(千界)가 된다. 여기서 열 가지 범주란 여시상(如是相)·여시성(如是性)·여시체(如是體)·여시력(如是力)·여시작(如是作)·여시인(如是因)·여시연(如是緣)·여시과(如是果)·여시보(如是報)·여시본말구경(如是本末究竟)을 말하는 것으로, 이를 10여시(如是)라고 한다.

여기서 '여시'란 글자 뜻대로라면 '이와 같은'이라는 말이지만, '그러그러한 진실성' 다시 말해 모든 존재의 실상을 말한다. 말하자면 다양한 사물에 구비되어 각각의 개체를 지탱하는 규범이나 범주 정도의 의미이다. 예컨대 모기 한 마리라 하더라도 나타난 개체로서는 단일하지만 거기에는 자신만의 형태〔相〕와 성질〔性〕, 양자를 합친 전체성〔體〕과 잠재적 힘〔力〕과 나타난 작용〔作〕, 그것이 낳아지게 된 직접적인 원인〔因〕과 여타의 간접적

---

16) 《관음현의(觀音玄義)》 권상(대정장34, p.882하).

인 원인[緣] 및 이에 상응하는 결과[果], 그에 따라 낳아지게 될 과보[報], 그리고 어떠한 것에도 적용되는 형태에서 과보에 이르는 완전한 원리[本末究竟]가 구현되어 있다.

그렇다면 지옥 내지 인간세계, 나아가 부처의 세계에 구현되어 있는 그러그러한 진실성은 무엇인가? 《법화경》에서는 이러한 모든 존재의 실상은 부처가 성취한 가장 희유하고도 헤아리기 어려운 법으로, 오로지 부처만이 능히 알 수 있는 것이라고 설하고 있다.[17]

어쨌든 이러한 천계는 다시 현상계를 구성하는 오온세간(五蘊世間)과 이에 따라 나타나는 유정세간(有情世間)과 국토세간(國土世間)으로 나누어져 삼천세계로 성립하게 된다. 이러한 삼천세계는 어디에 존재하는가? 지의는 한 찰나의 마음에 있다고 말한다(此三千在一念心). 이른바 일념삼천설(一念三千說)이다.

'이 우주간의 삼천대천세계는 한 찰나의 마음에 존재한다.' 이는 지금의 현실이 마음먹기 따라 지옥도 될 수 있고 천국(부처의 세계)도 될 수 있다는 말인가? 그렇다면 이러한 명제는 희망의 메시지인가, 절망의 통찰인가? 앞서 언급한 것처럼 그가 살았던 시대는 절망(악)의 시대였다. 그는 부처의 세계에서 지옥을 통찰하였으며, 절망 속에서도 영원한 희망을 응시하였다.

우리에게 실현된 세계는 어떤 세계인가? 지옥인가, 천국인가? 다만 지옥과 천국의 중간인, 그래서 어디로든 갈 수 있는 인간의 세계일 뿐인가? 그렇다면 다시 묻건대 그 인간세계의 실상은 무엇인가? 일심인가? 그렇지는 않다. 천태사상에 있어 일념 혹은 일심은 결코 《기신론》에서처럼 우주만유의 근원이 아니다.

---

17) 《법화경》 제2 〈방편품〉(대정장9, p.5하), 佛所成就第一稀有難解之法, 唯佛與佛乃能究盡諸法實相.

지의는 일념삼천을 설한 후 계속하여 다음과 같이 말하고 있다.

  일심이 앞에 있고 일체법(삼천세계)이 뒤에 있다는 것은 아니며, 또한 역시 일체법이 앞에 있고 일심이 뒤에 존재한다는 것도 아니다. 앞에 있다고도 할 수 없으며, 뒤에 있다고도 할 수 없다. 만약 일심으로부터 일체법이 낳아진다고 한다면 이는 종적인 것이며, 만약 마음이 일시에 일체법을 포함하고 있다면 이는 횡적인 것이다. 그러나 [일심과 일체법의 관계를] 종적인 관계라고도 할 수 없으며, 횡적인 관계라고도 할 수 없다. 요컨대 마음이 바로 일체법이며, 일체법이 바로 마음이다. 양자는 종적인 관계도 아니고 횡적인 관계도 아니며, 동일한 것[一]도 아니고 다른 것[異]도 아니다. 너무나도 미묘하고 깊고도 끊어진 경지[玄妙深絶]라 인식으로도 알 수 없고 말로도 설명되지 않으니, 그래서 불가사의한 경지라고 일컬은 것이다.18)

일념과 삼천, 이것은 예의 실재와 현상, 존재와 생성, 동일성과 차별성, 대해와 파도의 관계로 규정할 수 있겠지만 양 항의 선후 본말을 논의해서는 안 된다는 것이 본 논의의 요지이다. 원융삼제에서 말한대로 양 항은 둘이 아니면서 둘이다. 둘이라는 것은 가상(假相)의 차별일 뿐이므로 일념이 바로 삼천이며, 삼천이 바로 일념이다. 일념은 삼천에 편만하고 삼천은 일념으로 응집된다.

요컨대 지의의 일념삼천설은 양 항을 아우르는 전체적 세계관을 확립하여 생멸 변화하는 차별적 현상세계(먹고 먹히는 피비린내 나는 약육강식의 구체적 현실세계)가 바로 영원절대의 보편적 세계 내지 통일적 진리임을 천명하려는 것이었다. 이러한 천태사상을 성구설(性具說)이라 한다. 곧 일심에 일체의 삼라만상이 갖추어져 있다는 것이다. 그러나 여기서 '갖추어져 있다[具]'고 함은 일심(혹은 일법)이 공간적으로 일체를 포함하고 시간적으로 일체를 발생시킨다는 뜻이 아니라 그 자체가 바로 일체(혹은 삼

---

18) 《마하지관》 권제5상(대정장46, p.54상).

천)라는 말이다.

3) 천태와 화엄 — 성구(性具)와 성기(性起)

지의의 사상은 그의 제자 관정(灌頂, 561~632)으로 이어졌지만, 그 후 당대(唐代)에 이르러 크게 번성한 법상종 화엄종 선종 등에 밀려 쇠퇴하였다. 그러다 제6조인 담연(湛然, 711~782)에 의해 일시 부흥한다. 천태종이라는 종명은 그에 의해 처음으로 사용되었으며, 화엄종 제4조인 징관(澄觀, 738~839)과 교류하면서 서로 영향을 주고받기도 하였다(화엄종이라는 종명 역시 징관에 의해 처음으로 사용되었다).

담연 이후 천태종은 당말(唐末)의 난세와 두 번에 걸친 폐불로 백여 년간 암흑시대를 거쳐 천태산에 인접해 있던 오월(吳越) 왕의 보호를 받아 다시 부흥하지만, 《기신론》과 화엄의 영향을 받은 파와 본래의 천태사상으로 복귀하려는 두 파로 나눠지게 되었다. 후자는 스스로 정통파임을 자임하여 산가파(山家派)라 하였고, 그들의 반대 그룹을 이단시하여 산외파(山外派)라 불렀다.

산가파의 대표자인 지례(智禮, 960~1028)에 의하면, 산외파는 오로지 진리[理性]의 절대성에만 치우쳐 구체적 현실[事相]을 그것에 의해 생성된 것이라 주장함으로써 양자를 보편[總]과 특수[別]로 분리하고 있다. 예의 대해와 파도의 비유로 말해 보자면 삼천의 파도(차별적 현실)는 바람(緣)에 따라 일념의 대해(절대적 진리)로부터 생겨난 것으로, 순일 무잡(無雜)의 대해 중에는 현실의 온갖 차별성도 어떠한 악도 존재하지 않는다는 것이다.

이에 반해 산가파에서는 일념과 삼천, 파도와 대해의 상즉 원융을 주장하였다. 대해 자체에 온갖 파도가 갖추어져 있다. 일념에 삼천이 존재하며, 불계(佛界)에도 다양한 현실과 악이 존재한다. 바꾸어 말하면 삼천이 바로 일념이며, 다양한 현실과 악이 바로 불계이다. 파도와 대해는 보편과 특수로 분리되는 것(이를 理總事別이라 한다)이 아니라 서로가 서로에 대해 보편이 되고 특수가 된다(이를 理事兩重總別이라 한다).

요컨대 천태지의를 계승하는 산가파에서는 다양하고 구체적인 현실세계에 중점을 두어 그것을 절대적인 통일체[佛界]로 인식하였다면, 산외파에서는 절대적인 이상세계에 중점을 두어 현실을 그것의 자기전개로 인식하였고 할 수 있다. 이 같은 양파의 논쟁은 사실상 천태와 화엄의 논쟁이 천태종 내부로 옮겨진 것으로, 그 핵심은 차별의 현실은 그 자체가 바로 '성(性)' 혹은 '리(理)'로 일컬어지는 절대적이고도 보편적 실재인가, 아니면 이로부터 발생한 것인가? 하는 성구(性具)와 성기(性起)의 논쟁이었다.

앞서 언급하였듯이 《법화경》은 궁극적으로 일승의 정법(혹은 묘법)을 천명한다. 그것은 삼라만상 천차만별의 모든 존재를 포괄하는 우주의 통일적 진리로서, 이것이야말로 세계의 참다운 모습이다. 《화엄경》 역시 일승를 설하지만 이 때 일승은 통일적 진리가 아니라 순일 무잡의 진리이다. 세계란 본질적으로 절대 청정한 여래 법신이 출현한 것이다.

이런 까닭에 화엄종의 실제적 대성자인 법장(法藏)은 《법화경》을 동교일승(同敎一乘)으로, 《화엄경》을 별교일승(別敎一乘)으로 해석하였으며, 지의 역시 《화엄경》을 별교로, 《법화경》을 원교로 해석하였던 것이다. 물론 각자에 따라 '별'의 의미는 동일하지 않다. 법장의 경우는 '특별히 뛰어난 것'이라는 의미이며, 지의의 경우는 '단일 격별(隔別)'이라는 비판적 의미였다. 곧 그것은 통일적 진리관에서 볼 때 지양해야 할 바였기 때문이다.

절대보편의 진리란 차별의 현상세계와는 다른 특별한 것인가, 통일적인 것인가? 이에 대해 지의는 절대보편의 진리인 일승묘법이 바로 구체적 현실이라고 주장하였다. 온갖 차별의 현상세계는 일승묘법으로 통일된다. 이것이 이른바 '성구설'이었다.

그렇다면 생성 변화하는 차별의 세계는 무엇인가? 불이(不二)의 상즉(相卽) 원융을 지향하는 지의로서는 이에 대한 어떠한 해명도 부질없는 일이겠으나 법장에 의하는 한 그것은 절대보편의 진리가 생성한 것, 여래성(性)이 나타난 것에 지나지 않는다. 이를 '성기' 혹은 '여래출현'이라고 한다. 세계란 절대보편의 진리가 나타난 것이다. 따라서 나타난 세계와 여래성 즉 절대보편의 진리는 둘이 아니며, 나타난 세계의 차별상 또한 사실은 어떠한 차별도 없다. 이른바 사사무애(事事無礙)이다.

그렇다면 다시 절대 청정한 부동의 여래가 어떻게 생성 변화할 수 있는 것인가? 이는 무조건적인 것이다. 그래서 '연기'가 아니라 '성기'이다. 일체의 세계는 애시당초 여래가 출현한 것으로, 그 자체는 부동 불변이다. 이에 대해서는 다음 장에서 좀더 자세하게 설명하기로 한다.

아무튼 '성' 혹은 '리'로 일컬어지는 절대보편의 진리와 변화 차별의 구체적 현실 상(相 혹은 事)의 상즉 원융을 주장한다는 점에서 양자는 다르지 않다. 다만 전자를 천태에서는 후자의 통일로, 화엄에서는 후자의 본질로 이해하였다는 점에서 차이가 난다고 하겠다. 다시 말해 천태가 현실에서 이상을 추구하려고 하였다면, 화엄은 이상에서 현실을 추구하려고 하였다.

4. 의천(義天)의 교관병수(敎觀幷修)

앞서 잠시 언급하였듯이 당말 5대(代)의 난세와 두 번에 걸친 폐불을 거치면서 천태종의 전적들이 거의 모두 상실되었다. 그 때 불교를 숭상한 남방의 오월(吳越) 왕은 의적(義寂, 산가파의 智禮는 의적의 법손임)의 청에 따라 고려에 사신을 보내 천태종의 전적을 구해오게 하였다.

이에 고려의 광종은 제관법사(諦觀法師)로 하여금 전적을 구해 의적에게 전하도록 하였다. 제관은 그 후 의적의 제자가 되어 10여 년 간 연구하였으며, 유명한 《천태사교의(天台四敎儀)》를 저술하였다. 이는 5시 8교와 그에 따른 실천을 밝힌 천태교학의 입문서로서, 이후 중국과 일본에서 170여종의 주석서가 쓰여질 정도로 커다란 붐을 일으킨 책이다.

《법화경》은 일찍이 신라의 원효 의적(義寂) 경흥(憬興) 태현(太賢) 등이 그 해설을 남겼지만(이 중 원효의 《법화경종요》 1권과 의적의 《법화경론술기》 3권 중 상권만이 현존), 하나의 종파로 형성하게 되는 것은 고려의 대각국사(大覺國師) 의천(義天, 1055~1101)에 의해서이다.

의천은 고려 제11대 문종(文宗)의 넷째 왕자로 11세에 출가하여 도업을 닦다가 30세 때 송나라로 건너가 여러 고덕(高德)과 담론하고 명산 고적을 두루 순방하였다. 특히 천태산에서 지자대사의 부도탑을 참배하면서는 고려에 천태교학을 선양할 것을 서원하였다고 한다. 그는 모후의 간절한 청에 따라 14개월만에 귀국하였는데, 각종 불교경전과 3천여 권의 장소(章疏)를 수집하여 돌아왔다. 그 뒤 이를 바탕으로 《신편제종교장총록(新編諸宗敎藏總錄)》 3권을 편찬하였다. 이는 말하자면 경·율·론 3장 이외 그것에 관한 주석서의 목록으로, 《교장(敎藏)》이라고도 한다.

그 후 모후의 원찰인 국청사가 준공되자 여기서 천태교학을 강의함으로써 비로소 하나의 종파로 성립하게 되었다. 그의 사상은 흔히 교관병수(敎觀幷修)로 일컬어진다. '교'는 교상문(敎相門)으로 이론적 측면을 말하며, '관'은 관심문(觀心門)으로 실천적 측면을 말하는 것으로, 이른바 교관쌍미(敎觀雙美)로 일컬어지는 천태교학의 양 날개라 할 수 있다.

어느 불교치고 이론과 실천을 병행하지 않은 것이 없지만, 그의 시대는 교종(敎宗)과 선종(禪宗)이 각축을 벌려 서로 대립 배척하던 시대였다. 이에 의천은 천태 일승에 양 종을 포섭시켜 불교를 전체적으로 이해하고자 하였다. 그는 불립문자(不立文字) 교외별전(敎外別傳)을 설하는 당시의 선에 대해 맹렬한 비판을 가하고 있다.

> 옛날의 선과 지금의 선은 근본적으로 다르다. 옛날의 선은 교에 의거하여 선을 익히는 것[習禪]이었지만 지금의 선은 교를 떠나 선을 설하는 것[說禪]으로, 선을 설하는 자는 그 말에 집착하여 진실을 상실한데 반해 선을 익히는 자는 사리를 따짐으로 인해 그 취지를 얻었으니, 오늘의 거짓됨을 바로 잡아 옛 성인들의 순일 정치한 도로 되돌아가야 한다.[19]

'언어 자체는 진실이 아니며 방편에 지나지 않는다'는 것은 불교 전체에 공통된 사실로서, 문제는 진실과 방편의 관계를 어떻게 규정할 것인가 하는 점이었다. 그에 의하면, "진실 자체[法]는 어떠한 언어적 표상[言像]도 갖지 않지만 그렇다고 그것을 떠난 것이 아니다. 말을 떠나게 되면 전도되어 미혹하고, 말에 집착하면 진실에 미혹하게 된다. 세상에는 완전한 재능을 갖춘 이가 드물고 교(敎)와 선(禪)의 아름다움을 모두 갖추기가 어렵기 때문에 '교'를 배우는 자는 대다수 내적인 것을 버리고 외적인 것을 구하며, 선을 익히는 자는 외적 경계를 잊고 내적인 것을 밝히기를 좋아한다. 그렇지만 이는 한 쪽에 치우친 태도로, 양자의 대립은 마치 '토끼 뿔이 긴가 짧은가', '신기루로 나타난 꽃의 빛깔이 진한가 옅은가'를 놓고서 싸우는 것과 같다."[20]

---

19) 《별전심법의(別傳心法議)》〈후서(後序)〉(박종홍, 《한국사상사》1, 민음사, 1990, p.139 재인용).
20) 《대각국사문집》권제3 〈강원각경발사(講圓覺經發辭)〉(한국불교전서4, p.531중하).

그는 언어(교상문)를 부정하고 단도직입적으로 깨달음의 세계로 들어가고자 하는 선종도, 실천(관심문) 없이 주의 주장만을 설하는 교종도 거부하였다. 그는 대경(大經)을 전수하였어도 관심문을 배우지 않은 자라면 아무리 경에 능통한 강주(講主)라 할지라도 믿을 수 없다고 말하고 있다.

그는 이 같은 사정 하에서 불교의 독실한 외호자였던 요(遼)의 도종(道宗, 1055~1101)이 선종의 소의전적이라 할 만한 《육조단경(六祖壇經)》과 그들의 계보인 《보림전(寶林傳)》을 불태워 거짓됨을 제거하였다는 사실을 전하면서, 그 또한 그것과 더불어 그 자신 크게 영향 받았던 종밀(宗密)의 《선원제전집(禪源諸詮集)》 등과 같은 선종의 문헌도, 화엄학자인 균여(均如)의 저술도 그의 《신편제종교장총록》에 수록하지 않았던 것이다.

그의 교관병수의 이론적 토대는 물론 천태였지만, 그는 선종대사이면서 화엄종 제5조로서 선교일치를 주장한 규봉종밀(圭峯宗密, 780~841)의 영향을 크게 받았다. 나아가 그는 천태와 화엄을 동일한 것으로 이해하였다. 즉 천태의 5시 8교와 공관(空觀, 從假入空觀)·가관(假觀, 從空入假觀)·중관(中觀, 中道第一義觀)의 3관은 법장(法藏)의 5교와 3관 즉 이법계(理法界)의 진공관(眞空觀)·이사무애법계(理事無礙法界)의 이사무애관·사사무애법계(事事無礙法界)의 주변함용관(周遍含容觀)이 동일한 것으로 인식하였던 것이다.21)

현존의 문헌만으로 이 같은 인식의 이론적 근거에 대해 자세히는 알 수 없지만, 여러 교종을 하나로 회통(會通)하고자 하였음은 분명하다. 뿐만 아니라 그는 성종(性宗)에서 배척되었던 상종(相宗)도 함께 공부할 것을 주장하였다. 《기신론》과 유식으로 대표되는 이른바 성상겸학(性相兼

---

21) 법장(法藏)의 5교 3관에 대해서는 제12장 '화엄'에서 설명한다.

學)이 바로 그것이다. 그는 '성'과 '상'은 하늘의 해와 달, 역(易)에 있어서는 건(乾)과 곤(坤)과 같다는 징관(澄觀, 화엄종 제4조)의 말을 인용하면서 다음과 같이 말하고 있다.

> '성'과 '상'의 두 갈래를 함께 배워야 비로소 달통한 사람이라 할 수 있다. 곧《구사론》를 배우지 않으면 소승의 설을 알지 못하며, 유식과《기신론》을 배우지 않고서 어찌 대승시교(始敎)와 종교(終敎)·돈교(頓敎)를 알 것이며, 화엄을 배우지 않으면 원융의 세계에 들어가기가 어렵다. 뜻이 얕은 것으로는 깊은 것에 이르지 못하지만, 깊은 것은 반드시 얕은 것과 함께 배워야 하는 것은 당연한 이치이다. 그래서 경의 게송에서도 "연못이나 강의 물도 마실 힘이 없으면서 어찌 대해를 삼킬 수 있을 것이며, 성문 연각의 이승법도 알지 못하면서 어찌 대승을 배울 수 있을 것인가?"라고 하였으니, 참으로 믿을 만한 말씀이라 하지 않을 수 없다. 2승도 익혀야 하거늘 하물며 대승[의 상종]을 말해 무엇할 것인가?
> 요즘 불교(선·교)를 배우는 이들은 스스로 돈오(頓悟)라고 말하면서 방편의 소승[權小]을 멸시하고, '성'과 '상'에 대해 담론하다가 왕왕 사람들의 웃음거리가 되기도 하니, 이는 모두 성종과 상종을 함께 배우지 못하였기 때문이다.[22]

의천의 교관병수, 성상겸학설은 비록 사상의 기반은 다를지라도 원효의 화쟁사상을 계승하고, 지눌의 정혜쌍수, 서산의 선교일치로 이어지는 한국불교의 전통사상으로 평가되고 있다.[23] 참고로 의천에 의해 개창된

---

22) 《대각국사문집》권제1 〈간정성유식론단과서(刊定成唯識論單科序)〉(한국불교전서 4, p.529중하).
23) 의천의 교관겸수(敎觀兼修)·성상겸학(性相兼學)의 사상은 오늘날 선종, 그 중에서도 특히 간화선(看話禪)을 중심으로 하며, 성종(性宗) 계통이 교학의 주류를 이루는 오늘날 한국불교계에도 시사하는 바가 크다고 하겠다. 전통적 불교 교육기관인 강원의 커리큘럼을 살펴보자면 사집과(四集科)에서는 대혜종고(大慧宗杲, 남송시대 간화선의 체계를 세운 임제종의 선승)의 어록인《서장(書狀)》, 선문(禪門)의 요지를 모은 규봉종밀의《도서(都書)》(완전한 명칭은《선원제전집도서(禪源諸詮集都書)》), 조사선의 요의를 모은 고봉원묘(高峰原妙, 원나라 때의 임제종 선승)의《선요(禪要)》, 규봉종밀이 하택신회(荷澤神會, 혜능의 제자)의 뜻을 개진한《법

천태종은 백련결사(白蓮結社)로 유명한 요세원묘(了世圓妙, 1163~1245)를 거치면서 크게 성하였으나 조선조의 배불정책으로 인해 세종 때 조계종(曹溪宗) 총남종(摠南宗)과 합쳐져 선종이 됨으로써 종파의 이름을 상실하고 말았다.

집별행록(法集別行錄)》을 보조지눌이 요약하고 코멘트한 《절요(節要)》(완전한 명칭은 《법집별행록절요병입사기(節要幷入私記)》)를 배우며, 사교과(四敎科)에서는 《능엄경》《기신론》《금강경》《원각경》을, 대교과에서는 《화엄경》을 배운다. 《금강경》을 제외한다면 중국선종서 내지 성종 일색이며, 《금강경》 또한 불교사상사라는 관점을 완전히 배제한 채 혜능과 결부시켜 이른바 공소현(空所顯)의 진리인 진공묘유(眞空妙有)로 이해하는 실정이다. 한 마디로 《기신론》 이전의 불교, 유식도 중관도 아비달마도 사라져버렸다.
불교의 바다는 넓고도 깊다. 대개의 역사적 사건이 그러하듯이 어떤 한 사상이 발생하고 전개하는 데에는 항상 우연적이거나 필연적인 계기가 있게 마련이지만, 그러한 계기가 과욀 때 역사적 사건이 절대적인 운명처럼 다가서듯이 사상 역시 그리하여 절대적인 이념으로 과장되기도 한다. 오늘날 우리가 접하는 '이 뭣고'의 불교는 앞뒤가 막혀버린 과장된 불교는 아닐까? 시대가 변해도 진리는 변하지 않는다고 하지만, 설혹 진리는 변하지 않을지라도 그 진리를 접하는 인간은 변하기 마련이다. 무엇이 먼저인가?(蛇足)

제12장 화엄(華嚴)
― 세계는 바야흐로 온갖 꽃들의 동산이다 ―

1. 《화엄경》의 중심사상

《화엄경》의 완전한 명칭은 《대방광불화엄경(大方廣佛華嚴經)》으로, 완본으로는 티베트역과 한역이 현존한다. 한역에는 다시 동진(東晋)의 불타발타라(359~429)가 번역한 것과 당나라 때 실차난타(652~710)가 번역한 것이 있는데, 각기 60권과 80권으로 이루어졌기 때문에 《60화엄》《80화엄》이라고 한다.

'방광(vaipulya)'이란 초기불교 이래 불타의 법문양식의 하나로 중층적인 교리문답을 의미하였으나 대승에서는 대개 심오한 뜻을 널리 설한 대승경전을 의미한다. 그리고 '불화엄'에서 '화엄(avataṃsaka)'은 귀고리나 꽃다발과 같은 장식품을 의미한다. 곧 불화엄이란 이루 헤아릴 수 없는 부처의 공덕을 온갖 장식에 비유한 말로서, 《화엄경》에서는 무한 광대한 불타 깨달음의 세계, 혹은 백천억 화신이라 하듯이 이루 헤아릴 수 없는 부처로 충만된 세계를 묘사하고 있다.

그러나 대승의 다른 경전처럼 이 역시 일시에 성립한 것이 아니라 여덟 번(《60화엄》의 경우) 혹은 아홉 번(《80화엄》의 경우)에 걸쳐 설해진 것이 어느 시기 합본된 것이기 때문에 부처의 세계뿐만 아니라 유심사상 보살사상 정토사상 등 온갖 사상들이 두루 설해지고 있어 가히 대승사상의 보고라고 할 만하다. 특히 〈십지품〉에서는 반야·공관에 입각한 보살의 서원과 실천, 부처에 이르는 보살의 단계와 그 달성에 관한 웅대한 묘사가 이루어지고 있다. 우리가 익히 아는 선재동자가 53명의 선지식을 찾는 구법여행과 보현보살의 열 가지 원행(願行)도 이 경 마지막 품인 〈입법계품(入法界品)〉에서 설해진 내용이다.

앞서 언급하였듯이 《화엄경》은 궁극적으로 '불화엄'의 세계를 드러내고자 한다. 깨달음으로 통해 나타난 세계는 실로 경의 명칭처럼 화려하고 장엄하다. 불타(석가불)께서 깨달음을 얻어 해인삼매(海印三昧)에 들었을 때 비로자나불(毘盧遮那佛)로서 그 모습을 나타내었다. 비로자나불이란 Vairocana의 음역(遍照光明으로 의역됨)으로, 마치 태양의 빛이 만물을 비추듯이 일체 만물을 비추며 일체를 포괄하는 우주에 충만한 빛이다.

비로자나불은 시간적으로 영원하고 공간적으로 무한한 우주적 부처로서, 일체의 존재에 편재한다. 공간적으로는 지극히 작은 티끌에도, 시간적으로는 지극히 짧은 찰나에도 두루 나타난다. 이는 곧 하나의 티끌 속에 일체의 세계가, 일 찰나에 영겁의 시간이 포괄된다는 말로서, 이러한 화엄의 세계관은 후세 중국에 이르러 하나의 개체 속에 일체의 만물이, 일 찰나 가운데 영겁이 포함되어 있으며, 따라서 양자는 본질적으로 일치한다는 '상즉상입(相卽相入)'이라는 말로 규정되고 있다.

이는 곧 불타(인격적인 覺者)의 본질은 바로 빛으로 상징되는 법신(法身) 즉 진리 그 자체임을 말한다. 이러한 빛에 의해 드러난 세계는, 마치 사방 상하 거울로 이루어진 방에 나타나는 중첩되고 또 다시 중첩되는 세계처럼 무한한 세계이다. 이는 법계(法界, 혹은 蓮華藏世界라고도 한다)로서 다름 아닌 정토(淨土)이다.《화엄경》에 의하는 한 일체의 세계는 중중무진(重重無盡)의 빛의 세계이며, 그 중심은 비로자나불이다.

그렇다면 어떻게 깨달음에 이르러 빛의 세계를 드러낼 수 있을 것인가?《화엄경》에서는, 이러한 불화엄의 세계(결과)는 너무나도 완전무결하여 있는 그대로 설명할 수 없기 때문에 수행과정(즉 원인)을 밝히는 것으로 이를 대신하고자 하였다. 이에 따라 무한성과 완전성의 상징 수(數)인 '10'으로 이루어진 여러 형태의 수행, 이를테면 십주(十住)·십행(十行)·십무진장(十無盡藏)·십회향(十廻向)·십지(十地) 등에 대해 널리 설하고 있는데, 그 중에서도 깨달음에 이르는 열 단계의 과정을 설한 10지설이 가장 대표적인 사상이다.

《화엄경》에서는 무엇보다 먼저 깨달음으로의 마음을 일으키는 것(이를 初發心이라 한다)을 중시한다.〈보살십주품〉에서는 "초발심시(初發心時) 변성정각(便成正覺) ― 처음으로 발심할 때 바로 정각을 이룬다"는 유명한 말을 언급하고 있으며,〈초발심공덕품〉이라는 별도의 장(章)을 설하고 있을 정도이다. 적당한 비유는 아니지만 우리 범부들도 대개 새해 첫날, 혹은 입학식 날이나 결혼의 첫날 새로운 각오를 다짐하며 새로운 세계로 들어간다. 그러나 '작심삼일'이라는 말도 있듯이 조만간 일상에 매몰되고 만다.

깨달음에 이르는 첫번째 단계는 환희지(歡喜地)이다. 보살이 깨달음[佛智]을 구하는 마음을 일으켜 이타의 서원을 세울 때, 그는 이미 출세간의 경지에 들어섰기 때문에 환희로 충만하다. 그래서 그는 이 단계에서 보시바라밀을 성취한다.

두번째 단계는 일체의 번뇌를 떠나는 이구지(離垢地)이다. 이는 곧 도덕적으로 절대적 청정성을 획득하는 단계로, 여기서는 지계바라밀을 성취한다.

세번째 단계는 세간이 무상하고 괴롭고 부정(不淨)한 것임을 참답게 통찰하여 지혜광명이 빛나는 발광지(發光地)이다. 무상의 현실을 감내해야 하기 때문에 여기서는 인욕바라밀을 성취한다.

네번째 단계는 8정도 등의 37보리분법을 닦아 불꽃 같은 지혜가 더욱 빛나는 염혜지(焰慧地)로서, 여기서는 정진바라밀을 성취한다.

다섯번째 단계는 4성제를 참답게 알아 외도의 견해를 파하여 무엇에도 굴복되지 않는 난승지(難勝地)로서, 여기서는 선정바라밀을 성취한다.

여섯번째 단계는 일체 모든 존재는 무성(無性)·무상(無相)·무생(無生)·무멸(無滅)·본래 청정하다는 등의 평등성을 관찰함으로써 드러나는 현전지(現前地)로서, 반야바라밀을 성취한다. 곧 여기서 보살은 반야바라밀다를 닦아 12인연을 순역(順逆)으로 관하여 무자성 공임을 깨닫는데, "삼계는 허망하니, 오로지 일심에 의해 지어진 것이다"는 유명한 경구는 바로 여기서 등장한다. 이 단계에 이르면 보살은 열반에 들 수 있지만 대비의 마음에서 세속에 남아 중생을 제도한다.

일곱번째 단계는 이제 바야흐로 성문과 연각(혹은 독각)을 초월하여 실제적으로 보살도가 완성되는 원행지(遠行地)이다. 이 때 보살은 삼계에서 벗어났으면서도 삼계를 장엄한다. 이를테면 원만한 몸과 미묘한 목소리 등을 갖추는데, 여기서 그는 중생구제를 위한 뛰어난 방편바라밀을 성취한다.

여덟번째 단계는 마침내 무생법인(無生法忍, 불생불멸의 법성을 인가 확증)을 획득하여 더 이상 물러남이 없는 부동지(不動地)로서, 여기서 서원바라밀을 성취한다.

아홉번째는 사실상 불지(佛智)의 단계인 선혜지(善慧地)로서, 이제 더 이상 번뇌와 업을 차별하지 않고 있는 그대로 관찰하여 자유자재로 법을 설한다. 여래의 열 가지 힘[力波羅蜜]을 성취한다.

열번째는 일체의 지혜〔智波羅蜜〕를 성취하는 법운지(法雲地)이다. 가뭄에 비구름이 단비를 쏟아 내리듯이 진리의 구름으로서 진리의 빗줄기를 쏟아 내리기 때문에 법운지이다. 이 단계에서는 무수한 삼매의 세계가 나타나며(최후의 삼매는 益一切智三昧), 그 직후 대보련화(大寶蓮花)가 출현함에 보살은 거기에 앉아 전신에 광명을 발함으로써 일체의 불국토를 장엄하며, 무수한 몸을 나투어 중생을 구제한다.

〈십지품〉에서 설해지는 이러한 열 단계의 수행과정을 실제적인 스토리로써 구체화시킨 것이 〈입법계품(入法界品)〉이다. 이는 선재동자(善財童子)라는 청년이 문수보살(文殊菩薩)의 가르침을 받고서 선지식을 찾아 떠나는 구도여행을 주제로 하고 있다. 선재동자에게 가르침을 준 이는 출가자 뿐만 아니라 의사·상인·남녀 재가신자·어린아이·창녀·어부·바라문·외도·국왕·천신 등(이 중에는 여성도 10명 등장한다)에 걸쳐 있다. 이는 곧 보살행이 출가와 재가의 구별을 초월하며, 나아가 종교나 계급 신분 연령의 구별을 초월한 보편적인 실천임을 의미한다.

선재동자는 문수보살로부터 시작하여 마지막(53번째)으로 보현보살(普賢菩薩)을 만나 마침내 깨달음을 얻어 파란만장한 구도여행을 마치게 되는데, 보현보살은 그에게 자신의 청정한 법신을 보라고 말하면서, 비로자나불의 법신과 이에 의해 드러나는 법계의 영원 무한성에 대해 절대적 믿음을 가질 것을 강조하고 있다.

'입법계'란 바로 깨달음을 통해 여래 법신으로 출현하는 것을 의미한다. 여래의 출현은 바로 보현보살이 말한 대로 자신의 청정한 본성을 드러내는 것이다. 그래서 여래의 출현을 또 다른 말로 '성기(性起)'라고도 하는데, 이는 중국 화엄종과 선종의 주요 테마 중의 하나였다. 아울러 이는 앞서 설한 여래장사상의 연원이 되기도 하였다.

2. 법장(法藏)의 교판과 화엄종

용수와 세친은 《화엄경》에 대해서도 각기 〈십지품〉을 해설한 《십주비바사론(十住毘婆沙論)》과 《십지경론(十地經論)》을 남기고 있다. 그러나 인도에서 화엄사상은 유식사상과 여래장사상에 영향을 미치기는 하였지만 학파로서는 발전하지 못하였다.

그러나 불타발타라에 의해 《60화엄》이 한역(漢譯)되면서 수많은 이들이 이를 연구하였는데, 현수법장(賢首法藏, 643~712)이 그의 스승 지엄(智儼)의 학설을 계승하여 이를 일승 원교(圓敎), 특히 별교(別敎) 일승으로 해석함으로써 하나의 종파로 형성시켰다. 그래서 화엄종을 현수종(賢首宗)이라고도 한다. 지엄은 해동(海東) 화엄종의 개조인 의상(義湘, 625~702)의 스승이기도 하였다. 따라서 의상과 법장은 사형사제간이 되며, 법장이 의상에게 보낸 편지(《賢首法師寄海東書》)가 현존한다.

중국 화엄종의 학통은 두순(杜順) — 지엄 — 법장 — 징관(澄觀) — 종밀(宗密)로 이어지고 있다.[1] 특히 종밀은 선종(하택종)의 대사이기도 하였기 때문에 선교(禪敎)일치를 주장하였으며, 이는 고려의 의천과 지눌에게 커다란 영향을 미치기도 하였다.

법장은 다수의 저술을 남겼지만 화엄관계 중요 저술로는 《60화엄》의 주석서인 《화엄경탐현기(華嚴經探玄記)》와 화엄교학의 개설서인 《화엄오교장(華嚴五敎章)》(완전한 명칭은 《華嚴一乘敎義分齊章》), 그리고 측천무후에게 금사자의 비유를 통해 화엄사상을 설해 주었다는 《화엄경금사자장

---

1) 이 같은 계보는 후대 작성된 것으로, 두순 — 지엄 — 법장의 3조설(祖說)은 종밀에 의해 주장되었다. 즉 실제로는 법장 — 혜원(慧苑) — 법선(法詵) — 징관으로 이어지지만 후대 징관에 의해 이단으로 배척받은 혜원과 법선이 빠지고 바로 법장 — 징관 — 종밀로 설정된 것이다.

(華嚴經金師子章)》 등을 들 수 있다. 이제 뒤의 두 가지에 근거하여 그의 화엄교판과 사상에 대해 간략히 이야기해 보자.

그는 스승 지엄의 교판론과 법상종의 8종교판을 채용하여 불교를 전체적으로 5교(敎) 10종(宗)으로 분류하였다.[2] 여기서 5교란 불타가 설한 가르침에 따라 분류한 것이라면, 10종은 그것에 의해 드러나는 이치에 따른 분류이다.

먼저 5교는 소승교(小乘敎)·대승시교(大乘始敎)·대승종교(大乘終敎)·대승돈교(大乘頓敎)·대승원교(大乘圓敎)로 나누어진다.

소승교는 현상의 세계를 분별하여 무아(즉 我空)의 도리만을 설하고 세계를 구성하는 온갖 인연 즉 제법의 실재성을 주장하는 구사종(俱舍宗)을 말한다.

대승시교는 일체개공을 설하여 대승의 단초가 되는 가르침이라는 뜻으로, 여기에는 현상의 공을 설하는 상시교(相始敎)와 일체의 공을 설하는 공시교(空始敎)가 있다. 전자가 유식사상(법상종)이라면 후자는 중관사상(삼론종)에 해당한다.

대승종교는 대승의 종극이 되는 가르침이라는 뜻으로, 여래장사상을 설하는 《능가경》《대승열반경》《대승기신론》을 말한다.

대승돈교는 말씀을 통한 점진적인 방법이 아닌 침묵에 의한 즉각적 통찰을 통해 깨달음을 추구하는 《유마경》이나 선종(禪宗)을 말한다.

대승원교는 대승의 원만한 가르침 혹은 완전한 가르침이라는 뜻으로,

---

2) 지엄은 점교·돈교·원교, 일승·삼승·소승의 3교 교판, 소승·(대승)초교(初敎)·숙교(熟敎, 즉 終敎)·돈교·원교(일승)의 5교 교판, 동교(同敎)·별교(別敎)의 2교 교판을 함께 주장하였으며, 법상종의 규기(窺基)는 아법구유종(我法俱有宗)·유법무아종(有法無我宗)·무법거래종(無法去來宗)·속망진실종(俗妄眞實宗)·제법단명종(諸法但名宗)·승의개공종(勝義皆空宗,《반야경》)·응리원실종(應理圓實宗,《해심밀경》)의 8종의 교판을 수립하였다. 이에 대해서는 뒤에 본문에서 설명한다.

이는 바로 불타의 깨달음의 경지인《화엄경》을 말한다. 그런데 여기에는 다시 다른 삼승과 공통된 일승 즉 동교일승(同敎一乘)과 삼승의 가르침과는 차별되는 별교일승(別敎一乘)이 있다. 여기서 삼승이란 성문·연각·보살이라는 전통적 의미의 삼승이 아니라 소승·점교(시교와 종교)·돈교를 말한다. 지엄에 의하면《화엄경》은 일체를 초월하는 별교인 동시에 일체를 포함하는 동교로서의 일승원교였다.

그러나 동교일승을 표방하기 위해서는《법화경》의 회삼귀일(會三歸一)의 가르침을 빌리지 않을 수 없었다. 그래서 법장은《화엄경》을 오로지 별교일승으로 해석하여 천태교학과 엄격히 구별지음으로써 화엄종 지상주의를 표방하였던 것이다.

한편 10종은 이러한 5교를 보다 구체적으로 세분한 것이라 할 수 있다.

첫째, 아법구유종(我法俱有宗): 자아와 세계가 모두 실재한다는 주장으로 비불교적인 사상이라 할 수 있으나 불교 내부에서는 자아에 비견되는 보특가라(補特伽羅, pudgala)를 주장하는 독자부(犢子部)가 거명된다.

둘째, 유법무아종(有法無我宗): 자아는 실재하지 않지만 세계의 토대인 법은 삼세에 걸쳐 실재한다고 주장하는 설일체유부(說一切有部)가 이에 해당한다.

셋째, 무법거래종(無法去來宗): 과거법과 미래법의 실재성을 부정하고 오로지 현재법만의 실재성을 주장하는 대중부(大衆部) 등이 이에 해당한다.

넷째, 현통가실종(現通假實宗): 현재법은 실재 비실재 모두와 통한다고 주장하는 설가부(說假部)가 이에 해당한다. 즉 설가부에서는 현재법 중에서도 5온만이 실재하며, 12처나 18계는 다만 가설로서만 존재하는 것일 뿐이라고 주장하기 때문이다.

다섯째, 속망진실종(俗妄眞實宗): 세속은 거짓이며 출세간(초월)의 법만이 진실이라고 주장하는 설출세부(說出世部)가 이에 해당한다.

여섯째, 제법단명종(諸法但名宗): 일체의 모든 존재는 다만 언어적 개념에 지나지 않는다는 일설부(一說部)가 이에 해당한다. 이상은 소승 제 부파의 주장이다.

일곱째, 일체개공종(一切皆空宗): 주(我) 객(法) 모두가 공임을 주장하는 대승시교 중의 공시교가 이에 해당한다.

여덟째, 진덕불공종(眞德不空宗): 주객은 모두 공일지라도 진여(여래장)는 실재한다고 주장하는 대승종교가 이에 해당한다.

아홉째, 상상구절종(相想俱絶宗): 존재의 개별적 특성도, 그에 관한 어떠한 언어적 관념도 부정하는 대승돈교, 특히 선종이 이에 해당한다.

열째, 원명구덕종(圓明俱德宗): 모든 존재의 조화로운 통일성을 원만하게 밝힌 대승원교 즉 화엄종이 이에 해당한다.

이같이 법장은 《화엄경》을 정점으로 하여 이전의 불교사상사를 종합하고 있다. 그렇다면 그는 어떠한 이유에서 《화엄경》을 제5 원교, 제10 원명구덕종으로 해석하였던 것인가?

3. 화엄사상 — 법계연기론(法界緣起論)

1) 세계인식의 네 종류 — 4종 법계(法界)

법장이 《화엄경》을 불교철학의 정점으로 이해한 것은 스승 지엄의 가르침에 따라 그것의 궁극적 취지를 법계연기설로 파악하였기 때문이다. 법계연기란 무엇인가?

우리는 이미 인도의 불교철학이 초기불교와 아비달마불교(소승) — 중관—유식—여래장사상으로 전개됨을 살펴보았다. 따라서 더 이상 자세한 설명은 생략하겠지만, 소승불교에서는 우리가 경험하는 현상세계는 업에 의해 초래되었다는 업감연기설(業感緣起說)을 주장하였으며, 유식사상에서는 아뢰야식에 의해 전개된 것이라는 자성연기설(自性緣起說, 혹은 아뢰야식연기설)을, 여래장사상에서는 여래장으로부터 비롯된 것이라는 진여연기설(眞如緣起說, 혹은 여래장연기설)을 설하였다.3)

업은 바로 천차만별의 사물과 사건으로 이루어진 현실세계의 토대이다.: "유업보이무작자(有業報而無作者)—업과 그 과보만이 존재할 뿐 작자는 존재하지 않는다."《잡아함경》에서는 이같이 말하고 있다. 세계는 경험된 것, 다시 말해 즉 업에 의해 조작된 것이며, 자아란 그 같은 경험을 통해 확인되는 가설적 존재이다.4) 우리에게 경험된 세계는 단일하고도 영속적인 것 같지만 이른바 제법(諸法)으로 일컬어지는 수많은 원인[因]과 조건[緣]에 의해 일시 조작된 것이다. 화엄에서는 이러한 세계인식을 사법계(事法界)라고 하였다.

여기서 '사'란 사사물물(事事物物)의 개별자를 말하며, 법계란 존재[法]의 갈래[分齊, 혹은 측면]라는 뜻이다. 곧 사법계란 각각의 개별자로 구성된 현상세계를 말한다. 그런데 설일체유부에서는 그러한 각각의 개별자 즉 제법의 실재성을 주장하였다. 그렇지 않을 경우 무인무연론(無因無緣論)에 떨어지게 되기 때문이다. 차는 실재하지 않지만[我空] 그것을 구성하는 부품은 실재[法有]한다는 것이다. 그러나 대승에 의하면 차도 부품도 모두 실재하는 것이 아니다. 일체는 공이다.5) 그렇기 때문에 사법계

---

3) 중관의 경우 주객(主客) 능소(能所)의 상의상대(相依相待)의 연기설을 설하고 있지만, 이는 다만 세계로 나타나는 일체의 언어적 개념을 비판하기 위한 것일 뿐 세계를 해명하기 위한 독자적인 교설이 아니기 때문에 특별한 연기설로 제시되지는 않는다.
4) 본서 제5장 주 21). 3-3) '무상과 무아' 참조.

는 바로 소승교에 해당한다.

　대승공관에 의하면 부품(부분)을 떠나 차(전체)는 존재하지 않지만, 부품 또한 차를 떠나 존재하지 않는다. 바퀴는 그 자체로서는 굴러가지 않기 때문이다. 모든 존재는 서로가 서로에 의존하여 비로소 자신의 존재성을 드러내는 연기(緣起) 무자성(無自性)의 존재이다. 혹은 세계내의 모든 존재는 다만 심식(心識) 즉 아뢰야식에 의해 나타난 허망분별일 뿐이다.

　공성이나 허망분별이 사라진 진실성(원성실성)은 생멸 변화하는 현상세계의 본질적 측면으로, 이를 화엄에서는 이법계(理法界)라고 하였다. 여기서 '리'란 차별의 현상을 의미하는 '사'에 짝이 되는 말로서, 단일 평등한 본질 혹은 본체[體性]라는 정도의 의미이다. 그러나 법장에 의하면 이러한 본체로서의 세계인식은 대승의 시작(空始敎・相始敎)에 불과하다. 왜냐하면 여기서는 현상과의 대립이 남아 있기 때문이다. 그들은 다 같이 허위(세속)에 대립하는 진실(승의)을 추구하기 때문이라는 것이다. 말하자면 설혹 새끼줄과 뱀이 동일물이라 할지라도 거기에는 진망(眞妄)의 차별이 남아 있다는 것이다.

　이러한 진망의 차별이 해소된 것이 대승종교로 해석된 여래장사상, 특히 《대승기신론》에서의 일심사상이었다.[6] 즉 유식에서의 마음(아뢰야식)이 생멸의 망심(妄心)이라면 여기서의 마음은 진망화합식(眞妄和合識)으로, 생멸(현상)의 문이 되기도 하고 진여(본체)로의 문이 되기도 한다. 하나의 문은 현실로 나아가는 출구가 되기도 하지만 진여로 돌아오는 입구가 되기도 하는 것이다.

　그러나 무명에 의해 일어난 생멸이 바로 진여는 아니다. 생멸은 진여로의 가능성을 지니고 있을 뿐이다. 그래서 여래장, 여래의 씨알이었다.

---

5) 자세한 내용은 본서 제8장 2. '일체는 공이다' 참조바람.
6) 본서 제10장 2. '여래장과 아뢰야식의 종합' 참조.

대해와 파도가 그러한 것처럼 양자는 같은 것도 아니지만 그렇다고 다른 것도 아니다. 대해에 바람이 불어 파도가 일어난 것이므로 바람이 자면 파도 또한 사라진다. 대해와 파도는 서로 대립하는 것이 아니라 상통하는 것이듯이 본말(本末) 또한 그러하여 본체는 현상과 통하고 현상은 본체와 통한다는 이러한 세계인식을 이사무애법계(理事無礙法界)라고 한다.

그렇지만 화엄교가의 눈에 비친 대승종교의 문제점은 시작도 없는 무명이었다. 우리가 경험하는 이 세계는 본질적으로 진여 일심과 상통하지만 현실적으로는 무명에 덮여 있다는 사실이었다. 이에 그들은 《화엄경》에서 묘사되는 무진(無盡) 무량(無量)의 일체 세계를 비추는 광명에 근거하여 무명을 일거에 제거하였다. 무명은 본래 존재하지 않는 것이다. 무명에 의해 생멸의 현상세계가 나타난다고 하는 것은 이를 알지 못하기 때문이다. 세계란 진여 일심 자체가 나타난 것으로, 이는 바로 여래의 출현이다. '여'란 진여이며, '래'는 나타남이다. 이를 화엄교학에서는 법계(法界) 연기(緣起), 혹은 성기(性起)라고 하였다.

성기의 '성'은 여래성을 말한다. 바야흐로 여래성은 가능태(여래장)가 아닌 현실태이다. 따라서 일체의 세계는 그 어떤 대립도 차별도 존재하지 않는다. 대해가 바로 파도의 출렁임이며, 파도의 출렁임이 바로 대해이다. 생멸의 현상이 바로 진여의 본체이며, 양자가 둘이 아닌 이상 온갖 차별의 현상 또한 서로가 서로를 포섭하고 융합하여 어떠한 대립도 없다. 세계를 구성하는 온갖 사물과 사건은 서로를 장애하지 않는다. 이러한 화엄의 세계관을 사사무애법계(事事無礙法界)라고 한다.

그들에 의하면 이 같은 세계관은 기존의 학설과는 구별되는 불교철학의 극치이다. 바로 이 같은 이유에서 법장은 《화엄경》을 모든 존재의 조화로운 통일성을 원만하게 밝힌 원교, 또는 원명구덕종으로 해석하였던 것이다.

2) 법계연기의 실상 — 3성(性)과 6상(相)

그렇다면 화엄종에서는 어떠한 이유에서 이성(理性)와 사상(事相), 본체와 현상, 진여와 생멸, 나아가 부처와 중생 등 일체의 존재가 서로 원융무애하다고 주장하는 것인가? 법계연기설의 이론적 근거는 무엇인가?

우리는 앞서 유식사상이 '삼계는 오로지 마음[唯心]'임을 설한 《화엄경》에 근거하고 있음을 살펴보았다.[7] 흔히 불교는 마음의 종교라고 한다. 불교사상사는 마음에 대한 해석의 역사라고 해도 지나친 말이 아닐 것이다.

즉 소승교에서는 다만 현상의 6식(識)을 설하고 있을 뿐이지만 시교(상시교)에서는 여기에 제7 말나식과 제8 아뢰야식을 더한 8식을 주장하여 이로써 세계를 해명하고자 하였다. 또한 종교에서는 8식을 주장함은 시교와 동일하지만 아뢰야식을 생사(현상세계)와 진여(본체)에 공통되는 것으로 파악하였고, 돈교의 경우 6식 8식 등의 일체 차별을 거부하고 오로지 진여 일심만을 주장하였다.

그러나 원교인 화엄의 경우, 동교일승에서는 앞의 온갖 심식설을 모두 수용하지만 별교일승에서는 이 모두를 초월하는 대지·대해·허공 등과 같은 절대평등의 일심을 설하였다. 일진법계(一眞法界)로도 일컬어지는 이러한 일심은 일체 만유를 포함[總該萬有]하고 있어 앞서 언급한 염정(染淨)의 온갖 심식도, 4종 법계도 모두 일심 자체가 나타난 것에 지나지 않는다. 곧 화엄교학은 이러한 일심에 근거하여 불교의 모든 학설, 나아가 일체의 세계를 사사무애로 총합하고 있는 것이다.

법장은 진여 일심을 유식 3성설(변계소집성·의타기성·원성실성)에 따라 본체와 현상[本末, 혹은 眞妄]의 두 측면으로 고찰하고 있다. 즉 진여

---

7) 본서 제9장 2-1) '외계대상은 존재하지 않는다' 참조.

일심의 원성실성은 그 자체 불변(不變)이지만 나타난 현상으로서는 수연(隨緣, 연에 따르는 것)이며, 의타기성은 나타난 현상으로서는 사유(似有, 마치 존재하는 것처럼 보이는 것)이지만 그 자체는 무성(無性, 자신의 본성을 갖지 않는 것)이며, 변계소집성은 나타난 현상으로서는 정유(精有, 미혹한 마음에 존재하는 것)이지만 그 자체는 이무(理無, 본질적으로 존재하지 않는 것)이다.

예컨대 새끼줄을 뱀으로 보았을 경우, 이 때 뱀은 미혹한 마음에 존재하는 것이지만 본질적으로는 존재하지 않는 것이다. 여러 지푸라기가 인연 화합하여 새끼줄로 생겨났을 경우, 이 때 새끼줄은 마치 존재하는 것처럼 보이지만 그것은 새끼줄로서의 고유한 본성을 갖는 것이 아니다. 지푸라기가 먼지가 되어 사라져버렸을 경우, 이 때 공은 그 자체 불변이지만 연에 따라 지푸라기로 나타난 것이다.[8]

그럴 때 불변의 공[不變]과 고유한 본성을 갖지 않는 것[無性]과 본질적으로 존재하지 않는 것[理無]은 사실상 어떠한 차별도 없으며, 연에 따라 나타난 것[隨緣]과 마치 존재하는 것처럼 보이는 것[似有]과 미혹한 마음에 존재하는 것[精有]도 역시 그러하다.

다시 말해 원성실성의 '불변'과 의타기성의 '무성'과 변계소집성의 '이무'는 어떠한 차별도 없기 때문에 3성은 결국 동일한 범주로서 타자와 대립하거나 장애하지 않으며, 원성실성의 '수연'과 의타기성의 '사유'와 변계소집성의 '정유'의 경우도 역시 그러하다.[9] 나아가 전자가 본체[本]의 측면이라면 후자는 현상[末]의 측면으로, 양자의 관계 또한 서로 대립하거나 장애하지 않는다. 본체는 거짓의 현상을 부정하는 일 없이 그 자체

---

8) 이러한 뱀(변계소집)과 새끼줄(의타기)과 지푸라기(원성실)의 예에 대해서는 본서 제9장 2-3) '의식의 세 가지 존재형태'를 참조할 것.
9) 《화엄오교장》 권제4(대정장45, p.501하), 三性一際, 擧一全收. 眞妄互融, 性無障礙.

로서 진실이며, 현상은 진실의 본체를 파괴하는 일 없이 나타난다.

> 진실의 본원은 거짓의 현상을 갖추고 거짓의 현상은 진실의 본원과 통하니, 본질 [性]과 현상[相]은 서로 융통하여 어떠한 장애도 없다.10)

법장은 유식 법상종에서의 원성실성은 '불변'의 의미만을 지닐 뿐 '수연'의 의미는 갖지 않는다고 생각하였다. 그는 거울의 예를 들어 설명하고 있다. 거울은 불변부동의 맑고 깨끗함으로 말미암아 사물의 형상을 나타낼 수 있고, 또한 사물의 형상을 나타냄으로 말미암아 거울의 불변 부동의 맑고 깨끗함이 드러날 수 있다. 진여의 청정성 또한 그러하여 불변이기 때문에 연에 따라(수연) 여러 현상을 낳을 수 있고, 여러 현상을 낳기 때문에 불변의 청정성을 드러낼 수 있다. 거울과 거기에 나타난 상이 대립하지 않듯이 진여 일심과 그것으로 나타난 일체의 현상 또한 대립하지 않는다.

거울에 나타난 상은 연에 따라 나타난 것이고, 마치 존재하는 것처럼 보이는 것이며, 미혹한 마음에 존재하는 것이지만, 그것은 바로 고유한 본성을 갖지 않는 것이고, 본질적으로 존재하지 않는 것이며, 불변의 공성 다시 말해 맑고 깨끗한 거울 그 자체이기 때문이다.

결국은 '그게 그것이다'는 말이다. 미혹한 마음에 존재하는 뱀은 바로 불변의 공이며, 고유한 본성을 갖지 않는 것이며, 본질적으로 존재하지 않는 것이며, 연에 따라 나타난 것이며, 마치 존재하는 것처럼 보이는 것이다.11) 하나는 다른 모두를 포함하며, 다른 모든 것은 하나를 포함한다.

---

10) 《화엄오교장》 권제4(대정장45, p.499상), 眞該妄末 妄徹眞源 性相通融 無障無礙.
11) 이러한 3성 무차별론은 《60화엄》 권제10 〈야마궁중게찬품(夜摩宮中偈讚品)〉(대정장9, p.465하)에 나오는 각림(覺林)보살의 유명한 게송 "마음은 화가처럼 온갖 5온을 그려내니, 일체의 세간 중에 존재하는 것으로서 조작되지 않은 것이 없다. 마

하나가 주체[主]라면 다른 것은 모두 거기에 수반[伴]된다. 즉 주체는 수반되는 모든 것을 갖추고 있으며, 수반되는 모든 것은 하나의 주체에 포함된다(이를 主伴具足이라 한다). 말하자면 일(一)과 일체(一切)는 상즉(相卽) 상입(相入)한다는 것이다.

다른 한편 법장은 법계연기의 원융무애함을 6상(相)으로 설명하기도 한다. 앞의 3성설이 본체와 현상에 근거한 종적인 논의라면, 6상설은 현상의 존재에 근거한 횡적 논의라고 할 수 있다.

6상이란 어떠한 존재라도 갖추고 있는 자성을 말하는 것으로, 총상(總相)·별상(別相)·동상(同相)·이상(異相)·성상(成相)·괴상(壞相)이 바로 그것이다. 이는 원래 《화엄경》상에서는 보살행(6바라밀)을 닦는 방식으로 설해진 것이나 세친은 이를 응용하여 〈십지품〉의 경문을 해설하였으며, 지엄을 거쳐 법장에 이르러 사사무애의 원리로 이해하였다.

여기서 총상이란 다수의 부분을 포함하는 하나의 전체를 말하며, 별상은 하나의 전체를 구성하는 개별적인 부분을 말한다. 이를 집의 예로 말하면, 기둥 대들보 서까래 등으로 이루어진 집이 총상이라면 기둥 등은 별상이다. 그럴 때 집이 먼저인가, 그것을 구성하는 기둥 등이 먼저인가? 사회가 그 구성원인 개인들의 집합이라면 사회가 먼저인가, 개인이 먼저인가?

음과 마찬가지로 부처도 역시 그러하며, 무처와 미찬가지로 중생도 그러하니, 마음과 부처와 중생, 이 세 가지는 어떠한 차별도 없다(心如工畫師 畫種種五陰 一切世界中 無法而造 如心佛亦爾 如佛衆生然 心佛及衆生 是三無差別)"에서 유래한다. 마음과 부처와 중생은 각기 의타기성·원성실성·변계소집성에 해당하는 것으로, 마음의 분별성(변계소집)이 중생이라면 마음의 진실성(원성실)이 부처이다. 곧 부처와 중생은 마음의 본말(本末, 진여와 생멸)로서 무애 상통한다는 것이 법장의 생각이었다. 참고로 각림보살은 계속하여 "만약 삼세의 모든 부처를 알기 원한다면 마음이 모든 여래를 만드는 것이라고 관찰해야 할 것이다(若人欲求知 三世一切佛 應當如是觀 心造諸如來)",《80화엄》(권제19)의 경우 "만약 삼세의 모든 부처를 알기 원한다면 마땅히 법계의 본질을 관찰해야 할 것이니, 일체는 오로지 마음에 의해 조작된 것이다(若人欲了知 三世一切佛 應觀法界性 一切唯心造)"라는 유명한 게송을 설하고 있다.

이는 인류가 정신에 눈을 뜨기 시작하면서부터 제기된 문제이기도 하다.

개인이 우선한다는 것이 개인주의라면 사회가 우선한다는 것은 사회주의이다. 개인주의자들은 말할 것이다. 사회란 개인의 집합 그 이상이 아니며, 그러한 집합을 일시 사회라고 지칭한 것, 픽션에 불과하다. 설혹 픽션이 아닐지라도 사회란 각각의 개인이 활동하기 위한 장(場)에 불과하다. 국가라고 하는 것 또한 사회 안의 사회 즉 권력기구에 지나지 않는다.

그러나 다른 한편으로 생각하면 사회 나아가 국가가 개인에게 미치는 영향력은 결코 픽션이 아니다. 사회적 공동선을 어기게 될 경우 나의 재산, 나의 육체는 물론이거니와 나의 생명마저 박탈한다. 개인은 다만 전체에 대한 부분, 부품일 뿐이다. 전체를 위해서라면 언제라도 교체될 수 있다.

조금 거칠게 말해 보면 개인과 사회의 관계는 이러하지만, 양자는 어디서 어떻게 만날 수 있을 것인가? 반드시 그렇다고 말할 수 없겠지만, 인도철학과 불교에서 개인과 사회에 해당하는 개념은 숲(vana)과 마을(grāma)이었다. 마을이 차별적 현상세계라면 숲은 단일한 실재의 세계로서 언제나 열반의 상징이었다. 인도의 철학은 본질적으로 숲의 철학이다. 그곳은 전적으로 개인의 영역이다. 그럴 때 숲과 마을의 관계를 어떻게 규정해야 할 것인가? 인도철학의 궁극적 관심사는 여기에 있다고 해도 과언이 아니다.[12]

불교사상사에서 볼 때 초기불교와 아비달마불교는 숲을 지향하였다. 곧 그들은 현상세계를 해체(분석)하여 이른바 제법(諸法)이라 일컬어지는 개별적 요소로 환원시켜 버렸다. 실재하는 것은 개별적인 요소뿐이다. 거기서는 더 이상 탐욕세계도, 미움의 세계도 존재하지 않는다. 그러나 대승에서는 언제나 마을에서 숲을 구현하고자 하였다. 숲은 관념의 소산일

---

12) 이에 대해서는 본서 에필로그 '숲과 마을'을 참고하기 바람.

뿐 마을을 떠나 존재하지 않는다. 마을이 바로 숲이다.

'국가(사회)가 바로 개인이다.' 절대왕조 시대에 살았던 이들로서는 이렇게 외칠 수도 있었을 것이다. 이는 전체주의가 아닌가? 그렇다면 그 역도 가능한가? 개인이 바로 국가인가? 화엄종에서는 그렇다고 대답한다. 그것이 바로 화엄의 세계, 법계연기이다.

전체[總相]는 부분을 떠나 존재하지 않으며, 부분[別相]은 전체를 구성한다. 부분은 그 모양이 각기 다르지만 다 같이 하나의 관계[緣起]를 이루면서도[同相] 각각의 개성을 상실하지 않은 채 독자적인 형태를 갖는다[異相]. 곧 이러한 온갖 부분에 의해 전체가 성립되지만[成相], 각각의 부분 자체는 불변하여 전체에 매몰되지 않는 것이다[壞相]. 법장은 그의 《오교장》 말미에서 다음과 같이 정리하고 있다.

> 다수의 부분을 갖춘 하나를 총상이라 하며, 다수의 부분으로 하나가 아닌 것이 바로 별상이다. 다수의 존재는 다 같이 전체를 이루면서도 각각은 동시에 다르게 나타난다. 하나의 전체와 다수의 부분이 서로 관계(연기)하는 이치는 미묘하게 이루어지지만, 그것을 허문 채 자신의 존재를 지켜 언제나 그대로이다. 이는 오로지 불지(佛智)의 경계로 일상의 인식은 아니니, 이를 방편으로 삼아 일승의 도리를 깨닫게 되리라.[13]

이를 다시 집의 예로 말해보면, 기둥 등의 자재는 다 같이 하나로 관계하여 집을 구성하지만 집 속에 매몰되지 않고 각기 자신의 형태와 작용을 보존하고 있다. 집 전체로 보면 기와 한 장은 보잘 것이 없지만, 그것은 집을 이루기도 하고 허물기도 한다. 그것이 깨어져 비가 새게 되면 결국은 집 전체가 허물어지고 마는 것이다. 이루 헤아릴 수 없는 미진(微塵)

---

13) 《화엄오교장》 권제4(대정장45, pp.508하~509상), 一卽具多名總相. 多卽非一是別相. 多類自同成於總. 各體別異現於同. 一多緣起理妙成. 壞住自法常不作. 唯智境界非事識. 以此方便會一乘.

으로 이루어진 고가의 백자도 결국 하나의 미진이 그 가치를 좌우한다. 이가 빠진 백자를 어찌 명품이라 하겠는가?

법장은 그의 《금사자장》에서 이러한 6상의 뜻을 금사자의 비유로 설명하고 있다. 사자는 총상(總相)이며, 그것의 눈 귀 코 등의 형태는 별상(別相)이다. 눈 등이 다 같이 하나로 화합하는 것이 동상(同相)이며, 그러면서도 눈은 자신의 형태를 지녀 코가 되지 않는 것이 이상(異相)이다. 그리고 눈 등이 화합하여 금사자의 형상을 이루는 것이 성상(成相)이며, 그러면서도 각각의 위치에서 금사자와 관계없이(다시 말해 뒤섞이지 않고서) 부동 불변하는 것이 괴상(壞相)이다.

이상의 6상 중 총·동·성의 3상이 전체로서의 무차별적인 측면(이를 圓融門이라 한다)이라면, 별·이·괴의 3상은 부분으로서의 차별적인 측면(이를 行布門이라 한다)이다. 곧 우주만유는 무차별(전체)과 차별(부분)의 불가분리의 관계에 놓여 있다. 양자는 서로가 서로를 포섭하여 원융무애하다. 총상을 떠나 별상이 없고, 동상을 떠나 이상이 없으며, 성상을 떠나 괴상이 없다. 다시 말해 6상은 상즉상입하여 하나 가운데 일체가 존재하며, 일체 가운데 하나가 존재한다.

이 같은 세계인식이 사사(事事)가 무애한 법계연기관[周遍含容觀]이지만, 이는 일상적 지식으로는 알려지지 않는다. 왜냐하면 이는 바로 무한 광대한 불타 깨달음의 세계, 불화엄(佛華嚴)의 세계이기 때문이다. 다만 이러한 6상원융을 방편으로 삼을 때 비로소 일승별교의 도리와 조우할 수 있다는 것이다.

3) 법계연기의 구체적 사례 열 가지 — 10현(玄)

이상에서 화엄의 사사무애의 세계관과 그 원리에 대해 살펴보았다. 그렇다면 법계의 사사(事事) 물물(物物)이 시간과 공간상에서 상즉상입하면서 원융무애하게 연기하는 모습은 구체적으로 어떠한가? 중국의 화엄교가들은 이를 열 가지 갈래[10玄門]로 정리하여 10현연기설, 혹은 10은 무량(無量) 무진(無盡)의 수이기 때문에 무진연기설이라고 하였다. 인물과 시대에 따라 순서와 내용이 다소 다른데, 이른바 신십현(新十玄)으로 일컬어지는 법장의 《탐현기》에서의 내용은 다음과 같다.

첫째, 동시구족상응문(同時具足相應門): 모든 존재는 불가분리의 관계로서 절대적으로 공존한다. 즉 과거 현재 미래의 모든 존재는 시간적으로 동시에 관계[相應]하고, 공간적으로도 서로가 서로를 구족하여 법계무진의 연기를 이루고 있으면서도 하나로 뒤섞이지 않고 각기 무애자재하다. 여기서는 상즉(相卽) 상입(相入)을 모두 설하고 있기 때문에 10현문 중의 총설에 해당한다.

둘째, 광협자재무애문(廣狹自在無礙門): 하나의 사물은 공간적으로 일체의 존재에 두루 편재하여 제한이 없으면서도[廣] 자신의 위치를 상실하지 않는다[狹]. 따라서 무제한과 제한은 무애자재하다. 참고로 고십현(古十玄)에서는 제장순잡구덕문(諸藏純雜具德門)이라 하였는데, 일체의 모든 존재[諸]는 서로를 포섭[攝藏]하니, 순일(純一)한 행과 잡다(雜多)한 행이 원융무애하나. 하나를 보면 열을 안다고 하였던가? 하나 속에 잡다한 열을 갖추고 있으며, 잡다한 열 속에 하나를 갖추고 있다. 곧 일이 바로 일체이며, 일체가 바로 일이다.

셋째, 일다상용부동문(一多相容不同門): 또한 하나와 여럿은 서로를 포함하지만 하나는 하나이고, 여럿은 여럿으로, 하나와 여럿은 동일하지 않다. 하나와 여럿은 서로를 장애하지도 않으며, 자신의 모습을 상실하지도 않는다. 예컨대 금(일)과 사자(다)는 서로를 포함하지만 그 상이 각기 다른 것과 같다.

넷째, 제법상즉자재문(諸法相卽自在門): 따라서 모든 존재는 차별로부터 자유롭다. 즉 존재의 차별상은 타자와의 관계를 통해 나타난 것일 뿐 그 자체 공(空)이라는 점에서 동체(同體)이다.

다섯째, 은밀현료구성문(隱密顯了俱成門): 모든 존재는 나타난 것만이 다가 아니다. 표면이 있으면 이면이 있다. 나타난 것이 하나이면 숨어 있는 것은 여럿이고, 나타난 것이 여럿이면 숨어 있는 것은 하나이다. 금으로 만든 사자를 사자로 보면 사자만이 나타나고 금은 숨어 있지만, 금으로 보면 금만이 나타나고 사자는 숨어 있는 것과 같다. 하나와 여럿은 은현(隱現)의 관계로서 동시에 성립한다.

여섯째, 미세상용안립문(微細相容安立門): 적은 것과 큰 것은 서로를 포함하지만 서로에 영향받지 않는다. 미세한 렌즈에 세계가 담기더라도 렌즈가 커지는 것은 아니듯이 한 알의 겨자씨에 수미산이 포용되더라도 수미산이 겨자씨처럼 작아지는 것도 아니다. 마찬가지로 하나의 유리병에 다수의 겨자씨를 넣더라도 하나가 되지 않듯이 하나가 여럿을 포함하더라도 여럿이 하나가 되는 것은 아니다.

일곱째, 인다라망경계문(因陀羅網境界門): 인다라(Indra)는 제석천(帝釋天)으로, 그의 궁전에는 형형색색의 보주(寶珠)로 만들어진 그물이 드리워져 있다. 그 보주 하나 하나에는 다른 모든 보주의 빛이 투영되며, 투영된 빛은 다른 보주에 반사되었다가 다시 투영된다. 두 장의 거울을 마주 놓으면 서로가 서로를 비춰 중첩되고 또 중첩되어 끝없이 이어진다. 광협(廣狹) 일다(一多) 등 모든 존재의 상즉상입은 이처럼 다만 한번의 중첩이 아닌 중중무진(重重無盡)으로 중첩된다.

여덟째, 탁사현법생해문(託事顯法生解門): 이러한 중중무진의 법계연기는 깊고 미묘하여 알기 어렵지만, 현실의 구체적 사실에 근거[託事]하여 그것이 바로 법계의 진리임을 바로 알 수 있다. 즉 별교일승에서는 현상의 사건 사물이 바로 여래법성(법계=性)의 현현(연기=起)이기 때문에 이를 떠나 달리 드러내야 할 진리가 없는 것이다.

아홉째, 십세격법이성문(十世隔法異成門): 모든 존재는 앞서 언급한 것처럼 공간적으로 원융무애하지만 시간적으로도 역시 그러하다. 과거·현재·미래의 3세 각각에 다시 3세가 있어 9세가 되며, 9세는 일념(一念)으로 총괄되어 10세가 된다. 즉 시간에는 선후가 있는 개별적 시간[別世]과 총체적 시간[總世]의 차별이 있지만[隔法], 9세와 일념(10세)은 상즉상입한다.

혹은 시간 자체는 실재하는 것이 아니라 사물에 근거하여 드러나는 것이므로 사물이 그러하듯이 모든 시간(9세)은 결국 일념에 지나지 않는다. 일념이 바로 무량겁이다. 하루가 여삼추(如三秋)일 수도 있고, 삼추의 세월이 하루와 같을 수도 있는 것이다. 그렇다고 하루가 삼추의 세월로 늘어나는 것도, 삼추의 세월이 하루로 줄어드는 것도 아니듯이 10세는 각기 전후 장단의 차별을 상실하지 않는다[異成].

열째, 주반원명구덕문(主伴圓明具德門): 이렇듯 삼라만상의 모든 존재는 그 자체 독립 자존하는 것이 아니라 시간과 공간을 통하여 하나가 주(主)가 되면 그 밖의 모든 존재는 이에 수반[伴]된다. 아무리 큰 그물이라 할지라도 하나의 코가 풀어짐으로써 전체 그물도 따라 풀어지게 된다. 하나의 그물코 속에 전체의 그물이 존재하며, 전체의 그물 속에 하나의 그물코가 존재한다. 이렇듯 모든 존재는 각기 그 밖의 다른 모든 존재를 포함하여 하나의 완전한 통일의 세계, 화엄의 세계로 나타난다.

참고로 고십현(古十玄)에서는 유심회전선성문(唯心廻轉善成門)으로 되어 있다. 이는 곧 일체의 모든 존재는 유심 즉 여래장의 자성청정심이 전변하여 이루어진 것이라는 의미로, 현상세계를 진망화합식(眞妄和合識)인 아뢰야식의 전변으로 이해하는 대승종교의 《기신론》과 구별짓는 명제라

할 수 있다.
 일체의 만유는 이상의 열 가지 관점에서 중중무진으로 상즉상입하여 원융무애하면서도 각기 자신의 정체성을 상실하지 않는다. 그것은 다름 아닌 진여 법성(여래성)이 출현한 것, 법계의 연기이다. 세계는 바야흐로 부처라는 꽃들의 동산[佛華嚴], 연화장(蓮華藏)의 세계라는 것이다.

4. 의상(義湘)의 《화엄일승법계도》

 의상(625~702)은 법장과 더불어 지엄(智儼, 602~660)의 뛰어난 제자였다. 그는 원효와 함께 두 번에 걸쳐 입당(入唐)을 시도하여 마침내 종남산 지상사의 지엄의 문하에 들어가 7년 동안 사사하였다. 화엄종의 실질적인 개창자인 지엄은 《수현기(搜玄記)》 등 다수의 저작을 남겼지만, 만년에 장년의 측근제자인 의상에게 자신의 교학을 정리해 줄 것을 청하였다고 한다.
 이에 의상은 《대승의(大乘義)》(10권)을 편집하였으나 더욱 압축할 것을 명 받고 《입의숭현장(立義崇玄章)》(4권)을 지었다가 이를 다시 압축하여 30구(句) 2백 10자로 이루어진 《법성게(法性偈)》를 탄생시켰다. 이를 본 지엄은 삼관(三觀)의 깊은 뜻을 포괄하고 십현(十玄)의 또 다른 아름다움을 망라한 화엄의 종요라 격찬하면서 눈물을 머금고 감격하였다고 한다.
 그 후 의상은 다시 《법성게》를 네 개의 기하학적 소용돌이가 교묘하게 엉켜 하나의 도상을 이루는 54각의 도인(圖印)으로 만들었는데, 이것이 바로 《화엄일승법계도(華嚴一乘法界圖)》이다.

```
一一微―塵―中―含―十  初―發―心―時―便―正―覺―生―死
|                   |                           |
一  量―無―是―卽―方  成  益―寶―雨―議―思―不―意  涅
|   |           |   |   |                   |   |
卽  劫  遠―劫―念―一  別  生  佛―普―賢―大―人  如  槃
|   |   |       |   |   |   |               |   |
多  九  量  卽―一―切  隔  滿  十  海―人―能―境  出  常
|   |   |   |       |   |   |   |           |   |
切  世  無  一―一―念  亂  虛  別  印―三―昧―中  繁  共
|   |   |   |       |   |   |   |           |   |
一  十  是―如―亦―中  雜  空  分―無―然―冥―事  理  和
|   |                   |                   |   |
卽  世―互―相―卽―仍―不  衆―生―隨―器―得―利―益  是
|                                               |
一  相―二―無―融―圓―性―法  叵―際―本―還―者―行  故
|                       |   |                   |
一  諸  智―所―知―非―餘  佛  息―盡―寶―莊―嚴―法  界
|   |   |           |   |   |               |   |
中  法  證  甚―性―眞  境  爲  妄  無―隨―家―歸  意  實
|   |   |   |       |   |   |   |           |   |
多  不  切  深  極―微  妙  名  想  尼  分―得―資  如  寶
|   |   |   |   |   |   |   |   |   |       |   |
切  動  一―絕―相―無  不  動  必  羅―陀―以―糧  捉  殿
|   |                   |                       |
一  本―來―寂―無―名  守  不―不―得―無―緣―善―巧  窮
|                   |                           |
一―中―一―成―緣―隨―性―自  來―舊―床―道―中―際―實―坐
```

'법(法)'으로부터 시작하여 '불(佛)'로 끝나는 그의 《법계도》는 여래출현의 찬된 모습인 연화장세계를 추구하는 화엄수행자의 구도과정을 도상화한 것이라고도 일컬어진다. 54굴곡(각)은 지난한 수행의 과정으로, 〈입법계품〉에서 선재동자가 53선지식(문수보살은 두 번)을 만나는 것을 상징한다는 것이다.

의상은 《법계도》 서문에서 다음과 같이 말하고 있다.

    대저 대성(大聖)의 선교(善敎)에는 일정한 방식이 없으니, 중생들의 근기에 따라, 병에 따라 한결같지 않다. 그럼에도 미혹한 자들은 말씀의 자취만을 지켜 실체가 무엇인지도 알지 못하면서 부지런히 정진하여 그 근본으로 들어가려 하지만 참으로 요원하다. 그래서 이치에 의지하고 말씀에 근거하여 간략히 반시(槃詩, 구불구불 돌아가는

《법계도》를 말함)를 지어 말에 집착하는 무리들로 하여금 말이 없는 참된 근원〔無名眞源〕으로 돌아가게 하고자 하였다.14)

여기서 참된 근원이란 무엇인가? 그것은 바로 불화엄의 세계, 연화장의 세계이다. 그곳에 이르는 길은 오로지 한길〔一道, 즉 일승〕만 있을 뿐이지만, 공간적으로나 시간적으로 원융무애하기 때문에 시작도 끝도 없다. 그러나 중생(삼승)의 근기가 한결같지 않기 때문에 굴곡이 있지만 그것은 결국 한길로 이어진다. 구부러진 길을 가다보면 마침내 진실〔佛〕에 이르게 마련이다.

《법계도》의 주석으로는 후대 의상을 따르는 제자들이 편찬한 《화엄일승법계도기총수록(華嚴一乘法界圖記叢髓錄)》과 균여의 《일승법계도원통기(一乘法界圖圓通記)》, 조선시대 때 설잠 김시습의 《일승법계도주(一乘法界圖註)》가 현존한다. 이미 화엄사상 전반을 소개하였으므로 여기서는 원문과 그 번역만을 옮겨 적는 것으로 본 장을 마치고자 한다.

《화엄일승법계도》
法性圓融無二相(법성원융무이상) 존재의 본성은 원융하여 어떠한 차별도 없고
諸法不動本來寂(제법부동본래적) 모든 존재 또한 어떠한 동요도 없이 본래 고요하다.
無名無相絶一切(무명무상절일체) 그것은 바로 개별적 명칭과 형상이 모두 끊어진 경지로
證智所知非餘境(증지소지비여경) 깨달음에 의해서만 알려질 뿐 앎의 대상이 아니다.
眞性甚深極微妙(진성심심극미묘) 진실의 본성(원성실성)은 매우 깊고 지극히 미묘하지만
不守自性隨緣成(불수자성수연성) 자성을 고수하지 않고 연에 따라 나타나니
一中一切多中一(일중일체다중일) 하나 가운데 일체가 존재하고, 여럿 중에 하나가 존

---

14) 《화엄일승법계도》(한국불교전서2, p.1상).

재하며
 一卽一切多卽一(일즉일체다즉일) 하나가 바로 일체이며, 여럿이 바로 하나이다.
 一微塵中含十方(일미진중함시방) 하나의 먼지 티끌 속에 시방의 우주를 포함하고
 一切塵中亦如是(일체진중역여시) 일체의 먼지 티끌 중에도 역시 그러하다.
 無量遠劫卽一念(무량원겁즉일념) 나아가 아득한 무량의 영겁이 일념에 지나지 않으며
 一念卽是無量劫(일념즉시무량겁) 일념이 바로 무량의 영겁이니,
 九世十世互相卽(구세십세호상즉) 9세와 10세(일념)는 서로 상즉하지만
 仍不雜亂隔別成(잉불잡란격별성) 서로 뒤섞이지 않고 각각의 차별이 성취된다.
 初發心時便正覺(초발심시변정각) 처음 발심할 때가 바로 깨달음의 순간이니
 生死涅槃常共和(생사열반상공화) 생사와 열반이 늘 함께 한다.
 理事冥然無分別(이사명연무분별) 본체와 현상이 함께 그윽하여 어떠한 차별도 없으니
 十佛普賢大人境(십불보현대인경) 이는 바로 모든 부처(10불)와 보현보살과 같은 대인의 경지로다.
 能仁海印三昧中(능인해인삼매중) 부처님(능인)께서는 해인삼매 중에서
 繁出如意不思議(번출여의부사의) 참으로 불가사의한 여의(如意)의 세계를 연출하시어
 雨寶益生滿虛空(우보익생만허공) 보배의 비를 내려 허공 가득 중생을 이롭게 하시니
 衆生隨器得利益(중생수기득이익) 중생은 각기 근기에 따라 이익을 얻는다.
 是故行者還本際(시고행자환본제) 그러므로 수행자는 이러한 참된 근원(본제)으로 돌아가야 할 것이로되
 叵息忘想必不得(파식망상필부득) 관념의 조작(망상)을 그치지 않으면 획득하기 어려우니
 無緣善巧捉如意(무연선교착여의) 무연의 뛰어난 방편으로 '여의'를 꽉 잡아
 歸家隨分得資糧(귀가수분득자량) 근원으로 돌아가는 밑천으로 삼아야 할 것이로다.
 以陀羅尼無盡寶(이다라니무진보) 그리하여 다라니(일념, 總持)라는 무진장의 보배로써
 莊嚴法界實寶殿(장엄법계실보전) 법계의 진실한 보궁을 장엄하고서
 窮坐實際中道床(궁좌실제중도상) 궁극에는 참된 근원인 중도의 자리에 앉을 것이니
 舊來不動名爲佛(구래부동명위불) 아득한 예부터 부동인 바로 그 자리, 부처의 자리구나.

제13장 선(禪)
-진리란 '호떡'이다-

1. 선의 유래

선(禪)이란 범어 드야나(dhyāna, 팔리어 jhnāna)의 음역(音譯)인 선나(禪那)에서 '나'가 탈락한 말로서, '고요히 생각하다'는 정도의 의미이다. 그래서 정려(靜慮) 사유수(思惟修)로 번역하기도 한다. 보통 선은 정(定)이라는 말과 짝을 이루어 '선정'이라는 말로 쓰이기도 한다. '정'은 사마파티(samapatti)의 역어로서, 어지러운 마음이 하나의 대상에 집중하여 평등하게 된 상태이며, 그래서 등지(等至)로 번역하기도 한다.

곧 선 혹은 선정이란 마음을 하나의 대상에 집중 전념하는 명상이나 정신통일을 말한다. 인도철학이나 불교에 있어 명상을 의미하는 술어는 이것만이 아니다. 삼매(三昧, samādhi)나 요가(yoga)도 명상의 일종이며, 마음의 작용을 멈춘다는 뜻의 사마타(śamatha, 止)도 역시 같은 뜻이다.

제1장('철학과 종교')에서 말하였듯이 인도철학에 있어 궁극적 실재나 존재의 본성(혹은 실상)은 인식의 대상이 아니라 통찰의 대상이다. 아니 그것은 대상화될 수 있는 것이 아니다. 그것은 차별을 떠난 단일 보편의

존재이기 때문에 현실에서는 발견될 수 없고, 분별의 언어로써도 말되어질 수 없는 성질의 것이다. 그래서 인도의 거의 모든 철학에서는 언제나 명상을 통한 직관적 통찰, 종교적이고도 실천적인 진리인식의 방법을 채택하고 있는 것이다.

통찰의 예지와 분별의 인식은 다르다. 초기불교 이래 통찰의 예지〔慧〕는 언제나 도덕적 금계〔戒〕와 명상〔定〕에 수반되는 것이었다. 금계와 명상과 예지는 해탈의 세 축(3學)이었으며, 명상〔止, śamatha〕과 통찰〔觀, vipaśanā〕은 언제나 함께 하는 것이었다.

그렇다면 그들은 명상을 통해 무엇을 통찰하였던가? 학파를 달리하는 만큼 통찰의 대상도 달랐다. 인도의 전통철학인 베단타학파에서는 아트만(자아)이 통찰의 대상이었다. 그것은 육체와 목숨과 의식과 지성의 토대였다. 따라서 그것은 지성을 통해 인식되는 것이 아니다. 도리어 일체의 심리작용을 억제하고 소멸함으로써 드러나는 것으로, 이것이 그들의 요가였다.[1]

이에 반해 초기불교에서의 통찰의 대상은 무상과 무아였다. 욕망 등에 의해 조작된 세계를 영원하다거나 '나' 혹은 나의 것이라고 여기는 것이야말로 괴로움의 근원이었기 때문이다. 그러나 우리가 아는 무상과 무아는 다만 개념적 이해일 뿐이기 때문에 그것으로는 욕망 등의 번뇌를 끊을 수 없다. 어떠한 언어적 매개도 통하지 않고 직접적이고도 즉각적으로 통찰하기 위해서는 항상 깨어 있어야 하며, 어떠한 심적 동요도 없는 명상의 상태에 이르러야 하는데, 그들은 그러한 명상을 네 단계로 나누어 4정려(靜慮)라고 하였다.

또한 이미 살펴본 대로 중관학파에서의 통찰의 대상은 공(空)이었고,

---

[1] 구체적 내용에 대해서는 본서 제2장 3-1) '상캬와 요가학파'를 참조할 것.

유가행파에서는 유식성(唯識性), 여래장사상에서는 진여성(眞如性)이었다. 나아가 천태에서는 일심삼관(一心三觀)을 말하였고, 화엄에서는 유심법계관(唯心法界觀)을 말하였다. 이것은 모두 궁극적인 진리로서, 언어적 개념적 이해의 대상이 아니다. 그러나 우리는 일상에서 흔히 경험하는, 초기불교에서 말하는 노(老)・병(病)・사(死)조차 다만 개념적으로 인식할 뿐인데 하물며 사사무애를 말해 무엇할 것인가?

우리에게 있어 죽음은 불가피한 것이지만 항상 저만큼 떨어져 있다. 우리가 인식하는 죽음은 다만 남의 죽음이고, 객관적 사실로서의 죽음일 뿐 구체적인 나의 죽음은 아니다. 아무리 굳건한 탐욕도 죽음 앞에선 아지랑이같이 사라진다. 초기불교의 수행자들은 이 같은 구체적이고도 실존적인 죽음을 가상으로 체험하기 위해 부정관(不淨觀)을 닦기도 하였다.

본서에서는 거의 생략하였지만, 불교 제 학파에서는 그 같은 통찰에 이르는 절차와 방법, 이른바 수행관에 대해 자세하게 설명하고 있다. 유식의 5위(位)나 화엄의 10지(地)가 바로 그러한 것으로,[2] 수행관이 배제된 이론은 결국 형이상학적인 사변에 지나지 않기 때문이다.

아무튼 존재본성 내지 실상은 언제나 언어적 개념적 이해를 초월해 있다. 그것은 명상을 통한 통찰의 대상이다. 그렇다면 그 같은 실상에 대한 언어적 교설은 무엇인가? 그것은 다만 가설로서 방편이다. 말이 바로 피안은 아니다. 말은 피안으로 건너가기 위한 뗏목과 같은 것이다. 말이 바로 달은 아니다. 말은 달을 가리키는 손가락과 같은 것이다.

불타도 말하였다.: "법(가르침)에도 집착하지 마라. 법조차 버려야 하거늘 하물며 비법을 버리지 않을 것인가?"

---

[2] 유식의 5위에 대해서는 본서 제9장 3. '깨달음으로의 길'에서, 화엄의 10지에 대해서는 제12장 1. '《화엄경》의 중심사상'에서 설명하였다.

2. 선종(禪宗)의 성립과 발전

1) 보리달마와 초기 선종

선에는 통찰의 대상과 목적에 따라 수많은 갈래가 있을 수 있겠으나 당나라 때 선승이자 화엄종의 5조인 규봉종밀은 그의 《선원제전집도서(禪源諸詮集都序)》에서 외도선(外道禪)·범부선(凡夫禪)·소승선(小乘禪)·대승선(大乘禪)·최상승선(最上乘禪)으로 나누고 있다.

그에 따르면 외도선이란 보다 높은 하늘의 세계[上界]를 추구하는 선을 말하며, 범부선은 인과에 따라 보다 큰 과보를 추구하는 선을, 소승선은 아공(我空)의 이치만을 깨달아 닦는 선을, 대승선은 아공과 법공에 의해 드러나는 진리성을 깨달아 닦는 선을 말한다. 그리고 최상승선이란 본래 청정한 자성이 바로 부처임을 깨달아 이에 의지하여 닦는 여래청정선(如來清淨禪)으로, 보리달마(菩提達摩)로부터 비롯된 것이라고 하였다.

중국에는 일찍부터 여러 삼매경전들이 전해져 관법(觀法)이나 관불(觀佛)의 선법(禪法)이 유행하였지만, 이른바 선종이라 함은 보리달마를 초조(初祖)로 삼아 불립문자(不立文字) 교외별전(敎外別傳)을 표방하는 종파를 말한다. 그는 역사의 빛이 바래져 신비에 싸인 인물로 남아 있다. 남인도 출신이라고도 하고 페르시아 인으로도 전한다. 스승의 유언에 따라 중국에 왔는데, 그 때가 양(梁) 무제(武帝) 원년(520)으로, 그의 나이 150세 무렵이었다고 한다. 여기에 유명한 일화가 전한다.

양 무제가 그를 초청하여 물었다. "나는 즉위한 이래 많은 사원을 건립하고 경전을 베꼈으며, 수많은 승니(僧尼)들에게 공양을 하였는데, 여기에 어떠한 공덕이 있겠는가?"

이에 달마는 말하였다. "아무런 공덕도 없소."

"그렇다면 성스러운 진리의 으뜸가는 뜻은 무엇인가?"

"텅 비어 어떠한 성스러움도 없소."

"없다니, 그렇다면 성스러운 진리를 전하러 멀리 인도에서 온 그대는 누구인가?"

"나도 모르오."

무제는 결코 그의 말뜻을 이해할 수 없었다. 이에 달마는 홀연히 양자강을 건너(갈대 잎을 타고서) 북위의 수도인 낙양으로 가 잠시 머문 뒤 숭산의 소림사에서 9년 동안 면벽(面壁) 수행하다가 160세에 이르러 입멸하였다고 한다. 혹은 보리류지와 광통율사의 배척을 받아 입멸하였다고도 한다. 그런데 그로부터 3년이 지난 후 위나라의 사신 송운(宋雲)이 인도에서 귀국하는 길에 파미르고원에서 신발 한 짝을 손에 들고 인도로 돌아가는 그와 만났는데, 돌아와 그의 무덤을 파보니 한 짝의 신발만 남아 있었다는 전설도 전한다.

이는 모두 송대(宋代) 이후에 꾸며진 픽션으로 인정된다. 도리어 그의 당대문헌에서는 그가 낙양의 영령사(永寧寺)의 화려함에 감탄하였으며, 돌아다니며 《능가경》을 설하고 주석(《楞伽要義》)하였다고 전한다. 《능가경》이야말로 인자(仁者)가 이에 의지하여 깨달음을 얻고 세상을 제도할 수 있는 경이라고 말하기도 하였다.

아무튼 그의 법은 혜가(慧可) — 승찬(僧璨) — 도신(道信) — 홍인(弘忍) — 혜능(慧能)으로 이어진다. 혜가가 그의 제자 되기를 청하여 받아들여지지 않자 자신의 왼팔을 잘라 구도의 진심과 열망을 나타냈다는 전설 또한 유명하다. 그는 혜가에게 《능가경》을 전수하여 후계의 신표로 삼았으며, 이로 인해 달마의 일파를 초기에는 선종이라 하지 않고 능가종(楞伽宗)이라고 하였다. 나아가 8세기 초 능가종의 계보를 기록한 《능가사자기(楞伽師資記)》(이는 백여 년 전 돈황에서 출토되었다)에서는 《능가경》의 역자인

구나발타라(求那拔陀羅)를 초조로, 달마를 제2조로 전하고 있다.

이미 여래장사상에서 살펴본 대로《능가경》에서는 생멸과 진여의 토대로서의 여래장을 설하고 있는데, 그것은 바로《기신론》에서 말한 진여일심, 자성청정심에 다름 아니다.

달마는 도에 들어가는 방법으로 이입(理入)과 행입(行入) 두 가지를 말하고 있다. 이입이란 경전의 이치를 통해 진리를 체득하는 것으로, 살아 있는 것의 본래마음[眞性]을 믿고 이를 오롯[凝然]하게 벽관(壁觀)하여 자타가 둘이 아님을 깨달아 동요가 없는 무위의 경지로 들어가는 것을 말한다. 또한 행입이란, 실천을 통해 진리를 체득하는 것으로, 여기에는 보원행(報怨行)·수연행(隨緣行)·무소구행(無所求行)·칭법행(稱法行) 네 가지가 있다.

보원행이란 수행하면서 겪는 온갖 번뇌와 고통은 모두 자신의 과거 숙업의 업보로 달게 여기고, 이에 따른 원망을 수행의 밑천으로 삼는 것이며, 수연행이란 모든 것은 인연에 따라 생겨난 것이어서 실체가 없으므로 그것으로 인해 마음의 동요를 일으키지 않는 것을 말한다. 무소구행은 더 이상 집착하여 추구하는 바가 없는 것이고, 칭법행은 일체중생이 본래 청정하나는 진리성을 믿고 이에 따라 집착함이 없이 6바라밀을 닦는 것을 말한다.

이것이 이른바 안심(安心)법문으로 일컬어지는 보리달마의 2입 4행론으로, 매우 간명한 수행법이라 할 수 있다. 먼저 경전에 의거하여 문자에 집착함이 없이 그 근본정신을 파악하고, 그에 따라 실천 수행하라는 것은 기존의 불교와 별반 다를 바가 없어 보인다.

그렇다면 불립문자 교외별전을 표방하는 선종의 근본취지에 어긋나지 않는가? 그렇다. 그것은 후대에 개변(改變)된 것이다. 그는 불립문자는커녕 도리어 경설을 매우 중시하였었다.[3] 다만 문자에 집착해서는 안 된다는 것인데, 이 또한 초기불교 이래 모든 불교가 추구하는 바였다. 《능가경》은 좀더 적극적이었을 뿐이다.

여기서는 '여래는 언설망상을 떠난 궁극의 경지를 획득[自得法]하였기 때문에, 그러한 경지는 여래가 세상에 출현하든 출현하지 않든 법계상주[本主法]하기 때문에 정등각을 얻은 때로부터 반열반에 들기까지 궁극적으로 어떠한 말도 설한 일이 없으며, 설하지 않음[不說]이 바로 불설(佛說)이다'고까지 말할 정도였다.[4]

2) 조사선의 등장

우리나라 어느 절에 가더라도 법당 외벽에 어떤 이가 디딜방아를 찧고 있는 그림을 볼 수 있다. 이 분이 선종 제6조인 혜능(慧能, 638~713)으로, 오늘날 한국불교의 대표종단인 조계종은 이에 기원을 두고 있으며, 조계종(曹溪宗)이라는 명칭 또한 이 분이 머물렀던 산의 이름에서 유래한 것이다. 이 방아 찧는 그림은 선종계보(이를 燈傳이라 한다)의 전기(轉機)를 이루는 한 대목이다.

혜능은 세 살 때 아버지를 여의고 남해로 이주하여 장작을 팔아 모친을 봉양하였다. 어느 날 시장거리에서 한 탁발승이 '마땅히 집착하는 바가 없이 그 마음을 내어라(應無所住 而生其心)'는 《금강경》 구절을 독경하는 소리를 듣고 그 자리에서 깨달은 바가 있어 그 말의 유래를 물었다. 탁발승이 홍인(弘忍, 602~675)의 제자들은 모두 이 경을 외운다고 말해주자 그는 바로 모친에게 작별을 고하고 기주(蘄州, 지금의 호북성 蘄春縣)의 황매산으로 가 홍인의 제자가 되기를 청하였다. 홍인이 물었다.

"어디서 왔는가?"

---

3) 김동화, 《선종사상사》(태극출판사, 1975), p.89.
4) 《능가아발다라보경(楞伽阿拔多羅寶經)》 권제3(대정장16, p.498하).

"영남에서 왔습니다."

"무슨 일로 왔는가?"

"오로지 부처가 되고자 합니다."

"영남사람은 오랑캐로 불성이 없는데, 어찌 부처를 얻을 것인가?"

"사람은 남북이 있을지라도 어찌 불성이 그러하겠습니까?"

이에 홍인은 내심 그의 그릇됨을 기뻐하였지만 물러가 방아를 찧게 하였다. 그로부터 8개월 뒤 홍인은 대중들에게 깨달은 바가 있으면 글을 지어 올리라 하고, 이로써 자신의 후계를 결정하겠다고 말하였다. 그 때 이미 그의 문하에는 신수(神秀, ?~706)라는 상수(上首)의 제자가 있어 다음과 같은 글을 내 부쳤다.

몸은 바로 보리수이며	身是菩提樹
마음은 맑은 거울과 같으니	心如明鏡臺
항상 부지런히 쓸고 닦아	時時勤拂拭
먼지가 끼지 않도록 해야 할 것이다.	勿使惹塵埃

이에 혜능은 아름답기는 하나 불법의 대의를 알지 못한 것이라며 자신도 시를 지었는데, 글을 모르는지라 다른 사람으로 하여금 대신 쓰게 하였다.

보리는 본래 나무가 아니며	菩提本無樹
맑은 거울 역시 대(臺)가 아니니	明鏡亦非臺
본래 아무것도 존재하지 않는데	本來無一物
어디에 먼지가 끼겠는가?	何處惹塵埃

대중들이 몰려와 다투어 보고서 "글도 알지 못하는 방앗간쟁이가 어찌

이런 뛰어난 시를 쓸 수 있단 말인가?" 하며 놀라워하였다. 홍인 역시 그러하였으나 후계문제로 분쟁이 일어날까 염려하여 "이는 아무런 뜻도 없는 말이라 쓸데없는 것이다."고 일축하였다.

그 날 밤 홍인이 은밀히 방앗간으로 찾아가 "쌀은 다 찧었는가?"라고 물으니, 혜능은 "쌀은 이미 다 찧었지만 아직 때가 되지 않았습니다."고 하였다. 이에 홍인은 지팡이로 방아를 세 번 내리쳤고, 삼경에 찾아온 그에게 의발(衣鉢, 가사와 발우, 후계자에게 물려주는 신표)을 전하면서 "사람들이 그대를 해칠까 두려우니, 지금 빨리 떠나라"고 하였다. 그는 그 길로 남행하여 조계산 보림사(寶林寺)에 이르렀다.

이후의 행적은 보다 드라마틱하다. 남행 도중 그를 쫓아온 이들을 법력으로 따돌리고 보림사에 이르렀지만, 그를 추적해온 이들로 인해 9개월만에 다시 그곳을 떠나지 않으면 안 되었다. 그 후 15년 간을 사냥꾼들 틈에 숨어살다가 당시 《열반경》의 대가였던 인종(印宗)과 극적으로 해후하여 비로소 그로부터 수계득도(受戒得度)하였다. 그리고 바로 그들에게 설법하다가 마침내 보림사에 이르러 조계(曹溪)의 법을 드날리게 된다.

이에 따라 보리달마의 선법은 5조 홍인에 이르러 혜능을 중심으로 하는 돈오(頓悟)의 남종(南宗)과 신수를 중심으로 하는 점수(漸修)의 북종(北宗)으로 나눠지게 되었다. 이 이야기의 주인공은 혜능이며, 이야기 또한 혜능 문하에서 생산된 것이다. 북종선은 한 때 크게 융성하였으나 점차 남종선이 중국 선종의 주류가 되면서 점차 쇠퇴하고 말았기 때문이다.

그러나 혜능이 6조의 지위를 얻게 된 것은 그의 몰(沒) 후 그의 제자 하택신회(荷澤神會, 670~762)에 의해서였다. 오랑캐 출신의 일자무식인 혜능이 《금강경》의 한 구절에 깨쳤다거나 홍인과의 첫 만남에서의 극적인 담론도 그에게서 비롯된 것이며, 전설의 절정을 이루는 혜능과 신수의 대결은 《육조단경(六祖壇經)》에 비로소 나타날 뿐 《능가사자기》나 《역대

법보기(歷代法寶記)》와 같은 초기 선종문헌에는 언급되지 않는다. 그나마 돈황본《육조단경》에서 제3구는 '불성상청정(佛性常淸淨) — 불성은 항상 청정한데'이다.5)

북종이라는 명칭 또한 신회로부터 비롯되었다. 그는 달마선종의 정통은 혜능이며, 북종은 그 방계에 불과하다고 비난하였다. 곧 북종이라는 말은 대승이 그 때까지의 전통불교를 '소승'이라 불렀던 것과 같은 폄칭의 의미로, 소승이 그러하였던 것처럼 그들 자신은 북종이라 칭하지 않았다. 또한 당시 실제 선종의 주류는 남종이 아니라 북종이었으며, 당연히 신수가 6조로 불리고 있었다.(《능가사자기》)

다른 한편 중국의 초기 선종사에는 남종과 북종 뿐만 아니라 4조 도신(道信, 580~674)의 제자 법융(法融)에서 비롯된 반야공관 계통의 우두종(牛頭宗)도 있었고, 5조 홍인의 문하에서 나온 염불선 계통인 정중종(淨衆宗)도 있었다. 정중종은 지선(智詵) — 처적(處寂) — 무상(無相)으로 이어지는데, 특히 무상(714~774)은 신라출신으로 티베트에서 돈점의 논쟁을 벌이기도 하였다.

아무튼 신회에 의해 수립된 혜능 중심의 남종은 안사(安史)의 난으로 인해 중앙 문벌귀족의 권위가 약화되고 지방호족이 대두되면서 새로운 국면을 맞게 된다. 아이러니컬하게도 신회가 입적한 후 그가 표방하였던 이념과 동일한 기치아래 조계(曹溪)의 참 정신을 전승하였다고 주장하는 이들이 차례로 나타나 혜능을 더욱 절대화시키면서 자신들의 이상을 드러내려고 하였다. 그들의 갈래는 애시당초 혜능의 10대 제자에도 포함되지 않았지만, 자신들이 서천(西天, 인도)의 28조인 보리달마와 동토(東土, 중국)의 6조인 혜능의 전등(傳燈)을 잇는 정통임을 자임하였다. 그 결과

---

5) 이것이 '본래무일물'로 개작된 것은 《보림전(寶林傳)》에서였다(정성본, 《중국선종의 성립사 연구》, 민족사, 1991, p.572).

신회(하택종) 또한 6조의 방계로 전락하고 만다.
 이리하여 마침내 인도에서 다만 깨달음의 방편으로 이해되던 선이 삼매의 영역에서 벗어나 현실적인 중국인의 종교로서 일상 속으로 들어오게 되었다. 그들은 바야흐로 불립문자(不立文字) 교외별전(敎外別傳)을 표방하는 새로운 불교, 이심전심(以心傳心)으로 이어지는 조사선(祖師禪)의 선종(禪宗)을 성립시키게 되었는데, 그 시작은 마조도일(馬祖道一, 709~788)과 석두희천(石頭希遷, 700~790)이었고, 이 새로운 불교를 가름하는 이정표는 《보림전(寶林傳)》(801년 智炬가 지음)이었다.
 마조와 석두의 스승은 각기 남악회양(南嶽懷讓, 677~744)과 청원행사(靑原行思, ?~741)였다. 앞서 언급한대로 이들은 비록 혜능의 제자였지만 《육조단경》에서 전하는 그의 10대 제자는 아니었다. 마조와 석두, 그리고 기라성같이 나타난 제자의 활약이 그들 두 스승의 이름을 조사의 반열에 올렸을 수도 있으며, 혹은 이제 바야흐로 그들의 새로운 불교가 혜능과 신회의 시대를 넘어섰다는 사실을 의미한다고도 볼 수 있다.
 당대(唐代) 중 후기에 걸쳐 크게 발전한 선종은 무종(武宗)의 폐불(廢佛)에도 불구하고 오히려 더욱 번성하였다. 폐불이란 불교에 대한 대대적인 박해 탄압을 말하는 것으로, 중국불교 역사상 전후 네 번에 걸쳐 행해졌는데, 이를 보통 3무(武) 1종(宗)의 법난(法難)이라 한다. 여기서 3무란 북위의 태무제(太武帝)・북주의 무제・당의 무종을 말하며, 1종은 후주의 세종을 말한다. 무종의 연호를 따 '회창(會昌)의 폐불'로 일컬어지는 당말의 폐불은 표면적으로는 도교의 불교배격에 따른 것이지만 쇠잔해 가는 왕조의 경제적 문제 혹은 승니의 부패 타락 때문이었다.
 그러나 선종은 폐불에도 거리낄 것이 없었다. 전통적인 불교수행이었던 경전연구나 종교적 계율을 떠나 일상생활 속에서 불교를 실천하고, 또한 '하루 일하지 않으면 하루 먹지 않는다'는 청규(淸規)에 따라 생활하든 그들은 폐불사건을 계기로 도리어 온갖 다양한 풍격의 선을 구현하였다.
 이른바 5가(家) 7종(宗)이 바로 그것으로, 백장청규로 유명한 마조의 제자 백장회해(百丈懷海, 720~814)의 문하에서 위산영우(潙山靈祐, 771~853) → 앙산혜적(仰山慧寂, 807~883)이 나와 위앙종(潙仰宗)을, 황벽희운(黃檗希運, ?~850) → 임제의현(臨濟義玄, ?~866)이 나와 임제종을 세웠으며, 석두의 문하에서 동산양개(洞山良介, 807~869)가 나와 조동종(曹洞宗)을, 운문문언(雲門文偃, ?~949)과 법안문익(法眼文益, 885~958)이 나와 각기 운문종과 법안종을 세웠다. 그리고 다시 임제종의 황룡혜남(黃龍慧南, ?~1069)과 양기방회(楊岐方會, ?~1049)에 의해 황룡파와 양기파가 세워졌다.
 이를 도표로 나타내면 다음과 같다.

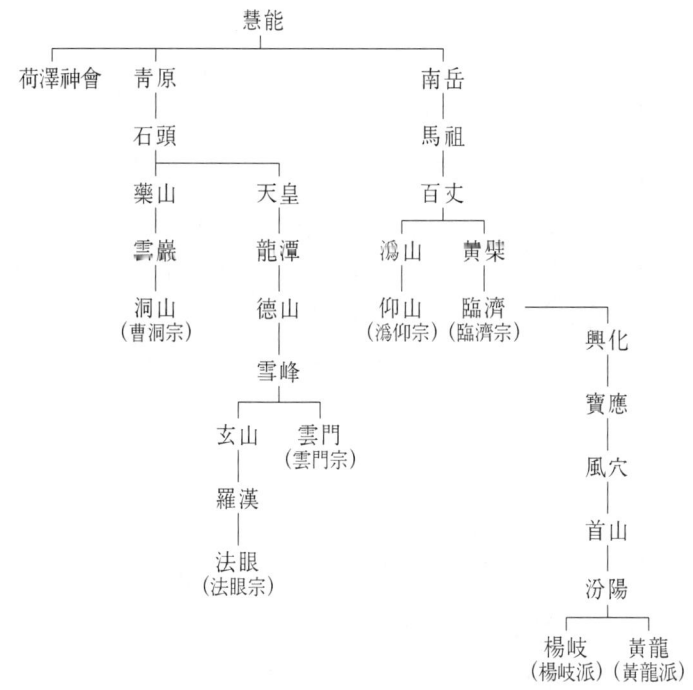

이 중 위앙종은 일찍이 쇠퇴하였고, 후대까지 오래 법맥을 유지한 것은 조동종과 임제종이었다. 참고로 우리나라의 선종은 신라 하대 구산선문(九山禪門)이 그 효시를 이루는데, 대개 마조도일의 법맥(이를 洪州宗이라 한다)이었다.6)

그 후 임제의 11대 법손이며 양기파의 5세가 되는 대혜종고(大慧宗杲)로부터 크게 영향받은 보조지눌은 정혜쌍수를 주장하며 간화경절문에서 임제선을 선양하였지만(후술) 하나의 법통으로 계승된 것은 아니었다. 그러다가 고려 말 태고보우(太古普愚, 1301~1382)가 임제의 18세 적손인 석옥청공(石屋淸珙, 1270~1352)의 법을 계승하여 한국불교의 또 다른 전통을 수립하게 되었다.

3. 선사상

1) 조사선의 특색

비록 후대 전설이기는 하지만 앞서 보리달마는 성스러운 진리의 으뜸가는 뜻[聖諦第一義]을 묻는 양 무제에게 '그런 것 없다[廓然無聖]'고 하였다. 그렇다면 왜 그는 그것을 전하러 멀리 인도로부터 왔던 것인가?

어떤 스님이 조주(趙州, 임제종)에게 물었다.

---

6) 민영규(閔泳珪) 선생은 규봉종밀의 전법비(傳法碑)에 따라 마조도일이 신라승 무상(無相)의 제자라고 주장한다. 마조가 남악회양의 제자로 개변된 것은 《보림전》에서였다는 것이다. 당시 신라의 선승들은 모두 마조의 직제자인 서당지장(西堂智藏)에게서 수학하였거나 그 계열에 속한다는 것도 여러 이유중의 하나였다(민영규, 《사천강단(四川講壇)》, 우당, 1994, pp.11~39).

"조사(祖師, 즉 달마)가 서쪽에서 오신 까닭이 무엇입니까?"
조주가 대답하였다.
"뜰 앞의 잣나무이니라."[7]

이게 무슨 해괴한 소리인가?

남방의 스리랑카로 전파된 불교는 초기불교의 순수성을 그대로 유지하였다. 거기서는 경전의 번역도, 새로운 종파도 이루어지지 않았으며, 삼장의 정리와 주석조차 인도에서 온 학자들 손에 의해 이루어졌다.

이에 반해 중국(동아시아)에 전래된 불교는 새롭게 변모 전개한다. 중국인들은 자신들의 사상을 통해 불교를 이해하려고도 하였고, 교상판석이라는 비판적 방식을 통해 불교를 분류하기도 하였다. 그리고 그에 따라 새로운 텍스트를 작성하였다. 천태종의 일념삼천도, 화엄종의 육상원융도 그것의 결과이다. 나아가 그들은 경전까지 새로이 결집하기도 하였다(이를 僞經이라 한다). 이러한 불교수용의 노력은 물경 천년에 걸친 것이었고, 그 결과 대장경(大藏經)의 조판(雕板)이라는 세계문화사상의 유례가 없는 대사업을 성취하기도 하였다.

중국의 불교는 사실상 인도의 불교와는 다른 새로운 불교였다. 특히 선종의 경우는 더욱 그러하여 완전히 중국화된 것이었다. 그리고 그것은 앞서 설명한대로 보리달마가 전래한 인도선의 색채를 완전히 벗어버리는 6조 혜능, 엄격히 말하면 조사선이 성립되는 마조도일로부터였다.

조사선이란 무엇인가? 그것은 더 이상 부처나 궁극적인 존재실상을 관하는 관불(觀佛) 관법(觀法)이 아니었다. 따라서 본래 청정한 자성이 바로 부처임을 깨달아 닦는 여래청정선, 다시 말해 앞서 규봉종밀이 분류한 다섯 가지 선 중의 최상승선도, 달마가 전한 선법도 아니었다. 이는 다름 아

---

[7] 《무문관(無門關)》 제37측 정전백수(庭前柏樹).

닌 《능가경》에서 말한 여래선일 뿐이기 때문이다.8) 여래선이란 여전히 문자의 의미에 사로잡혀 있다고 그들은 말하고 있다.

그렇다면 조사선은 무엇인가? 조사(祖師)란 원래 어떤 한 학파의 창시자를 가리키는 말이지만, 선종의 계보(예컨대 《보림전》)가 확립되는 9세기 이후가 되면 구체적인 말에 의해서가 아니라 이심전심으로 스승과 제자가 상통 계합함으로써 이어지는(이를 付法藏傳이라 한다) 계통상의 스승을 말한다. 그러므로 조사선이란 이른바 이심전심(以心傳心) 교외별전(敎外別傳)으로서의 선을 말한다.

그래서 그들은 그들만의 계보가 필요하였던 것이다. 교외별전은 가깝게는 홍인과 혜능 사이에서도 이루어지고 있지만, 멀리는 불타와 가섭의 경우도 역시 그러하였다고 그들은 말하고 있다. 우리가 익히 아는 '염화시중(拈華示衆)의 미소'가 그 중 하나이다.

즉 세존께서 영취산에서 설법하고자 법좌에 올라 문득 금색의 꽃을 들어 보이니, 대중들은 모두 어리둥절해 하였으나 가섭만이 미소를 지었는데, 이것이 바로 그러한 경우라는 것이다. 혹은 불타가 다자탑 앞에서 설법할 때 늦게 도착한 가섭을 위해 자리의 반을 내어 주었다거나 혹은 열반에 들었을 때 관속에서 두 발을 내밀어 늦게 도착한 가섭으로 하여금 보게 하였다는 것이다(이를 三處傳心이라 한다). 이는 물론 역사적 사실이 아니며, 《전등록》이 작성된 훨씬 이후(12세기)에 나타나는 이야기이다.

조사란 언어를 매개로 객체로서 만나는 스승이 아니라 주객의 구분이 없는 진리의 계합으로 만나는 스승이기 때문에 다른 어떤 스승과도 차원

---

8) 《능가경》 권제2(대정장16, p.492상)에서는 선을 우부소행선(愚夫所行禪)・관찰의 선(觀察義禪)・반연여선(攀緣如禪)・여래선(如來禪)의 네 종류로 분류하고 있다. 첫번째는 소승과 외도의 무상관, 두번째는 일체 공관, 세번째는 일체가 '공'이라는 생각마저 일어나지 않는 경지, 마지막의 여래선은 여래의 깨달음에 들어 모든 중생이 본래 갖춘 부사의(不思議)한 이치를 깨닫는 경지.

을 달리한다. 만남의 장(場) 또한 언어 다시 말해 경론(經論)이 아니라 일상의 현실이었다. 진리와 계합하는 이상, 현실의 그 무엇도 그것의 시현(示現) 아닌 것이 없다. 일상생활 속에서 평상의 말을 통해 진리를 드러내려는 것, 그것이 조사선이었다. 마조도일은 일상의 마음[平常心]이 바로 도(道)라고 하였다.

따라서 조사선에서는 조사들의 일상의 행동거지, 그의 말 하나 하나가 텍스트가 된다. 그리하여 이른바 등사(燈史)로 일컬어지는 《경덕전등록(景德傳燈錄)》이나 《조당집(祖堂集)》과 같은 선종계보와 함께 그들의 언행을 적은 수많은 어록(語錄)이 출현하게 되었다. 이 때 어록은 더 이상 경론에 관한 문자적 주석이 아니라 그 정신을 일상의 삶에서 구현하려는 것이었다. 따라서 선을 수행하는 행자는, 교종에서 경론을 통해 깨달음을 얻으려고 하듯이 어록을 통해 조사와 조우한다.

그런데 좀더 후대가 되면 여러 어록 중에서 중요한 것만을 모은 문헌이 등장한다. 여기서는 먼저 편찬자가 어떤 한 명제(이를 頌古 혹은 古則이라 함)를 내걸고 이를 해설(이를 評唱이라 함)하는데, 이 때 내 건 명제를 보통 화두(話頭) 혹은 공안(公案)이라 한다. 공안이란 원래 일반세간의 규범이 되는 공부(公府)의 문안(文案) 즉 공문서의 뜻으로, 선수행의 규범이 때문에 그같이 말한 것이다.

곧 선수행자는 이 같은 화두를 마음의 눈으로 간파하여 일찍이 그 화두를 던졌던 조사와 이심전심의 마음으로 계합하고자 하는 것이다. 그래서 조사선을 간화선(看話禪)이라고도 한다. 앞서 조주가 말한 '뜰 앞의 잣나무'도 화두의 하나이다. 보통 1700가지의 화두가 있다고 하지만, 1111~17년 사이에 임제종의 원오극근(圜悟克勤)이 엮은 《벽암록(碧巖錄)》과, 1223년 조동종의 만송행수(萬松行秀)가 엮은 《종용록(從容錄)》, 그리고 1229년 양기파의 무문혜개(無門慧開)가 엮은 《무문관(無門關)》이 그것을 전하는 대표적인 문헌이며, 고려시대 진각국사(眞覺國師) 혜심(慧諶)은 1,125측을 모아 《선문염송(禪門拈頌)》을 편찬하기도 하였다.

그런데 화두는 그야말로 선문답(禪問答)이기 때문에 우리의 일상의 인식으로는 전혀 이해되지 않는다. 그렇다면 어떻게 간파하는 것인가? 이에 대해 필자로서는 아는 바가 없어 뭐라 말하기 어렵다. 다만 말할 수 있는 것은, 조사선의 이치로 볼 때 독습(獨習)이 불가능하다는 사실이다. 옛 사람들은 그것을 야호선(野狐禪)이라 하였다. 조사선은 말 그대로 조사(선지식)와의 관계를 통해서만 가능하다. 화두는 조사와의 무언의 교감을 통해서만 생생하게 생동한다.

그런데 그 조사가 어디 있는가? 우리들 마음속에 존재하는가? 그것은 일종의 여래선이다. 인간의 의식세계는 무한 미묘하기에 문득 타파될 수도 있을 것이나 그 이면에는 항상 속임수가 도사리고 있기 마련이다.

> 어떤 스님이 운문(雲門)에게 물었다.
> "부처의 말도 조사의 말도 뛰어넘는 절대진리의 말씀은 무엇입니까?"
> 운문이 말하였다.
> "호떡이다."9)

2) 조사선의 사상

'직지인심(直指人心) 견성성불(見性成佛) — 문자를 통하지 않고 바로 사람의 마음을 가리켜 자성을 보아 깨달음을 성취한다'고 말하고 있듯이 선종에서도 궁극적으로 《기신론》에서 말한 자성청정심을 탐구한다. 그것은 본래의 진면목(眞面目)이다.

북종에서는 이를 수심(守心) 혹은 관심(觀心)이라 하였다. 신수(神秀)에

---

9) 《벽암록》 제77측 운문호병(雲門胡餠).

의하면 청정심은 바로 성불의 본질이다. 그것은 맑은 거울과 같이 만상을 비추면서도 그것에 물들거나 집착하는 일이 없다. 그것은 '일어나지 않은 마음[不起心]'으로, 이 같은 마음이 주인이라면 일어난 마음은 심부름꾼이다. 부동(不動)이며 생각을 떠난 상태[離念]인 주인의 마음이 정(定)이라면 심부름꾼의 마음은 혜(慧)이다. 이를 관할 때 심부름꾼인 6근(根)과 6진(塵)은 외적 작용에 자재한데, 신수는 이를 대승의 보살행이라 하였다.

남종 또한 이와 다르지 않다. 앞서 혜능은 불성에 남북이 있을 수 없다고 하였으며, 불성은 항상 청정하다고 하였다. 또한《육조단경》에서 "자성이 미혹되면 부처가 바로 중생이며, 자성을 깨달으면 중생이 바로 부처이다"고 하였다. 다만 차이가 있다면 북종에서는 청정심과 염오심이 함께 하지 않으며, 망념을 제거할 때 비로소 공적(空寂)한 본체에 작용이 생겨나지만, 남종의 경우 애시당초 망념은 존재하는 것이 아니므로 그것은 바로 진여에 다름 아니다. '혜'가 바로 '정'이다.

> 나의 법문은 '정'과 '혜'가 근본이다. 대중들이여, '정'과 '혜'가 다르다고 그릇되게 말하지 마라. '정'과 '혜'는 하나이지 둘이 아니다. '정'이 바로 '혜'의 본체[體]라면 '혜'는 바로 '정'의 작용[用]이다. 징혜는 마치 등불과 빛의 관계와 같아서 등불이 있으면 빛이 있고 등불이 없으면 빛이 없다. 등불이 빛의 본체라면 빛은 등불의 작용이다. 명칭은 비록 다를지라도 그 본질은 동일하니, '정'과 '혜' 또한 역시 그러하다.[10]

따라서 일상사 어느 하나 진여의 시현 아닌 것이 없으며, 어떠한 차별도 없다. 보조지눌은 그의《진심직설》에서 숟가락 들고 젓가락 놀리는 것 또한 진심의 묘용(妙用)이라 하였다.

이렇게 본다면 일상에서의 삶, 그 어느 하나 진실하지 않은 것이 없다.

---

10)《육조단경》(대정장48, p.352하).

범부의 삶과 성자의 삶이 다르지 않다. 진리가 따로 있는 것이 아니다. 범부가 바로 부처이다. 진리를 추구하려 하고 부처가 되려고 하는 마음은, 일상의 삶을 떠나 그것이 존재한다고 여기는 분별심에서 일어난 것이다. 그것은 조작이며, 바로 생사의 마음이다. 도나 부처는 조작된 것이 아니며, 분별심으로 얻어질 수 없다.

"일상의 마음(현실의 삶)이 바로 도[平常心是道]이며, 그 마음이 바로 부처[卽心是佛]이다." 마조도일은 이렇게 외쳤으며, 조사선은 이로부터 시작하였다. 이것은 진실이며, 진실에 대해 추호의 의심을 가져서도 안 된다.

그러나 이 같은 인식은 이른바 깨친 자의 것이 아닌가? 범부들의 일상은 고단하며, 처절하기까지 하다. 우리의 일상은 도로부터 십만팔천 리 떨어져 있지 아니한가? 그러한 도의 세계를 어떻게 범부가 이해할 수 있단 말인가? 혹 특정의 '진리'를 추구하는 뭇 철학이나 종교와는 차원을 달리하는 또 다른 관념의 유희는 아닌가? 이것은 당연한 물음이다.

조주(趙州)가 남전(南泉)에게 이 같은 뜻을 물었다.

> "일상의 마음이 도라면 다시 그 세계로 나아갈 수 있습니까, 없습니까?"
> "거기로 나아가려고 헤아리는 것은 어긋난 일이다."
> "헤아리지 않고 어찌 그것이 바로 도임을 알겠습니까?"
> "도는 아는 것[知]도 아니고 알지 못하는 것도 아니다. 아는 것은 분별의 망념[妄覺]이며, 알지 못하는 것은 아무것도 아니다[無記]. 만약 진실로 헤아림이 없는 세계에 이른다면 그 세계는 마치 태허(太虛)처럼 텅 비어 확 트일 것이다. 그러니 어찌 억지 시비할 것인가?"[11]

이에 조주는 남전의 말이 떨어지자마자 바로 단박에 깨달았다고 한다.

---

11) 《무문관》 제19측 평상시도(平常是道).

참고로 이 이야기를 전한 무문(無門)은 "그의 깨달음은 기왓장이 깨어지고 얼음이 녹는 것과 같아 다시는 깨지고 녹을 것이 없었지만 30년을 더 공부한 뒤에 비로소 그것을 얻을 수 있었다"고 평하고 있다. 그리고 노래하기를, "봄에는 백화가 만발하고 가을은 달이 밝으며, 여름에는 시원한 바람이 있고 겨울에는 백설이 휘날리니, 만약 한가로운 일로 마음에 걸림이 없으면 이것이 바로 우리네 좋은 시절이라"고 하였다.

일상의 삶이 도인 이상 '하루 하루가 좋은 날'이니 특별히 생각할 것도 없고 특별히 닦아야 할 것도 없다[無念無作]. 그럼에도 우리는 지나간 세월에 아쉬워하고 아직 오지 않은 세월에 희망을 걸며, 영원의 시간을 갈망함으로써 오늘을 살지 못한다. 오늘의 주인이 되지 못한 채, 삶의 주인이 되지 못한 채 시간에 쫓겨가고 망념을 쫓아간다.

어느 보름날 운문이 대중들에게 말하였다.

"15일 이전의 일에 대해서는 묻지 않겠다. 15일 이후의 일에 대해 뭔가 한 마디 말해 보라."
대중들이 아무 말이 없자 스스로 대답하였다.
"하루 하루가 좋은 날이다."[12]

사실 또한 그러할 것이다. 여기에 무슨 시시비비가 필요할 것인가? 즉각적인 통찰만이 필요할 것이다. 또 다른 이야기. 어떤 스님이 조주에게 청하여 말하였다.

"저는 이곳에 들어온 지 얼마 되지 않았습니다. 잘 지도해 주시기 바랍니다."
"아침 죽은 먹었는가, 어쨌는가?"
"죽은 이미 먹었습니다."

---

12) 《벽암록》 제6측 운문일일호일(雲門日日好日).

"그렇다면 죽 그릇이나 씻어라."13)

여기에 무슨 숨은 뜻이 있는가? 행간의 숨은 뜻은 없다. 이미 죽도 먹었으니, 더 이상 무엇을 지도할 것인가? 지도할 것이 있다면 죽 그릇을 씻는 일밖에 없을 것이다. 사실상 이는 어떠한 분별도 해명도 필요 없는 즉각적인 것이 되어야 한다. 분별은 곧 망상이기 때문이다. 그래도 의심이 남지 않는가? 죽 그릇을 씻는 것이 어찌 도일 것인가?

유명한 조주의 끽다거(喫茶去) 이야기. 어떤 스님들이 조주를 찾아와 도에 대해 묻자 그들에게 말하였다.

"전에 이곳에 와 본 적이 있던가?"
"와 본 적이 없습니다."
"차나 한 잔 마시게."
또 한 스님이 말하였다.
"저는 와 보았습니다."
"차나 한 잔 마시게."
이에 원주가 물었다.
"와 본 적이 없는 이에게도, 와 본 적이 있는 이에게도 차나 한 잔 마시라 하니, 그것이 무슨 뜻입니까?"
"원주여!"
"네."
"차나 한 잔 마시게."

앞서 진리를 묻는 이에게 운문은 '호떡'이라 하였고, 조주는 '차나 마셔라'고 하였다. 혹은 무엇이 부처인지를 묻는 물음에 동산(洞山)은 '마(麻) 세 근'이라고 하였고(《무문관》 제18측), 운문은 뒷간을 치우는 '마른 똥 막

---

13) 《무문관》 제7측 조주세발(趙州洗鉢).

대기'라고도 하였다(《무문관》제21측). 나아가 임제는 그의 뺨따귀를 후려치기도 하였다(《벽암록》제32측). 혹은 몽둥이[棒]로 내리치기도 하고 '악[喝]' 하고 소리치기도 하였다.

그렇다면 '부처의 말도 조사의 말도 초월하는 절대적인 진리는 호떡이다'는 명제는 진실인가? 아니다. 우리가 '일상의 마음이 바로 도이다'고 하는 말은 진실이 아니다. 그것은 다만 운문과 마조의 말을 빌린 것에 불과하기 때문이다. 혹 통하는(이해되는) 바가 있다면 그것은 다만 일종의 공감(분별)일 뿐 나의 삶에서 확연히 드러나는 것은 아니기 때문이다. 다시 말해 내가 그 말의 주인이 되지 못하였기 때문이다.

'수처작주(隨處作主) 입처개진(立處皆眞) ― 머무는 곳마다 주인이 되면 그곳이 다 진실이다.' 임제의현의 말이다. 그의 말을 빌리면, 우리 범부들은 다만 객(客)으로서 정작 주인인 자신의 말을 객(객관적 사실)으로 바라보고 있을 뿐이다. 혹은 객으로서 주인의 말을 바라보거나 그 주인은 자신의 보따리는 풀어놓지 않은 채 우리를 객으로서만 바라보고 있는지도 모른다. 진정한 깨달음은 주인으로서 주인의 말을 간파하는 것이다.[14]

선종에서는 항상 조사의 말을 취하지 말라고 가르친다. 말은 마치 허공에 그린 그림처럼 실체가 없는 것이기 때문이다. 그 말에 주인이 되지 않는 이상 그것은 그야말로 '마른 똥 막대기'일 수밖에 없는 것이다. 임제는 '부처를 만나면 부처를 죽이고, 조사를 만나면 조사를 죽여라'고도 하였다. 이것은 객으로서 객관의 문자를 취하지 말라는 뜻일 것이다. 내가 부처고 내가 조사인데, 어디서 부처를 만나고 조사를 만날 것인가? 그래

---

14) 이를 임제의현(臨濟義玄)의 4빈주(賓主)라고 한다. 참고로 객이 객을 보는 것이란, 이론이라는 칼을 덮어쓴 제자에 대해 스승 역시 그에게 다시금 이론의 칼을 덮어 씌우는 경우이며, 주인이 주인을 보는 것이란 청정한 경계를 지닌 제자가 무식한 놈이라고 꾸짖는 스승에 대해 예배하는 경우이다(《임제록》, 西翁 演義, 동서문화원, 1974, pp.198~203).

서 불립문자(不立文字)였다. 불립문자가 추구하였던 바는 바로 직지인심(直指人心)의 견성성불(見性成佛)이었다.

이러한 선종의 사상은 필경 인도의 불교와는 근본적으로 다른 것이었으며, 기존의 중국불교, 엘리트 학승들에 의해 이루어진 법상의 유식사상이나 화엄의 법계연기사상과는 질적으로 다른 것이었다. '이론은 현실 즉 진실을 반영하지 않으며, 도리어 왜곡한다.' 그들은 이렇게 생각하였다.

어떤 스님이 청원행사(靑原行思)에게 불법의 요지를 물었을 때 그의 답은 '요즘 여릉(廬陵)의 쌀값은 얼마인가?'였다. 조주는 자신의 사상을 묻는 이에게 '소금값은 비싸고 쌀값은 싸다'고 대답하였다. 마조 문하의 대표자인 백장회해(百丈懷海)가 내건 기치는 '하루 일하지 않으면 하루 먹지 말라(日日不作 日日不食)'였다.

선종에 의하는 한 선은 일상의 생활 속에서 구현되는 것이다. 마조의 스승 남악회양은 마음을 닦기 위해 좌선하는 것은 마치 기왓장을 갈아 거울을 만드는 것과 같다고 하였다. 거기에서는 진리에 관한 불타의 말씀(경전)도 그에 대한 깨달음도 의미가 없다. 선종에서의 경전은 조사가 내뱉은 일상의 언사와 행동거지였고, 깨달음의 대상도 목적도 거기에 있었다. 현실의 삶이 진실이고 불법(佛法)이었으며 종교였다.

선종은 불성을 피안의 세계로부터 일상의 현실을 살아가는 개개 사람들의 마음속으로 되돌리려고 하였다. 추상의 이론이 아닌 구체적 현실이 바로 진실임을 드러내고자 하였다. 다시 말해 경전에 의존하여 깨달음을 추구하는 방식에서 바로 일상의 현실에서 단박에 마음을 깨치는 길을 추구하였다.

그러나 한편으로 피안의 세계와 현실의 세계 사이의 울타리는 제거하였을지라도 불교학 내지 불교의 위기를 초래하는 결과를 낳게 하였다. 엄밀히 말한다면 선종 또한 아비달마로부터 시작하여 《기신론》과 화엄에 이르는 교학적 토대 위에서 성립할 수 있었다.

임제는 이렇게 말하였다.

> 불법에는 별도로 닦아야 할 것이 없으니, 단지 일상만이 있을 뿐이다. 똥누고 오줌 누고 옷 입고 밥 먹고, 피곤하면 잠잘 뿐이다. 어리석은 이들은 이렇게 말하는 나를 비웃겠지만 지혜로운 자는 알 것이다. 옛 사람도 말하기를 "밖에서 뭔가를 얻기 위해 공부하는 자는 모두 어리석고 아둔한 놈이라고 하였다."[15]

이는 오늘날도 그러할 수 있지만 인도의 불교, 혹은 교학자로서는 생각할 수도 없는 일이다. 선은 과연 무엇인가? 우리의 삶은 또한 무엇인가? 헌대 무슨 까닭에서 요(遼)나라의 도종(道宗)은 《보림전》과 《육조단경》을 거짓된 것이라 하여 불태웠던 것이며, 고려의 의천은 그의 《신편제종교장총록》에서 이를 제외시켰던 것인가? 주자(朱子)가 선학(禪學)이 성하면 불교가 쇠퇴한다고 한 까닭은 또한 무엇인가? 선종은 과연 불교인가? 다만 삶을 직시한 눈 푸른 이들의 또 다른 외침이었던 것인가? 그렇다면 불교는 또한 무엇이던가?

4. 지눌의 정혜쌍수(定慧雙修)

1) 돈오점수와 정혜쌍수

지눌의 '정혜쌍수'는 원효의 '일심'과 더불어 한국불교사상을 상징하는 술어이다. 그만큼 널리 알려져 있다는 말이다. '정'은 선정을, '혜'는 지혜

---

[15] 《임제록》, 앞의 책, p.122.

를, 혹은 각기 선(禪)과 교(敎)를 의미하는 것으로, 양자를 함께 닦아야 한다는 것이 정혜쌍수이다. 그것은 당연한 것 아닌가? 초기불교 이래 지관(止觀)은 항상 함께 하는 것이었다.

그러나 당시 시대적 상황은 그렇지 않았다. 이미 앞에서 중국 선종에 대해 간략히 설명하였지만, 그들은 점차 시간이 지나면서 '교'를 배척하고 '선'만이 진실이라고 주장하였다. 특히 남송(南宋)시대 대혜종고(大慧宗杲, 1089~1163)는 선어록에 열중하여 자기를 잊고 자연과 계합한 경지에서 토로하는 문자선(文字禪)이나 고요히 앉아 무념무상의 경지를 지향하는 묵조선(默照禪)을 비판하고 공안(公案)의 본래 의의를 찾고자 하였는데, 선교의 대립은 그에 의해 간화선(看話禪, 혹은 話頭禪)의 체계가 정립되면서 더욱 심화되었다.

그는 특히 조주(趙州)의 '무(無)' 자(字) 화두를 강조하였다. 그것은 '있다' '없다' '있는 것도 아니고 없는 것도 아니다'는 등의 분별망상을 타파하는데 가장 유효하였기 때문으로, 이후 남송의 선종을 풍미하였고,《무문관》제1측으로 정형화되었다.

> 어떤 스님이 조주에게 물었다.
> "개에게도 불성이 있습니까?"
> 조주가 말하였다.
> "없다."[16]

이미《열반경》에서 '일체중생실유불성(一切衆生悉有佛性)'을 설하였고, 6조 혜능 또한 불성에 남북의 차별이 없다고 하였음에도 조주는 왜 '없다'고 말하였던 것인가? 이에 대혜종고는 "이 '무'라고 하는 한 글자야말

---

16)《무문관》제1측 조주구자(趙州狗子).

로 분별망상을 타파하는 몽둥이로서, 이는 '있다' '없다'라는 판단의 대상도, 이론적 추론의 대상도, 의식적인 분별의 대상도 아니며, 언어적으로 드러날 수도 없다. 그렇다고 모두가 타파된 공무의 존재도 아니며, 경전(문자)을 통해 확인되는 것도 아니다."고 말하고 있는 것이다.17)

아무튼 지눌(1158~1210)의 시대는 무신정권의 격변기로서, 왕권과 호족, 교종과 선종이 대립하던 혼돈의 시대였다. 세속의 명리(名利)에 따라 각기 자신들의 우월성을 강조하여 교종은 '선'을 무시하였으며, 선종은 '교'를 배척하였다. 그의 정혜결사(定慧結社)는 이러한 시대적 배경 하에 이루어졌다.

이를테면 그의 제자 혜심(慧諶)은 그의 《간화결의론(看話決疑論)》〈발문(跋文)〉에서 "슬프도다! 근자에 이르러 불법이 크게 쇠퇴함에 혹 어떤 이는 선을 근본으로 삼아 교를 배척하며, 혹 어떤 이는 교를 숭상하고 선을 비방한다. 그들은 곧 선은 바로 부처의 마음이고, 교는 바로 부처의 말씀이며, 교는 선의 날이 되고 선은 교의 씨가 되는 줄 모르고 마침내 선과 교의 양가는 영원한 원수가 되고, 진리[法]와 의미[義]의 두 학은 서로 반목하는 모순된 종파가 되고 말았다."고 서술하고 있다. 지눌은 또한 《정혜결사문》에서 이러한 선과 교를 헛되이 침묵만을 지키는 치선(癡禪), 단지 문자만을 쫓는 광혜(狂慧)로 평가하고 있을 정도였던 것이다.

---

17) 조주의 '무'자 화두에 대해 《무문관》의 편자 무문혜개는 다음과 같이 코멘트하고 있다. "3백 6십의 뼈마디와 8만 4천의 털구멍의 온몸으로써 이에 대한 의심[疑團]을 일으켜 '무'자를 참구하라. 밤낮으로 참구하되 허무(虛無)에도 빠지지 말고, '있다' '없다'로 판단하지도 말라. 이는 마치 뜨거운 쇳덩이를 삼킨 것과 같아서 토하고 또 토하여도 나오지 않는다. 그러나 종전의 잘못된 앎과 깨달음[惡知惡覺]을 모두 탕진해 버리고 오래 오래 완전히 익히게 되면 저절로 안과 밖이 하나가 될 것이니, 이는 마치 벙어리가 꿈을 꾼 것처럼 스스로만 알 수 있을 뿐으로, 갑자기 툭 트이면 경천동지(驚天動地)하게 되리라. 관우의 큰칼을 빼앗아 손에 넣은 듯하여 부처를 만나면 부처를 죽이고 조사를 만나면 조사를 죽여 생사의 백척간두에서 대자재를 얻고 6도(道) 4생(生)을 삼매로 노닐게 되리라."

그렇다면 정혜쌍수의 이론적 근거는 무엇인가? 의천 역시 교관병수(敎觀幷修)라 하여 선교일치를 주장하였지만 선을 교에 포섭시키려 한데 반해 지눌은 교를 선에 포섭시키고자 하였다. 궁극적으로 선을 통해 완전한 깨달음에 이를 수 있다는 것이다. 그리고 이 때의 선은 대혜종고에 의해 수립된 간화선이었다.

 그의 전기(김군수의 《佛日普照國師碑文》)에 따르면 그에게는 세 번에 걸친 깨달음의 전기가 있었다. 도반들과 장래 결사를 다짐한 이후 26세 때 창평(昌平) 청원사(淸源寺)에서 혜능의 《육조단경》을 읽다가 '진여자성이 망념을 일으켜 6근이 보고 듣고 깨달아 알지만, 연꽃처럼 만상에 물들지 않음에 항상 청정 자재하다'는 대목에서 놀라 기뻐하였다.

 이를 계기로 수행의 마음이 더욱 견고해진 그는 28세 때 하가산(下柯山) 보문사(普門寺)에서 '하나의 티끌 속에 삼천대천의 경전이 포함되어 있듯이 중생에게도 역시 여래의 지혜가 갖추어져 있지만 다만 어리석어 알지 못할 뿐이다'는 《화엄경》〈여래출현품〉을 읽고 크게 깨달은 바가 있어 경을 머리에 이고 희열의 눈물을 흘렸다고 한다. 이에 따라 세존이 입으로 설한 것이 '교'이고, 조사가 마음으로 전한 것이 '선'으로, 양자는 결코 다른 것이 아님을 확인하였다.

 그 후 팔공산 거조사(居祖寺)에서 정혜결사를 조직하고 《결사문》을 반포하였으며, 43세 때 지리산 상무주암(上無住庵)에서 '선은 고요한 곳에도 시끄러운 곳에도 있지 않으며, 일상의 인연에도, 생각하고 인식하는 곳에도 있지 않지만 그러한 곳을 버리고서도 얻을 수 없으니, 만약 홀연히 눈이 열리면 바야흐로 그것이 바로 자신의 집안 일임을 알게 되리라'는 대혜종고의 《대혜어록》(일명 《書狀》)을 읽고서 크게 깨쳐 마음의 응어리가 일시에 해소되었다고 한다.

 이 같은 수행이력에 따라 그는 자신의 사상을 성적등지문(惺寂等持

門)·원돈신해문(圓頓信解門)·간화경절문(看話徑截門)의 세 갈래로 체계화하였다.

첫번째 성적등지문에서 '성'은 깨어 있음의 '혜'를, '적'은 고요함의 '정'을 의미하는 것으로, 그의 정혜쌍수는 여기서 구현되고 있다. 그에 따르면 깨달음은 궁극적으로 간화선을 통해 이루어지지만 처음부터 조사의 활구(活句, 즉 화두)를 드는 것은 잘못된 것이다. 그것은 바로 치선(癡禪)에 다름 아니다. 마음을 닦는 이는 무엇보다 먼저 진심(眞心) — 그 자체로서 청정한 마음[自性淸淨心]인 이른바 '공적영지(空寂靈知)의 마음'을 깨닫지 않으면 안 된다.18)

이 점에 관한 한 그는 하택신회와 규봉종밀의 주장을 수용한다. 종밀(780~841)은 혜능을 6조의 반열에 올린 신회(神會)와 화엄종의 제4조 징관(澄觀)에게서 가르침을 받은 인물로, 중국에서 처음으로 선교일치를 주장하였다. 그에 의하면 경(《화엄경》)은 바로 부처의 말씀이고, 선은 부처의 마음이다. 부처의 마음과 말씀이 서로 위배될 수 없다.

종밀에 따르면, 북종(신수계)은 망념이 본래 존재하지 않으며 마음은 그 자체로서 청정한 것임을 깨닫지 못하였고, 우두종(반야공관 계통의 선종)은 망념이 본래 존재하지 않는다고 말할지라도 본래 청정한 마음은 드러내지 못하였으며, 홍주종(마조계)은 망념이 바로 청정한 자성이라고 주장함으로써 마음 자체의 능동적인 기능(즉 영지)을 찾지 못하였다. 이에 반해 하택종은 망념은 본래 존재하지 않으며[空寂], 이러한 무념 무심의 마음이 바로 자성청정심으로, 앎 즉 영지(靈知)는 그것의 본질적인 작용이라고 하였다.

비유하자면 맑고 투명한 구슬은 어떠한 색상도 갖지 않지만 그것은 일

---

18) 지눌이 이해한 진심의 여러 이명(異名)에 대해서는 본서 제10장 주 7)을 참조할 것.

체만물을 비추는 작용을 갖고 있다. 그것은 구슬의 본래작용[自性本用]이다. 그렇기 때문에 검은 색의 사물이 나타나면 검은 색을 띠게 되는 것이다[隨緣應用]. 그럴 때 북종은 검은 색을 점진적으로 제거할 때 비로소 맑고 투명한 구슬을 볼 수 있다고 주장하고, 우두종은 검은 색과 구슬이 모두 공이라고 주장하며, 홍주종은 검은 색이 바로 구슬이라고 주장한다. 그러나 검은 색은 구슬의 본래 모습이 아니라 연에 따라 나타난 것일 뿐 구슬 자체는 본래 청정하다.

지눌은 이러한 종밀의 4종선의 견해를 비판적으로 수용한다.

> 지금의 이 말법시대에 마음을 닦는 이들은 먼저 하택종의 가르침으로 자신의 마음의 성(性)과 상(相), 체(體)와 용(用)을 결택(決擇)하여 공적(空寂)에도 떨어지지 않고 수연(隨緣)에도 막힘이 없이 진정한 이해를 개발해야 한다. 그런 연후에 [수연만을 강조하는] 홍주종과 [공적만을 강조하는] 우두종의 종지를 살펴보면 이치에 부합할 것이니, 어찌 함부로 취한다거나 버린다는 마음을 낳을 수 있을 것인가?[19]

구슬의 청정성이 불변(不變)이라면 검은 색은 연에 따라 나타난 것 즉 수연(隨緣)이다.[20] 일체의 중생은 불변인 공적영지의 마음을 본질로 한다. 그것은 바로 진심 또는 무심이다. 무심은 마음 자체가 없다는 말이 아니다. 이를테면 공병(空甁, 빈 병)이 병 자체가 없다는 말이 아니라 병 속에 아무것도 없는 것을 말하듯이 마음 속에 어떠한 망념도 없는 상태가 무심이다. 망념은 수연으로 본래 존재하지 않는 것이다.

마음을 닦는 이는 무엇보다 먼저 자신의 이러한 진심 — 공적영지의 마음을 통찰하지 않으면 안 된다. 그리고 그것은 분별의 대상이 아니기 때

---

19) 《법집별행록절요병입사기(法集別行錄節要幷入私記)》(한국불교전서4, p.743중).
20) '불변'과 '수연'에 대해서는 본서 제12장 3-2) '법계연기의 실상-3성(性)과 6상(相)'을 참조할 것.

문에 단박에 이루어져야 한다.

깨달음에는 점진적으로 닦아서 성취하는 점수(漸修)와 단박에 성취하는 돈오(頓悟)가 있다. 북종이 점수라면, 우두종은 절반(즉 공적)만의 돈오이며, 홍주종은 돈오에 가깝지만 공적영지의 마음에 대한 돈오는 아니었다. 그러나 하택종에 의하면 공적영지의 마음을 단박에 깨닫고서 무념을 종지로 삼아 이를 다시 점진적으로 닦아 나가지 않으면 안 된다. 비록 공적영지의 마음이 본래의 자기임을 단박에 깨쳤다고 할지라도 오랜 세월에 걸쳐 익혀온 망념의 습성마저 단박에 제거되는 것은 아니기 때문이다. 예컨대 바람이 멎는다고 파도 또한 바로 멎는 것은 아니기 때문이다.

이것이 이른바 돈오점수이다. 돈오가 견성(見性)의 길이라면 점수는 그것을 다만 앎의 차원이 아닌 실제적인 존재의 차원에서 성취하는 성불(成佛)의 길이다. 진정한 수행이란 즉각적인 깨달음으로부터 비롯되는 법이다.

지눌의 정혜쌍수 혹은 성적등지는 돈오점수의 이론적 귀결이었다. 즉 공적영지의 마음을 단박에 깨달은 이상 '정'과 '혜'는 더 이상 대립하는 것이 아니다. 양자는 각기 공적과 영지로서, 전자가 마음(진심)의 본체[體]라면 후자는 마음의 작용[用]이기 때문이다. 그는 말하고 있다.

> 이치를 깨닫는 데에는 수많은 방법이 있겠지만 '정'과 '혜' 아닌 것이 없다. 간단히 말하자면 이 두 가지는 자성의 본체와 작용으로, 앞서 말한 공적영지가 바로 그것이다. '정'은 바로 본체이고 '혜'는 바로 작용이니, 본체의 작용이기 때문에 '혜'는 '정'과 분리되지 않으며, 작용의 본체이기 때문에 '정'은 '혜'와 분리되지 않는다. '정'이 바로 '혜'이기 때문에 고요[寂]하면서도 항상 깨어[知] 있으며, '혜'가 바로 '정'이기 때문에 깨어 있으면서도 항상 고요하다. ─이와 같은 이치를 깨달아 고요함과 깨어 있음에 자재하고 차단[遮, 즉 定]과 비춤[照, 즉 慧]이 둘이 아니게 될 때, 이를 바로 단박에 깨친 이의 정혜쌍수라고 하는 것이다.[21]

---

21) 《수심결(修心訣)》(한국불교전서4, p.711하).

이처럼 공적영지의 마음을 단박에 깨달은 후 다시금 그 마음의 공적과 영지, '정'과 '혜'를 점진적으로 함께 닦아나가지 않으면 안 된다. 참고로 점수라고 하였지만, 그것은 북종이나 교종에서의 점수와는 다르다. 지눌의 점수는 돈오에 근거한 점수이기 때문이다. 그는 계속하여 다음과 같이 말하고 있다.

> 만약 먼저 고요한 마음[寂寂]으로 연에 따라 생겨난 온갖 망상을 다스리고, 그런 연후에 깨어 있는 마음[惺惺]으로 흐리멍덩함을 다스려야 한다고 하여 혼침과 산란을 선후로 고르게 다스려 적정(寂靜)에 들려는 것은 점수만을 주장하는 하근기의 소행이다. 그들이 비록 깨어 있음과 고요함을 고르게 지녔다[惺寂等持]고 할지라도 고요함을 취해 수행하려 함을 면치 못할 것이니, 어찌 그들을 본래 고요함과 본래 깨어 있음을 떠나지 않고 두 가지를 자유자재로 함께 닦는 자라 하겠는가?[22]

2) 완전한 깨달음의 길 – 간화경절문(看話徑截門)

　지눌은 신회 – 종밀의 하택종이 비록 선종(조사선)의 방계였지만 선학에 대한 그들의 뛰어난 이론적 분별[知解]을 채택하여 공적영지심에 대한 돈오와 점수, 그리고 정혜쌍수를 주장하였다. 그는 정혜를 공적과 영지로 이해하였으며, 이는 그의 독창적 견해였다. 이러한 사상적 토대 하에 정혜결사를 일으키고 《정혜결사문》과 《수심결(修心訣)》 등을 저술하였지만, 그것은 당시 치선(癡禪)의 병폐를 시정하기 위한 것이었다.
　그는 이를 바탕으로 하여 다시 선을 비방하고 문자만을 쫓는 당시 광혜(狂慧, 혹은 乾慧)에 대해 선과 교는 결코 다른 것이 아님을 주장하였다. 이러한 그의 사상체계가 원돈신해문(圓頓信解門)이다. '원'은 원교 즉 《화엄경》을 말하며, '돈'은 돈교 즉 선종을 말하는 것으로, 화엄 교판에 의하

---

22) 같은 책, p.712상.

는 한 돈교는 원교에 미치지 못하는 것이었다.

그러나 그는 전술한 대로 하가산 보문사에서 《화엄경》과 이통현(李通玄, 635~730)의 《신화엄합론》을 읽고 '마음이 바로 부처[卽心卽佛]'라는 선의 취지와 '중생의 무명분별이 바로 부동불(不動佛)의 보광명지(普光明智)'라는 화엄교학이 서로 다르지 않음을 확인하였다. 뿐만 아니라 이에 대한 믿음[信]으로부터 시작하여 그것을 닦아나가는 과정(10住 내지 10地)이 선문의 돈오점수와 동일한 것으로 이해하였으며, 이에 따라 《화엄론절요》와 《원돈성불론(圓頓成佛論)》을 저술하였던 것이다.

그렇지만 성적등지문도 원돈신해문도 다만 이치의 깨달음[解悟]과 그에 따른 닦음일 뿐 완전한 깨달음[證悟]의 체계는 아니다. 완전한 깨달음은 오로지 간화선에 의해서만 가능하다고 생각하였다. 그러한 깨달음의 체계가 간화경절문(看話徑截門)이다. '경절'이라 함은 어떠한 언어적 매개 없이 단도직입적으로 깨달음에 든다는 정도의 의미로 무심합도문(無心合道門)이라고도 하는데, 화두 참구법을 말한다. 여기서는 더 이상 어떠한 분별적 사유도, 혹은 그것을 부정하는 사유도 허용되지 않는다. 화두 자체는 어떠한 의미도 갖는 것이 아니기 때문이다.

그는 깨달음에 이르는 길을 다시 세 가지로 정리하고 있다. 첫째는 화엄의 사사무애법계와 같이 말에 의한 것(이를 體中玄이라 한다)으로, 이는 아직 불법이라는 알음알이[知解]의 장애를 벗어나지 못한 것이다. 둘째는 '뜰 앞의 잣나무'나 '마(麻) 세 근'과 같은 의미 없는 쇄락한 언구(言句, 즉 화두)에 의한 것(이를 句中玄이라 한다)이지만 여기에도 여전히 그러한 언구의 자취가 남아 있다. 그리고 셋째는 그것마저 타파된 침묵이나 몽둥이질[棒], '악' 하는 외침[喝]에 의한 것(이를 玄中玄이라 한다)이다.

그러나 그에 따르면 대혜종고의 경절문은 이론체계로서 탐구되는 것은 물론 아니지만 화두의 의미를 모색하는 것도 아니며, 그렇다고 세번째 경우처럼 특정의 방법이 별도로 있는 것도 아니다. 그렇게 생각하는 것은 모두 알음알이의 병으로, 거기서 벗어날 때 바야흐로 일심법계가 확 트여 명백하게 된다는 것이다.

이러한 간화경절문은 그의 전기에서 보듯이 가장 나중에 형성된 것으로, 《간화결의론(看話決疑論)》에서 그 내용이 밝혀지고 있다. 나아가 그는 이상의 세 갈래의 사상체계를 간화경절문을 중심으로 하여 《법집별행록절요병입사기(法集別行錄節要幷入私記)》에서 종합하기도 하였는데, 이러한 그의 선교관(禪敎觀)은 조선조 5백 년을 거쳐 오늘에 이르도록 그 영향력을 발휘하고 있다.

오늘날 강원의 사집과(四集科)에서 이수하는 대혜종고의 《서장(書狀)》(《대혜어록》), 규봉종밀의 《도서(都書)》(완전한 명칭은 《禪源諸詮集都書》)와 그의 《법집별행록》을 요약 해설한 《절요》(완전한 명칭은 《법집별행록절요병입사기》)가 바로 그 예이며, 대교과(大敎科)의 화엄을 거쳐 사교입선(捨敎入禪)하는 것 또한 원돈신해문을 버리고 간화경절문으로 들어가는 것을 의미하기 때문이다.

제14장 정토(淨土)
-아미타불은 영원한 피안의 고향이다-

1. 정토삼부경과 그 사상

1) 정토사상의 등장

괴로움이 그러하듯이 그로부터 벗어나는 해탈 열반 역시 본질적으로 주체적인 것이다. 그것은 누구도 대신해 줄 수 없는, 오로지 자신의 힘에 의해서만 가능하다. 그런데 대승불교가 흥기하면서 다른 이에 의해서도 구원될 수 있다는 대단히 특이한 경전과 사상들이 나타나기 시작한다. 정토사상이 바로 그것으로, 이른바 정토삼부경(淨土三部經)이라 일컬어지는 《무량수경(無量壽經)》《아미타경(阿彌陀經)》《관무량수경(觀無量壽經)》이 대표적인 경전이다.

'정토(淨土)'란 청정한 국토라는 뜻으로, 번뇌와 고통으로 가득 찬 우리 중생들이 사는 사바세계(娑婆世界) 즉 예토(穢土)와는 다른 이상향의 세계이다. 그곳은 어떠한 고통도 없다. 계급의 차별도 없고, 온갖 보배들로 장식된 연못에는 시원하고 감미로운 물로 가득하며, 다양한 수목 사이로 부는 쾌청한 바람마저 진리의 소리를 발한다. 그곳은 일체의 희망과 이상이 실현된 피안의 세계이다.

그런데 정토라는 말은 중국에서 만들어진 것으로, 범어에는 없는 말이다. 인도에서는 다만 여러 부처와 보살들이 머무는 세계, 즉 불국토(佛國土)라는 말로 묘사되고 있을 뿐이다. 초기불교와 부파불교시대에는 오로지 한 분의 불타만이 있었을 뿐이다(시간적으로는 7불이었지만). 그러나 점차 불교의 우주관이 확대되고 보살사상이 발전함에 따라 대중부 등의 진보적인 부파에서는 다른 세계의 부처를 주장하게 되었고(多界多佛說이라 한다), 마침내 대승불교에 이르러 이루 헤아릴 수 없는 부처가 출현하게 되었다.

각각의 세계에는 각각의 부처가 존재한다. 이를 타방불(他方佛)이라 하는데, 부처가 존재하지 않는 이 시대, 이곳 사바세계의 중생들로서 타방불을 염원하는 것은 당연한 일이라 하겠다. 왜냐하면 대승이 일어나려고 할 무렵 일단의 불교도들은 생천(生天)이나 멀고 먼 열반(아라한)으로의 길보다는 지금 바로 부처를 친견하여 그의 법을 듣고서 불과(佛果)를 성취하고자 하였기 때문이다.

동방의 아촉불(阿閦佛), 남방의 보상불(寶相佛), 서방의 아미타불(阿彌陀佛), 북방의 미묘음불(微妙音佛)이 대표적인 타방세계의 부처였다. 이 중에서 특히 아촉불의 묘희세계(妙喜世界)와 아미타불의 극락세계(極樂世界)가 유력하였으며, 초기불교 이래 미래세의 부처로 거명된 미륵불의 도솔천도 정토의 하나로 이해되었다. 그런데 그러한 곳들은 이곳과는 다른 세계이기에 자신의 힘으로는 갈 수 없는 곳이다. 그들 각각의 부처에 의해 인도되어야 하는 세계이다.

그리하여 그곳으로의 왕생의 염원과 구원의 믿음에 따라 이 같은 내용의 경전들이 속속 출현하게 되었다. 앞서 언급한 정토삼부경이 아미타불의 극락정토(보통 줄여서 미타정토라고 함)에 관한 대표적 경전이라면, 아촉불의 묘희정토를 설하는 대표적 경전은 《아촉불국경(阿閦佛國經)》이며, 미륵정토의 그것은 《미륵상생경(彌勒上生經)》(완전한 명칭은 《觀彌勒菩薩上生兜率天經》)과 《미륵하생경(彌勒下生經)》이다. 미륵보살의 경우 미래세의 부처이기 때문에 직접 하강하여 미래사회를 정토로 구현할 수도 있으며, 그에 대한 절대적 믿음과 염불(念佛)을 통해 그전에 그곳에 올라 태어날 수도 있기 때문이다.

그러나 보통 정토사상, 혹은 정토교라고 함은 아미타불에 대한 칭명염불—나무아미타불을 통해 극락왕생을 추구하는 미타정토를 말한다. 아촉불 신앙은 아미타불 이전의 것으로 보이며, 미륵신앙은 한 때 성행하여 미타신앙과의 우열논쟁을 벌인 적도 있지만 점차 쇠퇴하였기 때문이다. 참고로 우리나라 대웅전에 모신 부처님은 거의 대개 석가모니불(비로자나불)이든지 아미타불이다.

2) 정토경전의 중심사상

정토삼부경 가운데 가장 중요한 것은 《무량수경》이다. 이 경은 중국에서 무려 열두 번에 걸쳐 번역되었다고 하는데, 일반에 유포되어 있는 것은 252년 위(魏)의 강승개(康僧鎧)가 번역한 것으로, 흔히 《대경(大經)》으로 약칭된다(그러나 상하 두 권으로 이루어진 매우 짧은 경이다). 이에 반해 《아미타경》은 《소경(小經)》으로 불리기도 하는데, 분량이나 내용상 《무량수경》을 발췌한 듯한 인상을 주고 있다. 참고로 두 경의 원래 제목은 다같이 '극락의 장엄'이라는 뜻의 《슈카바티 뷰하(Sukhāvatī vyūha)》이다.

그리고 《관무량수경》(《관경(觀經)》으로 약칭됨)은 말 그대로 아미타불과 극락정토의 장엄함을 관(觀)하는 것을 주제로 하는데, 그 원본(梵本)이

전하지 않을뿐더러 한역 또한 한 가지만 존재하기 때문에 중국이나 서역에서 찬술되었다는 설도 있다.

'무량수(無量壽) — 무한한 생명'은 아미타불(amitāyus)의 의역이다. 따라서 영주 부석사의 무량수전은 당연히 아미타불을 모신 전당이다. 아미타불은 또한 amitābha로도 일컬어져 '무량광(無量光) — 무한한 빛'으로 번역되기도 한다. 이는 곧 이 부처의 시간적인 영원성과 공간적인 무한성을 의미하는 것이지만, 사실상 불타의 일반적 덕성을 형용하는 술어에 지나지 않는다. 《화엄경》의 비로자나불도, 《법화경》의 구원실성의 본불(本佛)인 석가모니불도 역시 그러하기 때문이다. 그렇다면 아미타불의 특수성은 어디서 구해야 할 것인가? 그것은 자리(상구보리)와 이타(하화중생)를 구현하려는 보살사상에서 찾아야 한다.

대승불교는 보살의 불교이다. 대승의 보살은 원(願)에 의해 탄생한다.[1] 보살에는 관음보살 대세지보살과 같은 대보살도 있지만, 대승교설을 믿고 보리심을 일으켜 보살도를 실천하려고 발원한 범부도 보살이다(이를 범부보살이라 한다). 다수의 보살을 인정하는 한 타방불의 출현은 필연적인 것이다. 어째서 세계를 달리하는가? 하늘의 태양이 하나일 수밖에 없듯이 한 세계에는 한 부처밖에 출현할 수 없기 때문이다.

《무량수경》에 따르면 아미타불은 아득히 먼 옛날 법장(法藏)이라고 하는 보살이었는데, 세자재왕불(世自在王佛) 앞에서 '무상의 깨달음을 얻고 중생을 제도하고자 하는 원'을 세우고 기나긴 세월에 걸쳐 수행을 거듭한 끝에 마침내 그 원을 성취하였다. 그리하여 지금으로부터 10억겁 전에 부처가 되어 그의 원대로 극락세계에 머물고 있다는 것이다. 아미타불의 정토사상은 '본원(本願)'이라 일컬어지는 보살시절에 세운 그의 원에서

---

1) 이에 대해서는 본서 제7장 3-2) '보살의 이념'을 참조바람.

비롯된다.

역본(譯本)에 따라 다소간의 차이는 있지만 그의 원은 48가지였다. 이는 크게 ① 아미타불 혹은 극락정토를 실현하겠다는 원, ② 그곳으로 왕생하고자 하는 중생들을 모두 인도하겠다는 원, ③ 그곳에 왕생한 이들을 완전한 인격으로 실현시키겠다는 원으로 나누어진다.[2] 세번째가 48대원의 대부분을 차지하지만, 종교적 실천으로 가장 중요한 것은 두번째이다. 지면 관계상 순서대로 그 중 몇 가지만을 들어보면 다음과 같다.

> 설혹 제가 부처가 된다고 할지라도 광명에 제한이 있어 백천억 나유타에 걸친 모든 불국토를 밝힐 수 없다면 저는 차라리 정각을 이루지 않을 것입니다.(제12원)
> 설혹 제가 부처가 된다고 할지라도 수명에 제한이 있어 백천억 나유타겁밖에 살지 못한다면 저는 차라리 정각을 이루지 않을 것입니다.(제13원)
> 설혹 제가 부처가 된다고 할지라도 국토가 청정하여 마치 맑은 거울에 얼굴을 비추듯이 시방의 이루 헤아릴 수 없이 많은 불가사의한 제불(諸佛)세계를 모두 비추지 않을 것 같으면 저는 차라리 정각을 이루지 않을 것입니다.(제31원)
>
> 설혹 제가 부처가 된다고 할지라도 시방세계의 중생들이 저의 국토에 태어나기를 원하여 열 번을 념(念)하고서도 태어나지 못하는 자가 있다고 한다면 저는 차라리 정각을 이루지 않을 것입니다. 다만 5역죄를 지은 자나 정법을 비방하는 자는 제외할 것입니다.(제18원)
> 설혹 제가 부처가 된다고 할지라도 시방세계의 중생들이 보리심을 일으켜 온갖 공덕을 닦고 지극한 마음으로 저의 국토에 태어나기를 발원할 때, 그들의 임종시 제가 대중들과 함께 그들을 맞이할 수 없다면 저는 차라리 정각을 이루지 않을 것입니다.(제19원)
> 설혹 제가 부처가 된다고 할지라도 시방세계의 중생들이 내 이름을 듣고 나의 국토(극락세계)를 흠모하여 온갖 공덕을 쌓고서 지극한 마음으로 나의 국토에 태어나기를 원

---

[2] 48원의 분류방식에 대해서는 여러 학설이 있는데, 중국의 혜원(慧遠)은 섭법신원(攝法身願)·섭정토원(攝淨土願)·섭중생원(攝衆生願)으로, 신라의 경흥(憬興)도 이에 따라 구불신원(求佛身願)·구불토원(求佛土願)·이중생원(利衆生願)으로 나누고 있다.

하였음에도 그렇게 되지 못한다면 저는 차라리 정각을 이루지 않을 것입니다.(제20원)

설혹 제가 부처가 된다고 할지라도 그 국토의 중생들이 수명을 다한 뒤 다시금 지옥 아귀 축생의 3악도에 떨어지는 자가 있다면 저는 차라리 정각을 이루지 않을 것입니다.(제2원)

설혹 제가 부처가 된다고 할지라도 그 국토의 중생들이 결정코 정정취(正定聚)로 머물고 열반에 이르지 못한다면 저는 차라리 정각을 이루지 않을 것입니다.(제11원)[3]

법장보살은 제18원에서 일체의 중생들이 열 번만 아미타불을 생각해도 극락세계에 태어나게 되기를 발원하였다. 이른바 '염불(念佛)'이다. 이를 '염불왕생의 원'이라 하는데, 고래로 동아시아의 정토교가들은 48대원 중 이를 가장 중시하였으며, 칭명(稱名) 즉 그 이름을 부르는 것으로써 이를 이해하였다. '나무아미타불'은 여기서 유래하였다. '나무(南無)'는 나모(namo)의 음역으로 '귀의하다'의 뜻이다.

그런데 이 원에서는 부모 혹은 아라한을 죽이는 등의 5역죄를 짓거나 정법을 비방하는 자는 제외한다고 하였다. 이것은 무슨 까닭인가? 여기서 정법을 비방하는 자는 누구인가? 제11원에서는 극락세계의 중생들이 모두 정정취(正定聚)로 머물기로 발원하고 있다. 정정취란 성불이 결정된 보살종성을 말하는 것으로, 성문·연각(혹은 독각)의 사정취(邪定聚)에 반대되는 말이다. 그렇다면 정법을 비방하는 성문·연각은 극락왕생할 수 없다는 말인가?

세친은 그의 《무량수경우파제사》에서 '그렇다'고 말하고 있다. 그러나 제14원에서는 '성문·연각을 백천 겁 동안 헤아려 그 수를 알 수 있는 정도라면 차라리 정각을 이루지 않겠다'고 발원하고 있으며, 아미타불의 법

---

[3] 강승개 역, 《불설무량수경》 상권(대정장12, pp.267하~269중); 알기 쉬운 경전시리즈5(불교시대사, 1991), pp.49~63참조.

회에 이루 헤아릴 수 없는 성문들이 참여하였다고 설하고 있다. 이같이 앞뒤 모순된 사정을 어떻게 이해해야 할 것인가?

이에 대해 원효는 2승으로 결정된 이[定性二乘]는 극락왕생할 수 없지만 그렇지 않은 이[不定性]는 보살로의 전향이 가능하기 때문에 왕생할 수 있다고 해석하고 있다.[4] 혹은 덧붙여 2승으로 결정된 이라 할지라도 무여열반에 이른 후에는 왕생할 수 있다고 애매하게 말하고 있다.[5]

또한 5역죄를 지은 자의 경우,《관무량수경》에서는 이들조차 왕생할 수 있다고 설하고 있는데, 원효는 이러한 모순된 두 경설에 대해 참회할 줄 아는 자와 참회할 줄 모르는 자를 대상으로 하여 설한 것이라는 정도로 이해하였다.

이렇듯 극락으로 왕생하는 이들의 소양과 자질은 한결같지 않다. 이에 따라《무량수경》에서는 그들을 세 가지 부류로 나누고 있는데(《관무량수경》에서는 이를 다시 상·중·하로 세분하여 9품으로 분류한다), 이는 전적으로 그들 자신의 공덕에 근거한 것이다.

가장 뛰어난 부류(이를 上輩라 한다)는 계율을 지키며 언제나 아미타불을 생각[念]하는 출가수행자로서, 임종시 아미타불의 영접[來迎]을 받아 극락에 태어나며 항상 그의 지근에 머무는 불퇴전의 보살이 된다.

중간의 부류[中輩]는 보시 등의 선행을 쌓으며 항상 극락왕생을 생각

---

4) 《무량수경종요》(한국불교전서1, p.560중). 이는 유식학파가 오성각별설(五性各別說)에서 제기하였던 바와 동일한 형태의 논의이다. 설일체유부에서는 4선근의 인위(忍位, 진리를 인가하는 단계)에 이르면 더 이상 악취에 떨어지는 일이 없기 때문에 보살로의 전향이 불가능하다. 유식의 각별설은 이에 따른 것이지만, 성종 계통에서는 2승 자체는 결정적인 것이 아니기 때문에 일체중생이 모두 성불할 수 있다고 주장(一性皆成說)하였고, 원측도 이에 동조하고 있다. 본서 제9장 4. '법상종과 원측'; 권오민,《아비달마불교》(민족사, 2003), p.245, 319참조.
5) 《유심안락도(遊心安樂道)》(한국불교전서1, p.568중), 定性二乘則不往生. 從無餘後或可往生. 이에 반해 경흥은 유식설에 따라 정성의 2승은 영원히 왕생할 수 없다고 주장하였다.

하는 재가자로서, 그는 임종시 아미타불의 화신을 보고 극락에 태어난다. 그러나 직접 보지는 못하며 극락의 변경에서 5백 년 간 복락을 누리다가 불법을 듣고 지혜를 얻을 수 있다.

가장 아래 부류[下輩]는 출가하지도 선행을 쌓지도 못하였지만 애욕을 끊고 정진하며 10일간 일심으로 왕생을 기원한 자로서, 그는 임종시 꿈속에서 아미타불을 친견하고 극락에 태어난다. 그러나 중간의 부류와 마찬가지로 아미타불을 직접 볼 수는 없으며, 5백년 후에 붓타 가까이에 이르러 지혜를 얻는다.

이러한 3배설은 아미타불과 그에 대한 절대적 믿음에 근거한 것이지만 원천적으로 계행(戒行)과 선행(善行)이 강조되고 있다. 이는 정토사상이 전적으로 타력적(他力的)인 신앙만이 아니라는 사실을 말해 준다. 자력적(自力的)인 수행 또한 뒷받침되지 않으면 안 되는 것이다.

그렇다고 할지라도 아미타불에 대한 절대적 믿음[念佛]과 그에 의한 구원의 사상이 불교 내부에서 발단한 것이라고는 보기 어렵다. 그래서 혹 어떤 이는 아미타불을 조로아스터교의 태양신 미트라(Mithra)나 무한의 시간 즈르반 아카라나(Zrvan Akarana), 혹은 인도의 비쉬누(Viṣṇu)나 브라흐만에서 그 기원을 찾으려고도 하였으며, 극락 또한 태양이 숨는 서방에 위치한다는 사실에서 서쪽의 대 사막에 연해 있는 오아시스를 불교적으로 승화한 것이라고 보기도 한다(에덴의 낙원에서 '에덴' 또한 쾌락의 뜻이다).

아무튼 제불보살에 의한 구원을 설하는 이러한 대승불교의 사상에서 화신(化身, avatāra)과 신애(信愛, bhakti)라는 힌두교사상의 영향을 부인하기 어렵다. 《바가바드 기타》에서는 다음과 같이 노래하고 있다.

거룩한 존자께서 말씀하셨다. 임종시 나만을 생각[念]하면서 육체를 버리고 떠나는 자, 그는 나의 상태에 이를 것이니, 여기에 어떠한 의심도 없도다.
 브라흐만인 '옴'이라는 한 음절의 말을 조아리며 나를 생각하면서 육체를 버리고 떠나는 자, 그는 지고의 경지에 이르게 되리라.[6]

2. 정토교의 성립과 전개

아미타불은 수많은 대승경전 중에 설해지고 있지만, 정토경전은 《화엄경》이나 《법화경》의 경우와 마찬가지로 인도에서는 하나의 학파로 발전하지 않았다. 그러나 용수(龍樹)와 세친(世親)은 예외 없이 이에 대해서도 해석하고 있다.

용수는 《화엄경》〈십지품〉의 주석서인 《십주비바사론(十住毘婆沙論)》에서 보살이 불퇴전위(不退轉位, 물러남이 없는 경지 즉 10지 중 첫 단계인 환희지)에 이르는 방법으로 난행도(難行道, 어려운 길)와 이행도(易行道, 쉬운 길)를 언급하면서 아미타불에 대한 칭명염불을 이행도로 간주하였다. 난행도가 육로를 걸어서 여행하는 것에 비유된다면, 이행도는 배를 타고 여행하는 것과 같다. 전자가 정진에 의한 길이라면, 후자는 믿음에 의한 길이다.

용수는 이처럼 염불을 다만 불퇴전위에 이르는 보다 쉬운 방법으로만 이해하였을 뿐 그것을 극락왕생, 나아가 열반에 이르는 도로는 생각하지 않았다. 그러나 대저 대승불교에서의 믿음이란 무엇인가? 《화엄경》에서도 '처음 발심할 때가 바로 정각'이라 하였고, '믿음은 도의 근원으로 일체 공덕의 어머니'라고 하였다. 그렇다면 그 '믿음'을 어떻게 낳을 것인가? 지눌은 그것을 돈오로 간주하였었다.

---

6) 《바가바드 기타》 VIII. 5; 13.

그렇다면 왕생 이후의 열반은 또한 무엇인가? 열반을 보증한다는 점에서 난행과 이행은 궁극적으로 동일하다. 아니 쉬운 길을 놓아 두고서 어려운 길을 택하는 것은 어리석은 일이다. 이것이 동아시아 정토교가들의 생각이었는데, 이에 대해서는 뒤에 다시 설하게 될 것이다.

세친은 《정토론(淨土論)》 혹은 《왕생론(往生論)》으로도 불리우는 《무량수경우파제사원생게(無量壽經優婆提舍願生偈)》를 저술하였는데(529년 보리유지가 한역), 이는 인도에서 찬술된 유일한 정토관계 문헌이다. 앞서 용수가 염불을 이행도라 하여 보다 낮은 수준으로 이해한데 반해 세친은 여기서 더 이상 방편이 아닌 하나의 대승보살도로 정립하였다.

즉 그는 왕생극락의 구체적 방법으로, 첫째 몸으로 아미타불께 예배(禮拜)하고, 둘째 입으로 그 이름을 찬탄(讚嘆)하며, 셋째 한 마음으로 극락왕생을 발원(發願)하며, 넷째 마음을 고요히 하여 정토의 모습을 관찰(觀察)하며, 다섯째 그에 따라 얻은 일체의 공덕을 중생에게로 회향(廻向)하는 다섯 단계의 실천법(이를 5念門이라 함)을 설하고서, 다시 극락정토에 태어나는 다섯 가지 유형의 과보[5果]에 대해 설하는 등 정토사상을 처음으로 이론화하였던 것이다.

그러나 정토사상이 하나의 교파나 종파로 형성하게 되는 것은 중국에 이르러서였다. 나아가 송대 이후 그것은 크게 융성하여 민중 사이에 깊이 침투하였을 뿐 아니라 천태 화엄 선 등 거의 모든 종파에 의지하여 행해졌다. 이를테면 그들 각각의 종파와 결탁하여 태정융합(台淨融合), 화엄염불삼매, 선정쌍수(禪淨雙修) 혹은 선정일치(禪淨一致)의 사조를 형성하기도 하였는데, 이들은 대개 자성미타(自性彌陀) 유심정토(唯心淨土)라 하여 아미타불과 정토를 주체적인 '마음'으로 이해하려고 하였다.

아무튼 정토삼부경 중 가장 먼저 번역된 것은 《무량수경》으로, 일찍이 후한시대 안세고(安世高)에 의해 번역되었다고 전하나 현존하지 않으며,

후한의 지루가참(支婁迦讖), 오의 지겸(支謙), 위(魏)의 강승개 등에 의해 전후 12번에 걸쳐 번역되었다(그 중 다섯만 전하고 일곱은 전하지 않는다). 그러나 정토사상이 실질적으로 탐구되기 시작한 것은, 구마라집(344~413)에 의해 《아미타경》이 번역된 이후 백련결사로 유명한 여산(廬山) 혜원(慧遠, 334~416)을 거쳐 북위의 담란(曇鸞, 476~532)으로부터이다.

혜원의 염불결사가 관불(觀佛, 반주삼매)이었다면 칭명염불을 처음으로 시작한 이가 담란이었기 때문이다. 그는 세친의 《정토론》을 해설한 《정토론주(註)》를 남겼는데, 여기서 혼탁한 세상에서 자력으로 보살의 경지에 이른다는 것이 얼마나 어려운지를 토로하고 있다. "타력에 의해 쉽게 나아갈 수 있는 길을 자력으로 가려하니, 이 얼마나 어리석은 일인가? 결코 부처의 힘을 과소평가해서는 안 된다."

그의 정토교는 도작(道綽, 562~645)으로 계승된다. 도작은 담란이 입적한 후 20년이 지나 태어났지만 담란이 머물렀던 현중사(玄中寺)에서 그의 비문에 감동받아 이후 염불에 전념하였다고 한다. 그는 그의 시대를 천태종의 혜사(慧思)와 마찬가지로 말법(末法)시대로 규정하고 '응당 마땅히 참회하고 복을 닦으며, 진정 부처의 명호를 불러야 할 시기'라고 하였다. 콩으로 염불횟수를 헤아리는 것은 그로부터 시작되었으며, 《안락집(安樂集)》이 바로 그의 저술이다.

도작의 법을 이은 제자는 선도(善導, 613~681)와 가재(迦材, ?~648)였다.

선도는 칭명염불을 중심으로 삼는 정토교를 대성시킨 인물로 평가된다. 말법의 시대를 사는 이로서, 어리석고 더러운 몸을 지닌 이로서 할 수 있는 것이 무엇인가? 정토교밖에 없다. 그는 《관무량수경》에서 설하는 16종의 관법(觀法) 중 앞의 13가지만 인정하여 정선(定善)이라 하고 상·중·하배(下輩)등 뒤의 세 가지는 산선(散善)이라 하였는데, 일념의 정선과, 악을 버리고 선을 닦는 산선에 의해 왕생을 원하고 구하는 것이 정토교라고 하였다.

혹은 일심으로 정토를 관찰하고, 아미타불께 예배하고 명호를 부르고 찬탄공양하는 등의 정행(正行)과 그 밖의 선을 행하는 잡행(雜行)의 실천을 강조하기도 하였다. 이러한 실천에는 절대적인 믿음이 전제되지 않으면 안 된다. 진실한 마음인 지성심(至誠心)과, 자신은 범부이며 아미타불에 의해 구원될 수 있다는 사실을 절대적으로 믿는 심심(深心), 그리고 스스로 닦은 일체의 선을 중생들에게 회향하고 왕생을 기원하는 회향발원심(廻向發願心)의 세 마음을 갖추면 반드시 왕생할 수 있다고 주장하였다. 이러한 그의 정토교관은 그 후 일본의 법연(法然)에게 수용되어 일본 정토교학의 골격을 이루게 된다.

한편 가재는 스승의 학설을 계승하면서도 유식이나 여래장 계통의 경론을 토대로 정토교의 정통성을 확립하고자 하였다. 그는 그의 《정토론》에서 수행자의 자질을 상근기와 중·하근기로 나누고, 후자의 경우 첫째 참회할 것, 둘째 보리심을 일으킬 것, 셋째 오로지 아미타불의 명칭을 생각할 것, 넷째 정토를 관찰할 것, 다섯째 모든 공덕을 왕생을 위해 회향할 것 등의 다섯 가지 실천을 강조하였다.

그러나 이는 결코 이행(易行)이라 할 수 없다. 곧 서방정토는 범부만이 가는 세계가 아니라 성자 또한 왕생하며, 거기에도 근기에 따른 법(法)·보(報)·응(應)이라는 3토(土)의 차별이 있다고 하였기 때문이다. 이들을 거치면서 정토교는 바야흐로 다만 이행도로서의 실천, 대승의 한 단편이라는 관념에서 벗어나 대승 중의 대승으로 자각하게 되었다.[7]

---

7) 《바가바드 기타》에서도 해탈에 이르는 세 가지 도 중 지혜의 길(jñāna yoga)은 삿트바(sattva)가 우세한 지자에게, 행위의 길(karma yoga)은 라자스(rajas)가 우세한 전사에게 적합한 도이지만 신애의 길(bhakti yoga)은 타마스(tamas)가 우세한 미혹한 자 뿐만 아니라 모든 이에게 적합한 도라고 말하고 있다. 본서 제3장 4. '신애의

우리나라 불교의 최대 전성기였던 통일신라시대 주류를 이루던 불교신앙은 정토신앙, 그 중에서도 특히 미타정토였다. 이에 대해서는 제4절에서 다시 이야기하겠지만, 이러한 신앙의 배경에는 여러 정토교가들의 탐구와 저술이 있었다. 그들을 꼽자면 원광(圓光) 자장(慈藏) 원효(元曉) 의상(義湘) 원측(圓測) 둔륜(遁倫) 경흥(憬興) 의적(義寂) 태현(太賢) 법위(法位) 현일(玄一) 등 헤아리기 어려울 정도로 많은데, 원효의 《무량수경종요》《아미타경소》《유심안락도(遊心安樂道)》와 경흥의 《무량수경연의술문찬(連義述文贊)》, 현일의 《무량수경기(記)》는 현존하는 문헌이다.

원효(617~686)는 가재(迦材)와 동시대를 살았으며, 그의 영향을 받았다고 한다. 원효 역시 《기신론》이나 《섭대승론》 등을 자주 인용하고 있으며, 정토교를 예의 일심(一心)으로 포용하고 있다.

> 깨달음의 경지에서 보면 차안도 없고 피안도 없다. 예토와 정토는 본래 일심이니, 생사와 열반도 궁극적으로 둘이 아닌 것이다. 그러나 크나큰 깨달음의 경지에 돌아가는데는 많은 공을 쌓아야 하지만 기나긴 꿈속에서 단박에 깨어날 수 없다. 그런 까닭에 성인께서 드러낸 깨달음의 길은 먼 것도 있고 가까운 것도 있으며, 설해진 말씀도 혹 어떤 것은 쇠퇴하였고 혹 어떤 것은 흥하였다. 이에 모니 세존께서는 사바세계에 출현하여 3악을 경계하고 선을 권상하였으며, 아미타여래는 저 안양(安養, 즉 극락)에 머물면서 아홉 부류[輩]의 중생들을 인도하였으니, 그러한 권도(방편)의 자취는 이루 다 말할 수 없다.8)

담란―도작―선도 계통이 왕생의 근거로서 오로지 염불만을 주장하는 순수 정토교학을 펼친데 반해 가재 등의 또 다른 계통에서는 다른 수행도와 함께 병행하려는 태도(이를 雙修 혹은 雜修라 한다)를 취하고 있는

길과 지혜의 길' 참조.
8) 《유심안락도》(한국불교전서1, p.566중; 김운학 역, 삼성문화문고124, p.11참조).

데, 우리의 정토사상은 대개 이 같은 쌍수의 계통이었다. 예컨대 태고보우(太古普愚, 1301~1382)는, 미타정토는 방편으로 그 본질은 유심정토 자성미타이며, 염불을 통해 '염불하는 자 누구인가'를 반조하는 이른바 염불공안을 주장하기도 하였다.

3. 정토사상

1) 정토교의 교상판석

 정토사상을 논의함에 있어서는 무엇보다 먼저 왕생의 원인으로서의 실천행과 이에 따른 왕생과 열반, 나아가 정토경전상에서 제기된 나타난 여러 문제들, 이를테면 48원의 명칭과 분류, 3배(輩)와 9품(品), 성문과 5역죄 등의 문제에 관해 논의해 보아야 하지만, 이에 대해서는 이미 앞에서 주마간산식으로나마 살펴보았기 때문에 여기서는 그들의 교상판석과 정토교의 일반적 의미에 대해 알아보기로 한다.
 일찍이 용수는 보살이 불퇴전의 경지에 이르는데 난행문과 이행문이라는 두 가지 길이 있으며, 믿음에 근거한 염불로써 그런 경지에 도달하려는 이행문은 겁약하고 열등한 이들이 추구하는 바라고 평가하였다. 그러나 담란은 이를 열반을 획득하는 처소에 따른 분류로 이해하여 이 세계 [此土]에서 깨달음을 추구하는 것을 난행도, 정토에 왕생하여 깨달음을 얻는 것을 이행도라고 하였다. 즉 오탁악세(五濁惡世)이자 무불(無佛)시대인 이 세계에서 깨달음을 추구하는 것은 참으로 어려운 일이라는 것이다.
 그런데 도작에 이르면 이 세계를 보다 부정적으로 이해하여 말법(末法)의 시대로 보았다. 말법이란 '말세'의 의미이다. 말법사상은 천태지의의 스승인 혜사(慧思, 515~577)의 《서원문》(완전한 명칭은 《南岳思大禪師立誓願文》)과 《대집경(大集經)》〈월장분(月藏分)〉의 삼시사상(三時思想)에서 비롯되었다. 삼시란 정법(正法) 상법(像法) 말법(末法)의 세 시대를 말하는 것으로, 불타의 정법이 시간이 지남에 따라 점차 쇠퇴해져 사교 사도의 가르침이 횡행하고 인간의 근기 또한 쇠약해져 마침내 멸망하고 만다는 지극히 비관적인 역사관이다.

즉 정법의 시대란 불타 입멸 후 5백년까지로서, 이 시대는 불타의 교법도 살아 있고, 이에 따라 수행 실천하여 깨달음을 얻은 이 또한 많다. 이른바 교(敎)와 행(行)과 증(證)이 갖추어진 시대이다.

상법의 시대에서 '상'은 '닮다' '비슷하다'는 의미로, 정법의 시대와 비슷하기는 하지만 수행자의 근기가 박약하여 그 수는 많을지라도 실제 깨달음을 얻는 이는 없는 시대이다. '교'와 '행'은 있지만 '증'이 없는 시대로, 천년에 걸쳐 지속된다. 그리하여 마침내 말법의 시대가 되면 불타의 교법은 존재하지만 수행도 깨달음도 더 이상 존재하지 않는다. 사교가 넘쳐나고 악이 횡행하는 시대로, 일만 년 동안 계속되며, 마침내 교법마저 소멸하는 시기가 도래한다.

이러한 삼시관(三時觀)은 물론 역사적 사실이 아니지만, 동아시아에서 사회가 어지럽고, 승려와 교단이 부패하여 파계를 일삼으며, 또한 불교가 탄압을 받을 때면 언제나 시대의 정서를 지배하였다. '말세'라고 하는 말 또한 여기서 유래한 것이다.

후한이 멸망하고 삼국과 위진시대를 거쳐 수나라가 중국을 통일하기 전까지 남북조시대 150년 동안 중국의 역사는 단지 아홉 왕조의 흥망성쇠로만 이야기될 수 없다. 잦은 전란의 학살과 방화 속에서 가족은 해체되었고 살아남은 자는 전장의 병사로 내몰려야 하였던 절망의 시대였다. 또한 북위와 북주의 두 번에 걸친 폐불(廢佛, 각기 444~446년, 574~577년

간)은 불교교단을 황폐화시키기에 충분하였다. 그것은 필설로 형언할 수 없는 아비규환의 세월이었을 것이다.

이러한 말법의 오탁악세의 시절, 전쟁과 기근과 질병이 횡행하고[劫濁], 사견(私見)과 사법(邪法)이 넘쳐나며[見濁], 사람들 마음마저 흐려져 번뇌로 가득 차고[煩惱濁], 과보를 두려워하지 않고 악행을 일삼아[衆生濁] 수명이 점차로 짧아지는[命濁] 세상에서 근기 박약한 중생이 어찌 선정삼매를 닦고 지혜를 일깨울 것인가? 도작은 《안락집》 벽두에서 "만약 불타의 가르침이 시절과 근기에 부합한다면 닦기도 쉽고 깨닫기도 쉬울 것이지만, 근기와 가르침과 시절이 어긋나니 참으로 닦기도 어렵고 깨닫기도 어렵다."고 말하고 있다.9)

그는 불타의 교법을 성도문(聖道門)과 정토문(淨土門)으로 나누고, 대성(大聖)의 성도는 너무나 깊고 미묘하며, 그 또한 열반에 든지 오래되었기 때문에 정토문이야말로 이 시절의 현실과 사람들에게 부합하는 유일 절대의 가르침으로 판석하였다.

일찍이 지눌도 그의 《정혜결사문》에서 "지금은 말법의 시대이므로 어찌 정혜(定慧)에 힘쓸 수 있을 것인가? 부지런히 아미타불을 염하여 정토의 업을 닦아야 한다"는 여러 사람들의 견해를 언급하고 있는데,10) 그렇다면 오늘의 시절은 어떠한가? 이에 대해서는 다음 항에서 다시 언급하도록 하겠다.

나아가 선도는 당시 돈(頓)·점(漸)의 교판을 응용하여 《관무량수경》을 보살장의 돈교로 이해하였다. 이에 따라 일본 정토종의 개조인 법연은 "대승돈교의 가르침은 뛰어난 것이지만 누구든지 번뇌를 끊어야 하기 때

---

9) 《안락집》 권상(대정장47, p.4상).
10) 물론 지눌은 이에 대해 시절은 변할지라도 마음 자체는 변하지 않는 것으로, 진리의 흥망성쇠를 말하는 것은 삼승(三乘)의 방편설일 뿐 지혜가 있는 이는 결코 이같이 보지 않는다고 말하고 있다(《정혜결사문》, 한국불교전서4, p.698중).

문에 사실상 점교이다. 그러나 정토문은 번뇌를 끊지 않아도 정토에 태어 남을 가르치기 때문에 돈교 중의 돈교이다"고 하였다.

2) 말법사상과 정토교

《관무량수경》에서는 마가다국의 왕비 위제희부인에게 극락세계를 이야기하고 그곳에 왕생하는 방법(16관법)을 설하고 있는데, 이야기의 발단은 이른바 '왕사성의 비극'으로 알려지는 다음과 같은 사건이었다.

마가다국의 빔비사라왕은 어진 군주였지만, 그의 아들 아자세가 모반을 꾀하여 일곱 겹의 담으로 둘러쳐진 감옥에 그를 유폐시키고 누구의 접근도 허락하지 않았다. 왕이 아사지경에 놓이게 되자 왕비 위제희부인은 깨끗이 목욕하고 꿀을 밀가루와 우유로 반죽하여 몸에 바르고, 영락구슬 안에 포도즙을 담아 문지기를 매수하여 그를 찾곤 하였다.

스무하루가 지나고도 왕이 여전히 살아 있다는 말에 태자 아자세는 분노하여 칼을 빼어들고 어머니 위제희부인을 찾아가 바로 죽이려고 하였다. 그러나 일찍이 부왕을 시해한 왕은 1만 8천 명이나 되지만 어머니를 무참히 죽인 경우는 결코 없었다는 대신들의 간곡한 만류로 다만 깊은 골방에 가두고 다시는 나오지 못하도록 하였다.

'무슨 인연이었을까? 어찌하여 아자세와 같은 악독한 아들을 두게 되었던 것일까?' 위제희부인은 슬픔과 시름 속에서 하염없이 눈물 흘리며 부처님께 예배드리자 고개를 들기도 전에 홀연히 나타나 극락세계를 비추며 그곳으로의 왕생의 인연(16관)을 설하고 있는 것이 바로 《관무량수경》이다.

이 경에서는 그들의 인연에 대해 설하고 있지 않지만, 다른 경전(《아자세왕국경》)에 의하면 그들 사이에는 숙세의 인연이 있었다. 빔비사라왕은 어진 군주였고, 위제희부인은 아름답고 총명한 왕비였다. 그들은 원하고자 하는 모든 것을 갖추고 있었지만 다만 한 가지, 슬하에 자식이 없었다. 하나가 부족한 모든 것은 더 이상 모든 것이 아니었다.

어느 날 용한 점쟁이가 말하였다. "안심하십시오. 반드시 왕자를 갖게 될 것입니다. 저 멀리 산 속에 선인(仙人)이 살고 있는데, 3년 후 그의 수명이 다하게 되면 부인의 몸에 필시 잉태하게 될 것입니다." 왕비는 뛸 듯이 기뻤지만 3년은 너무나 긴 세월이었다. 또한 한편으로 늙은 수행자로서 3년을 사는 것보다 하루라도 빨리 태자로 태어나는 것이 그로서도 훨씬 나을 것이라고 생각하였다. 그것은 무서운 생각이었다.

그리하여 마침내 왕은 사람을 보내어 그를 죽였고, 다음 달로 왕비는 아기를 갖게 되었다. 자신은 물론이거니와 빔비사라왕을 비롯한 온 나라 백성들이 다 같이 기뻐하였다. 그렇게 세월은 흘러 이윽고 해산달이 다가왔다. 왕은 관례대로 그 아이의 점을 치게 하였다. 점쟁이는 말하였다. "왕자임에는 틀림없지만 두 분을 몹시 원망하고 있으며, 성인이 된 다음 반드시 복수하려고 합니다."

이 말을 들은 왕과 왕비는 매우 두려웠다. 뿐만 아니라 일찍이 죽은 선인이 무서운 형상으로 밤마다 나타나 복수하겠다고 소리쳤다. 왕과 왕비는 도저히 견딜 수가 없었다. 그리하여 마침내 해산을 맞이하여 칼을 빽빽이 세운 위에 누각을 짓고, 거기에 산실을 마련하여 태어난 아이를 떨어트렸다. 그러나 아이는 새끼손가락만 잘렸을 뿐 죽지 않았다. 아이는 울음을 터뜨렸고 그 소리를 들은 왕비는 모성이 살아나 다시 키우게 되었다. 그 아이가 바로 아자세(Ajātaśatru, 未生怨, 태어나기 전부터 원한을 갖은 이)였다.

위제희부인, 그는 누구인가? 이는 다만 그녀 한 개인의 숙업 이야기였던가? 아비가 아들을 죽이고 아들이 아비를 죽이며, 어미가 자식을 버리고 자식이 어미를 버리는 세상, 오늘도 지구촌 어딘 가에서는 원한에 사무쳐 서로가 서로를 죽이고 있다. 진리를 위해 전쟁하며, 평화를 위해 투쟁한다. 과연 그들은 누구이며 무슨 곡절이 있었던가?

오로지 힘이 지배하는 이 세상에서, 한끼의 밥과 찰나의 향락을 위해 몸과 생을 던져야 하는 이 세상에서 무엇을 기대할 수 있을 것인가? 그들은 모두 죄인일 것이며, 어쩔 수 없이 수수방관하는 우리 모두 죄인이 아니던가? 역사라는 거대한 수레바퀴를, 굴절된 역사의 거대한 파도를 어찌 막아낼 수 있을 것인가? 어쩔 수 없이 그 수레바퀴를 쫓고 그 파도를 탄다고 하지만 끝내는 거기에 치이고 휩쓸려 사라질 운명이 아니던가?

위제희부인은 이렇게 외치고 있다. "이 세상과 같이 혼탁하고 사나운 세상에는 더 이상 살고 싶지 않습니다. 혼탁하고 악하기 짝이 없는 이 세상에는 지옥과 아귀와 축생이 가득하고 못된 무리들이 득실거립니다. 미래의 생에는 더 이상 나쁜 소리를 듣지 않고 사나운 이를 만나고 싶지 않습니다. 이제 바야흐로 세존께 오체투지하며 애절히 참회하옵나니, 원컨대 저로 하여금 청정한 업으로 이루어진 세계를 관하게 하소서."[11]

냉혹하고 처절한 현실 앞에서 더 이상 무슨 말과 이론이 필요할 것인가? 모름지기 이론이란 살아 꿈틀대는 구체적 현실을 개념화 추상화함으로써 결국은 부동의 관념세계로 은폐 왜곡시키지 않는가? 그리하여 인간을 끝내 이론 내지 '진리'라는 미명의 하수인으로 전락시키는 것은 아닌가? 동아시아의 정토교가들은 불교의 관념론적 이해를 비판하고 오탁악세에 절망하는 인간의 실존을 직시하여 말세 중생들의 구원을 문제로 삼았던 것이다.

극락정토의 세계는 더 이상 이론이 필요치 않는 모든 이의 고향이다.

---

11) 《관무량수경》(대정장12, p.341중; 알기 쉬운 경전시리즈5, p.174).

그곳은 아미타불의 본원력에 의해 누구라도 왕생할 수 있는 곳이다. 여인도 가능하며 악인도 가능하다. 아미타불은 영원한 피안의 고향이다.

원효는 다음과 같이 말하고 있다.

[정토로 왕생함에 있어] 죄업이 비록 많을지라도 아침 햇살에 어둠이 사라지는 것보다 빠르게 녹을 것이며, 악취(惡趣)로 막혀 있다 할지라도 왕의 옥쇄로 관문을 여는 것보다 빠르게 통과하리라. 그럼에도 다만 물건이 떨어진 지점을 배에 새기는 어리석은 학도나 토끼를 잡기 위해 나무를 지키는 어리석은 행자는 삼천대천세계를 덮을만한 장광설로써 진실의 말씀을 의심하고, 우물안 개구리와 같은 어리석은 마음으로 왜곡된 설을 믿으려하니, 이 어찌 가치 없는 돌을 보배로 여겨 궤짝 속에 감춰두고 보배 구슬을 돌이라 의심하는 것과 같지 않겠는가? 참으로 슬프고도 애통한 일이로다.[12]

3) 삼계교(三階敎)

말법사상과 관련하여 하나를 더 이야기하고 넘어가고자 한다. 말법시대라는 의식이 고조될 무렵 도작의 정토교와 더불어 또 하나의 종교가 탄생하였으니, 신행(信行, 540~594)의 삼계교(三階敎)가 바로 그것이었다.

삼계라는 말은 곧 '세 단계의 불법'에서 유래하였다. 상근기의 사람들이 일승을 추구하던 정법의 시대가 첫번째 단계라면, 근기가 일정하지 않아 일승과 삼승, 대승과 소승이 설해지던 상법의 시대가 두번째 단계이며, 파계 사견의 범부들로 가득 찬 오탁 악세의 말법시대가 세번째 단계로, 신행은 그의 시대를 세번째 단계로 규정하였다.

말법의 시대, 무엇을 어떻게 닦아야 할 것인가? 정토교가 '오로지 일념으로 아미타불을 생각하고 부르자'고 외쳤다면, 신행은 '현실의 민중 속으로 뛰어들어 그들과 함께 하자'고 외쳤다. 그들은 다 같이 철학적 논의를

---

12) 《유심안락도》(한국불교전서1, pp.578하~579상; 김운학 역, 앞의 책, p.85).

부정하고 적극적인 실천을 강조하였지만, 정토교가 타력적인 방식이었다면 삼계교는 자력적인 방식이었다.

그는 강론 중심, 불사(佛事) 중심의 불교를 버리고 현실로 뛰어들었다. 《속고승전》에 따르면 그는 구족계를 버리고 직접 노역에 종사하였다. 그것으로써 헐벗고 굶주린 백성들을 입히고 먹였으며[悲田], 흐트러진 불사를 바로 잡았다[敬田]. 이것이 출가와 재가에 대한 그의 예배방식이었다. 초기불교 이래 출가수행자가 세속적 노동에 종사하는 것은 있을 수 없는 일이었다. 그래서 그는 계율마저 던져버린 것이었다. 무엇이 신행으로 하여금 승려로서의 덕목마저 저버리고 몸소 세속적 노동에 뛰어들게 하였던 것인가?

그의 사상적 이념은 보법(普法)이었다. 그래서 삼계교를 보법종(普法宗)이라고도 한다. 보법이란 오탁악세, 색맹과 같은 범부들에게 두루 적용되는 법이라는 뜻이다. 이 시대는 더 이상 일승의 보편적인 법도, 삼승의 개별적인 법도 적용될 수 없기 때문이다. 그렇다면 보법은 무엇인가?

일체의 모든 존재는 여래장에서 비롯된 것이고 불성(佛性)을 갖추고 있기 때문에 그들에 대한 어떠한 차별도 인정하지 않고 여래장불, 불성불, 바로 미래의 부처로 공경하지 않으면 안 된다. 보법이란 바로 '일체중생을 두루 부처로 여기고, 두루 공경한다'는 보불보경(普佛普敬)을 말한다. 이러한 보불보경의 가르침이야말로 오탁악세의 죄 많은 범부가 구원받을 수 있는 유일한 길이다. 그는 《법화경》〈상불경보살품(常不輕菩薩品)〉을 수행의 전범으로 삼았다.

왜 상불경보살인가? 이 보살은 경전을 읽지도 외우지도 아니하며, 항상 일체중생에 대해 예배하였다. "존귀하신 분들이여! 나는 당신들을 깊이 공경하며 가벼이 보지 않습니다. 왜냐하면 당신들은 언젠가는 모두 보살행을 실천하여 부처가 될 것이기 때문입니다. 그러니 당신들은 결코 가벼이 보여져서는 안 됩니다."

  승속을 막론하고 함께 믿고 함께 실천할 것[同信同行]을 강조하였다. 그는 그의 제자 승옹(僧邕)이 북주의 폐불 때 세상에 절망한 나머지 백록산에 숨어 거기서 한 세상을 마치려고 하자 "인적이 끊긴 산골로 들어가 혼자 득도하고 혼자 부처가 된들 무엇이 그리 대단할 것인가? 저 슬프디 슬픈 백성들이 보이지 않는가?"라고 외쳤다.

  이러한 그의 보법사상은 당시 불교계에 새로운 바람을 불러일으키기에 충분한 것이었다. 수많은 이들이 그를 따랐으며, 그 후 그의 제자들은 장안의 다섯 절에 무진장원(無盡藏院)을 세워 무진장행을 펼치기도 하였다. 이는 말하자면 가난한 백성들에게 돈이나 쌀 옷감 등을 무이자 무담보로 빌려주고 형편에 맞게 갚게 하는 일종의 서민금고와 같은 것이었다.[13]

  그러나 삼계교는 이 같은 체제 이탈적인 이념과 실천으로 말미암아 안팎으로부터 이단과 사설(邪說)로 박해받게 된다. 삼계교는 그의 입적 6년 만에 칙령으로 금지된 이래 수난과 탄압의 역사로 점철하였으며, 마침내 역사의 뒤안길로 사라지고 말았다. 삼계교가 다시 역사상에 나타난 것은 20세기 초 돈황에서 그에 관한 일련의 문헌들이 발견되면서부터였다.

4. 신라의 정토신앙

  정토신앙, 그 중에서도 아미타불의 극락정토 신앙을 제외하고서 신라인들의 불교신앙을 이야기하기 어렵다. 특히 불교의 황금시대였던 문무

---

13) 참고로 민영규 교수는 그의 《사천강단》(우양, 1994, pp.51~60)에서 원광(圓光)의 점찰보(占察寶)도 신행의 무진장원에서 배워온 것이며, 신행이 묻힌 종남산의 지상사에서 수학한 의상도, 전기상에 신행이 승옹에게 하였던 말이 되풀이되는 자장과 원광도 모두 삼계교와 직 간접적으로 관계를 맺고 있다고 하였다.

왕에서 경덕왕에 이르는 신라 중대는 원광 자장 원효 의상 경흥 등 제2절에서 언급한 교학자들의 이론적 기반 하에 불교신앙의 주류를 이루었다. 앞서 미륵정토와 미타정토 간의 우열논쟁이 있었다고 하였는데, 원효는 《유심안락도》에서 양자의 차이점을 열네 가지로 정리하고, 다시 도솔정토에 나기 어려운 이유로 일곱 가지를 꼽고 있다.

그 중 몇 가지만 들어보면, 첫째 극락정토는 바로 인간세계로 태어나기 쉽고 도솔정토는 하늘의 세계로 태어나기 어려우며, 극락은 5계만 지키면 태어날 수 있으나 도솔천은 10선을 닦아야 비로소 갈 수 있는 곳이며, 극락은 10념(念)으로 갈 수 있으나 도솔천은 보시와 지계를 모두 닦아야 갈 수 있으며, 극락은 아미타불의 48원에 의지하여 가게 되지만 도솔천은 오로지 자신의 힘에 의해서만 갈 수 있다.

이러한 해석이 대중들의 미타신앙을 고취하였을 것인데, 신라 정토교가들의 중심문제는 당연히 누가 어떠한 방법에 의해 왕생할 것인가? 이를테면 어떤 이들이 3배(輩) 9품(品)에 해당되며, 왕생의 방법인 10념이란 구체적으로 무엇을 말하는가 하는 점이었다. 원효는 위제희부인에서 보듯이 보리심을 발하여 아미타불을 염(念)하고, 예토를 싫어하고 정토를 좋아하면 여인이든 5역죄인이든 누구라도 왕생할 수 있다고 하였다.

또한 10념의 문제에 대해서는 '나무아미타불'이라고 소리내어 외치는 표면[顯了]적인 10념과 일체중생을 항상 자비심으로 대하여 어떠한 고통도 주어서는 안 된다는 등의 열 가지 내면[隱密]적인 10념으로 나누어,[14]

---

14) 은밀의 10념은 《미륵소문경(彌勒所問經)》에서 인용한 것으로 간략히 정리하면 다음과 같다. 1)-2) 모든 중생을 자심(慈心)과 비심(悲心)으로 대한다. 3) 신명을 아끼지 않고 호법(護法)에 힘쓴다. 4) 인욕(忍辱)하는 가운데서 결정적인 마음을 일으킨다. 5) 청정한 마음으로 재물에 집착하지 않는다. 6) 일체종지(一切種智)의 마음을 일으켜 늘 기억하여 잊지 않는다. 7) 일체중생에 대해 존중심을 일으켜 겸손하게 대한다. 8) 항간에 떠도는 말에 마음 쏟지 않는다. 9) 선근의 인연을 일으켜 어지러운 마음에서 벗어난다. 10) 올바른 생각으로 부처를 관하여 망념을 제거한다.

《관무량수경》의 10념은 표면적인 것이지만 《무량수경》의 그것은 양자 모두에 해당하는 것이라고 하였다.

그러나 경흥(憬興)은 아무리 뛰어난 이도 내면적인 10념을 닦기 어렵기 때문에 《무량수경》의 10념 또한 다만 칭명염불로 이해하였다. 나아가 의적(義寂)은 '나무아미타불' 여섯 자를 소리내어 외치는 한 사이클을 1념이라 하고, 오로지 한 마음으로 전념할 때 내면적인 10념도 갖추어진다고 하였다.

이렇듯 지성으로 열 번만 소리내어 외치면 어떠한 중생도 극락왕생이 가능하였으니 어떠한 이가 미타신앙을 수용하지 않았을 것인가? 《삼국유사》에서 이러한 미타신앙의 설화가 가장 빈번하게 등장한 이유도 여기에 있다고 하겠다. 또한 거기서는 사후의 극락왕생뿐만 아니라 현세에서의 즉신성불(卽身成佛)을 설하고 있기까지 하다. 이는 아마도 아미타불의 극락정토를 그들 현실에서 구현하고자 하였던 신라인들의 염원이었을 것이다.

누군가 역사가 그 빛을 바래면 신화가 된다고 하였지만 《삼국유사》의 설화는 반대로 신화가 빛을 더해 역사가 되었다. 그것은 그들 신라인들의 정신세계의 역사였다. 이제 이에 관한 몇 가지 설화를 옮겨보면 다음과 같다(해석은 독자에게 미룬다).

(1) 백월산 동남쪽의 신선촌이라는 마을에 노힐부득(努肹夫得)과 달달박박(怛怛朴朴)이 살고 있었는데, 약관의 나이에 출가하였다가 각기 대불전(大佛田)과 소불전(小佛田)에서 처자를 거느리고 산업을 경영하였다. 그러다 세상의 무상함을 깨닫고, 또한 서쪽에서 비쳐오는 백호광(白毫光) 속에서 금빛 팔이 그들의 이마를 어루만지는 꿈을 꾸고서 무상도를 이루기 위해 백월산 무등곡(無等谷)으로 들어가 수도하였다.

달달박박은 북쪽 사자바위 밑에 판자 집[板房]을 짓고 아미타불에 예참(禮懺) 염불하였고, 노힐부득은 동쪽 바위 밑 개울가에 돌집[磊房]을 짓고 부지런히 미륵불을 구하였다. 3년이 조금 못된 성덕왕 8년(709년) 4월의 해질 무렵 20세쯤 된 아리따운 처녀가 달달박박의 거처에 찾아와 하룻밤 재워줄 것을 간곡히 청하였다. 그러나 박박은 '절은 청정함을 지켜야 하므로 재워줄 수 없다'고 거절하였다.

처녀는 다시 노힐부득의 거처로 가 재워주기를 청하자 부득은 '이곳은 부녀자가 더럽힐 곳이 아니지만 중생의 뜻에 따르는 것도 보살행의 하나이다. 하물며 깊은 산중의 어두운 밤에 어찌 홀대하겠는가'라고 생각하여 맞아들였다. 그리고는 더욱 마음을 맑게 하여 희미한 등불을 벽에 걸어놓고 염송(念誦)에 전념하였다.

그런데 밤이 깊자 처녀는 해산하게 되었다며 도움을 청하였고, 목욕하기를 원하였으므로 두려운 마음이 일었지만 가엾은 마음에 물을 데워 목욕시켜 주었다. 그러자 물이 금빛으로 변하며 향기가 자욱하였다. 부득이 크게 놀라자 처녀는 함께 목욕하기를 청하였다. 마지못해 함께 목욕하니 문득 정신이 맑아지고 피부가 금색으로 변하였으며, 홀연히 연화대가 나타났다. 처녀가 거기에 앉기를 권하면서 '나는 관음보살로서 대사를 도와 크나큰 깨달음을 성취하게 하기 위해 이곳에 왔도다'라고 말하고는 사라져 버렸다.

이튿날 달달박박은 노힐부득이 필시 파계하였을 것이라고 생각하고 그를 찾아갔는데, 그는 이미 미륵불이 되어 온몸에 금빛의 광명을 발하며 연화대에 앉아 있었다. 박박이 크게 놀라 머리를 조아리며 그 연유를 묻고 나서 '나는 업장(業障)이 무거워 성인을 보고도 몰라보았는데, 대덕께서는 지극히 현명하여 먼저 득도하였으니 옛날의 인연을 보아서라도 이끌어달라'고 청하였다. 부득이 남은 물에 목욕하라고 일러주었고, 박박도 마침내 무량수불(아미타불)이 되어 미륵불과 마주하게 되었다.

산 아래 사람이 이 소식을 듣고 다투어 올라와 우러러 예배하고, 참으로 희유한 일이라고 감탄함에 두 성인은 그들에게 법요를 설해 주고 구름을 타고 사라졌다. 그 후 경덕왕이 이 소문을 듣고 그곳에 큰 절을 세우고, 백월산 남사(南寺)라고 이름하였다. 그리고 미륵존상과 아미타존상을 조성하여 각기 금당과 강당에 봉안하고 현신성도미륵지전(現身成道彌勒之殿) 현신성도무량수전(現身成道無量壽殿)이라 이름하였는데, 아미타불의 얼룩은 박박이 목욕할 때 물이 조금 모자랐기 때문이라고 한다.[15]

(2) 문무왕(661~681재위) 때의 사문 광덕(廣德)과 엄장(嚴莊)은 절친한 친구 사이였다. 둘은 서로 극락에 가게 될 때 알리고 가자고 약속하였다. 광덕은 분황사 서쪽에서 처자를 거느리고 신발 삼는 것을 업으로 삼았으며, 엄장은 남악의 암자에서 농사짓고 살았다.

어느 날 저녁 엄장의 집 밖에서 소리가 들렸다. "나는 이제 서방으로 가니 그대는 잘 있다가 속히 나를 따라 오시게나." 문 밖을 나가보니 구름 위에서 하늘의 노랫소리가 들리며 광명이 땅에 뻗쳤다. 이튿날 광덕의 집에 가보니, 그는 죽어 있었다. 장사를 지내고 난 후 홀로된 그의 처와 함께 살기로 하였다. 그 날 밤 동침하고자 할 때 광덕의 처가 말하였다. "스님이 정토를 구하는 것은 마치 나무에 올라 고기를 잡으려고 하는 것과 같습니다."

엄장이 놀라 "광덕과도 이미 그러하였거늘 어찌하여 나는 거절하는 것이냐"고 물었다. 이에 광덕의 처가 말하였다. "남편과 나는 10여 년을 동거하였지만 하룻밤도 동침하지 않았는데, 하물며 추한 일이 있었겠습니

---

15) 《삼국유사》 권3 탑상(塔像)4, '남백월이성(南白月二聖) 노힐부득(努肹夫得) 달달박박(怛怛朴朴).'

까? 그 분은 밤마다 몸을 단정히 하고 앉아 한 소리로 아미타불을 염(念)하거나 16관(觀)을 닦았는데, 깊이 관에 들게 되면 창호를 통해 들어온 달빛을 타고 앉기도 하였습니다. 정성이 이와 같았으니 어찌 왕생하지 않을 수 있겠습니까? 대저 천리 길을 가고자 하는 이는 첫걸음에서 알아볼 수 있는 법인데, 지금 스님을 보니 동쪽으로 간다면 모를까 서방은 알기 어렵겠습니다."

엄장은 부끄러움에 집을 뛰쳐나와 그 길로 원효에게로 가 어찌해야 할지를 물었다. 원효는 쟁관법(錚觀法)으로 수행하기를 권유하였고, 그 뒤 마음을 맑혀 참회하고 한 마음으로 관을 닦아 역시 왕생하였다.

이에 《삼국유사》의 편찬자인 일연(一然)은, 여기서 쟁관법은 원효의 본전(本傳)과 《해동승전》에 나오며, 광덕의 처는 분황사의 노비로 관세음보살의 화신이었다고 말하고 있다. 또한 일찍이 광덕이 지어 불렀다는 원왕생가(願往生歌)도 전하고 있다.

> 달님이여, 이제 서방까지 가셔서
> 무량수불 전에 일러다가 사뢰소서
> 서원 깊으신 부처님을 우러러
> '두 손을 모아 원왕생 원왕생
> 그리는 사람 있다'고 사뢰소서
> 아, 이 몸 남겨 두고 48대원 이루실까?[16]

(3) 경덕왕(742~765재위) 때 성명미상의 다섯 비구가 삽량주(오늘날 양산) 동북쪽에 위치한 포천산(布川山) 석굴에 머물며 아미타불을 염(念)하였다. 서방왕생을 희구한 지 몇십 년, 홀연히 성중(聖衆)들이 서쪽에서 와 영접하였으므로 이들은 각기 연화대에 앉아 허공을 타고 가다가 통도사

---

16) 《삼국유사》 권5 통감(通感)7, '광덕(廣德) 엄장(嚴莊).'

문 밖에 잠시 머물며 무상(無常)·고(苦)·공(空)의 이치를 설하였다. 그 후 몸을 벗어버리고 대광명을 발하며 서쪽을 향해 갔는데, 통도사의 스님들은 그들이 몸을 버린 곳에 치루(置樓)라는 정자를 지었다.[17]

(4) 경덕왕 때 강주(오늘날 진주)의 선사(善士) 수십 명이 서방에 뜻을 두고 미타사(彌陀寺)를 세워 만일염불계(萬日念佛契)를 조직하였다. 그 때 아간(阿干) 귀진(貴珍)의 집에 욱면(郁面)이라는 여종이 있었는데, 주인을 따라 절에 와 법당에는 들지 못하고 마당에서 염불하니 주인은 직분에 맞지 않는 짓이라 미워하여 매일 벼 두섬을 찧게 하였다. 그러나 욱면은 초경까지 다 찧어놓고 절에 가 염불하였는데, 하루도 거르지 않았다. 오히려 마당 좌우에 장대를 세우고 끈으로 두 손을 꿰어 장대에 묶고 좌우로 놀리며 염불하였다.

그 때 '욱면은 법당에 들어가 염불하라'는 하늘의 소리가 공중에서 들렸다. 절의 대중들이 놀라 그들과 함께 염불하기를 권유하였다. 얼마 후 하늘의 노랫소리가 서쪽에서 들려오면서 욱면의 몸은 대들보를 뚫고 솟구쳐 올라 서쪽으로 날아갔다. 그리고 교외에서 몸을 버리고 진신(眞身)을 나투어 연화대에 앉아 대광명을 발하며 천천히 날아감에 하늘의 노랫소리가 공중에서 사라지지 않았는데, 일연은 그 당시까지 그가 뚫고 나간 자리가 남아 있었다고 전하고 있다.[18]

(5) 경주 남산 동쪽기슭에 피리촌이 있고, 그곳에 피리사(避里寺)라는 절이 있었다. 그 절에는 성명미상의 신이(神異)한 스님이 있어 항상 아미타불을 염송(念誦)하였다. 그 소리는 성 안까지 들려 3백6십 동네, 17만

---

17) 《삼국유사》 권5 피은(避隱)8, '포천산 5비구 경덕왕대.'
18) 《삼국유사》 권5 통감7, '욱면비(郁面婢) 염불서승(念佛西昇).'

호 어디에도 들리지 않은 곳이 없었는데, 높낮이가 없이 한결같이 낭랑하였다. 그래서 모두들 그를 존경하여 염불사(念佛師)라고 불렀다. 그가 죽은 후 진흙으로 그의 상을 만들어 민장사(敏藏寺)에 봉안하고, 그가 살던 피리사는 염불사(念佛寺)로 개명하였다.19)

---

19) 《삼국유사》 권5 피은8, '염불사(念佛師).'

에필로그

숲과 마을

　태고적부터 숲(혹은 산)은 우리 인간들의 의지처이자 안식처였다. 인간들은 숲에 의지하며 살아왔고 또한 살아간다. 모든 가치가 물질적 재화로 환산되는 오늘날, 그곳은 물과 맑은 공기는 물론이거니와 식량과 에너지원의 보고이자 휴식과 관광, 레저의 무대로 재인식되고 있다. 그러나 그곳은 신앙과 신화, 문화와 예술의 모태였고, 인간정신의 원천이었다.
　신은 그곳을 통해 인간세상으로 내려왔고, 인간은 거기서 하늘과 보다 가깝게 조우한다. 그래서 항상 세속의 시끄러움을 떠나 초월을 꿈꾸는 이들은 그곳으로 들어가곤 하였다. 우리의 조상들은 세속의 어지러움을 피하여 그곳으로 숨어들기도 하였고, 오늘의 우리 역시 삶이 고단할 때면 그곳에서 안식을 얻기도 한다. 그곳에서는 더 이상 인간의 소리는 들리지 않는다. 다만 스쳐 지나가는 바람소리, 시냇물 흐르는 소리, 새들의 지저귐과 낙엽 밟는 소리만이 들릴 뿐이다. 그것은 내면의 평화와 안식을 가져다 준다.
　숲은 고요한 곳이며, 인간의 존재를, 삶의 의미를 되새겨 보게끔 한다. 희랍의 철인들은 그곳을 거닐면서 우주에 대해 사색하였으며, 인도의 현자들은 그곳에서 영혼과 교감하였다. 그곳은 철학의 산실이었으며, 인간

마음의 고향이었다. 그곳은 선인들의 세계이다. 선인은 산에 머문다. 사람(人)이 산(山)에 살면 선인(仙人)인 것이며, 골(谷, 즉 마을)에 살면 속인(俗人)인 것이다.

1. 숲과 마을

숲(혹은 산)은 어떠한 곳이며, 마을은 어떠한 곳인가? 마을은 다양한 사람들이 살아가는 곳이다. 다양한 사람들이 제각각의 욕망을 갖고 살아가는 곳이기에 시끄러운 곳이다. 사람들은 제각기 목적하는 바를 성취하기를 욕망한다. 마을의 사람들이 궁극적으로 추구하는 바는 바로 그들이 목적하는 바를 성취함으로써 얻어지는 기쁨(kāma)이다.

어떤 이는 부를 획득하기를 원하며, 또 어떤 이는 명성과 권력을, 또 어떤 이는 학식이나 기술을, 또 어떤 이는 사랑을 획득하기를 원한다. 그리고 그 같은 욕망의 이면에는 항상 경쟁과 음모, 모략, 불신, 배반, 기만이 감추어져 있다. 서로가 먹고 먹히는 '물고기의 법칙(matsya nyāya)'이 지배한다. 마을은 무자비한 현실의 이해관계가 지배하는 곳이다. 부 등은 바로 눈으로 볼 수 있고, 손으로 만질 수 있는 힘이기 때문이다. 우리 속담에 "돈이면 귀신도 부릴 수 있다."고 하지 않았던가?

인도의 우화집《판차탄트라》도 역시 이렇게 이야기하고 있다.: "부(아르타)의 냄새는 피조물의 굳은 마음을 일깨우기에 충분하고, 부의 향유는 더더욱 그렇다. 부는 굳건함, 자신감, 권력을 가져다 준다. 가난은 죽음보다 못한 저주이다. 부가 없는 덕성은 보잘 것이 없다. 가난은 모든 악의 뿌리이다." 부가 없으면 사제는 지지기반이 없고, 제사도 치를 수 없으며,

사회도 유지될 수 없으므로 부(아르타)는 도덕 혹은 정의(다르마)의 필수 조건이며, 인생의 모든 목적을 위한 기초가 된다.

그렇다고 본다면 마을(사회)에서의 다르마는 힘의 논리에 따르는 것이다. '무전(無錢) 유죄, 유전(有錢) 무죄'라는 말도 있지 않은가? 그것은 비단 오늘만의 말이 아니다. "힘은 정의보다 우위에 있다. 정의는 힘에서 나온다. 살아 있는 생물체가 땅에 의지하듯이 정의는 힘에 의해 뒷받침된다. 정의 자체는 어떠한 명령권도 갖고 있지 않다. 그것은 담쟁이 넝쿨이 나무를 의지하듯이, 힘에 의지하게 마련이다. 정의는 강자의 손에 있다. 강자에게는 아무것도 불가능한 것이 없는 법이다. 힘으로부터 나온 모든 것은 순수하다."[1)

그러기에 고대 인도인들은 무력이 아닌 진리의 수레바퀴를 굴림으로써 모든 마을(세속)에서 정의(다르마)를 구현할 왕 중의 왕인 전륜성왕(轉輪 聖王, cakravartin)이라는 이상적 군주를 기다리고 있는지도 모른다.

이처럼 마을은 욕망이 지배하는 곳이다. 욕망은 자아(에고)의 소산이다. 그러나 이 때 자아는 단일한 자아가 아닌 파편화된 자아이다. 욕망은 단일하지 않으며 끊임없이 확대 재생산되기 때문이다. 나의 욕망과 너의 욕망이 다르며, 어제의 욕망과 오늘의 욕망이 다르다.: '나는 욕망한다. 고로 존재한다.'

때문에 너의 자아와 나의 자아는 다르며, 어제의 자아와 오늘의 자아도 다르다. 파편화된 자아는 끊임없이 충돌하며 분열한다. 나의 자아는 너의 자아로 인해 상처 입고, 어제의 자아는 오늘의 자아에 의해 파기된다. 따라서 그러한 자아에 의해 경험되는 세계 역시 단일하지 않고 영속적이지도 않다. 세계는 모순과 대립 속에 격랑처럼 요동치며 정처 없이 흘러간

---

1) 《마하바라타》 제12장 134. 5-7.

다. 우리는 그것을 역사라 하고 진보라고 하지만 그것은 진실이 아니며, 실재가 아니다. 오늘은 더 이상 어제가 아니며, 오늘 역시 내일을 기약할 수 없다.

우리는 대개 우리가 경험하는 세계를 단일하고도 영속적인 것으로 여기는 성벽이 있다. 그러나 그것은 미망(迷妄)이다. 욕망에 의해 드러난 세계는 일견 단일하고도 영속적인 것처럼 보이지만, 그것은 봄날의 한 때처럼 변화 무상하며 찰나적인 것이다. 인도의 현자들은 욕망이란 존재본성에 대한 미망에서 비롯된 것이라고 말한다. 곧 욕망과 집착은 비실재를 실재로, 허위를 진실로 여기는 미망에서 비롯된 것이다.

이처럼 마을은 다양한 개인들이 제각각의 욕망으로 살아가는, 온갖 차별과 무상함이 지배하는 곳이다. 분별적인 온갖 말들과 차별적인 힘들이 충돌하며, 말이 말을 낳고, 힘이 힘을 낳는 곳이다. 승리와 패배, 환희와 절망, 기쁨과 슬픔, 탄생과 죽음이 교차하며 반복되는 곳이다.

이에 반해 숲(혹은 산)은 단일하며, 고요한 곳이다. 그곳은 마을 저편(피안)의 세계로서, 욕망을 떠난 세계이며, 무차별의 세계이다. 그러함에 거기서는 더 이상 파편화된 자아로 존재하지 않으며, 단일한 실재로서만 존재할 따름이다. 그곳은 우리가 알 수 없는 충만하고도 완전한 힘이 지배하는 곳이다.

개별적 존재로서의 '나'가 살아 꿈틀거리는 마을에서, 우주에 대한 통찰은 애당초 불가능하다고 할 수 있다. 마을에서의 그것은 통찰이 아닌 분별적 사색으로, 다만 관념의 유희일 따름이다. 그러하기에 마을은 끊임없이 변화 유동하지만, 숲은 항상 거기에 그렇게 존재하는 정지된 세계이다. 숲은 드러나지 않은 비밀의 세계이다.

이렇듯 숲(vana)과 마을(grāma)은 서로의 반대편에 선다. 마을이 욕망의 세계라면 숲은 욕망을 떠난 세계이며, 마을이 개별적인 사물과 사건으로 이루어진 다양한 세계라면 숲은 그 모두가 사라진 단일한 세계이다. 마을이 온갖 말들로 요란한 세계라면 숲은 말을 떠나 고요한 침묵의 세계이며, 마을이 유동 변천하는 세계라면 숲은 정지된 세계이다. 마을이 오로지 이익을 추구하는 세속이라면 숲은 그것이 포기된 성스러운 세계이며, 마을이 미망의 현실이라면 숲은 통찰의 예지가 빛나는 이상이다.

마을이 오로지 차별적인 현상의 세계라면 숲은 무차별적인 실재의 세계이며, 마을이 온갖 제약을 갖는 세계라면 숲은 무제약의 세계이다. 마을이 오로지 물질(色)과 언어(名)에 대한 감각과 사유의 세계라면 숲은 그것이 배제된 직관의 세계이며, 마을이 인간역사의 세계라면 숲은 초역사적인 절대의 세계이며, 마을이 승리와 패배 환희와 절망, 생성과 소멸의 세계라면 숲은 미분(未分)의 세계이다.

문명이란 자연에 대한 인간의 승리에서 비롯된 것이라는 우리의 상식과는 달리 인도에서의 문명은 숲(vana)에서 이루어졌다. 마을은 언제나 욕망이 꿈틀거리는 갈등과 투쟁의 장으로, 그것에 의해서는 지복(至福)에 이를 수 없을 뿐더러 보다 고차원적인 문명을 추구하는데 장애가 된다고 그들은 믿었다. 마을은 생성과 소멸, 창조와 파괴가 되풀이되는 곳으로, 그것은 진실이 아니며, 저급한 문명이다.

인도의 문명은 숲의 문명이라고 말할 수 있다.[2] 종교와 철학, 문학은 모두 숲의 산물이었다. 교육은 성스러운 숲 속에서 이루어졌다. 숲은 아란야(阿蘭耶, araṇya) 즉 고요한 곳이며, 그래서 존재본성(혹은 실상)으로의 통찰이 가능하였다. 그곳은 언제나 마을의 빛이었으며, 마을의 존재이유 또한 거기에 있었다. 다시 말해 마을은 진실의 빛인 그곳으로 인해 나타날 수 있었으며, 궁극적으로 그곳을 지향하였던 것이다. 따라서 그곳은

---

2) 다카쿠스 준지로, 《불교철학의 정수》, 정승석 역(대원정사, 1989), p.29.

인간문명의 이데아였고, 진실의 진실이었으며, 선의 선이었다.

"숲의 여신이여, 땅거미가 내려앉아 사라져버린 숲의 여신이여! 그대 있지 않으면 마을을 찾지 못하니, 그대는 두렵지 아니한가?"3) 숲은 일찍이 《리그 베다》에서 여신 아란야니(Araṇyānī)로 찬탄되었다.

숲 속에 머무는 수행자들은 말 그대로《아란야카》를 명상하였으며, 《우파니샤드》는 숲에서 나온 빛이었다. 인도인의 삶의 네 단계 중 세번째인 임서기(vānaprastha)는 마을에서의 욕망과 의무를 다한 자가 해탈이라는 지고의 가치를 추구하기 위해 숲에 깃드는 시기였으며, 네번째 유행기에 접어든 산야신(sannyāsin)들은 거기서 나온 진리의 빛이었다. 하지만 헤르만 헤세의 소설《싯다르타》에서 뱃사공 바수데바는 주인공 싯다르타에게 구원의 빛을 남기고 단일한 세계인 숲으로 들어가기도 한다.

불타가 출가하여 처음 찾아간 곳도 고행자들이 머무는 숲이었고, 깨달음도, 최초의 설법도, 열반도 숲에서 이루어졌다. 불교 최초의 사원인 기원정사(Jetavana vihāra)도 제타태자가 소유한 숲(원림)에 있었으며, 죽림정사(veṇuvana vihāra)도 대나무 숲에 있었다. 승원을 의미하는 원림(園林, vana)이란 다름 아닌 비구들의 영구적 거주지(원)를 말하는 것으로, 그것은 항상 숲에 있었다. 그래서 '원림'이었고 '산림(山林)'이었고 '공한처(空閑處)'였다.

불타는 말하고 있다.: "세속적인 즐거움이 없는 숲 속은 즐겁다. 번뇌가 없는 자는 그곳에서 즐겁게 지낸다. 왜냐하면 그는 감각적 즐거움을 더 이상 추구하지 않기 때문이다."4)

산이 존재하지 않는 인도에서 숲은 우리의 산과 같은 곳이었다. 수행자들은 항상 숲에 머물렀다. 오늘날에도 스리랑카의 어떤 파(pāṃsukūlika,

---

3)《리그 베다》 X. 146. 1.
4)《법구경》 VII. 99.

糞掃衣派로 음역됨)의 비구들은 일생토록 마을을 떠나 숲 속에서 명상하며 지내는데, 이러한 이를 '숲 속의 비구(ārañña vāsa)'라고 한다.

인도의 철학은 본질적으로 숲의 철학이다. 세속적 욕망으로부터, 차별적 상대적 세계로부터, 업과 그 속박의 괴로움으로부터 떠남의 철학이고, 초월의 철학이며, 해탈 열반의 철학이다. 출가(出家)란 욕망의 산실인 집과 마을을 떠나 숲으로 들어가는 것이었다. 그것은 세속에 대한 포기를 의미한다. 마을은 다양(차별)성과 분열, 대립, 갈등, 긴장, 고통, 비애로 특징지워지는 곳으로, 그곳에서의 통일과 조화, 평화, 즐거움과 기쁨 등은 진실이 아니다. 그것은 본질적으로 풀잎에 맺힌 이슬처럼 찰나적인 것으로, 꿈과도 같고 신기루와도 같은 허망한 것이기 때문이다.

그렇다면 마을(세속)은 그렇게 끝끝내 부정되어야 하는 것인가? 숲과 마을은 그토록 대립된 이원의 세계로서만 존재해야 하는 것인가? 만약 그렇다고 한다면 마을에는 무슨 희망이 있을 것이며, 숲은 마을의 희생을 통해서만 그 영광을 드러낼 뿐이기 때문에 결코 구원의 빛이 될 수도 없을 것이다. 이 같은 점에서 불교를 포함하여 인도의 철학은 염세적이고, 독단적이며, 세속의 윤리와 역사에 무관심하다는 비판을 면하지 못하였던 것이지만, 모든 인도철학자들이 말하고 있듯이 그것은 사실이 아니다. 그것이 만약 사실이라면 어떻게 수천 년에 걸쳐 인류의 보편적 가치로서 탐구되었을 것인가?

다른 한편 인간은 궁극적으로 이상을 추구할 권리가 있으며, 그리하여 모든 이가 마을을 떠난다면, 욕망을 떠나고 업의 굴레로부터 벗어난다면 이 세상은 단시간에 멸망해 버리고 말 것이다. 더구나 세속을 떠난 그들은 무엇을 먹고, 무엇을 입으며 생을 유지할 수 있을 것인가? 아이러니컬하게도 세속을 떠난 이들은 결국 세속에 머무는 이들의 욕망과 행위의 소산인 물자에 의존하지 않을 수 없다. 곧 수행자가 자신의 이상을 실현하기 위해서는 누군가 다른 사람의 욕망과 피와 땀이 어린 행위(업)에 의 존하지 않을 수 없다는 모순에 빠지게 된다.

마을과 숲, 현상과 실재, 변화와 부동, 허위와 진실, 세속과 열반—우리는 필경 서로 대립된 이원의 세계로 드러나는 양자의 관계를 어떻게 이해해야 할 것인가? 마을(세속)을 전적으로 부정해야만 하는 것인가? 숲(열반)은 어디에 존재하는가?

실제 고대 인도사회에서 마을과 수행자들이 머무는 아란야 즉 숲 사이의 물리적인 거리는 1크로샤(krośa, 소 우는 소리가 들릴 수 있는 정도의 거리)였지만, 원효(元曉)는 "멀다고 하면 지극히 먼 곳으로, 말씀을 쫓아 그곳에 이르려면 천겁이 걸리더라도 이를 수 없으며, 가깝다고 하면 지극히 가까운 곳으로, 말을 잊고 그곳을 찾으면 불과 한 찰나의 마음으로 만날 수 있다."고 하였다.[5] 이 말은 또 무슨 의미인가? 우리는 마을과 숲, 다양성과 통일성, 세속과 열반을 어떻게 관련지어야 할 것인가? 양자는 결코 타협할 수 없는 세계인가?

상식적으로 생각할 때 여기에는 몇 가지 관점이 있을 수 있다. 첫번째는 양자의 모순을 철저히 극대화시켜 어느 한편의 입장을 부정하고 다른 한편을 긍정하는 것이고, 두번째는 양자를 절충 통합하는 것이며, 세번째는 양자를 통일하거나 양자의 구도자체를 지양 극복하는 관점이다. 인도철학과 불교에서도 이러한 방식으로써 이 문제를 해결하려고 하였다. 그렇다면 그럴 때 그들의 현실적인 삶의 모습은 어떠한 방식으로 나타나게 되는 것인가?

---

5) 《열반경종요》(한국불교전서1, p.524상). 신라시대 경주 남산 동쪽 기슭에 있었다는 '피리촌(避里村)'이란 지명이 흥미롭다(본서 제14장 주19 참조). 말하자면 그것은 '마을에서 벗어난 마을' 곧 '이상촌(理想村)'이라는 뜻이다.

2. 마을의 긍정과 부정, 그리고 절충

먼저 인도철학에서 가장 저급의 철학으로 평가받는 유물론적 경향의 사상(Cārvāka)에서는 숲의 존재를 인정하지 않는다. 우리가 지금 여기서 경험할 수 있고 향유할 수 있는 마을의 존재만을 인정할 뿐이다. 즉 그들은 직접지각만을 지식의 유일한 원천이라고 주장함으로써 성전의 말씀이나 추리로써 알려지는 일체의 형이상학적 개념이나 초월적인 인과법칙, 윤회나 영혼의 재생을 부정하였다.

자아(아트만)라고 하는 것은 지성의 속성을 더한 육체일 따름이다. 따라서 사람이 죽으면, 그의 육체는 지(地)·수(水)·화(火)·풍(風)의 네 가지 원소로 돌아가고 아무것도 남기지 않는다. 이는 우리가 바로 현실상에서 경험할 수 있는 사실이다. 화장터엘 가 보라. 우자(愚者)든 현자든 한 줌의 재만 남길 따름이다. 자아(아트만)나 해탈이라고 하는 것은 현자들의 꼬드김에 불과하다. 그들은 말한다.: "삶이 너희의 것일 때, 즐기며 살라. 죽음의 번뜩이는 눈초리를 벗어날 이 아무도 없으니, 우리의 육신이 일단 태워지게 되면 어떻게 그것이 다시 돌아오겠는가?"[6]

그들에게는 지금 여기서 볼 수 있고, 잡을 수 있는 것만이 확실한 것이었다. '내일의 금화보다 오늘의 동전이 나으며, 내일이 공작이 되기보다는 오늘의 비둘기가 낫다.' 그래서 그들을 세간 흐름에 순응하는 자들 즉 로카야타(Lokāyata, 順世派)라고도 한다. 그러나 이러한 사상은 인도철학에서 매우 이단적인 사유라 할 수 있다. 이를 제외한 인도의 모든 철학은 궁극적으로 마을이 아니라 숲(해탈 혹은 열반)을 지향하기 때문이다.

초기불교와 이후 아비달마불교는 철저하게 숲을 지향한다. 숲은 무지

---

6) 본서 제4장 1. '차르바카 유물론' 참조.

와 욕망이 지배하는 마을 저편의 세계이다. 그곳은 찰나의 에고가 사라진 고요한 적정의 세계이다. 그들이 생각한 최고의 이상은 바로 욕망(혹은 갈애)의 불길이 완전히 꺼져버린 상태 곧 열반(涅槃)이었다. 열반이란 요컨대 무지와 욕망에 의해 끝없이 생멸하는 괴로움의 세계를 떠난 상태, 욕망이라는 불길이 완전히 꺼져버려 '나'라고 하는 인격마저 소멸해버린 상태로서, 거기에 이른 자를 아라한(阿羅漢)이라고 하였다. 아라한은 온갖 미덕을 갖춘 숲의 화신이다.

그러나 숲은 결코 아라한만의 세계가 아니다. 마을에 대한 이타(利他)의 공덕까지 갖춘 여래의 주처(住處)이기도 하였다. 여래가 그곳에 머무는 까닭은, 숲은 진실한 곳이었기에 후세 사람들도 그를 본받아 그곳에 머물도록 하기 위한 자비의 연민 때문이었다.

> 아난다여, 여래는 다만 두 가지 이유 때문에 번잡함이 없는 숲(山林) 속이나 나무 밑, 혹은 높은 바위나 더 이상 세속의 말이 들리지 않는 고요한 곳, 아무도 없는 곳에 머무니, 첫째는 자신의 지금의 즐거움을 위해 머무는 것이며, 둘째는 후세 사람들을 사랑하고 가엾이 여기기 때문이다. 즉 후세 사람들 중 어떤 이도 여래를 본받아 번잡함이 없는 숲 속이나 나무 밑, 혹은 높은 바위나 더 이상 세속의 말이 들리지 않는 고요한 곳, 아무도 없는 곳에 머물 것이니, 여래는 이 때문에 숲 속 등에 머무는 것이니라.[7]

열반은 선 중의 선, 최고의 선이었으며, 숲은 세속의 고요함과는 비교할 수 없는 적정처(寂靜處)였다. 그러나 누구나 모두 최고의 선을 실현할 수도, 숲으로 들어갈 수도 없는 일이다. 샹카라의 말을 빌리지 않더라도 영원한 것과 무상한 것을 분별할 수 있는 능력을 갖추고서 어떠한 상황에서도 세속의 쾌락과 고통에 무관심하며, 해탈로의 열망을 갖는 자만이 숲으로 들어갈 수 있다.

---

7)《중아함경》 권제49 〈대공경(大空經)〉.

곧 마을(욕망)을 떠날 수 있고, 자신마저 버릴 수 있는 자만이 열반을 실현할 수 있다. 자아와 그것으로부터 비롯된 욕망은 무지의 소산이기에 마을의 실상인 무상(無常)과 무아(無我)를 참답게 통찰한 자만이 비로소 아라한을 성취할 수 있는 것이다.

이런 까닭에 이 불교는 이후 새롭게 일어난 대승불교로부터 허무 적멸(寂滅)의 열반만을 추구하는 이기적인 불교, 소수 엘리트(출가수행자)만의 불교, 그래서 마땅히 버려야 할 불교라는 뜻의 '소승(Hīnayāna)'으로 일컬어져 격렬히 비난받게 되었던 것이다.

그러나 대승과 소승의 대립을 타인이나 사회의 이익[利他]과 자신의 이익[自利]으로 규정짓는 것은 바람직하지 못하다. 그것은 매우 단세포적인 태도이다. 소승의 보살 역시 궁극적으로 자리와 이타를 지향하기 때문이다.

또한 열반은 모든 것이 무화(無化)된 허무의 적멸도 아니거니와 자신의 이익으로 규정될만한 성격의 상태도 아니다. 허무의 적멸도, 자신의 이익도 모두 세속의 영역이기 때문이다. 열반은 쾌락과 허무, 이익과 손해 모두를 떠난 것으로, 자아 혹은 자기가 해체된 상태이다. 그것은 세속의 언어와 사유를 초월한 불가설(不可說)의 세계이다. 대승과 소승의 관계는 자리와 이타가 아니라 마을과 숲, 욕망(나아가 업)의 긍정과 부정이라는 인도철학 일반의 구도로써 파악되어야 한다.

그렇다면 마을의 사람(재가자)들에게 있어 열반의 길은 원천적으로 봉쇄되어 있는 것인가? 그렇다. 그들은 다만 그들 나름대로의 선을 행하고, 숲 속의 수행자들에게 물자를 보시함으로써 생천(生天)으로의 길이 열려 있을 뿐이었다. 생천, 그것은 마을에서 희구하는 최고의 이익이기 때문이다. 마을에서의 선은 최고선이 아닌 상대적 선이다. 최고선인 열반이 병이 없는 상태라면 이 때의 선은 양약 내지 양약이 섞인 물, 그 물을 마신

소의 젖과도 같은 것이다.8) 병 없는 이에게 있어 양약은 사실상 양약이라고도 할 수 없는 것이다.

한편 오늘날에서조차 여전히 인도인의 삶을 지배하는 《마누법전》이나 《마하바라타》에서는 숲과 마을의 관계를 삶의 과정상에서 절충적으로 타협시키기도 한다. 즉 거기서는 인간이 추구하는 삶의 가치(puruṣārtha)를 아르타(물질적 부나 권력)·카마(성적 욕망이나 쾌락)·다르마(도덕이나 의무)·목샤(해탈)로 분류하고, 삶의 과정(āśurama)을 학생으로서 배우는 시기(학생기), 집에 돌아와 결혼을 하고 경제활동을 영위하는 등의 사회적 의무를 수행하는 시기(가주기), 세속의 의무를 마치고서 숲에 깃드는 시기(임서기), 그리고 마침내 마을에서 추구하는 일체의 모든 가치를 포기하는 시기(유행기)로 나누어, 인간으로서의 자연적 욕망과 사회적 종교적 의무를 다한 자만이 숲으로 들어갈 수 있었다.9)

다른 한편 《바가바드 기타》에서는 이 같은 사유를 계승하여 또 다른 형태의 절충을 시도한다. 우리 인간은 행위(karma)를 요구하는 마을(세속)에 몸담고 있으면서 존재본성에 대한 앎(jñāna)을 추구하는 양면성의 존재이다. 이것은 애당초 역설이고 모순이며, 딜레마이다. 이것이 문제의 발단이었다.

행위는 육체를 요구하며, 이 때의 '나'는 궁극적으로 육화된 자아(즉 행위자)이다. 그러나 육체는 실재로의 통찰을 방해한다. 실재로의 통찰은 다만 육화되지 않은 순수자아(즉 지자)에 의해 가능하며, 이러한 측면이야말로 인간의 숭고한 가치라는 것이 인도사유의 전통적 입장이었다. 그러나 《기타》에 의하면, 해탈을 추구하는 이는 이미 해탈한 자가 아니라 육화

---

8) 《구사론》 권제13(권오민 역, 동국역경원, 2002), pp.624~625.
9) 참고로 《베다》의 찬가와 《브라흐마나》와 《아란야카》와 《우파니샤드》는 각기 삶의 네 과정에 상응하기 때문에 뒤의 두 가지는 철저하게 숲의 산물이라고 할 수 있는 것이다.

된 자아이고, 육화된 자아에게 있어 행위는 불가피한 것이다. 《기타》에서는 노래하고 있다.

> 행위하지 않음으로써 '행위로부터의 자유'를 얻을 수 없으며
> 행위의 포기만으로 완전함에 이르는 것도 아니다.
> 왜냐하면 그 누구도 행위하지 않고서는 한 순간도 존재할 수 없으며
> 또한 프라크리티의 속성상 어쩔 수 없이 행위하도록 되어 있기 때문이도다.[10]

따라서 우리에게 주어진 문제는 이제 다만 '어떻게 행위할 것인가' 하는 것뿐이다. 행위는 인간본연의 의무이기 때문이다. 이에 대한 《기타》의 답은 '결과에 집착함이 없이 행위하라'이다.

사실상 세속에서의 우리의 행위는 행위 그 자체를 목적으로 하는 것이 아니라 그 결과를 목적으로 한다. 다시 말해 결과에 대한 욕망이 행위의 동기이다. 그래서 우리는 행위의 속박으로부터 결코 자유로울 수 없는 것이다. '욕망을 떠나 행위하라.' 이것이 이른바 칸트의 정언명제에도 비견되는 카르마 요가(karma yoga)이다. 세속의 행위가 마침내 해탈의 도로 인식되기에 이르렀으며, 마을에서 숲의 가치를 구현하기에 이르렀다. 《기타》는 노래하고 있다.: "행위가 그대를 자유롭게 하리라."

3. 숲과 마을의 통일과 지양

《기타》에서는 이처럼 마을과 숲, 욕망(세속)과 떠남(열반)이 교묘한 방식으로 결합되고 있지만, 대승불교와 힌두교(베단타)에 이르게 되면 양자

---

10) 《바가바드 기타》 III. 4-5.

의 통일이 보다 적극적인 방식으로 모색되고 있다. 그들은 말하자면 양자의 대립을 보다 고차원적으로 지양 통일한다.

대승불교의 최고 명제는 '지혜의 완성'이라는 정도의 의미를 지닌 반야바라밀다(般若波羅蜜多)이다. 그리고 이 때 지혜는 일체의 세계를 공(空)으로 통찰하는 무분별의 예지이다. 여럿(異)과 하나(一), 욕망과 이욕(離欲), 요란함과 고요함, 변화(진보)와 정지(해탈), 현상과 실재, 나아가 현실과 이상으로 표상되는 마을과 숲은 인간의 사유분별을 통해 그렇게 드러난 세계일 뿐, 실상은 어떠한 차별도 없으며 각기 자신의 고유한 본성을 갖는 것도 아니다. 그것은 마치 눈병이 난 이에게 보여지는 환상과 같은 것이다. 즉 눈병이 없는 이는 환상이 존재한다는 판단을 초월하는 동시에 그것이 없다는 의식마저 초월하듯이, 세계의 실상은 유·무를 초월하는 것으로, 일체의 세계는 그 자체로서는 무차별이며, 공이기 때문이다.

다시 말해 숲(성)과 마을(속), 밝음(앎)과 어두움(무지), 출가와 재가, 그리고 열반과 세속은 각기 그 자체로서 실재하는 세계가 아니다. 밝음이란 말하자면 어두움이 해소된 상태이며, 어두움이란 밝음이 결여된 상태이다. 따라서 어두움이 전제되지 않은 밝음은 존재하지 않으며, 밝음을 배제하고서 어두움은 성립할 수 없는 개념이다. 마찬가지로 세속을 떠나 열반이 따로이 존재하는 것은 아니다. 꿈이 없으면 깨어남도 없으며, 현실이 없으면 이상도 없다.

초기불교에서 숲의 열반이 최고선일 수 있었던 것은, 그것이 마을에서의 생사윤회와 대립하는 한에서였다. 만약 윤회와 해탈, 번뇌와 열반의 두 가지 가치가 서로 대립하는 고정불변의 것으로 파악되었다고 한다면, 해탈과 열반은 당연히 의미 있는 것이 될 것이다.

그렇지만 참된 의미에서 이 두 가지 가치의 대립은 실재하는 것이 아니라 일시적인 것이라고 한다면, 다시 말해 번뇌도 공이고, 열반도 공이라고 한다면, 번뇌를 여의고서 열반을 획득한다고 하는 것 자체가 허망한 것이 되고 만다. 생사번뇌가 공이며 환상에 지나지 않는다는 것을 깨달으면 생사는 그대로 열반이 된다. 열반은 생사의 한 가운데 있는 것이지 시공을 달리하는 것이 아니다. 밝음과 어두움은 차원을 달리하는 별개의 세계가 아니다.

생사가 바로 열반이라는 사유방식은 '번뇌가 바로 보리(깨달음)'라는 사실과 대응한다. 즉 탐욕의 번뇌는 중생을 속박하는 고삐가 되지만, 보살에게 있어 그것은 중생구제의 방편 즉 원(願)이 된다. 말하자면 탐욕에 탐욕으로서의 고유한 본성이 없다는 것을 깨달으면, 탐욕은 중생구제의 방편이 되는 것이다.

따라서 보살은, 마치 연꽃이 저 높은 곳이 아니라 낮은 진흙탕에서 피지만 진흙에 물들지 않듯이, 저 높은 열반에 들지 않고 세속에 머물지만 거기에 속박되지 않는다. 예컨대 누에는 자신이 토해낸 실에 속박되지만, 거미는 거미줄에 얽매이지 않으며 도리어 스스로의 자유로운 활동의 장(場)으로 삼듯이, 보살에게는 번뇌도 생사도 오히려 열반과 해탈의 토대가 되는 것이다.

일체의 세계가 공이라면, 세계는 공이라고 하는 점에서 동체(同體)이며, 대비(大悲)는 이 같은 경지에서 실현될 수 있다. 유마거사(維摩居士)가 병환에 들게 된 것은 중생이 병들어 있기 때문으로, '보살의 병은 대비로 인해 일어난다.' 이러한 반야 공관(空觀)의 경지에서는 세속적 행위가 그대로 종교적 행위가 된다. 숲과 마을, 출가와 재가는 별개의 세계가 아니며, 둘이 아니다.

《우파니샤드》를 계승한 베단타학파의 철학자 샹카라 역시 이 같은 불이(不二)의 입장에서 숲과 마을의 관계를 모색하고 있으며, 그래서 그를 아드바이타(advaita) 즉 불이론적 베단타라고 하는 것이다.

《우파니샤드》의 현자들은 차별과 무상이 지배하는 마을의 존재를 전적으로 부정한 것은 아니었지만, 그들의 관심은 오로지 단일하고도 영원한 실재인 브라흐만 혹은 아트만에 있었기 때문에 양자 사이의 관계를 적극적으로 모색하지는 않았다. 그러나 학파로 나타나게 되면서 다양하게 모색하게 되는데, 그 대표적인 인물이 샹카라였다. 그는 다양성(多)의 마을과 단일성(一)의 숲을 함께 인정하였다. 이 양자는 물론 개별적 존재가 아니다.

예컨대 어떤 사람이 밤길을 걷다가 새끼줄을 밟았음에도 무지로 말미암아 그것을 뱀이라고 착각하듯이, 브라흐만이 무지로 말미암아 세계로 나타난 것이다. 그러나 이 경우 뱀은 실재도 아니지만 그렇다고 토끼 뿔과도 같은 비실재도 아니다. 깨어나지 않은 이상 꿈은 꿈이 아니듯이 뱀 역시 엄연한 현실의 존재이며, 세계 역시 그러하다. 또한 새끼줄이라는 실재에 가탁(假託)함이 없이 뱀의 경험은 불가능하듯이 브라흐만이라는 실재 없이는 현상계의 경험도 있을 수 없다.

무슨 말인가? 새끼줄과 뱀이 개별적 존재가 아니다는 말이다. 그는 실제로는 새끼줄을 보았지만 무지로 말미암아 그것이 뱀으로 나타나 보였을 뿐이다. 마찬가지로 우리가 현실에서 경험하는 온갖 다양한 차별적인 세계는 브라흐만이 여러 다양한 이름과 형태로서 일시 나타나 보여진 것일 뿐이다. 뱀의 진실이 바로 새끼줄이듯이 세계의 진실은 바로 브라흐만인 것이다.

따라서 우리는 숲(실재)과 마을(현상)에 대한 샹카라의 입장을 다음과 같이 정리해 볼 수 있을 것이다.: 참된 지식을 획득한 이에게 있어 다양한 차별적 성격의 마을은 진실로 단일한 실재의 일시적 현현이다. 존재와 생성, 통일성과 다양성, 숲과 마을의 대립은 실재적인 것이 아니라 일시적인 것이다. 존재가 생성하는 것이며, 숲이 마을로 나타난 것이다. 마을은 본질적으로 숲과 다르지 않다.

　이는 사실상 세계의 실상은 불가설의 공이지만 사유분별에 의해 온갖 차별적 현상으로 일시 드러난 것이라는 대승의 논의와 다르지 않다. 대승 유식에 의하는 한 마을 자체는 바로 허망분별의 산물로서 궁극적으로 꿈일 뿐이지만, 그러나 그것은 깨어나지 않은 이상 꿈이 아니다. 그것을 실재하는 것이라 여기는 것은 미망의 소치이다. 이런 까닭에 샹카라는, 세계의 온갖 차별적 양태는 브라흐만의 실재적 속성이 변화한 것이기 때문에 브라흐만과 마찬가지로 실재한다고 주장하는 라마누자에 의해 가면을 쓴 불교도로 비난받기도 하였던 것이다.

　이렇듯 절대와 상대, 숲과 마을이라는 이중의 세계관은 꿈과 깸의 차이일 뿐 궁극적으로 동일한 세계이다. 다만 깨어남의 세계를 대승에서는 공(혹은 원성실의 유식성)으로 파악한데 반해 샹카라는 그들 전통에 따라 브라흐만이라는 단일한 실재로 파악하였을 뿐이다.

　그런데 이러한 숲과 마을의 통일[不二論]적 모색은 동아시아에 이르러 절정에 이르게 된다. 진실[眞如 혹은 法性]이란 숲[眞]과 마을[俗]의 이원성이 파기된 원융(圓融)의 세계로, 그 어떠한 차별도 배제된 것이기에 자신만의 구체적 특성이나 언어적 개념으로 규정지을 수 없는 깨달음의 경지이다. 원융의 세계에서 볼 때 다양성과 통일성, 티끌과 우주, 순간과 영원의 마을과 숲은 다만 인연에 의해 이루어진 것으로, 상호 대립하는 것이 아니라 절대적으로 일치한다.

　현실의 마을이 바로 숲이다. 혹은 마을은 바로 숲의 나타남으로, 마을 안에 숲이 존재한다. 의상(義湘)은 말하고 있다.

　　하나 가운데 일체가 존재하고, 여럿 중에 하나가 존재하며, 하나가 바로 일체이며, 여럿이 바로 하나이다. 하나의 먼지 티끌 속에 시방의 우주를 포함하고, 일체의 먼지 티끌 중에도 역시 그러하다. 나아가 아득한 무량한 영겁이 일념(찰나)에 지나지 않으며, 일념이 바로 무량한 영겁이다.[11]

이에 따르면 숲 속에 마을이 존재하며, 마을 속에 숲이 존재한다. 아니 집 속에, 방 속에, 나아가 개개인의 마음 속에 숲이 존재한다. 사실상 온 우주는 숲의 세계이다.

그러나 이 같은 진여 법성의 진실도 말로 표현된 개념일 뿐이기 때문에 그것에 집착할 때 마을과는 대립되는 '숲'에 갇혀버린다. 진실이라는, 숲이라는 관념에서 마저 벗어나게 될 때 마을은 바야흐로 진실의 세계, 진정한 숲의 세계로 나타난다. 거기서의 삶의 모습은 어떠한가? 우리는 그 예를 승속(僧俗)을 무애(無礙) 자재(自在)하게 넘나들었던 원효의 삶에서 찾아볼 수 있을 것이다.

4. 마을에서의 윤리와 역사

이처럼 인도철학의 수제는, 비록 동아시아에 이르러 '원융'이라는 말로 용해되어 버리기는 하지만, 언제나 서양철학의 그것과 마찬가지로 현상과 실재, 차별과 무차별, 통일성과 다양성이었고, 양자는 실제 삶의 현장에서 대비되는 두 세계인 숲과 마을로 표상되었다. 그리고 그들의 주된 관심은 언제나 숲에 있었다. 그 밖의 철학의 제 문제, 이를테면 인식이나 언어와 논리, 자유와 필연, 가치나 윤리 등의 문제는 이에 부수적인 것이었다. 그러한 문제가 설사 숲에 관한 것이라 할지라도 그것은 마을에서 논의되는 담론이었다.

---

11) 본서 제12장 4. '의상의 《화엄일승법계도》' 참조.

숲은 절대로서, 브라흐만 혹은 아트만, 열반, 공과 같은 진실과 지복(至福)의 상징이었고, 마을은 차별과 변화 그리고 거짓과 괴로움의 상징이었다. 마을은 그 자체로서는 언제나 굳건한 실체로서 비쳐지지만, 숲(혹은 산)에서 바라본 그곳은 보잘 것이 없는 덧없는 세계이다. 그곳은 미망의 세계이고, 신기루와 같은 요지경의 세계이다.

이런 점에서 인도철학은 염세적이고 독단적이며, 윤리와 역사에 대해 무관심하며, 답보적인 경향을 지니는 것으로 이해되기도 하였다. 그러나 다시금 변명하자면 염세적이었기에 철학과 종교의 발생이 가능하였다. 사실상 세상의 모든 철학과 종교는 염세로부터 시작하였다. 우리가 일상에 경험하는 지식은 참된 진리가 아니기에, 우리가 향유하는 즐거움은 진정한 즐거움이 아니기에 참된 진리와 지복을 추구하게 되었던 것이다.

설혹 인도의 철학이 슈르티(천계서)나 스므리티(전승서)로부터 출발하였을지라도, 그리하여 인도의 철학을 독단적이라고 평가할지라도 그것을 해석해 내는 과정에서 역동적인 철학사를 이룩하였다. 일원론도 있었고 다원론도 있었으며, 실재론도 있었고 관념론도 있었다. 유신론도 있었고 무신론도 있었으며, 직관주의도 있었고 현상주의도 있었다.

불교의 '팔만대장경'이라는 말이 시사하는 바가 무엇이겠는가? 그것은 경전에 대한 자유분방한 모색을 의미하는 것으로, 독단적이라는 말과는 거리가 멀다. 그러나 이러한 논의들은 궁극적으로 선인(仙人, ṛṣi)이나 경설(經說)의 원천인 '깨달은 자'들의 통찰을 추구하기 위한 것이기 때문에 독단이라면 독단이라고 할 수 있겠지만, 그러나 이 때 '독단'이라는 말은 논의나 비판, 특히 인식능력에 대한 비판 없이 주장되는 '교설'과는 본질적으로 다르다. 인도의 모든 철학은 **무엇을 어떻게 볼 것인가**, 다시 말해 인식대상(prameya)과 인식방법(pramāṇa)의 탐구로부터 시작하기 때문이다.

또한 인도의 거의 모든 철학은 숲(초월)을 지향하기 때문에 마을(세속)

의 윤리와 역사에 대해 무관심하다는 비판 역시 단견이다. 이미 살펴보았듯이 초월과 세속, 숲과 마을의 관계를 어떻게 규정할 것인가 하는 문제는 인도철학의 일관된 주제였다. 마을에서 일어나는 인간의 일들이 부정되는 경우는 결코 없었다. 그것은 숲에 들기 전에 반드시 거쳐야 할 가치였고(삶의 네 단계), 숲이 지선(至善)이라면 그것은 차선(次善)이었다.

불교든 자이나교든 힌두교든 윤리적 완성은 해탈의 향한 첫걸음이었다. 살아 있는 것을 죽이지 말 것이며, 남의 것을 훔치지 말 것이며, 간음하지 말 것이며, 거짓말하지 말라고 하는 것과 같은 도덕률은 청정하고도 신성한 지식의 원천이었다.

그러나 윤리와 역사는 본질적으로 마을의 산물이다. 마을은 구체적인 공간과 상대적인 시간 속에서만 존재한다. 따라서 윤리와 역사는 본질적으로 공간과 시간의 제약으로부터 결코 벗어날 수 없으며, 공간과 시간이 어떤 절대적인 존재론적 위상을 갖지 않는다면 그 속에서 이루어지는 윤리와 역사 역시 그러한 위상을 가질 수 없다.

공간과 시간에 관한 한 인도인들의 관념은 협소하지 않다. 결코 천 년에 한정되지 않으며, 거의 무한에 가깝다. 그럼에도 불구하고 그들은 윤리와 역사가 인류의 궁극적 가치, 이를테면 유토피아적인 지복을 지향한다고는 생각하지 않았다.

생사의 수레바퀴가 그러하듯이 우주 역시 크리타(kṛta)·트레타(treta)·드바파라(dvāpara)·칼리(kalī)로 일컬어지는 창조와 지속과 쇠퇴와 파괴의 네 단계(이를 유가 yuga라 한다)의 순환을 되풀이한다. 다르마(도덕적 질서)가 그 자체의 1/4만이 존재하는 칼리유가는 가장 짧은 기간으로, 43만2천 년으로 산정된다. 드바파라유가는 불완전과 완전, 암흑과 광명 사이의 위험스러운 균형이 지속되는 기간으로, 완전한 다르마의 2/4가 실현되기 때문에 칼리유가의 2제곱, 바야흐로 자율적 질서가 쇠퇴하기 시작하여 완전한 다르마의 3/4만이 실현되는 트레타유가는 3제곱, 도덕적으로 완전한 시기인 크리타유가는 4제곱으로, 그 총합은 432만 년이며, 이를 대유가 즉 마하유가(mahāyuga)라고 한다. 그리고 일천 마하유가는 1칼파(kalpa)로, 브라흐만의 하루(신들의 햇수로는 1만2천 년)에 해당한다. 매 번의 칼파마다 수많은 영웅들과 신들이 나타나고 사라지지만, 브라흐만 역시 100년(365 칼파의 100년)만 지속하고서 모든 것이 융해되는 하나의 거대한 우주적 해체기를 맞이하게 된다. 이것은 또 다른 브라흐만의 세기이며, 그 후 인간의 햇수로 311,040,000,000,000년에 걸친 새로운 순환이 시작된다. 이는 바야흐로 영겁(永劫)의 순환이다.12)

불교에서도 우주의 성(成)・주(住)・괴(壞)・공(空)의 기간을 1대겁(大劫)이라고 하는데, 수미산을 중심으로 우리 인간들이 머무는 세계(말하자면 태양이 속한 은하계)가 각기 일천 개가 있는 것을 일 소천세계(小千世界) 라 하고, 천 개의 소천세계를 일 중천세계(中千世界)라고 하며, 천 개의 중천세계를 일 대천세계(大千世界)라고 한다. 다시 말해 이 우주에는 10억 개의 수미산의 세계가 있다고 말한다. 그럴 때 인간의 윤리와 역사는 무엇을 의미하는가?

인도의 우주관에서 볼 때 신과 인간역사의 흥망성쇠는 윤리(다르마)의 실현과 그 괘를 같이한다. 윤리와 역사는 시간의 필연적 산물이다. 따라

---

12) 《코스모스》의 저자 칼 세이건은 우주의 역사 150억 년을 인간의 역사 1년(12개월)으로 압축하여 '우주력'이라는 달력을 소개한 바 있다. 이에 따르면 정월 초하루 0시에 빅뱅에 의해 우주가 탄생한 후 5월 1일에 은하수가 생겨났다. 지구의 생일은 9월 14일이지만 12월 1일에 이르러 비로소 대기권에 산소가 생겨나고, 18일에 플랑크톤이 바다에 생겨났다. 공룡은 24일 밤에 나타나 28일 멸종되었으며, 최초의 새는 27일 하늘을 날았고, 꽃이 처음 핀 것은 28일이었다. 최초로 인간이 나타난 것은 12월 31일 밤 10시 30분의 일이었다. 이는 지금으로부터 1시간 30분전의 일로, 선사시대를 제외하면 인류의 역사는 10초 전에 시작된 셈이다. 인도사유에서 볼 때 이 같은 우주력조차 마을의 이야기이다. 그럴 때 우리는 세속에서의 10초의 가치에 대해 어떻게 이야기해야 할 것인가?

서 그것은 궁극적인 실재가 아니다. 그것을 실재라고 하는 것은 바로 인간의 미망이다. 그렇다고 그것이 신기루나 토끼뿔과도 같은 비실재라는 말은 아니다. 꿈은 언제나 깨어난 자에게 있어서 꿈일 뿐이다. 깨어나지 못한 자에게 있어 그것은 생생한 현실이다. 새끼줄에 대한 인식이 없는 자에게 있어 뱀은 실재이다. 그러나 그것은 언제든 또 다른 지식에 의해 파기될 가능성을 지니고 있다. 역사와 윤리 역시 언제나 또 다른 힘에 의해 파기될 가능성을 지닌다.

우리는 그러한 일련의 과정을 '진보'라 하고, 궁극적으로 지복에 이르기 위한 도정이 되길 희망하지만, 그것은 본질적으로 주관과 객관의 대립, 생성과 소멸의 법칙이 지배하는 현상계의 영역에 속한다. 그것은 마을의 이야기이다. 그리고 마을은, 마치 새끼줄에 근거하여 뱀이 나타나듯이 실재(브라흐만, 혹은 공, 혹은 마음)의 가현(假顯)이기 때문에 다만 좀더 낮은 차원의 세계로서 상대적인 실재성을 가지며, 그에 관한 우리의 과학적 합리적 지식이나 이에 따른 윤리와 역사 역시 경험적 현상세계 즉 마을 안에서는 분명 타당성과 실용성을 갖는다.

대승불교나 샹카라에 의하는 한 마을은 숲과 대립되는 세계가 아니다. 그것은 숲의 또 다른 모습으로, 숲이 실재라면 마을은 이차적 실재이다. 우리 인간은 마을에 살기에 해탈과 자유로의 희망을 갖는다. 그리고 그 희망의 선행조건은 도덕률이며, 그것의 흥망성쇠의 과정이 역사이다. 따라서 마을은 언제나 숲으로의 통로가 되는 곳이다. 아니 차별의 근원인 무지 혹은 언어의 베일만 걷어낸다면 그 자체가 숲이다. 무지에서 비롯된 피상적이고 덧없는 차별상만 극복된다면, 나와 남은 우리 내면의 자아(혹은 공) 속에서 하나가 되며, 그것이야말로 완전한 도덕률의 구현이다. 숲과 마을은 궁극적으로 양립된 두 세계가 아니다.

에필로그 485

이제 이와 관련된 두 가지 우화를 이야기하고서 이 책을 끝맺고자 한다.

어떤 왕이 샹카라의 제자가 되었다. 스승은 그에게 그의 자아도, 그가 향유하는 권력과 쾌락도 허망한 것이며, 일체의 현상은 다만 무지에 의해 일시 나타난 것일 뿐 실재가 아니라고 말해 주었다. 이에 저항감을 느낀 왕은 스승을 시험해 보기로 하였다.

다음 날 스승이 또 다른 가르침을 설해 주기 위해 궁전으로 들어오는 것을 본 왕은 스승이 걸어오는 길목에 미친 코끼리를 풀어 놓았다. 코끼리는 시뻘건 눈을 부라리며 스승에게 돌진해갔다. 그러자 스승은 원숭이만큼이나 날렵한 솜씨로 근처에 높이 솟아 있던 종려나무 위로 올라갔다. 코끼리를 잡아 다시 족쇄를 채워 우리 속에 가두고 난 후 왕은 스승께 정중히 사과하고 물었다.

"스승께서는, 세계는 무지에 의해 일시 나타난 환상일 뿐이라고 말씀하였는데, 어찌하여 그렇게 재빨리 도망치셨습니까?"

스승이 말하였다.

"그렇다네. 진실의 입장에서 본다면 코끼리는 실재가 아니라네. 마찬가지로 그대가 보았던 그 광경도 실재가 아니라네."

두번째 이야기는 이와 반대로 진지한 구도자에 관한 것이다. 그는 차별적인 세계의 본성은 영원하고도 단일한 실재인 브라흐만으로, '네가 바로 그것이다'는 말을 듣고 마음이 고양되었다. 파도와 같은 전율이 일었고, 구름이 창공을 뒤덮는 듯한 광대함과 광희를 느꼈다. 그는 바야흐로 빛의 세계에서 자신의 존재조차 망각한 채 황홀경 속에서 길을 걷고 있었다.

그 때 저편에서 거대한 코끼리가 다가왔다. 코끼리 몰이꾼이 내려다보며 외쳤다.

"길을 비키시오. 길을 비키시오."

신성한 진리에 대한 절대적 신념과 감정으로 충만해 있던 이 구도자는 "나는 신이다. 코끼리도 신이다. 신이 왜 신을 두려워할 것인가?"라고 중얼거리며 길 한복판을 계속 걸었다. 그러자 코끼리는 그를 긴 코로 휘감아 길 밖으로 던져버렸다. 그는 혼란에 빠졌고, 그 일을 스승에게 말하였다. 그 이야기를 전해들은 스승이 간단하게 대답하였다.

"그래, 너는 신이다. 코끼리도 신이다. 그런데 너는 신인 코끼리 몰이꾼이 길을 비키라고 하였음에도 왜 그의 말을 귀담아 듣지 아니한 것인가?"

【일반술어】

2입 4행론 406
2제설(二諦說) 275, 278, 282
3무(武) 1종(宗)의 법난(法難) 411
3배(輩) 9품(品) 456
3배설 441
3제설(諦說) 357
3학(學) 211, 402
4념주(念住) 210
4념처(念處) 210
4대종(大種) 222
4류(類) 10난(難) 177
4성제(聖諦) 172, 180, 220, 347
4위설(位說) 94
4전도(顚倒) 210
4정근(正勤) 210
4정려(靜慮) 210, 402
4제 244
5가(家) 7종(宗) 412
5경(境) 222

5계 256
5교(敎) 10종(宗) 381
5근(根) 222
5념문(念門) 443
5대 誓願 162
5성각별설(五性各別說) 310
5시(時) 8교(敎) 353, 356, 370
5온(蘊) 183, 185, 187, 193, 236, 244, 355
5위(位) 75법(法) 221
5장설(藏說) 88
6바라밀(波羅蜜) 242, 255, 258
6상(相) 390
6처(處) 194
8불(不)중도 271
8식의 청정분(淸淨分) 310
8정도(正道) 208
10가지 단계[十地] 258
10가지 대계(大戒) 256

10계 362
10계(界) 호구설(互具說) 362
10념(念) 456
10바라밀 258
10선계(善戒) 257
10여시(如是) 364
10현문(玄門) 394
10현연기설 394
12연기(緣起) 191, 196, 244, 347
12연기설 196
12처(處) 183, 184, 244, 355
18계(界) 183, 185, 244, 355
48가지의 가벼운 계〔輕戒〕 257
48대원 439

【ㄱ】
가관(假觀) 360, 372
가주기(家住期) 47, 126, 474
가행위(加行位) 305, 306
가현설(假現說) 106
각(覺) 326
각별삼제(各別三諦) 360
각성위(覺醒位) 94
간접지 156
간화경절문 428, 432, 433
간화선(看話禪) 416, 425, 427, 432
감관지(感官知) 156
거사(居士) 55, 138
견도(見道) 306

견분(見分) 294
결집(結集) 174
경계상(境界相) 327
경장(經藏) 174
계명자상(計名字相) 327
고수(苦受) 181
고행(tapas) 67, 162, 170
공(空) 249, 253, 254, 261, 262, 263, 270, 280, 303, 325, 402
공(空)・가(假)・중(中) 357, 358, 360
공(空)으로서의 여래장 317
공관(空觀) 360, 372
공시교(空始敎) 381, 383, 385
공안(公案) 416
공적영지심(空寂靈知心) 319, 431
공적영지의 마음 428, 429
관불(觀佛) 444
관불삼매(觀佛三昧) 241, 258
관심(觀心) 417
관점주의(naya vāda) 155
광협자재무애문(廣狹自在無礙門) 394
광혜(狂慧) 426, 431
괴고성(壞苦性) 181
괴로움 27, 40, 50, 63
괴상(壞相) 390
교관병수(敎觀幷修) 370, 427
교관쌍미(敎觀雙美) 370

교상판석(教相判釋) 62, 311, 343
교외별전(教外別傳) 415
교체신교(交替神教) 76
구경위(究竟位) 305, 306
구부득고(求不得苦) 182
구산선문(九山禪門) 413
구원실성(久遠實成) 348
구중현(句中玄) 432
궤변론 147
귀류논법(歸謬論法) 271
그 일자(tad ekam) 78
극단적인 감각론자 140
극락세계(極樂世界) 435
극락정토 436, 455
극미(極微) 222
근본식(根本識) 235, 299
기업상(起業相) 327

【ㄴ】
나무아미타불 436, 439, 456, 457
낙수(樂受) 181
난승지(難勝地) 378
난행도(難行道) 442
난행문 447
내적 통제자(antrayāmin) 101
노사(老死) 195
녹원전법상(鹿苑轉法相) 174
논장(論藏) 174
능견상(能見相) 327

니고다(nigoda) 159
니르바나(nirvāṇa) 203

【ㄷ】
다계다불설(多界多佛說) 435
다라나(dhāraṇā) 113
다르마(dharma) 34, 43, 77, 83, 159
다르샤나(darśana) 31
다신교(多神教) 76
다양성 가운데 통일성 23
다원주의(anekānta vāda) 155
단견(斷見) 190
단멸론(斷滅論) 143, 179, 197
단일신교(單一神教) 76
대교과(大教科) 433
대번뇌지법(大煩惱地法) 225
대불선지법(大不善地法) 225
대비(大悲) 254, 259, 477
대선지법(大善地法) 225
대승(大乘) 59, 241, 242, 243, 259, 323, 324, 347, 473
대승경전 241
대승돈교(大乘頓教) 381, 383
대승선(大乘禪) 404
대승시교(大乘始教) 381, 383
대승원교(大乘圓教) 381, 383
대승종교(大乘終教) 319, 381, 383
대원경지(大圓鏡智) 307
대종(mahābhūta) 222

대지법(大地法) 225
대품반야경 242
도덕부정론자 144
도솔내의상(兜率來儀相) 173
독각(獨覺) 256, 347
돈교(頓敎) 354
돈오(頓悟) 409, 431
동교일승(同敎一乘) 368, 382
동상(同相) 390
동시구족상응문(同時具足相應門) 394
동신동행(同信同行) 455
드야나(dhyāna) 113
등류습기(等流習氣) 301

【ㄹ】
라자스(rajas) 109
라자요가 112

【ㅁ】
마야(māyā) 80, 105
마을(grāma) 25, 49, 466, 473
마음(manas) 88
말나식(末那識) 297, 299
말법(末法)시대 444, 448
명색(名色) 194
명언종자(名言種子) 301
목샤(mokṣa) 30, 474
몽면위(夢眠位) 94

묘관찰지(妙觀察智) 307
묘희세계(妙喜世界) 435
묘희정토 436
무(無) 자 화두 425
무구식(無垢識) 308, 310, 313
무기(無記) 177
무념무작(無念無作) 420
무니(muni) 49
무명(無明) 193, 326
무명업상(無明業相) 327
무법거래종(無法去來宗) 382
무분별의 지혜 248, 250
무상(無常) 181, 196, 219
무소구행(無所求行) 406
무심 429
무심합도문(無心合道門) 432
무아(無我) 196, 219
무아론(無我論) 268
무아설(無我說) 188, 235
무위법(無爲法) 221, 227
무인무연론(無因無緣論) 144, 149, 164
무자성(無自性) 249, 262, 303
무종(武宗)의 폐불(廢佛) 411
무지 105
무진연기설 394
무진장행 455
무파(無派) 51, 139
무표색(無表色) 222, 223

무표업(無表業) 223
무형상지식론(無形象知識論) 293
묵조선(默照禪) 425
문수보살(文殊菩薩) 379
물고기의 법칙(matsya nyāya) 43, 138, 464
미륵정토 436, 456
미묘음불(微妙音佛) 435
미세상용안립문(微細相容安立門) 395
미타정토 436, 456

【ㅂ】
바나카(bhāṇaka) 240
바라문사상 197
박티요가(bhakti yoga) 135
반야(prajñā) 248, 258
반야바라밀다 59, 242, 245, 247, 250, 259, 261, 276, 280, 476
반야시 353
반주삼매(般舟三昧) 241
발광지(發光地) 378
방등시 353
방편바라밀 378
범부보살 247
범부선(凡夫禪) 404
법 221, 262, 269
법계(法界) 315, 376
법계(法界) 연기(緣起) 386
법계연기설 383, 387

법공(法空) 302
법사(法師) 240, 242
법상(dharma lakṣaṇa) 309
법신(法身) 315, 376
법신상주 318
법운지(法雲地) 379
법집(法執) 302, 310
법화 열반시 353
베단타 475
변계소집성 300, 302, 303, 305, 310, 387
별교(別敎) 354, 356
별교일승(別敎一乘) 368, 380, 382
별상(別相) 390
보리심(菩提心) 315
보불보경(普佛普敬) 454
보살(菩薩) 169, 243, 246, 254, 256, 347, 437
보살의 이념 247
보상불(寶相佛) 435
보시바라밀 256, 377
보원행(報怨行) 406
보특가라(補特伽羅) 235, 382
보현보살(普賢菩薩) 379
본각(本覺) 326
본래의 부처[本佛] 349
본문(本門) 348
본생보살(本生菩薩) 246
본원(本願) 437

부단불상(不斷不常) 273
부동지(不動地) 378
부법장전(付法藏傳) 415
부실법(不失法) 235
부정관(不淨觀) 403
부정교(不定敎) 354
부정주의(不定主義) 155
부정지법(不定地法) 226
부처의 세계 [佛國土] 349
분위(分位)연기설 193
불가지론자(ajñāna vādin) 146
불각(不覺) 326
불거불래(不去不來) 274
불고불낙수(不苦不樂受) 181
불공(不空) 325
불공(不空)으로서의 여래장 317
불기심(不起心) 418
불립문자(不立文字) 교외별전(敎外
　　別傳) 404, 406, 411
불멸자(akṣara) 99
불상응행법(不相應行法) 221, 226
불상해(不傷害) 162
불생불멸(不生不滅) 271
불성(佛性) 314, 318, 454
불이(不二) 250, 280
불일불이(不一不異) 273
불전(佛傳) 237
불전문학(佛傳文學) 167, 240
불타 대각 307

불타의 생애 167
불타의 영원성 346
불탑신앙 237, 239, 243
브라흐만 52, 91, 92, 98, 99, 101,
　　102, 103, 105
비람강생상(毘藍降生相) 173
비로자나불(毘盧遮那佛) 376
비밀교(秘密敎) 354
비영혼(ajīva) 157

【ㅅ】

사(思) 187
사교입선(捨敎入禪) 433
사대은현(四大隱現) 222
사량식(思量識) 297
사명(邪命) 146
사문(沙門, śramaṇa) 56
사문사상 56, 197
사문유관(四門遊觀) 169
사문유관상(四門遊觀相) 173
사법계(事法界) 384
사분설(四分說) 309
사사무애(事事無礙) 369
사사무애법계(事事無礙法界) 372,
　　386
사수(捨受) 181
사업(思業) 188
사위(死位) 95
사이업(思已業) 188

사정취(邪定聚) 439
사집과(四集科) 433
사트(sat) 97, 103, 104
사홍서원(四弘誓願) 248
산야신(sannyāsin) 468
삼계유심(三界唯心) 289, 309
삼매(samādhi) 113
삼세(三細) 327
삼세실유(三世實有) 법체항유(法體恒有) 229
삼세(三世) 양중(兩重)의 인과설 193
삼승(三乘) 310
삼시사상(三時思想) 448
삼처전심(三處傳心) 415
삿트바(sattva) 109
상(想) 186
상견(常見) 191
상대주의(syād vāda) 155
상법(像法) 448
상법의 시대 448
상분(相分) 294
상상구절종(相想俱絶宗) 383
상속상(相續相) 327
상시교(相始敎) 381, 385
상온(想蘊) 187
상응법(相應法) 225
상종(相宗) 372
상주론(常住論) 179, 197

상즉상입(相卽相入) 376, 390
색법(色法) 221
색온(色蘊) 187
생(生) 195
생멸문(生滅門) 335
서원바라밀 378
석가보살(釋迦菩薩) 246
석공관(析空觀) 355
석법입공관(析法入空觀) 355
선(禪) 401
선교일치 428
선정바라밀 258, 378
선정쌍수(禪淨雙修) 443
선정일치(禪淨一致) 443
선혜지(善慧地) 378
설산수도상(雪山修道相) 173
성구(性具) 345, 368
성구설(性具說) 361, 366, 369
성기(性起) 345, 368, 369, 379, 386
성도문(聖道門) 449
성문(聲聞) 243, 256, 347
성상(成相) 390
성상겸학(性相兼學) 373
성소작지(成所作智) 307
성적등지문(惺寂等持門) 428, 430, 432
성전지(聖典知) 156
성종(性宗) 372
세속유(世俗有) 221

세속제(世俗諦) 277, 278
소번뇌지법(小煩惱地法) 226
소승 59, 241, 243, 347, 473
소승교(小乘敎) 381, 385
소승선(小乘禪) 404
소조색(所造色) 222
소품반야경 242
속망진실종(俗妄眞實宗) 382
속제(俗諦) 277
수(受) 186, 194
수기보살(授記菩薩) 246
수도(修道) 306
수습위(修習位) 305, 306
수심(守心) 417
수연행(隨緣行) 406
수온(受蘊) 187
수처작주(隨處作主) 입처개진(立處
　皆眞) 422
수하항마상(樹下降魔相) 174
숙면위(熟眠位) 94
숙명론(宿作因說) 164
순결택분(順決擇分) 306
순해탈분(順解脫分) 306
숲(vana) 25, 49, 466, 467, 473
숲 속의 비구(ārañña vāsa) 469
슈루티(śruti) 51, 57
스므리티(smṛti) 51, 481
승의근(勝義根) 223
승의유(勝義有) 221

승의제(勝義諦) 277, 278
시각(始覺) 326
시간(kāla) 229
식(識) 193
식온(識蘊) 187
식전변(識轉變) 294
신십현(新十玄) 394
신업(身業) 189
실체(dravya) 269
심법(心法) 221, 223
심생멸문(心生滅門) 324
심소법(心所法) 221, 224
심심(深心) 445
심진여문(心眞如門) 324
십무진장(十無盡藏) 377
십세격법이성문(十世隔法異成門)
　396
십주(十住) 377
십지(十地) 377
십행(十行) 377
십회향(十廻向) 377
쌍림열반상(雙林涅槃相) 174

【ㅇ】

아공법공(我空法空) 259
아공법유(我空法有) 259, 355
아다르마(adharma) 159
아라한(阿羅漢) 204, 472
아뢰야식 296, 297, 299, 310, 322,

325, 334, 384
아뢰야식연기설 384
아르타(artha) 42, 474
아마라식(阿摩羅識) 313
아미타불(阿彌陀佛) 243, 435, 437
아바타라(avatāra) 123
아법구유종(我法俱有宗) 382
아비달마 218, 219, 220, 244
아비달마불교 217, 220, 228, 253, 259, 262, 471
아사나(āsana) 112
아슈라마(āśrama) 47
아집(我執) 302
아촉불(阿閦佛) 435
아타나식(阿陀那識, ādana-vijñāna, 執持識) 296
아트만 68, 83, 91, 92, 94, 96, 98, 102, 104
아함시 353
아힘사(ahiṁsa) 162
악취공(惡趣空) 263, 276, 310
안심(安心)법문 406
애(愛) 194
애별리고(愛別離苦) 182
야즈냐(yajña) 54
어업(語業) 189
언망여절(言忘慮絶) 283
업(業) 40, 64, 188
업감연기설(業感緣起說) 196, 384

업계고상(業繫苦相) 327
업생(業生) 247
업종자(業種子) 301
여래선 415
여래의 종성〔如來性〕 314
여래의 토대〔如來界〕 314
여래장 314, 315, 316, 317, 320, 322, 323, 334, 384, 406, 454
여래장사상 314, 318, 319, 321
여래장연기설 384
여래청정선(如來淸淨禪) 404, 414
여래출현 369
연각(緣覺) 243
연기(緣起) 191, 263
연박(連縛)연기설 193
연화장세계(蓮華藏世界) 376, 397
열반(涅槃) 203, 208, 472
염불(念佛) 439
염불결사 444
염불공안 447
염오식(染汚識) 298
염혜지(焰慧地) 378
염화시중(拈華示衆)의 미소 415
영혼(jīva) 157, 158
오온성고(五蘊盛苦) 182
오탁악세(五濁惡世) 447, 449
완전지(完全知) 156, 157, 163
외도선(外道禪) 404
요가(yoga) 67, 110

요별(了別)   224
욕망   64
우파니샤드   103
운동의 조건   157, 159
운명론(niyativāda)   145
원(願)   247
원교(圓敎)   354, 356, 386
원돈신해문(圓頓信解門)   428, 431, 432, 433
원돈지관(圓頓止觀)   360
원명구덕종(圓明俱德宗)   383, 386
원생(願生)   247
원성실성   302, 303, 305, 306, 310, 387
원속(遠續)연기설   193
원시불교   216
원왕생가(願往生歌)   460
원융삼제(圓融三諦)   358
원증회고(怨憎會苦)   182
원행지(遠行地)   378
위부동설(位不同說)   230
유(有)   194
유법무아종(有法無我宗)   382
유분식(有分識)   235
유성출가상(踰城出家相)   173
유식(唯識)   293, 294
유식무경(唯識無境)   286, 289
유식사상   314, 319
유식 삼성설(三性說)   299, 303, 387

유식성(唯識性)   403
유심법계관(唯心法界觀)   403
유심정토 자성미타   447
유심회전선성문(唯心廻轉善成門)   396
유아론(有我論)   201, 268
유위법   227
유파(有派)   51, 139
유행기   47, 49, 127, 468, 474
유형상지식론(有形象知識論)   293
육추(六麤)   327
윤회(輪廻)   40, 65
율장(律藏)   174
은밀현료구성문(隱密顯了俱成門)   395
음식(anna)   88
의언진여(依言眞如)   325
의업(意業)   188
의타기성   301, 303, 305, 310, 387
이구지(離垢地)   377
이법계(理法界)   372, 385
이사무애관   372
이사무애법계(理事無礙法界)   372, 386
이사양중총별(理事兩重總別)   368
이상(異相)   390
이숙습기(異熟習氣)   301
이숙식(異熟識)   296
이슈바라(Īśvara)   51

이심전심(以心傳心) 411, 415
이언진여(離言眞如) 325
이입(理入) 406
이제합명중도설(二諦合明中道說) 283
이총사별(理總事別) 368
이행도(易行道) 442
이행문 447
인다라망경계문(因陀羅網境界門) 395
인식대상(prameya) 481
인식방법(pramāṇa) 481
인식방법론(pramāṇa vāda) 140
인욕바라밀 257, 378
인중무과론(因中無果論) 115
인중무과설(因中無果說) 272
인중유과론(因中有果論) 113
인중유과설(因中有果說) 104, 272
일념삼천설(一念三千說) 361, 365, 366
일다상용부동문 394
일미온(一味蘊) 235
일법계대총상법문체(一法界大總相法門體) 329
일분설 309
일불승(一佛乘) 346, 350
일성개성설(一性皆成說) 310
일수사견(一水四見) 285
일승(一乘) 310, 317, 346

일승원교 380, 382
일심(一心) 319, 324, 333, 446
일심삼관(一心三觀) 360, 403
일일부작 일일불식 423
일자(一者) 78
일진법계(一眞法界) 387
일체개공(一切皆空) 231, 259
일체개공종(一切皆空宗) 383
일체유심조(一切唯心造) 286
일체종자식(一切種子識, bīja-vijñāna) 296
일체중생실유불성(一切衆生悉有佛性) 318
임서기 47, 48, 127, 468, 474

【ㅈ】

자기가 존재한다는 견해〔我見〕 298
자량위(資糧位) 305, 306
자성(svabhāva) 269
자성미타(自性彌陀) 유심정토(唯心淨土) 443
자성연기설(自性緣起說) 384
자성청정심(自性淸淨心) 238, 406, 417, 428
자아(ātman) 66, 87
자아에 대한 교만〔我慢〕 298
자아에 대한 무지〔我癡〕 298
자아에 대한 애착〔我愛〕 298
자유사상가 56

자증분(自證分) 295
잠주멸설(暫住滅說) 235
장교(藏敎) 354, 355, 357
장식(藏識) 296
장자(長者) 55, 138
적문(迹門) 351
적취설(積聚說) 115
전(前) 5식 299
전륜성왕(轉輪聖王) 138, 465
전변설(轉變說) 104, 113
전식(轉識) 299
전식득지(轉識得智) 307
전의(轉依) 305, 306
점교(漸敎) 354
점수(漸修) 409, 431
정견(正見) 208
정념(正念) 208, 210
정명(正命) 208, 209
정법의 시대 448
정사유(正思惟) 208, 209
정어(正語) 208, 209
정업(正業) 208, 209
정정(正定) 208, 210
정정진(正精進) 208, 209
정정취(正定聚) 439
정지의 조건 157, 159
정진바라밀 257, 378
정토(淨土) 434
정토문(淨土門) 449

정혜결사(定慧結社) 426, 427, 431
정혜쌍수 424, 427, 430, 431
제6식 299
제7식 299
제8식 299
제9식 308
제법분별(諸法分別) 221, 228
제법상즉자재문(諸法相卽自在門) 395
제불현전삼매(諸佛現前三昧) 241
제장순잡구덕문(諸藏純雜具德門) 394
조사선(祖師禪) 411, 414, 415, 416
존재(sat) 78
종가입공(從假入空) 357
종가입공관(從假入空觀) 372
종공입가(從空入假) 358, 372
종교(宗敎) 33
종요(宗要) 334
종자설(種子說) 235, 297
주반구족(主伴具足) 390
주반원명구덕문(主伴圓明具德門) 396
주변함용관(周遍含容觀) 372, 393
중관(中觀) 263, 360, 372
중도(中道) 197, 208, 263, 280, 283
중도제일의(中道第一義) 358, 372
중생계(界) 316
즈야야 요가(jñāna yoga) 136

즉심시불(卽心是佛) 419
즉심즉불(卽心卽佛) 432
지계바라밀 256, 377
지상(智相) 327
지성(vijñāna) 88
지성심(至誠心) 445
지바라밀(智波羅蜜) 379
지혜(jñāna)의 단계 95
직관지(直觀知) 156
직지인심(直指人心) 견성성불(見性成佛) 417
직접지 156
진공관(眞空觀) 372
진공묘유(眞空妙有) 316, 361
진덕불공종(眞德不空宗) 383
진리의 요체(tattva artha) 163
진망화합식(眞妄和合識) 323, 325, 385, 396
진심(眞心) 319, 428, 429
진여(眞如) 302, 324
진여(眞如) 법성(法性) 303
진여성(眞如性) 403
진여연기설(眞如緣起說) 384
진여 일심 387, 406
집취상(執取相) 327

【ㅊ】

차제지관(次第止觀) 360
찬불승(讚佛乘) 240

찰나(kṣaṇa) 233
찰나멸론 231
찰나연기설 192
철학(philosophy) 31
청규(淸規) 411
청정심(淸淨心) 314
체공관(體空觀) 355
체법입공관(體法入空觀) 355
체중현(體中玄) 432
초기불교 216, 471
초전법륜(初轉法輪) 172
촉(觸) 186, 194
총상(總相) 390
최상승선(最上乘禪) 404, 414
추리 140
취(取) 194
치선(癡禪) 426, 428, 431
칭법행(稱法行) 406

【ㅋ】

카르마(karma) 83
카르마 요가(karma yoga) 130, 475
카마(kāma) 43, 474

【ㅌ】

타마스(tamas) 109
타방불(他方佛) 435
타심지(他心知) 156
탁사현법생해문(託事顯法生解門)

395
태정융합(台淨融合) 443
통교(通敎) 354, 355, 357
통달위(通達位) 305, 306
투리야(turīya) 95

【ㅍ】
파다르타(padārtha) 115
파사현정(破邪顯正) 271
평등성지(平等性智) 307
평상심시도(平常心是道) 419
폐불(廢佛) 411, 448
포만론(捕鰻論) 147
푸드가라(pudgala) 160
푸루샤(puruṣa) 76, 108, 109
프라크리티 108, 109, 123, 124

【ㅎ】
히터요가 112
학생기(學生期) 47, 126
해인삼매(海印三昧) 376
해탈(解脫) 30, 45, 66, 86
행(行) 188, 193
행고성(行苦性) 181
행온(行蘊) 187
행입(行入) 406
허공(ākāśa) 99
허망분별(虛妄分別) 294, 299
현전지(現前地) 378

현중현(玄中玄) 432
현통가실종(現通假實宗) 382
호흡(prāṇa) 88
화두(話頭) 416
화법4교 354
화엄시 353
화엄염불삼매 443
화의(化儀)4교 354
화쟁사상 332
환희(ānanda) 88
환희지(歡喜地) 306, 377
회삼귀일(會三歸一) 356, 382
회향발원심(廻向發願心) 445
후득지(後得智) 307

【고유명사】

6파철학 52
8종(宗)의 조사(祖師) 260

【ㄱ】
가다연니자(迦多衍尼子, Kātyāyanīputra) 219
가재(迦材) 444, 445
간화결의론(看話決疑論) 426, 433
강승개(康僧鎧) 436, 444
경덕전등록(景德傳燈錄) 416
경량부 217, 235, 281, 293, 297
경흥(憬興) 370, 446, 457
계론(界論, Dhatūkathā) 219
계신족론(界身足論) 219
계현(戒賢, Śīlabhadra) 308
공의파(空衣派) 57, 152
관경(觀經) 436
관무량수경(觀無量壽經) 434, 436, 440, 449, 450, 457
관음경(觀音經) 346
관정(灌頂) 352, 367
구나발타라(求那拔陀羅) 406
구마라집(鳩摩羅什, Kumārajīva) 281, 351, 444
구사론(俱舍論) 201, 220, 235, 288, 373
구사종(俱舍宗) 381

규기 352
규봉종밀(圭峯宗密) 372, 404, 428, 433
균여(均如) 372, 399
금강경 242, 250, 407
금강삼매경론(金剛三昧經論) 332, 338
금강정경(金剛頂經) 343
금사자장 393
기신론 336, 373, 406
길장(吉藏) 281, 352
김시습 399
까마수트라 43

【ㄴ】
남도파(南道派) 308
남악회양(南嶽懷讓) 411, 423
남전(南泉) 419
남종 418
남종선 409
논사(論事, Kathāvatthu) 219
느야야(Nyāya)학파 52, 116
늑나마리(勒那摩提) 308
능가경(楞伽經) 317, 319, 322, 323, 381, 405, 407
능가사자기(楞伽師資記) 405, 409
능가요의(楞伽要義) 405
능가종(楞伽宗) 405

니간타 나타풋타(Nigaṇṭha Nathāputta) 147, 152
니카야(nikāya) 174

【ㄷ】

담란(曇鸞) 444, 447
담연(湛然) 367
대경(大經) 436
대반열반경(大般涅槃經) 172, 238
대방광불화엄경(大方廣佛華嚴經) 375
대비바사론 218
대승기신론(大乘起信論) 317, 319, 322, 323, 331, 381, 385
대승기신론소 323, 332
대승불교 484
대승열반경 314, 317, 343, 381
대승의(大乘義) 397
대승장엄경론(大乘莊嚴經論) 288
대일경(大日經) 343
대중부(大衆部) 56, 213, 235, 237, 314, 382
대지도론(大智度論) 261, 351
대집경(大集經) 448
대천(大天) 214
대품반야경 241, 242
대혜도경종요(大慧度經宗要) 331
대혜어록 427, 433
대혜종고(大慧宗杲) 413, 425, 427, 432, 433
도서(都書) 433
도신(道信) 405, 410
도왕통사(島王統史, Dīpavaṃsa) 214
도작(道綽) 444, 447, 449
도종(道宗) 372, 424
도증(道證) 312
도행반야경 242
독자부(犢子部) 235, 382
돈오점수 430
동산양개(洞山良介) 412
두순(杜順) 380
디그하 니카야(Dīgha nikāya) 174

【ㄹ】

라다크리슈난 35, 37, 62, 65
라마누자 105, 479
라마야나 51
라비드라나트 타고르 61
람 모한 로이 61
로카야타(Lokāyata) 142, 149, 471
루드라(Rudra) 72
리그 베다 54, 72, 468
리타(ṛta) 76, 83

【ㅁ】

마누법전 42, 43, 46, 48, 57, 474
마명(馬鳴, Aśvagoṣa) 323

찾아보기 503

마조도일(馬祖道一) 411, 413, 416, 419
마하가섭(迦葉) 174
마하바라타 122, 474
마하반야바라밀다심경 243
마하비라(Mahāvīra) 67, 146, 147, 150, 151
마하지관(摩訶止觀) 352
막칼리 고살라(Makkhali Gosāla) 145, 146, 152
만두캬(Māṇḍūkhya) 85
만송행수(萬松行秀) 416
맛지마 니카야(Majjhima nikāya) 174
모한다스 K. 간디 62
묘법연화경(妙法蓮華經) 346, 351
묘법연화경우파제사(妙法蓮華經優波提舍) 351
무량수경(無量壽經) 243, 343, 434, 436, 437, 440, 443, 457
무량수경기(記) 446
무량수경연의술문찬(連義述文贊) 446
무량수경우파제사 439
무량수경우파제사원생게(無量壽經優婆提舍願生偈) 443
무량수경종요(無量壽經宗要) 332, 446
무문(無門) 420

무문관(無門關) 416
무문혜개(無門慧開) 416
무유(無有)찬가(nāsadīya sūkta) 79
무착(無着, Asaṅga) 287
미륵(彌勒, Maitreyanātha) 287
미륵상생경(彌勒上生經) 436
미륵상생경종요(彌勒上生經宗要) 332
미륵하생경(彌勒下生經) 436
미맘사(Mīmāṁsā)학파 52
밀교(密敎) 61

【ㅂ】

바가바드 기타 51, 58, 110, 121, 123, 125, 127, 130, 132, 136, 137, 441, 474
바다라야나(Bādarāyaṇa) 108
바드라바후(Bhadrabāhu) 153
바라문교 58
바루나(Varuṇa) 72
바르다마나(Vardhamāna) 151
바이세시카(Vaiśeṣika) 235
바이세시카학파 52, 108, 114, 272
바츠(Vāc) 72, 75
반야경 59, 242, 343, 354, 355
반야바라밀다심경찬(贊) 309
반야심경 231, 242, 243, 244, 250
반주삼매경(般舟三昧經) 243
발지신론 219

발취론(發趣論, patthanā) 219
밧챠야나(Vātsyāyana) 43
방등경(方等經) 354
백론(百論) 281
백의파(白衣派) 57, 152
백장회해(百丈懷海) 412, 423
범망경보살계본사기(梵網經菩薩戒本私記) 332
법상종(法相宗) 289, 309, 310, 319, 343, 352, 381, 389
법성게(法性偈) 397
법안문익(法眼文益) 412
법안종 412
법연(法然) 445, 449
법온족론(法蘊足論) 219
법운(法雲) 352
법융(法融) 410
법장(法藏) 332, 368, 372, 383, 386, 387, 389, 390
법집론(法集論, Dhammasaṅgani) 219
법집별행록절요병입사기 433
법화경 59, 62, 239, 240, 243, 318, 343, 346, 350, 351, 352, 353, 354, 356, 358, 368, 370, 382, 454
법화경론술기 370
법화경종요(法華經宗要) 331, 370
법화문구(法華文句) 352

법화현의(法華玄義) 352
베다 51, 54, 71
베단타(Vedānta) 54, 84, 108, 268
베단타학파 52, 105, 477
벽암록(碧巖錄) 416
보리달마(菩提達摩) 404, 406
보리유지(菩提流支) 308
보리행경(菩提行經) 257
보림사(寶林寺) 409
보림전(寶林傳) 372, 411, 424
보법종(普法宗) 454
보성론(寶性論) 318
본생경(本生經) 240
본생담(本生譚) 169
부증불감경(不增不減經) 316
부파불교 56
북도파(北道派) 308
북종 417, 428, 430
북종선 409
북주(北周)의 폐불(廢佛) 352
분별론(分別論, Vibhaṅga) 219
분소의파(糞掃衣派) 469
불소행찬(佛所行讚) 323
불이론적 베단타 477
불일보조국사비문(佛日普照國師碑文) 427
불타발타라 375, 380
붓다고샤(Buddhaghośa) 219
브라흐마나(Brāhmaṇa) 54, 71, 83

브라흐마나스파티(Brāhmaṇaspati) 76
브리하드아란야카(Bṛhadāraṇyaka) 84
브리하드아란야카 우파니샤드 98
브리하스파티(Bṛhaspati) 72, 83, 98
비담종(毘曇宗) 343
비바사사(毘婆沙師, Vaibhāṣika) 217
비베카난다 61
비쉬누(Viṣṇu) 58, 72, 123
비슈바카르만(Viśvakarman) 76

【ㅅ】
사마 베다 54, 72
사문과경(沙門果經) 143, 148
사비트리(Savitṛ) 72
산가파(山家派) 367, 368
산딜리야 102
산외파(山外派) 367, 368
산자야 벨라팃풋타(Sañjaya Bellaṭṭiputta) 146
삼계교(三階敎) 453, 454, 455
삼국유사 457
삼론종(三論宗) 281, 284, 319, 343, 352, 381
삼히타(saṁhitā, 本集) 54, 71
상불경보살품(常不輕菩薩品) 454
상윳타 니카야(Saṁyutta nikāya) 174
상좌부(上座部) 56, 213, 219, 235
상캬(Saṁkhya) 108
상캬학파 52, 112, 113, 272
샨티데바 257
샹카라 63, 84, 105, 477, 484, 485
서원문 448
서장(書狀) 427, 433
석두희천(石頭希遷) 411
석옥청공(石屋淸珙) 413
선도(善導) 444, 449
선문염송(禪門拈頌) 417
선원제전집도서(禪源諸詮集都序) 372, 404, 433
선종(禪宗) 62, 319, 343, 381, 383, 404, 411, 424
설가부(說假部) 382
설일체유부 193, 196, 216, 217, 219, 223, 229, 269, 293, 306, 355, 382, 384
설전부 235
설출세부(說出世部) 383
섭대승론(攝大乘論) 288, 303, 308
섭론종(攝論宗) 308, 309, 343
성실론(成實論) 281
성실종(成實宗) 281, 343, 352
성유식론(成唯識論) 289, 309
성유식론소 309
세우(世友, Vasumitra) 230

세친 201, 219, 235, 288, 295, 308, 351, 380, 390, 439, 442, 443
소경(小經) 436
소마(Soma) 72, 74
소품반야경 242
속고승전 454
송고승전(宋高僧傳) 309, 330, 331
수능엄삼매경(首楞嚴三昧經) 243
수심결(修心訣) 431
수현기(搜玄記) 397
순세파(順世派) 142
순정리론(順正理論) 220
순중론(順中論) 288
슈베타스바타라 우파니샤드 85
슈카바티 뷰하(Sukhāvatī vyūha) 436
스베타케투 98
스툴라바드라(Sthūlabhadra) 153
승랑(僧朗) 281, 282
승만경(勝鬘經) 316, 317, 343, 354
승옹(僧邕) 455
승장(勝莊) 312
승찬(僧璨) 405
시바(Śiva) 58
시설족론(施設足論) 219
시크(Śikh) 61
식신족론(識身足論) 219
신수(神秀) 408, 409, 417
신편제종교장총록(新編諸宗教藏總錄) 370, 372, 424
신행(信行) 453
신화엄합론 432
실차난타 375
십이문론(十二門論) 261, 281
십주비바사론(十住毘婆沙論) 380, 442
십지경론(十地經論) 308, 380
십지품(十地品) 243, 289, 376, 379
십칠지경(十七地經) 287
쌍론(雙論, Yamaka) 219

【ㅇ】

아그니(Agni) 72, 73
아라한 214
아란야니(Araṇyānī) 468
아란야카(Āraṇyaka) 54, 72, 468
아미타경(阿彌陀經) 243, 343, 434, 436, 444
아미타경소(阿彌陀經疏) 332, 446
아비달마대비바사론(阿毘達磨大毘婆沙論) 219
아비담심론(阿毘曇心論) 219
아슈빈(Aśvin) 72
아이타레야(Aitareya) 85
아지비카(Ājīvika) 146
아지비카교 152
아촉불국경(阿閦佛國經) 436
아타르바 베다 54, 72

아함경(阿含經) 174, 354
안락집(安樂集) 444, 449
안혜(安慧, Sthiramati) 307, 309
앙굿타라 니카야(Aṅguttara nikāya) 175
앙산혜적(仰山慧寂) 412
야주르 베다 54, 72
야즈냐발캬 98, 100
약교이제설(約敎二諦說) 282
양기방회(楊岐方會) 412
양기파 412
여래수량품(如來壽量品) 348
여래장(如來藏) 60
여래장경(如來藏經) 315, 316, 317, 343
여래출현품 427
역대법보기(歷代法寶記) 410
열반경 318, 354
열반경종요(涅槃經宗要) 332
열반종(涅槃宗) 343, 352
오로빈도 고쉬 62
왕생론(往生論) 443
요가 수트라 110, 111
요가학파 52, 111, 112
요세원묘(了世圓妙) 374
용수 253, 260, 263, 264, 266, 267, 269, 270, 271, 275, 276, 277, 278, 279, 351, 357, 380, 442, 447

우두종(牛頭宗) 410, 428, 430
우마스바티(Umāsvāti) 153
우샤스(Uṣas) 72, 74
우파니샤드 54, 55, 72, 82, 83, 84, 91, 97, 98, 102, 103, 105, 106, 137, 316, 318, 468, 477
운문문언(雲門文偃) 412
운문종 412
웃다라카 아루니 98
원돈성불론(圓頓成佛論) 432
원오극근(圜悟克勤) 416
원측(圓測) 309, 446
원효(元曉) 319, 329, 370, 440, 446, 456, 480
월칭(月稱, Chandrakīrti) 261
위산영우(潙山靈祐) 412
위앙종(潙仰宗) 412
유가사지론(瑜伽師地論) 287, 309
유가행파 60, 217, 287, 403
유마거사(維摩居士) 477
유마경(維摩經) 243, 250, 252, 354, 381
유부 아비달마 264, 269, 270
유상(有相)유식 307
유식삼십송(唯識三十頌) 288, 295, 298, 300, 305, 308
유식이십론(唯識二十論) 288, 289, 291
유식학파 60, 286, 287, 293, 297,

303, 304, 307, 335
유심안락도(遊心安樂道) 332, 446, 456
육사외도(六師外道) 143
육조단경(六祖壇經) 372, 409, 418, 424, 427
율종 343
의상(義湘) 24, 330, 380, 397, 446, 479
의적(義寂) 370, 446, 457
의천(義天) 370, 424, 427
이부종륜론(異部宗輪論) 214, 237
이샤(Īśa) 85
이장의(二障義) 332
이통현(李通玄) 432
인도의 발견 23, 35
인드라(Indra) 72, 73
인시설론(人施設論, puggalapaññatti) 219
인왕경소 309
인종(印宗) 409
일설부(一說部) 383
일승법계도원통기(一乘法界圖圓通記) 399
일승법계도주(一乘法界圖註) 399
임제의현(臨濟義玄) 412, 422
임제종 412
입법계품(入法界品) 376, 379
입의숭현장(立義崇玄章) 397

【ㅈ】
자와할랄 네루 23
자이나교 52, 150, 163, 272
자타카(jātaka) 169, 240
잡아함경(雜阿含經) 174
장아함경(長阿含經) 174
적지과경(寂志果經) 149
전등록 415
전생담(前生談) 240
절요 433
정량부 234
정법화경(正法華經) 351
정중종(淨衆宗) 410
정토교 444, 445, 454
정토론(淨土論) 443, 444, 445
정토론주(註) 444
정토삼부경(淨土三部經) 434
정토종(淨土宗) 62, 343
제관법사(諦觀法師) 370
제바(提婆, Āryadeva) 281
제일의공경(第一義空經) 201
조계종(曹溪宗) 407
조당집(祖堂集) 416
조동종(曹洞宗) 412
조주(趙州) 419, 420, 423, 425
종밀(宗密) 380
종용록(從容錄) 416
중관학파 60, 217, 260, 263, 287, 303, 335, 402

중론(中論)　253, 261, 263, 271, 281, 317
중변분별론(中邊分別論)　288
중아함경(中阿含經)　174
중현(衆賢)　220
증일아함경(增一阿含經)　174
지눌　319, 424, 426, 430, 431, 449
지례(智禮)　367
지론종(地論宗)　308, 343
지선(智詵)　410
지엄(智儼)　380, 397
지의(智顗)　352, 356, 363, 366
지자대사(智者大師)　352
진나(陳那, Dignāga)　308
진언종　343
진제(眞諦)　307, 308, 309, 310, 313
집이문족론(集異門足論)　219
징관(澄觀)　367, 373, 380

【ㅊ】

차르바카(Cārvāka)　52, 139, 149
찬도갸(Chāndogya)　84
찬도갸 우파니샤드　104
처적(處寂)　410
천태사교의(天台四教儀)　370
천태 삼대부(三大部)　353
천태종(天台宗)　62, 318, 343, 352, 368, 374
청목(青目)　261

청변(清辯, Bhāvaviveka)　261
청원행사(青原行思)　411, 423
청정도론　219
초기불교　56
축도생(竺道生)　352
축법호(竺法護)　351

【ㅋ】

카타(Kaṭha)　85
카타 우파니샤드　67
케나(Kena)　85
케사캄바린(Ajita Kesakambalin)　143
쿳다카 니카야(Khuddaka nikāya)　175
크리슈나(Kṛṣṇa)　122

【ㅌ】

타이티리야(Taittirīya)　84
타이티리야 우파니샤드　87, 89
탐현기　394
탓트바르타디가마 수트라(Tattvārthādhigama Sūtra)　153, 154
태고보우(太古普愚)　413, 447
태현(太賢)　312, 370, 446
티르탕카라(Tīrthaṅkara)　151

【ㅍ】

파르슈바(parśva)　151

파쿠다 캇차야나(pakudha Kaccāyana) 144, 149
파탄잘리(patañjali) 110
푸라나 캇사파(pūraṇa Kassapa) 144, 149
품류족론(品類足論) 219
프라자파티(prajāpati) 76

【ㅎ】
하택신회(荷澤神會) 409, 428
하택종 411, 428, 429, 430, 431
해동소(海東疏) 332
해심밀경(解深密經) 288, 297, 311, 343
해심밀경소 309, 312
현수법사기해동서(賢首法師寄海東書) 380
현수법장(賢首法藏) 380
현수종(賢首宗) 380
현일(玄一) 446
현장(玄奘) 289, 308, 309
현종론(顯宗論) 220
혜가(慧可) 405
혜능(慧能) 405, 407, 409
혜사(慧思) 448
혜심(慧諶) 417, 426
혜원(慧遠) 444
호법(護法) 289, 295, 308, 309, 310
홍인(弘忍) 405, 407

홍주종 413, 428, 430
화엄경 59, 243, 258, 289, 293, 343, 353, 356, 368, 375, 376, 377, 380, 382, 383, 386, 427, 432
화엄경금사자장(華嚴經金師子章) 381
화엄경탐현기(華嚴經探玄記) 380
화엄론절요 432
화엄오교장(華嚴五敎章) 380
화엄일승법계도(華嚴一乘法界圖) 24, 397
화엄일승법계도기총수록(華嚴一乘法界圖記叢髓錄) 399
화엄종(華嚴宗) 62, 319, 343, 368, 380, 383
화쟁국사(和諍國師) 332
황금의 태아(Hiraṇyagarbha) 76
황룡파 412
황룡혜남(黃龍慧南) 412
황벽희운(黃檗希運) 412
회쟁론(廻諍論) 261
힌두교 37, 46, 58, 137

인도철학과 불교
-그들의 숲과 마을의 이야기-

2004년 3월 15일 초판 1쇄 발행
2022년 3월 21일 초판 7쇄 발행

ⓒ 지은이 · 권 오 민
　　펴낸이 · 윤 재 승
　　펴낸곳 · 도서출판 민족사

등록 · 1980년 5월 9일 (등록 제 1-149호)
주소 · 서울시 종로구 삼봉로 81 두산위브파빌리온 1131호
전화 · (02) 732-2403~4 / 팩스 · (02) 739-7565
홈페이지 · www.minjoksa.org
페이스북 · www.facebook.com/minjoksa
이메일 · minjoksabook@naver.com

ISBN 978-89-7009-874-6 04220
ISBN 978-89-7009-870-8 (세트)

값 20,000원

♣ 잘못된 책은 바꾸어 드립니다.
♣ 인지는 저자와의 협의 하에 생략합니다.